NOTAS

Autores

Gil Fernandes Pereira
Técnico Oficial de Contas

e

Rui M Dos Santos

OUTRAS OBRAS DO AUTOR:

* Técnicas Contabilísticas e os Impostos
* A Contabilidade e a Escrituração por Decalque
* A Escrituração dos Livros Selados e o POC
* A Apresentação dos Elementos de Escrita ao Fisco
* A Exemplificação e Aplicação do POC
* Ordenação Explicativa e Contabilização do IVA
* Tratamento Fiscal e Contabilístico das Provisões, Amortizações e Reavaliações
* A Contabilidade das Empresas e a Informática
* IRS - Imposto Único das Pessoas Singulares
* IRC - Imposto Único das Pessoas Colectivas
* Reavaliação do Activo Imobilizado Corpóreo - D.L. 49/91
* Obrigações Fiscais dos Profissionais Independentes e Empresários Individuais
* O IVA nas Operações Internas e Intracomunitárias
* Mapas Recapitulativos e Declarações do IVA - Locação Financeira e Mais-Valias Fiscais não Tributadas
* Impostos - Tabelas e Taxas
* Código do IRC Ordenado Alfabeticamente por Assuntos
* Planos de Contas
* Código das Sociedades Comerciais Ordenado alfabeticamente
* A Reforma Fiscal e os Novos Regimes de Tributação do IRS e do IRC
* Manual Fiscal das Obrigações Declarativas
* Legislação Fiscal Com Exemplos de Aplicação
* Organização e Execução da Contabilidade Financeira das Empresas
* IES – Informação Empresarial Simplificada
* Código do Imposto sobre o Valor Acrescentado (IVA)
* Estatuto dos Benefícios Fiscais (EBF)
* Guia de Casos Práticos de Contabilidade e Fiscalidade
* SNC – Sistema de Normalização Contabilística
* Adaptação do Código do IRC ao SNC
* Microentidades e Entidades do Sector não Lucrativo
* O Balanço e os Movimentos Contabilísticos de Fim de Exercício

NOTA DE APRESENTAÇÃO DA 2ª EDIÇÃO

A primeira edição desta obra, com mais de 600 páginas, foi publicada em Angola, no ano de 1974, de cujo conteúdo se destacam as seguintes obrigações de carácter fiscal: Imposto industrial, Imposto profissional, Imposto de defesa, Imposto complementar, Imposto sobre a aplicação de capitais, Imposto sobre explorações e Imposto do selo. Incluiu ainda, entre outros assuntos, a organização e escrituração da contabilidade dos comerciantes e das sociedades em geral.

Esta segunda edição já é dedicada, ao actual PGCA – Plano Geral de Contabilidade de Angola.

Em Portugal já foram publicados cerca de trinta obras dedicadas à contabilidade, com base no POC – Plano Oficial de Contabilidade e no SNC – Sistema de Normalização Contabilística e fiscalidade relativas aos códigos dos impostos sobre o rendimento, imposto sobre o valor acrescentado, etc.

Assim, será com grande prazer que regresso a Angola por esta via e para em conjunto, com o meu colega de profissão Rui M. dos Santos, apresentar este novo trabalho, tendo em consideração as novas realidades contabilísticas e fiscais deste grande país, onde nasceram os meus filhos e de cuja origem se orgulham.

O primeiro capítulo abrange o "Quadro e Lista de Contas", bem como as Notas Explicativas e Políticas Contabilísticas.

No segundo capítulo exemplificam-se os lançamentos de todas as rubricas do PGCA.

Nos capítulos III, IV e V, constam "Noções de Comércio e Contabilidade", "Demonstração dos Fluxos de Caixa" e "Fichas de existências – Custo Médio ponderado, Fifo, Lifo, etc.".

O capítulo VI é dedicado à contabilidade de uma sociedade de empreitadas e o VII à contabilidade de uma Associação sem Fins Lucrativos (ESNL).

O VIII capítulo inclui a execução da contabilidade de uma sociedade comercial. O capítulo IX menciona os principais documentos usados no comércio, contabilidade e fiscalidade. O capítulo X diz-nos como organizar a contabilidade de um comerciante ou de uma sociedade para início da sua escrituração. O capítulo XI resume as obrigações fiscais dos contribuintes, o XII menciona os documentos de liquidação de impostos – Imposto Industrial e o último capítulo é dedicado ao encerramento de contas no final de cada exercício.

O AUTOR

Outubro de 2012

CAPÍTULO I

P.G.C.A.

Plano Geral de Contabilidade de Angola

CONSELHO DE MINISTROS

Decreto nº 82/01

De 16 de Novembro

Face à crescente globalização da economia mundial e a necessidade de harmonizar as práticas locais com as internacionais, assume-se com especial relevância a aprovação do Plano Geral de Contabilidade, em anexo ao presente diploma.

Nos termos das disposições combinadas da alínea f) do artigo 112º e do artigo 113º ambos da Lei Constitucional, o Governo decreta o seguinte:

Artigo 1º - É aprovado o Plano Geral de Contabilidade, anexo ao presente decreto e que dele faz parte integrante.

Artigo 2º - O Plano Geral de Contabilidade é obrigatoriamente aplicável às Sociedades Comerciais e Empresas Públicas, que:

1. Exerçam actividades em Angola.

2. Exerçam actividades em outros países mas que tenham a respectiva sede em Angola.

Artigo 3º - O Plano Geral de Contabilidade não é aplicável a entidades que exerçam actividade para a qual esteja prevista a existência de planos de contas específicos, nomeadamente actividade bancária e seguradora e outras que futuramente venham a estar sujeitas a idêntico regime.

Artigo 4º - Ficam dispensados do disposto no nº 1 do artigo 2º aqueles que exerçam actividade a título individual.

Artigo 5º - 1. A elaboração da contabilidade das entidades a que seja aplicável o disposto no artigo 2º deverá obedecer às disposições constantes do Plano Geral de Contabilidade, o mais tardar, a partir do primeiro exercício económico com início em 1 de Janeiro de 2002.

2. As demonstrações financeiras preparadas, em obediência ao Plano Geral de Contabilidade, deverão ser assinadas por contabilistas inscritos na Entidade Representativa dos Contabilistas e dos Peritos Contabilistas.

Artigo 6º - Compete ao Ministro das Finanças para alterar, através de decreto executivo, os seguintes elementos do Plano Geral de Contabilidade ora aprovado:

a) nomenclatura, código e conteúdo das contas;

b) introdução de novas contas ou eliminação das existentes.

Artigo 7º - 1. Para o exercício das funções referidas no número anterior poderá ser consultada a Ordem de Contabilistas e dos Peritos Contabilistas a quem compete a defesa e o desenvolvimento da profissão de contabilista em Angola.

Artigo 8º - 1. As dúvidas e omissões resultantes da interpretação e aplicação do presente decreto serão resolvidas por despacho do Ministro das Finanças.

Artigo 9º - É revogada toda a legislação que contrarie o disposto no presente decreto, designadamente o Decreto nº 70/89, de 23 de Dezembro.

Artigo 10º - Este decreto entra em vigor na data da sua publicação.

Visto e aprovado em Conselho de Ministros, em Luanda, aos 10 de Agosto de 2000.

Publique-se.

O Presidente da República, JOSÉ EDUARDO DOS SANTOS.

INTRODUÇÃO

1 — JUSTIFICAÇÃO:

Com o renascer do desenvolvimento económico do País e com a crescente internacionalização dos mercados de bens e serviços, o País não pode deixar de acompanhar a evolução contabilística registada a nível internacional sob pena de perda de oportunidade e competitividade.

Neste aspecto, a normalização contabilística assume um papel primordial à luz da crescente da globalização da economia ao preocupar-se com:

A melhoria da informação contabilística produzida.

O conhecimento da contabilidade e respectivo controlo.

A comparação das informações contabilísticas no tempo e no espaço.

A elaboração de estatísticas.

A normalização engloba portanto duas vertentes fundamentais:

Criação de normas.

A aplicação das normas com vista à harmonização da informação contabilística produzida.

A International Federation of Accountants (IFAC), que tem como objectivo principal a harmonização contabilística a nível mundial, tem vindo a desenvolver esforços para a consecução do seu objectivo, através do International Accounting Standards Committee (IASC), órgão dependente do IFAC, mediante a emissão de normas de contabilidade internacionais.

Com cerca de doze anos o actual plano de contas empresarial encontra-se claramente desajustado face à informação que deveria ser produzida com base nas normas internacionais e, por conseguinte, torna-se imperativa a sua revisão com vista a uma crescente aproximação às práticas internacionais.

Embora as normas internacionais assumam um carácter de prática geralmente aceite, resultante de uma escolha colectiva com vista a solucionar problemas de carácter repetitivo, em Angola as normas contabilísticas têm até agora assumido um carácter legal que nesta fase, face às inúmeras alterações a introduzir, se optou por manter.

À medida que a implementação destas alterações se torne efectiva e com vista a flexibilizar a sua actualização em função das alterações que vierem a ser introduzidas nas normas internacionais, haverá, então, conveniência em substituir o carácter legal actual por práticas geralmente aceites o que se prevê venha a acontecer de forma progressiva.

Entretanto, enquanto tal não acontecer, o Plano Geral de Contabilidade agora aprovado estabelece os critérios para preparação e apresentação das Demonstrações financeiras para os utentes externos tendo como propósitos fundamentais:

> Ajudar os preparadores das Demonstrações financeiras na aplicação de normas idênticas às internacionais.

> Ajudar os utentes das Demonstrações financeiras na interpretação da informação contida nas demonstrações financeiras.

> Ajudar os auditores na formação de opinião quanto às Demonstrações financeiras se encontram ou não em conformidade com os princípios de contabilidade geralmente aceites.

> Ajudar a identificar assuntos que devam constituir alvo de interpretação detalhada e aprofundamento em fases seguintes, para melhor se conformarem com as necessidades do País sem ferirem os princípios básicos internacionais.

2 — PRINCIPAIS ALTERAÇÕES:

Este novo Plano Geral de Contabilidade trás como principais alterações ao anterior Plano de Contas Empresarial, as seguintes alterações:

2.1 — Objectivo externo das demonstrações financeiras:

Mais do que servir de base ao exercício da planificação da gestão e do controlo da actividade empresarial, as Demonstrações financeiras passam a ter como objectivo principal dar a conhecer a investidores, empregados, financiadores, fornecedores, clientes, Governo e seus departamentos e ao público em geral determinadas informações que lhes permitam a tomada de decisões importantes.

2.2 — Alteração das componentes das demonstrações financeiras:

Para que as demonstrações financeiras possam ser úteis aos seus utentes, estas devem proporcionar informação acerca da posição financeira, desempenho e alterações na posição financeira da entidade. Por esta razão, o conceito de Demonstrações financeiras passa a integrar, além do Balanço e da Demonstração de Resultados, a Demonstração de Fluxos de Caixa, destinada a proporcionar informação acerca das alterações na situação financeira e as Notas às Contas, destinadas a complementar as informações proporcionadas pelas restantes componentes das Demonstrações financeiras.

2.3 — Definição de políticas contabilísticas a adoptar na preparação das demonstrações financeiras:

Para que a informação proporcionada pelas Demonstrações financeiras possa ir de encontro às necessidades da maioria dos utentes, estas devem respeitar determinadas características e serem preparadas em bases que melhor se adaptem às respectivas necessidades. Por esta razão passam a estar definidas as características qualitativas que as demonstrações financeiras devem ter, bem como as políticas contabilísticas a adoptar por forma a cumprir com tais características.

Estas políticas incluem as bases gerais de preparação, os princípios contabilísticos, os critérios de reconhecimento e as bases de valorimetria gerais e específicas a adoptar na preparação das Demonstrações financeiras.

Algumas das bases de valorimetria específicas agora definidas diferem das disposições fiscais existentes a respeito do mesmo assunto. Tais situações não devem afectar a preparação das Demonstrações financeiras de acordo com as bases definidas neste plano e apenas devem ser levadas em consideração para efeitos do apuramento do lucro tributável.

2.4 — Alterações na estrutura do balanço:

Um dos princípios básicos a adoptar na preparação das Demonstrações financeiras é a comparabilidade, não só entre períodos contabilísticos de uma mesma empresa mas também entre empresas, quer a nível nacional, quer a nível internacional. Por esta razão a estrutura do balanço foi alterada por forma a cumprir com o modelo proposto pela <<International Federation of Accountants>>.

Das principais alterações daí decorrentes, destacam-se as seguintes:
Obrigatoriedade de identificação do nome da entidade, do período de relato, da moeda e do respectivo grau de grandeza usado na apresentação.
Organização das rubricas do activo por grau crescente de disponibilidade.

Organização das rubricas do passivo por grau crescente de exigibilidade.

Apresentação dos activos pelo seu valor líquido das correspondentes amortizações e provisões, deixando estas de fazer parte dos capitais próprios da empresa.

Desaparecimento da apresentação da rubrica Transacções entre a sede e as dependências da empresa, pelo facto desta dever ficar saldada no fim de cada período contabilístico através da integração dos activos e passivos das dependências, nas contas da sede.

Desaparecimento da coluna destinada a identificar o código das contas.

Desaparecimento da apresentação das contas de ordem na última linha do balanço pelo facto de tais informações deverem constar nas notas às contas.

2.5 — Alterações na estrutura da Demonstração de Resultados por Natureza:

Pelas mesmas razões descritas para as alterações efectuadas no Balanço, a estrutura da Demonstração de resultados por natureza foi igualmente alterada.

Das principais alterações efectuadas destacam-se as seguintes:

Obrigatoriedade de identificação do nome da entidade, do período de relato, da moeda e do respectivo grau de grandeza usado na apresentação.

Obrigatoriedade de apresentação de comparativos do período anterior.

Eliminação da necessidade de apresentação dos valores planificados e respectivos desvios.

Obrigatoriedade de inclusão de coluna para identificação do número de ordem das rubricas por forma a fazer de referência cruzada com as divulgações efectuadas nas respectivas notas às contas.

Obrigatoriedade de apresentação dos resultados financeiros segregados dos resultados operacionais da empresa.

Obrigatoriedade de apresentação, em separado, do imposto sobre os resultados relativos a actividades correntes e a actividades extraordinárias.

Alteração do conteúdo dos resultados extraordinários.

2.6 — Alterações na estrutura da Demonstração de Resultados por Funções:

Pelas mesmas razões descritas para as alterações efectuadas no Balanço, a estrutura da Demonstração de resultados por funções foi igualmente alterada, embora a sua elaboração tenha natureza facultativa.

Das principais alterações efectuadas, destacam-se as seguintes:

Obrigatoriedade de identificação do nome da entidade, do período de relato, da moeda e do respectivo grau de grandeza usado na apresentação.

Obrigatoriedade de apresentação de comparativos do período anterior.

Eliminação da necessidade de apresentação dos valores planificados e respectivos desvios.

Obrigatoriedade de apresentação dos resultados financeiros segregados dos resultados operacionais da empresa.

Obrigatoriedade de apresentação, em separado, de imposto sobre os resultados relativo a actividades correntes e a actividades extraordinárias.

Obrigatoriedade de apresentação, fora dos resultados correntes, dos resultados em operações em descontinuação, ou descontinuadas, bem como dos efeitos das alterações de políticas contabilísticas.

Alteração do conteúdo dos resultados extraordinários.

2.7 — Alterações no quadro e lista de contas da Contabilidade Geral:

Embora não existam disposições internacionais acerca do quadro e lista de contas a adoptar, optou-se pela sua reformulação tendo em consideração a nova filosofia e estrutura de apresentação das contas. Os resultados das alterações nas classes podem resumir-se da seguinte forma:

Classe	Novo Plano	Antigo Plano
Classe 1	Meios Fixos e Investimentos	Meios Monetários
Classe 2	Existências	Terceiros
Classe 3	Terceiros	Existências
Classe 4	Meios Monetários	Meios Fixos
Classe 5	Capital e Reservas	Capital Social, Fundos, Reservas e Provisões
Classe 6	Proveitos por Natureza	Gastos por Natureza
Classe 7	Custos por Natureza	Proveitos por Natureza
Classe 8	Resultados	Resultados Financeiros

2.8 — Utilização da Contabilidade Analítica e apresentação da Demonstração de Resultados por Funções:

Não existe qualquer disposição internacional sobre a obrigatoriedade de elaboração da Contabilidade Analítica.

Por esta razão a sua utilização passa a ter um carácter facultativo dependendo das necessidades sentidas pela empresa e da ponderação do binómio custo-benefício.

Contudo, recomenda-se o seu uso para empresas industriais onde o apuramento dos custos de produção se torne moroso e difícil de executar por outra via.

Caso a empresa opte pelo uso da contabilidade analítica, recomenda-se que a Demonstração de Resultados por Funções seja apresentada em substituição da Demonstração de Resultados por Natureza.

2.9 — Alterações nas instruções de aplicação do Plano Geral de Contabilidade:

A nível internacional, existem disposições para o reconhecimento e divulgação de acontecimentos e factos, as quais se encontram organizadas por assuntos e tal como referido anteriormente não existem disposições sobre a forma de organização das classes, quer em quadro, quer em lista de contas. Consequentemente, estas normas não contêm quaisquer regras sobre o conteúdo e movimentação de contas.

Face às alterações substanciais que trazem a implementação deste plano de contas optou-se, nesta fase, pela manutenção do quadro e lista de contas mas decidiu-se igualmente transpor para este plano o conteúdo das normas internacionais existentes. Por esta razão o termo instruções de aplicação foi substituído pela designação de notas explicativas.

As Notas explicativas trazem como principais alterações as seguintes:

Restrição ao mínimo das regras de movimentação das contas por se entender que os responsáveis pela elaboração da contabilidade devem ter conhecimentos prévios que os habilitem a fazer os débitos e créditos necessários para o registo de factos e acontecimentos, de acordo com as regras de reconhecimento estabelecidas neste plano.

Inclusão de definições de determinados termos contabilísticos por forma a uniformizar e facilitar a respectiva interpretação.

Inclusão de orientações sobre a forma de reconhecimento de determinados factos e acontecimentos específicos, baseadas nas normas internacionais aplicáveis aos assuntos em
apreço.

Inclusão de orientações a seguir em situações que podem dar origem a registo ou somente
divulgação nas Demonstrações financeiras: contingências, acontecimentos ocorrendo
após a data de Balanço, auxílios do Governo ou outras entidades e transacções com
partes em relação de dependência.

3 — ATENÇÕES ESPECIAIS A TER EM CONTA NO PRIMEIRO ANO DE APLICAÇÃO DO PLANO:

No primeiro ano em que foram adoptadas as disposições do presente Plano Geral de Contabilidade, devem obrigatoriamente ser seguidos os seguintes procedimentos:

a) os saldos e quantias constantes das Demonstrações financeiras do período anterior
devem ser reclassificados por forma a conformarem-se com a nova disposição do Balanço
e da Demonstração de Resultados e poderem ser apresentados como saldos comparativos;

b) o facto referido em a) deve ser divulgado nas Notas às contas com indicação de:

Saldos e quantias que não são comparáveis com o exercício precedente apesar da reclas-
sificação efectuada.

Razões que estão na origem da não comparabilidade dos saldos.

4 — DISPOSIÇÕES TRANSITÓRIAS:

4.1 — Suspensões temporárias:

Ficam temporariamente suspensas as seguintes situações:

A obrigatoriedade de elaborar a Demonstração de Fluxos de Caixa. Contudo, recomenda-se
a sua preparação sempre que a empresa já disponha de meios que lhe permitam preparar
tal demonstração.

A obrigatoriedade de divulgação nas Notas às contas do valor dos impostos diferidos.

4.2 — Exclusões temporárias

Ficam excluídas deste plano, até que venham a ser regulamentadas, as disposições constantes das normas da <<International Federation of Accountants>> referentes aos seguintes
assuntos:

a) contabilização de locações;

b) determinação, registo e divulgação de impostos diferidos;

c) contabilização e relato dos Planos de Benefícios de reforma;

d) concentrações de actividades empresariais (também conhecida por consolidação de
contas);

e) efeitos das alterações das taxas de câmbio em Demonstrações financeiras de operações
estrangeiras.

Sempre que qualquer entidade entenda que as suas demonstrações financeiras devem
reflectir as situações a) a c) de acordo com as normas da <<International Federation of Accoun-
tants>> pode fazê-lo desde que:

Siga as correspondentes disposições, quer para o registo, quer para a divulgação dos factos
e acontecimentos.

Divulgue nas Notas às contas que tais disposições foram seguidas.

Sempre que qualquer entidade entenda que deve preparar as Demonstrações financeiras consolidadas referidas na alínea d) pode fazê-lo desde que:

Não deixe de preparar as Demonstrações financeiras individuais de acordo com as disposições deste plano.

Prepare as Demonstrações consolidadas de acordo às disposições, quer para o registo, quer para a divulgação, constantes das normas da <<International Federation of Accountants>> referidas em d) e e).

Apresente, com as necessárias adaptações, as Demonstrações financeiras consolidadas de acordo com os formatos definidos neste plano.

Divulgue nas Notas às contas consolidadas que foram seguidas as disposições constantes da norma da <<International Federation of Accountants>>.

DEMONSTRAÇÕES FINANCEIRAS

1 — OS UTENTES E AS NECESSIDADES DE INFORMAÇÃO:

Existem informações sobre as entidades que são úteis para determinados utentes por permitirem avaliações e tomada de decisões importantes das quais se destacam:

Nível Externo

Utente	Utilidade da Informação
Investidores	Avaliar o retorno do investimento Auxiliar na tomada de decisão sobre comprar, deter ou vender. Determinar a capacidade da empresa de pagar dividendos.
Empregados	Avaliar a capacidade da entidade de proporcionar emprego, remuneração e benefícios de reforma.
Financiadores	Determinar a capacidade da entidade em solver, dentro do prazo, os compromissos com eles assumidos: empréstimos e juros.
Fornecedores e outros credores	Determinar se as quantias que lhes são devidas serão pagas dentro do prazo. Avaliar a capacidade da entidade em operar de forma continuada, caso estejam dependentes da entidade.
Clientes	Avaliar a capacidade da entidade em operar de forma continuada, caso hajam assumido compromissos de longo prazo com a entidade ou dela estejam dependentes.
Governo e seus departamentos	Avaliar a capacidade de alocação de recursos. Regulamentar a actividade das entidades.

Estabelecer politicas de tributação.

Servir de base ao apuramento do Rendimento Nacional e de Estatísticas semelhantes.

Público

Ajudar a avaliar a utilidade da entidade em diversos níveis como por exemplo a capacidade de emprego e de desenvolvimento de negócios como cliente.

Gestão

Auxiliar o cumprimento das suas responsabilidades de planeamento, tomada de decisões e controlo.

2 — OBJECTIVOS DAS DEMONSTRAÇÕES FINANCEIRAS:

As demonstrações financeiras são uma representação financeira esquematizada da posição financeira e das transacções de uma entidade. São, por essa razão, úteis como forma de proporcionar informação acerca da posição financeira, desempenho e alterações na posição financeira de uma entidade a um vasto leque de utentes na tomada de decisões económicas.

As demonstrações preparadas com este propósito vão de encontro às necessidades comuns da maioria dos utentes mas não proporcionam toda a informação de que estes possam necessitar para tomarem as suas decisões uma vez que:

Retratam efeitos financeiros de acontecimentos passados.

Não proporcionam necessariamente informação não financeira.

2.1 — Posição financeira:

A posição financeira de uma entidade é afectada pelos seguintes elementos:

Utilidade

Recursos económicos controlados e capacidade de modificar estes recursos

Predição da capacidade da entidade em gerar caixa e equivalentes de caixa no futuro.

Estrutura financeira

Predição de futuras necessidades de empréstimos.

Predição de como os lucros futuros e fluxos de caixa serão distribuídos entre os que têm interesses na entidade.

Predizer o sucesso que a entidade terá como a obtenção de fundos adicionais.

Liquidez e solvência

Predizer a capacidade da entidade de satisfazer os seus compromissos financeiros à medida que se vencem.

2.2 — Desempenho:

O desempenho e a variabilidade do desempenho de uma entidade é útil para predizer:

A capacidade da entidade em gerar fluxos de caixa a partir dos recursos básicos existentes.

As alterações potenciais nos recursos económicos que seja provável que ela controle no futuro.

2.3 — Alterações na posição financeira:

As alterações na posição financeira de uma entidade são úteis para:

Avaliar as suas capacidades de investimento, financiamento e operacionais durante um período.

Determinar a capacidade de uma entidade de gerar dinheiro e equivalentes e as necessidades de utilização desses fluxos, no futuro.

3 — RESPONSABILIDADE PELA PREPARAÇÃO DAS DEMONSTRAÇÕES FINANCEIRAS:

A Gerência e/ou outro órgão de gestão da entidade é responsável pela preparação e apresentação das Demonstrações financeiras.

Embora as Demonstrações financeiras dêem informação sobre a forma de condução dos negócios pela Gerência e sobre a forma como esta geriu os recursos que lhe foram confiados, esta poderá necessitar de preparar informações adicionais que vão de encontro às suas próprias necessidades. Tais informações, por terem uma utilidade limitada, não têm que respeitar as disposições do presente plano.

4 — COMPONENTES DAS DEMONSTRAÇÕES FINANCEIRAS:

Entende-se, assim, por Demonstrações financeiras, o conjunto das componentes capazes de dar resposta às necessidades de informação, para efeitos externos, referidas anteriormente:

Informação	Bases essenciais da prestação da informação.
Posição financeira	Balanço.
Desempenho	Demonstração de Resultados.
	Demonstração de (*):
	Alterações nos Capitais Próprios ou
	Alterações nos Capitais Próprios que não tenham como origem em transacções de capital ou distribuição de resultados a accionistas.

Alterações na posição financeira – Demonstração de Fluxos de Caixa.

As componentes das Demonstrações financeiras atrás referidas inter-relacionam-se porque reflectem diversos aspectos dos mesmos factos, razão pela qual é provável que nenhuma componente responda por si só, de forma isolada, a cada uma das referidas necessidades.

Adicionalmente, estas componentes apenas dão resposta integral às necessidades de informação se acompanhadas por notas explicativas, razão pela qual são também consideradas como componentes das Demonstrações financeiras as Notas anexas às contas as quais contêm a divulgação das políticas contabilísticas adoptadas e outras notas complementares onde se poderá incluir a demonstração assinalada com (*).

1 — DISPOSIÇÕES GERAIS:

1.1 Identificação:

Todas as componentes das Demonstrações financeiras devem indicar:
O nome da entidade que relata.
O período de relato.
A moeda de relato e a respectiva grandeza.

1.2 Nome da entidade que relata:

O nome da entidade que relata deve incluir a sigla identificadora da forma jurídica que tal entidade tem.

1.3 Período de relato:

As Demonstrações financeiras abrangem, regra geral, um período de 12 meses com término em 31 de Dezembro.
Sempre que tal se justifique, as demonstrações financeiras podem, excepcionalmente:
Referirem-se a um período com término diferente de 31 de Dezembro.
Abranger um período inferior a 12 meses.
Contudo, em qualquer das situações, as Demonstrações financeiras devem ser preparadas em referência ao último dia do último mês do período a que dizem respeito.

1.4 Moeda de relato e respectiva grandeza:

É obrigatório que o relato seja efectuado na moeda oficial do País, que no momento presente é o Kwanza (Kz:).
Nada obsta a que a entidade elabore, em simultâneo, Demonstrações financeiras usando outra moeda de relato, como por exemplo Dólares Americanos (USD).
Na moeda de relato obrigatória a respectiva grandeza não deverá ser inferior à unidade de milhar.
Em outras moedas de relato a decisão sobre a respectiva grandeza fica ao critério da entidade que relata.

1.5 Componentes de preparação obrigatória:

São de preparação obrigatórias as seguintes componentes das demonstrações financeiras:
O Balanço.
A demonstração de resultados por natureza ou, em sua substituição, a demonstração de resultados por funções.
A demonstração de fluxos de caixa elaborada pelo método directo ou, em sua substituição, a demonstração de fluxos de caixa elaborada pelo método indirecto.
As Notas às contas.

1.6 Disposição, nomenclatura e número de ordem:

Não são permitidas quaisquer alterações à disposição, nomenclatura e número de ordem das rubricas constantes dos modelos das componentes das Demonstrações financeiras definidas neste plano.

1.7 Rubricas em valores:

As rubricas constantes dos modelos das componentes das demonstrações financeiras definidas neste plano, que não apresentem qualquer valor no período a que se refere o relato, poderão ser omitidas desde que os saldos ou quantias do período precedente, apresentadas para efeitos comparativos, se apresentem igualmente sem valor.

Ainda que tais rubricas sejam omitidas, o número de ordem das restantes rubricas deve manter-se inalterado.

1.8 Notas não aplicáveis:

As notas constantes do modelo de Notas às contas definido neste plano, que não sejam aplicáveis, poderão ser omitidas desde que não sejam aplicáveis também em referência aos comparativos do exercício precedente. Esta opção fica condicionada à divulgação da sua não aplicabilidade.

Ainda que tais Notas sejam omitidas, o número de ordem das restantes notas deve manter-se inalterado.

1.9 Derrogações às políticas contabilísticas:

Regra geral, não são permitidas derrogações às políticas contabilísticas definidas neste plano.

A título excepcional, estas políticas contabilísticas poderão ser derrogadas:

Se tal for necessário para que as demonstrações financeiras representem uma imagem verdadeira e apropriada da situação financeira e dos resultados das operações da entidade que relata, e

Desde que tal facto seja adequadamente divulgado nas Notas às contas.

Em contrapartida, o uso de uma política contabilística que ponha em causa a imagem verdadeira e apropriada das Demonstrações financeiras não poderá ser considerada adequada ainda que se encontre devidamente divulgada nas Notas às contas.

2 — BALANÇO:

2.1 Conceito:

O Balanço é uma demonstração contabilística destinada a evidenciar, quantitativamente e qualitativamente, numa determinada data, a posição patrimonial e financeira de uma entidade.

2.2 Conteúdo:

O Balanço é constituído pelas seguintes classes:

Activo: - Recursos (bens e direitos) controlados por uma entidade como resultado de acontecimentos passados e dos quais se espera que fluam para a entidade de benefícios económicos futuros. Estes recursos podem dividir-se em duas categorias principais:

Activos não correntes, que se espera que permaneçam na posse da entidade por um período superior a um ano.

Activos correntes, que se espera que permaneçam na posse da entidade por um período até um ano.

Passivo: - Obrigações presentes da entidade provenientes de acontecimentos passados, do pagamento dos quais se espera que resultem exfluxos de recursos da empresa incorporando benefícios económicos. Estas obrigações podem dividir-se em duas categorias principais:

Passivos não correntes, que se espera que venham a ser pagos pela entidade num período superior a um ano.

Passivos correntes, que se espera que venham a ser liquidados pela entidade num período até um ano.

Capital próprio: - Interesse residual no Activo depois de deduzido o Passivo.

2.3 Estrutura:

A estrutura do Balanço deve obedecer ao modelo constante da página seguinte:

Modelo de Balanço

Empresa...

Balanço em .... Valores expressos em ....

Designação	Notas	Exercícios	
		2xxx	2xxx-1
ACTIVO			
Activos não correntes:			
Imobilizações corpóreas...........................	4		
Imobilizações incorpóreas.........................	5		
Investimentos em subsidiárias e associadas...........	6		
Outros activos financeiros.........................	7		
Outros activos não correntes......................	9		
Activos correntes:			
Existências.......................................	8		
Contas a receber.................................	9		
Disponibilidades..................................	10		
Outros activos correntes..........................	11		
Total do activo...................			
CAPITAL PRÓPRIO E PASSIVO			
Capital próprio:			
Capital...	12		
Reservas...	13		
Resultados transitados............................	14		
Resultados do exercício...........................			
Passivo não corrente:			
Empréstimos de médio e longo prazos.................	15		
Impostos diferidos................................	16		
Provisões para pensões...........................	17		
Provisões para outros riscos e encargos............	18		
Outros passivos não correntes.....................	19		
Passivo corrente:			
Contas a pagar..................................	19		
Empréstimos de curto prazo.......................	20		
Parte cor. dos empréstimos a médio e longo prazos...	15		
Outros passivos correntes.........................	21		
Total do capital próprio e passivo.................			

3 — DEMONSTRAÇÃO DE RESULTADOS

3.1 Conceito:

A Demonstração de resultados é uma demonstração contabilística destinada a evidenciar a composição do resultado formado num determinado período de operações de uma entidade.

3.2 Conteúdo:

A Demonstração de resultados é constituída pelas seguintes classes:

Proveitos: - Aumentos dos benefícios económicos, durante o período, na forma de influxos ou melhorias de activos ou diminuições de passivos que resultem em aumento dos capitais próprios, que não sejam os relacionados com as contribuições dos participantes no Capital Próprio.

Custos: - Diminuição nos benefícios económicos, durante o período, na forma de exfluxos ou perdas de valor de activos ou no aumento de passivos que resultem em diminuição dos capitais próprios, que não sejam os relacionados com as distribuições aos participantes no Capital Próprio.

3.3 Estrutura:

A estrutura da Demonstração de resultados deve obedecer a um dos modelos constantes das páginas seguintes:

Modelo de Demonstração de Resultados
(por natureza)

Empresa...

Demonstração de resultados em.. Valores expressos em ....

Designação	Notas	Exercícios	
		2xxx	2xxx-1
Vendas...	22		
Prestações de serviço..	23		
Outros proveitos operacionais.............................	24		
Variações nos produtos acabados e produtos em vias de fabrico..	25		
Trabalhos para a própria empresa........................	26		
Custo das mercadorias vendidas e das matérias-primas e subsidiárias consumidas.......................	27		
Custos com o pessoal...	28		
Amortizações..	29		
Outros custos e perdas operacionais.....................	30		
Resultados operacionais:			
Resultados financeiros..	31		
Resultados de filiais e associadas........................	32		
Resultados não operacionais................................	33		
Resultados antes de impostos:			
Imposto sobre o rendimento.................................	35		
Resultados líquidos das actividades correntes:			
Resultados extraordinários...................................	34		
Imposto sobre o rendimento.................................	35		
Resultados líquidos do exercício...........................			

Modelo de Demonstração de Resultados
(por função)

Empresa..

Demonstração de resultados em.. Valores expressos em ....

Designação	Notas	Exercícios	
		2xxx	2xxx-1
Vendas..	22		
Prestações de serviço...	23		
Custo das vendas			
Margem bruta:			
Outros proveitos operacionais...............................			
Custos de distribuição..			
Custos administrativos..			
Outros custos e perdas operacionais......................			
Resultados operacionais:			
Resultados financeiros..	31		
Resultados de filiais e associadas.........................	32		
Resultados não operacionais................................	33		
Resultados antes de impostos:			
Imposto sobre o rendimento..................................	35		
Resultados líquidos das actividades correntes:			
Resultados de operações em descontinuação ou descontinuadas..			
Efeitos das alterações de políticas contabilísticas...........			
Resultados extraordinários....................................	34		
Imposto sobre o rendimento..................................	35		
Resultados líquidos do exercício			

4 — DEMONSTRAÇÃO DOS FLUXOS DE CAIXA

4.1 Conceito:

A Demonstração de Fluxos de caixa é uma demonstração contabilística destinada a evidenciar como foi gerado e utilizado o dinheiro no período em análise.

4.2 Conteúdo:

Por forma a evidenciar como foi gerado e utilizado o dinheiro no período em análise Demonstração de fluxos de caixa mostra, por actividades:

As fontes de caixa e equivalentes de caixa a que a empresa teve acesso durante um determinado período de tempo, e

O destino que foi dado a tais fontes.

Assim, a Demonstração de Fluxos de caixa tem as seguintes componentes:

Fluxos resultantes das actividades operacionais	Fluxos resultantes das principais actividades geradoras de proveitos da entidade e de outras actividades que não sejam de investimento ou de financiamento.
Fluxos resultantes das actividades de investimentos	Fluxos resultantes da aquisição e alienação de activos a longo prazo e de outros investimentos não incluídos em equivalentes de caixa.
Fluxos resultantes das actividades de financiamento	Fluxos resultantes das actividades que têm como consequência alterações na dimensão e composição do capital próprio e nos empréstimos pedidos pela entidade.

4.3 Estrutura:

A estrutura da Demonstração de Fluxos de caixa deve obedecer a um dos modelos constantes das páginas seguintes.

Estes modelos contêm a informação mínima que deve ser relatada e deverá ser tido em conta que:

As linhas a tracejado relativas a resultados extraordinários deverão ser substituídas por designação apropriada.

Podem ser criadas outras rubricas nas restantes linhas que se encontram a tracejado.

Modelo de Demonstração de Fluxos de Caixa

(método directo)

Empresa...

Demonstração de Fluxos de caixa para o exercício findo em...

....Valores expressos em ....

Designação	Notas	Exercícios	
		2xxx	2xxx-1
Fluxo de caixa das actividades operacionais:			
Reconhecimentos (de caixa) de clientes.....................			
Pagamentos (de caixa) a fornecedores e empregados.....			
Caixa gerada pelas operações:			
Juros pagos:			
....			
Impostos s/os lucros pagos..............................			
Fluxos de caixa antes da rubrica extraordinária:			
....			
Caixa líquida proveniente das actividades operacionais....			
Fluxo de caixa das actividades de investimento:			
Recebimentos provenientes de:			
Imobilizações corpóreas			
Imobilizações incorpóreas................................			
Investimentos financeiros...............................	45		
Subsídios a investimento................................			
Juros e proveitos similares..............................			
Dividendos ou lucros recebidos..........................			
....			
Pagamentos respeitantes a:			
Imobilizações corpóreas			
Imobilizações incorpóreas................................			
Investimentos financeiros...............................	46		
....			

28

Designação	Notas	Exercícios	
		2XXX	2XXX-1
Fluxos de caixa antes da rubrica extraordinária:			
....			
Caixa líquida usada nas actividades de investimento...			
Fluxo de caixa das actividades de financiamento:			
Recebimentos provenientes de:			
Aumentos de capital, prestações suplementares e vendas de acções ou quotas próprias...			
Cobertura de prejuízos..			
Empréstimos obtidos			
Subsídios à exploração e doações			
....			
Pagamentos respeitantes a:			
Reduções de capital e prest. suplement.			
Compras de acções ou quotas próprias..			
Dividendos ou lucros pagos...			
Empréstimos obtidos			
Amortiz. de contratos de locação finan.			
Juros e custos similares pagos.			
....			
Fluxos de caixa antes da rubrica extraordinária:			
....			
Caixa líquida usada nas actividades de financiamento.			
Aumento líquido de caixa e seus equivalentes			
Caixa e seus equivalentes no início do período	43,47		
Caixa e seus equivalentes no fim do período..	43,47		

Modelo de Demonstração de Fluxos de Caixa
(método indirecto)

Empresa ....

Demonstração de fluxos de caixa para o exercício findo em ....

.... Valores expressos em ....

Designação	Notas	Exercícios	
		2XXX	2XXX-1
Fluxo de caixa das actividades operacionais:			
Resultado líquido antes dos impostos e das rubricas extraordinárias.			
Ajustamentos:			
Depreciações..			
Amortizações..			
Ganhos na alienação de imobilizações			
Perdas na alienação de imobilizações			
Resultados financeiros..			
Resultados extraordinários.			
Resultados operacionais antes das alterações do capital circulante:			
Aumento das existências...			
Diminuição das existências			
Aument. das dívid. de terc. operac.			
Dimin. das dívid. de terc. operac.			
Aument. de outros activ. operac.			
Dimin. de outros activos. operac.			
Aumento das dívid. a terc. operac.			
Dimin. das dívidas a terc. operac.			
Aument. de outros passi. operac.			
Dimin. de outros passiv. operac.			

Designação	Notas	Exercícios	
		2XXX	2XXX-1
....			
Caixa gerada proveniente das operações:			
Juros pagos			
Impostos s/os lucros pagos.			
Fluxo de caixa antes de resultados extraordinários:			
....			
Caixa líquida proveniente das actividades operacionais...			
Fluxo de caixa das actividades de investimento:			
Recebimentos provenientes de:			
Imobilizações corpóreas...			
Imobilizações incorpóreas.			
Investimentos financeiros..	45		
Subsídios a investimento...			
Juros e proveitos similares.			
Dividendos ou lucros recebidos...			
....			
Pagamentos respeitantes a:			
Imobilizações corpóreas...			
Imobilizações incorpóreas.			
Investimentos financeiros..	46		
Fluxos de caixa antes da rubrica extraordinária:			
....			
Caixa líquida usada nas actividades de investimento...			
Fluxo de caixa das actividades de financiamento:			
Recebimentos provenientes de:			
Aumentos de capital, prestações suplementares e prémios de emissão ...			
Vendas de acções ou quotas próprias ...			
Cobertura de prejuízos..			
Empréstimos obtidos			
Subsídios à exploração e doações			
....			
Pagamentos respeitantes a:			
Reduções de capital e prest. suplement.			
Compras de acções ou quotas próprias..			
Dividendos ou lucros pagos...			
Empréstimos obtidos			
Amortiz. de contratos de locação finan.			
Juros e custos similares pagos.			
....			
Fluxos de caixa antes da rubrica extraordinária:			
....			
Caixa líquida usada nas actividades de financiamento			
Aumento líquido de caixa e seus equivalentes			
Caixa e seus equivalentes no início do período	43,47		
Caixa e seus equivalentes no fim do período	43,47		

5 — NOTAS ÀS CONTAS

5.1 Conceito:

As Notas às contas são um conjunto de divulgações (descrições narrativas e detalhes de quantias) destinadas a fornecer informação adicional, que seja relevante às necessidades dos utentes, acerca das rubricas do Balanço, da Demonstração de Resultados e da Demonstração de Fluxos de caixa e acerca dos riscos e incertezas que afectam a entidade e quaisquer recursos e obrigações não reconhecidos no Balanço.

5.2 Disposições especiais:

Nas Notas às contas poderão ser omitidas as notas que se considerem não ser materiais ou relevantes para a tomada de decisões por parte dos utentes.

Os conceitos de materialidade e de relevância têm inerente um grau de subjectividade elevado e a definição das fronteiras deve, por essa razão, ser alvo de julgamento profissional.

No que respeita ao conceito de materialidade, e apenas para efeitos exclusivos da elaboração das Notas às contas, optou-se por definir um critério que sirva de orientação e simplifique o processo de elaboração das Notas.

Assim, convencionou-se que para efeitos de preparação das Notas às contas não é obrigatória a elaboração das notas para as rubricas que apresentem valores inferiores a:

10% do total do Activo, no caso de rubricas de Balanço.

5% do total dos Proveitos operacionais, para rubricas da Demonstração de resultados.

As divulgações dos critérios valorimétricos correspondentes a tais rubricas podem igualmente ser omitidas.

5.3 Estrutura:

A estrutura das Notas às contas deve obedecer ao modelo da página seguinte, caso a entidade opte por elaborar a demonstração de resultados por natureza.

Caso a empresa opte por elaborar a Demonstração de Resultados por funções, as notas 22 a 31 deverão ser ajustadas a essa realidade, de forma a que:

A composição de uma quantia numa linha da Demonstração de resultados possa ser verificada numa nota ou num conjunto de notas às contas.

As divulgações sejam coerentes com a nova estrutura de decomposição de valores.

Não haja redução no conteúdo das divulgações previstas para quando a Demonstração de resultados preparada é a por natureza.

Modelo de Notas às contas

Empresa..

Notas às contas em referência ao exercício findo em..

.... Valores expressos em........................

Introdução:

1 – Actividade.

2 – Bases de preparação das demonstrações financeiras e derrogações.

3 – Alterações nas políticas contabilísticas.

Notas ao balanço:
4 – Imobilizado corpóreo.
5 – Imobilizado incorpóreo.
6 – Investimentos em filiais e associadas.
7 – Outros activos financeiros.
8 – Existências.
9 – Outros activos não correntes e contas a receber.
10 – Disponibilidades.
11 – Outros activos correntes.
12 – Capital.
13 – Reservas.
14 – Resultados transitados.
15 – Empréstimos de médio e longo prazos e respectiva parte corrente.
16 – Impostos diferidos.
17 – Provisões para pensões.
18 – Provisões para outros riscos e encargos.
19 – Outros passivos não correntes.
20 – Contas a pagar.
21 – Outros passivos correntes.

Notas à demonstração de resultados:
22 – Vendas.
23 – Prestações de serviço.
24 – Outros proveitos operacionais.
25 – Variações nos produtos acabados e produtos em vias de fabrico.
26 – Trabalhos para a própria empresa.
27 – Custo das mercadorias vendidas e das matérias consumidas.
28 – Custos com o pessoal.
29 – Amortizações.
30 – Outros custos e perdas operacionais.
31 – Resultados financeiros.
32 – Resultados de filiais e associadas.
33 – Resultados não operacionais.
34 – Resultados extraordinários.
35 – Imposto sobre o rendimento.

Outras notas relacionadas com a posição financeira e os resultados das operações:
36 – Responsabilidades assumidas e não reflectidas no passivo.
37 – Contingências.
38 – Acontecimentos ocorridos após a data de Balanço.
39 – Auxílios de Governo e outras entidades.
40 – Transacções com empresas do grupo.
41 – Informações exigidas por diplomas legais.
42 – Outras informações consideradas relevantes.

Notas sobre a demonstração de fluxos de caixa:

43 – Políticas adoptadas.

44 – Alterações nas políticas.

45 – Alienações de filiais e associadas.

46 – Aquisições de filiais e associadas.

47 – Caixa e equivalentes de caixa.

48 – Operações não efectuadas por caixa e seus equivalentes.

49 – Outras informações necessárias à compreensão da demonstração de fluxos de caixa.

Modelo de Notas às contas

Empresa...

Notas às contas em referência ao exercício findo em..

.... Valores expressos em.........................

INTRODUÇÃO

1. Actividade:

Fazer uma breve descrição das actividades da empresa.

2. Políticas contabilísticas adoptadas na preparação das Demonstrações financeiras:

2.1 Bases de apresentação das demonstrações financeiras:

Indicar se as Demonstrações financeiras se encontram preparadas de acordo com o Plano Geral de Contabilidade em vigor em Angola e se:

Respeitam as características de relevância e fiabilidade.

Foram preparadas na base da continuidade e do acréscimo.

Foram preparadas em obediência aos princípios contabilísticos da consistência, materialidade, não compensação de saldos e comparabilidade.

Indicar se existem derrogações às disposições constantes do Plano Geral de Contabilidade em vigor em Angola e quais os motivos que a justificaram.

2.2 Bases de valorimetria adoptadas na preparação das Demonstrações financeiras:

Indicar:

A base de valorimetria global adoptada (custo histórico ou custo corrente).

As taxas de câmbio usadas para a valorimetria de activos e passivos cujo valor esteja dependente das flutuações da moeda estrangeira.

2.2.1 Critérios de reconhecimento e bases de valorimetria específicas:

Indicar os critérios de reconhecimento e as bases de valorimetria específicas usadas para:

Imobilizações corpóreas:

Indicar:

Base de medição usada para determinar a quantia bruta registada.

Critérios de reconhecimento:

Valor a partir do qual os bens são capitalizados.
Usados para encargos com melhoramentos.
Usados para encargos com reparação e manutenção.
Métodos de depreciação usados.
Vida útil, por categoria e taxas de depreciação usadas.
Em caso de reavaliação:
Base de reavaliação (incluindo a indicação se esteve envolvido um perito avaliador independente).
Data de entrada em vigor da reavaliação.
Natureza dos índices usados para determinar o custo de reposição.

Imobilizações incorpóreas:

Indicar:
Base de medição usada para determinar a quantia bruta registada.
Critérios de reconhecimento, em especial para:
Trespasses.
Despesas de investigação.
Despesas de desenvolvimento.

Métodos de amortização usados, em especial:
Justificação e fundamentos para a utilização de um método diferente das quotas constantes, no que respeita a trespasses.

Vidas úteis, por categoria e taxas de depreciação usadas, em especial:
Justificação para a adopção de uma vida útil ou período de amortização superior a cinco anos, no que respeita a trespasses.

Investimentos em subsidiárias e associadas:

Indicar:
Base de medição usada para determinar a quantia bruta registada.
Métodos de determinação e reconhecimento de declínios não temporários no valor dos investimentos.

Outros activos financeiros:
Indicar, no que respeita a imóveis:
Base de medição usada para determinar a quantia bruta registada.
Critérios de reconhecimento:
Usados para encargos com melhoramentos.
Usados para encargos com reparação e manutenção.
Métodos de depreciação usados.
Vidas úteis, por categoria e taxas de depreciação usadas.
Em caso de reavaliação:
Base de reavaliação (incluindo a indicação se esteve envolvido um perito avaliador independente).
Data da entrada em vigor da reavaliação.

Natureza dos índices usados para determinar o custo de reposição.
Indicar, no que respeita a outros investimentos:
Base de medição usada para determinar a quantia bruta registada.
Métodos de determinação e reconhecimento de declínios não temporários no valor dos investimentos.

Existências:

Indicar, para as existências em geral:
Políticas contabilísticas adoptadas na medição dos inventários, incluindo o método de custo usado.
Quando o método de custeio usado for o LIFO, a diferença entre o valor dos inventários apresentados nas demonstrações financeiras e o que resultaria da aplicação do:
Custo médio ou valor de mercado dos dois o mais baixo e do
FIFO ou valor de mercado dos dois o mais baixo.
Indicar, para os contratos de construção plurienais:
Método usado para determinar os proveitos dos contratos reconhecidos no período.
Método usado para determinar a fase de acabamento dos contratos em progresso ou em curso.

Contas a receber:

Indicar:
Valorimetria adoptada.
Critério utilizado para determinação do valor realizável líquido, quando aplicável.

Disponibilidades:
Indicar:
Valorimetria adoptada.
Critério utilizado para determinação do valor realizável líquido, quando aplicável.

Outros activos correntes:

Indicar:
Critério utilizado para:
O reconhecimento como activo.
Para o reconhecimento em resultados no ou nos anos seguintes.
Valorimetria adoptada.

Provisões para outros riscos e encargos:

Indicar:
Critério utilizado para reconhecimento como passivo:
Valorimetria adoptada.

Outros passivos correntes:

Indicar:
  Critério utilizado para:
    O reconhecimento como passivo.
    Para o reconhecimento em resultados no ou nos anos seguintes.
    Valorimetria adoptada.

Vendas:

Indicar:
    Políticas contabilísticas adoptadas para o reconhecimento do rédito.

Prestações de serviço:

Indicar:
    Políticas contabilísticas adoptadas para o reconhecimento do rédito.
    Métodos adoptados para determinar a fase de acabamento das transacções.

Royalties:

Indicar:
    Políticas contabilísticas adoptadas para o reconhecimento do rédito.

Subsídios:

Indicar:
    Políticas contabilísticas adoptadas para o reconhecimento do rédito.

Juros:

Indicar:
    Políticas contabilísticas adoptadas para o reconhecimento do rédito.

Erros fundamentais:

Indicar:
Critério utilizado para o reconhecimento de erros fundamentais.

Impostos sobre os lucros:

Indicar:
    Enquadramento fiscal da empresa, incluindo uma descrição dos fundamentos nos quais se
        baseia uma eventual isenção.
    Base de apuramento do imposto.
    Taxa nominal de imposto.
    Tratamento dado a impostos diferidos.

Situações que podem levar a ajustamentos no cálculo do imposto.

Exemplo de nota no caso da empresa pertencer ao grupo A:
A empresa encontra-se sujeita à tributação em sede Imposto Industrial – Grupo A.
O imposto é calculado com base no lucro tributável (resultado contabilístico corrigido para efeitos fiscais) utilizando uma taxa nominal de 35%.
O imposto apurado refere-se em exclusivo ao imposto corrente não sendo calculados nem registados quaisquer impostos diferidos, quer activos, quer passivos.
A entrega do imposto é efectuada por auto-liquidação mediante a entrega de uma declaração que se encontra sujeita à revisão e correcção por parte das autoridades fiscais durante um período de cinco anos.

3. Alterações nas políticas contabilísticas:

Indicar se as políticas contabilísticas adoptadas foram alteradas em relação às que haviam sido seguidas em relação ao exercício precedente. No caso de terem sido alteradas, indicar:

Razões que determinaram a alteração.
Critério usado para o reconhecimento dos efeitos das alterações das políticas.
Natureza das alterações que deveriam ser efectuadas na informação do período precedente para que as informações fossem comparáveis.

NOTAS AO BALANÇO

4. Imobilização corpórea:

4.1 Composição:

Efectuar o preenchimento do quadro seguinte:

Rubricas	Valor bruto	Amortizações acumuladas	Valor líquido
Terrenos e recursos naturais.			
Edifícios e outras construções... ...			
Equipamento básico...			
Equipamento de transporte..			
Equipamento administrativo... ...			
Outras imobilizações corpóreas ...			
Taras e vasilhame...			
Imobilizado em curso.			
Adiant. por conta de imobil. corp..			

4.2 Composição por critérios de valorimetria adoptados:

Efectuar o preenchimento do quadro seguinte:

Rubricas	Valor líquido		
	Custo histórico	Valor de reavaliação	Total
Terrenos e recursos naturais.			
Edifícios e outras construções... ...			
Equipamento básico...			
Equipamento de transporte..			
Equipamento administrativo... ...			
Taras e vasilhame...			
Outras imobilizações corpóreas ...			
Imobilizado em curso.			
Adiant. por conta de imobil. corp..			

4.3 Movimentos, ocorridos durante o exercício, no valor bruto:

Efectuar o preenchimento do quadro seguinte:

Rubricas	Saldo inicial	Reavaliações	Aumentos	Alienações	Abates/ /transf.	Saldo final
Terrenos e recursos naturais						
Edifícios e outras construções.						
Equipamento básico.						
Equipamento de transporte.						
Equipamento administrativo...						
Taras e vasilhame ...						
Outras imobilizações corpóreas...						
Imobilizado em curso						
Adiantamentos por conta de imobilizações corpóreas ...						

4.4 Movimentos, ocorridos durante o exercício, nas amortizações acumuladas:

Efectuar o preenchimento do quadro seguinte:

Rubricas	Saldo inicial	Reavaliações	Reforço	Alienações	Abates/ /transf.	Saldo final
Terrenos e recursos naturais						
Edifícios e outras construções.						
Equipamento básico.						
Equipamento de transporte.						
Equipamento administrativo...						
Taras e vasilhame ...						
Outras imobilizações corpóreas... ...						

4.5 Custos financeiros (diferenças de câmbio e custo de empréstimos) capitalizados:

Efectuar o preenchimento do quadro seguinte:

Rubricas	Custos financeiros capitalizados		
	Em anos anteriores	No ano	Total
Terrenos e recursos naturais.			
Edifícios e outras construções... ...			
Equipamento básico...			
Equipamento de transporte..			
Equipamento administrativo... ...			
Taras e vasilhame..			
Outras imobilizações corpóreas ...			
Imobilizado em curso.			

4.6 Restrições existentes:

Efectuar o preenchimento do quadro seguinte:

Rubricas	Valor líquido de imobilizações					
	Em poder de terceiros	Implantadas em propriedade alheia	Localizadas no estrangeiro	Reversíveis (a)	Penhoradas (b)	Hipotecadas (b)
Terrenos e recursos naturais						
Edifícios e outras construções.						
Equipamento básico.						
Equipamento de transporte.						
Equipamento administrativo...						
Taras e vasilhame ...						
Outras imobilizações corpóreas...						
Imobilizado em curso						

(a) Indicar as datas e razões da reversibilidade.
(b) Indicar os passivos com os quais se relacionam as garantias.

4.7 Compromissos assumidos para aquisição de imobilizações corpóreas:

Efectuar o preenchimento do quadro seguinte:

Rubricas	Compromissos		
	Totais assumidos	Já concretizados	Por concretizar
Terrenos e recursos naturais.			
Edifícios e outras construções... ...			
Equipamento básico...			
Equipamento de transporte..			
Equipamento administrativo... ...			
Taras e vasilhame...			
Outras imobilizações corpóreas ...			
Imobilizado em curso.			

5. Imobilizado incorpóreo:

5.1 Composição:

Efectuar o preenchimento do quadro seguinte:

Rubricas	Valor bruto	Amortizações acumuladas	Valor líquido
Trespasses...			
Despesas de desenvolvimento (a)..			
Propriedade industrial e outros direitos e contratos...			
Despesas de constituição (b)			
Outras imobilizações incorpóreas..			

(a) As despesas de desenvolvimento referem-se a:
   Descrever a natureza.

(b) As despesas de constituição referem-se a:
   Descrever a natureza.

5.2 Movimentos, ocorridos durante o exercício, no valor bruto:

Efectuar o preenchimento do quadro seguinte:

Rubricas	Saldo inicial	Aumentos	Diminuições	Saldo final
Trespasses...				
Despesas de desenvolvimento... ...				
Propriedade industrial e outros direitos e contratos...				
Despesas de constituição.				
Outras imobilizações incorpóreas..				

5.3 Movimentos, ocorridos durante o exercício, nas amortizações acumuladas:

Efectuar o preenchimento do quadro seguinte:

Rubricas	Saldo inicial	Aumentos	Diminuições	Saldo final
Trespasses...				
Despesas de desenvolvimento... ...				
Propriedade industrial e outros direitos e contratos...				
Despesas de constituição.				
Outras imobilizações incorpóreas..				

6. Investimentos em subsidiárias e associadas:

6.1 Composição:

Efectuar o preenchimento do quadro seguinte:

Rubricas	Valor bruto	Provisões acumuladas	Valor líquido
Subsidiárias:			
Partes de capital (a)...			
Obrigações e outros títulos de participação...			
Empréstimos...			
Adiantamentos por conta			
Associadas:			
Partes de capital (b)...			
Obrigações e outros títulos de participação...			
Empréstimos...			
Adiantamentos por conta			

(a) Partes de capital em subsidiárias.
(b) Partes de capital em associadas

Se a empresa não for a que relata, indicar quem é a empresa-mãe, qual o nome e forma jurídica e onde se encontra localizada a respectiva sede.

Preencher o quadro seguinte:

Subsidiárias	Contas da subsidiária		% de participação	% de votos detidos	Valores detidos	Quantia bruta registada
	Capitais próprios	Resultado do período				
Descrever, por subsidiária, os seguintes dados:						
Firma						
Forma jurídica. ...						
Sede..						

38

Preencher o quadro seguinte:

Subsidiárias	Contas da associada		% de parti- cipa- ção	% de votos deti- dos	Valores deti- dos	Quan- tia bruta regis- tada
	Capi- tais pró- prios	Resul- tado do perío- do				
Descrever, por asso- ciada, os seguintes dados: Firma ... ... Forma jurídica. ... Sede..						

6.2 Movimentos, ocorridos durante o exercício, nas provisões:

Efectuar o preenchimento do quadro seguinte:

Rubricas	Saldo inicial	Aumen- tos	Dimi- nuições	Saldo final
Subsidiárias:				
Partes de capital...				
Obrigações e outros títulos de parti- cipação...				
Empréstimos...				
Adiantamentos por conta				
Associadas:				
Partes de capital...				
Obrigações e outros títulos de parti- cipação...				
Empréstimos...				
Adiantamentos por conta				

6.3 Restrições existentes:

Efectuar o preenchimento do quadro seguinte:

Rubricas	Penhoras e outras restrições	
	Quantidade de títulos	Valor líquido
Subsidiárias:		
Partes de capital...		
Obrigações e outros títulos de participação		
Associadas:		
Partes de capital...		
Obrigações e outros títulos de participação		

6.4 Contingências:

Efectuar o preenchimento do quadro seguinte:

Rubricas	Nas contas das subsidiá- rias e asso- ciadas	Parcela da respon- sabilidade da empresa
Subsidiárias:		
Contingências e compromissos de capital.		
Contingências relacionadas com passivos		
Associadas:		
Contingências e compromissos de capital.		
Contingências relacionadas com passivos		

7. Outros activos financeiros:

7.1 Composição:

Efectuar o preenchimento do quadro seguinte:

Rubricas	Valor bruto	Amorti- zações acumu- ladas	Provi- sões	Valor líquido
Investimentos em outras empresas.				
Investimentos em imóveis...				
Fundos...				
Outros investimentos financeiros...				

7.2 Movimentos, ocorridos durante o exercício, nos investimentos em imóveis:

Efectuar o preenchimento do quadro seguinte:

Rubricas	Saldo inicial	Aumentos		Reduções		Total
		Aqui- sições	Reava- liações	Alie- nações	Reava- liações	
Valor bruto ... ... Amortizações acumu- ladas.	( )	( )	( )	( )	( )	( )

7.3 Movimentos, ocorridos durante o exercício, nas provisões:

Efectuar o preenchimento do quadro seguinte:

Rubricas	Saldo inicial	Aumen- tos	Dimi- nuições	Saldo final
Investimentos em outras empresas.				
Fundos...				
Outros investimentos financeiros...				

7.4 Restrições existentes:

Efectuar o preenchimento do quadro seguinte:

Rubricas	Valor líquido dos investimentos					
	Em poder de terceiros	Implantados em propriedade alheia	Localizados no estrangeiro	Reversíveis (a)	Penhorados (b)	Hipotecados (b)
Investimentos em imóveis..						

(a) Indicar as datas e razões da reversibilidade.
(b) Indicar os passivos com os quais se relacionam as garantias.

Rubricas	Penhoras e outras restrições (a)	
	Quantidade de títulos	Valor líquido
Investimentos em outras empresas.		
Fundos...		
Outros investimentos financeiros...		

(a) Indicar os passivos com os quais se relacionam as garantias.

8. Existências:

8.1 Composição:

Efectuar o preenchimento do quadro seguinte:

Rubricas	Valor bruto	Provisões acumuladas	Valor líquido
Matérias-primas, subsidiárias e de consumo..			
Produtos e trabalhos em curso.. ...			
Produtos acabados e intermédios...			
Sub-produtos, desperdícios, resíduos e refugos..			
Mercadorias.			
Matérias-primas, mercadorias e materiais em trânsito...			

8.2 Movimentos, ocorridos durante o exercício, nas provisões:

Efectuar o preenchimento do quadro seguinte:

Rubricas	Saldo inicial	Aumentos	Diminuições	Saldo final
Matérias-primas, subsidiárias e de consumo..				
Produtos e trabalhos em curso.. ...				
Produtos acabados e intermédios...				
Sub-produtos, desperdícios, resíduos e refugos..				
Mercadorias.				
Matérias-primas, mercadorias e materiais em trânsito...				

8.3 Restrições existentes:

Efectuar o preenchimento do quadro seguinte:

Rubricas	Penhores para garantia de passivos (valor líquido)
Matérias-primas, subsidiárias e de consumo...	
Produtos e trabalhos em curso.	
Produtos acabados e intermédios..	
Sub-produtos, desperdícios, resíduos e refugos	
Mercadorias...	
Matérias-primas, mercadorias e materiais em trânsito ...	

8.4 Informações relativas a contratos plurienais em curso:

Efectuar o preenchimento do quadro seguinte:

Rubricas	Totais até à data	Valores				Por reconhecer (b)
		Reconhecidos em resultados				
		Em anos anteriores	No exercício	Total		
Custos dos contratos.						
Facturado a clientes..						
A facturar a clientes (a)						
Prejuízos estimados...						
Margem acumulada dos contratos						

(a) Considerados como outros activos correntes (ver nota 11) por se referir ao trabalho executado que se encontra por facturar;

(b) Não foram reconhecidos em resultados por se referirem a:

Preencher o quadro seguinte:

Rubricas	Custos incorridos que não respeitam a trabalho executado	Facturação relativa a adiantamentos	Facturação em excesso do trabalho executado	Total
Custos dos contratos.				
Facturado a clientes...				
	Produtos e trabalhos em curso (Nota 8.1)	Contas a pagar (Nota 19.1)	Outros passivos correntes (Nota 21)	

9. Outros activos não correntes e contas a receber:

9.1 Composição:

Efectuar o preenchimento do quadro seguinte:

Rubricas	Cor-rente	Não corrente			Total
		Vencível até 5 anos	Vencível a mais de 5 anos		
Valor bruto:					
Clientes-correntes					
Clientes — títulos a receber.					
Clientes de cobrança duvidosa.. ...					
Fornecedores — saldos devedores..					
Estado					
Participantes e participadas..					
Pessoal...					
Devedores — vendas de imobilizado					
Outros devedores..					
Provisões para cobranças duvidosas	( )	( )	( )		( )

9.2 Movimentos, ocorridos durante o exercício, nas provisões:

Efectuar o preenchimento do quadro seguinte:

Rubricas	Saldo inicial	Aumen-tos	Dimi-nuições	Saldo final
Clientes-correntes				
Clientes — títulos a receber.				
Clientes de cobrança duvidosa.. ...				
Fornecedores — saldos devedores..				
Estado				
Participantes e participadas..				
Pessoal...				
Devedores — vendas de imobilizado				
Outros devedores..				

10. Disponibilidades:

10.1 Composição:

Efectuar o preenchimento do quadro seguinte:

Rubricas	2XXX	2XXX-1
Títulos negociáveis...		
Saldos em bancos...		
Caixa...		
Provisões	( )	( )

10.2 Movimentos, ocorridos durante o exercício, nas provisões:

Efectuar o preenchimento do quadro seguinte:

Rubricas	Saldo inicial	Aumen-tos	Dimi-nuições	Saldo final
Provisões para títulos negociáveis				
Provisões para outras aplicações de tesouraria.				

10.3 Restrições existentes:

Efectuar o preenchimento do quadro seguinte:

Rubricas	Penhores para garantia de passivos (valor líquido)	Outras restrições (valor líquido)
Títulos negociáveis...		
Saldos em bancos..		
Caixa.		

11. Outros activos correntes:

11.1 Composição:

Efectuar o preenchimento do quadro seguinte:

Rubricas	2XXX	2XXX-1
Proveitos a facturar:		
Contratos plurienais em curso (Nota 8.4)		
Enumerar as restantes sub-rubricas		
Encargos a repartir por exercícios futuros..		
Enumerar sub-rubricas		

12. Capital:

12.1 Composição e movimento no período:

Efectuar o preenchimento do quadro seguinte:

Rubricas	Saldo inicial	Aumen-tos	Dimi-nuições	Saldo final
Capital..				
Acções/quotas próprias...				
Prémios de emissão..				
Prestações suplementares...				

12.2 Capital:

Efectuar o preenchimento do quadro seguinte:

Rubricas	Saldo inicial	Aumen-tos (a) (b)	Dimi-nuições	Saldo final (c)
Sócios/accionistas com participação superior a 20%..				
Indicar o nome ou firma				
Outros sócios/accionistas...				

(a) Aumentos de capital.

Indicar a forma como se realizou o capital social.

(b) Capital subscrito e ainda não realizado.

Efectuar o preenchimento do quadro seguinte:

Rubricas	Saldo inicial	Aumentos	Diminuições	Saldo final
Capital subscrito e não realizado...				

(c) Composição do capital após aumento, no caso da entidade se tratar de uma sociedade anónima.

Indicar:

o número de acções em que se divide o capital social.
valor nominal de cada acção.

categoria das acções, indicando, relativamente a dividendos ou reembolsos, para cada tipo de categoria:

Direitos
Preferências
Restrições

12.3 Prestações suplementares:

Indicar:

Forma de constituição

Restrições de utilização

13. Reservas:

13.1 Composição:

Efectuar o preenchimento do quadro seguinte:

Rubricas	Saldo inicial	Aumentos	Diminuições	Saldo final
Reserva legal *(a)*...				
Reservas de reavaliação *(b)*...				
Reservas com fins especiais *(c)*...				
Reservas livres				

(a) Reservas legais:

A reserva legal foi constituída ao abrigo do artigo 191.º do Código Comercial e só pode ser usada para aumentar o capital ou cobrir prejuízos depois de todas as restantes reservas se terem esgotado.

Indicar a natureza, objectivos e restrições de distribuição relativas a outras reservas legais.

(b) Reservas de reavaliação:

As reservas de reavaliação foram criadas da seguinte forma:

Ao abrigo das disposições legais em vigor e só podem ser usadas para aumentar o capital ou cobrir prejuízos acumulados até à data a que se reporta a avaliação; e/ou
Mediante avaliação por perito independente e só podem ser usadas para aumentar o capital ou cobrir prejuízos acumulados desde que se encontrem realizadas ou pela venda dos bens revalorizados pela sua completa amortização.

(c) Reservas com fins especiais:

Indicar a natureza, objectivos e restrições de distribuição para cada um dos tipos de reservas.

14. Resultados transitados:

14.1 Composição:

Efectuar o preenchimento do quadro seguinte:

Rubricas	Saldo inicial	Aumentos	Diminuições	Saldo final
Saldo inicial:				
Movimentos no período:				
Transferência dos resultados do exercício anterior...				
Aplicação de resultados *(a)*.				
Erros fundamentais *(b)*...				
Alterações de políticas contabilísticas *(b)*...				
Efeito de impostos dos erros fundamentais e das alterações de políticas contabilísticas *(b)*				
Outros movimentos...				
Discriminar				

(a) Aplicação de resultados;
(b) Efeito, líquido de impostos, dos erros fundamentais e das alterações de políticas contabilísticas.

Efectuar o preenchimento do quadro seguinte:

Rubricas	2XXX	2XXX-1
Reserva legal...		
Reservas com fins especiais...		
Reservas livres...		
Dividendos/lucros distribuídos...		

Efectuar o preenchimento do quadro seguinte:

Rubricas	Efeito nos comparativos		
	Ano anterior	Outros anos	Total
Erros fundamentais...			
Indicar a natureza de cada movimento			
Alterações de políticas contabilísticas...			
Indicar a natureza das políticas alteradas			
Impostos sobre os lucros (Nota 35)	( )	( )	( )

15. Empréstimos correntes e não correntes:

15.1 Composição:

Efectuar o preenchimento do quadro seguinte:

Rubricas	Corrente	Não corrente		Total
		Vencível até 5 anos	Vencível a mais de 5 anos	
Empréstimos bancários...				
Empréstimos por obrigações ...				
Empréstimos por título de participação...				
Outros empréstimos...				

15.2 Movimentos ocorridos durante o exercício:

Efectuar o preenchimento do quadro seguinte:

Rubricas	Saldo inicial	Aumentos	Diminuições	Saldo final
Empréstimos bancários...				
Empréstimos por obrigações				
Empréstimos por título de participação...				
Outros empréstimos...				

15.3 Condições de financiamento:

Efectuar o preenchimento do quadro seguinte:

Rubricas	Taxa de juro	Moeda estrangeira	Valor na moeda local
Empréstimos bancários...			
Efectuar subdivisões por tipo de moeda estrangeira, se aplicável			
Empréstimos por obrigações			
Efectuar subdivisões por tipo de moeda estrangeira, se aplicável			
Empréstimos por título de participação...			
Efectuar subdivisões por tipo de moeda estrangeira, se aplicável			
Outros empréstimos...			
Efectuar subdivisões por tipo de moeda estrangeira, se aplicável			

15.4 Activos afectos à garantia dos empréstimos:

Efectuar o preenchimento do quadro seguinte:

Rubricas	2XXX	2XXX-1
Discriminar		

16. Impostos diferidos:

Fica temporariamente suspensa a obrigatoriedade de elaborar a presente nota até que a matéria relativa a impostos diferidos venha a ser regulamentada.

17. Provisões para pensões:

17.1 Movimentos, ocorridos durante o exercício, nestas provisões:

Efectuar o preenchimento do quadro seguinte:

Rubricas	Saldo inicial	Aumentos	Diminuições	Saldo final
Provisões para pensões...				

17.2 Activos afectos a estas provisões:

Efectuar o preenchimento do quadro seguinte:

Rubricas	2XXX	2XXX-1
Discriminar		

18. Provisões para outros riscos e encargos:

18.1 Movimentos, ocorridos durante o exercício, nestas provisões:

Efectuar o preenchimento do quadro seguinte:

Rubricas	Saldo inicial	Aumentos	Diminuições	Saldo final
Provisões para processos judiciais em curso...				
Provisões para acidentes de trabalho				
Provisões para garantias dadas a clientes				
Provisões para outros riscos e encargos.				
Descrever a natureza				

19. Outros activos não correntes e contas a pagar:

19.1 Composição:

Efectuar o preenchimento do quadro seguinte:

Rubricas	Corrente	Não corrente		Total
		Vencível até 5 anos	Vencível a mais de 5 anos	
Fornecedores-correntes...				
Fornecedores — títulos a pagar. ...				
Clientes — saldos credores..				
Adiantamentos de clientes				
Outros.				
Estado (a)...				
Participantes e participadas..				
Pessoal...				
Credores — compras de imobilizado				
Outros credores...				

(a) Esta rubrica tem a seguinte composição:

Efectuar o preenchimento do quadro seguinte:

Rubricas	2XXX	2XXX-1
Impostos sobre os lucros.		
Adiantamentos...	( )	( )
Retenções na fonte..	( )	( )
Encargo do ano...		
Imposto de produção e consumo...		
Imposto de rendimento de trabalho		
Imposto de circulação.		
Outros impostos		

19.2 Activos afectos a garantia destes passivos

Efectuar o preenchimento do quadro seguinte:

Rubricas	2XXX	2XXX-1
Discriminar		

20. Empréstimos de curto prazo:

20.1 Composição e movimentos no período

Efectuar o preenchimento do quadro seguinte:

Rubricas	Saldo inicial	Aumentos	Diminuições	Saldo final
Empréstimos bancários...				
Empréstimos por obrigações				
Empréstimos por título de participação...				
Outros empréstimos...				

20.2 Condições de financiamento

Efectuar o preenchimento do quadro seguinte:

Rubricas	Taxa de juro	Moeda estrangeira	Valor na moeda local
Empréstimos bancários...			
Efectuar subdivisões por tipo de moeda estrangeira, se aplicável			
Empréstimos por obrigações			
Efectuar subdivisões por tipo de moeda estrangeira, se aplicável			
Empréstimos por título de participação..			
Efectuar subdivisões por tipo de moeda estrangeira, se aplicável			
Outros empréstimos...			
Efectuar subdivisões por tipo de moeda estrangeira, se aplicável			

20.3 Activos afectos a garantia dos empréstimos

Efectuar o preenchimento do quadro seguinte:

Rubricas	2XXX	2XXX-1
Discriminar		

21. Outros passivos correntes:

21.1 Composição

Efectuar o preenchimento do quadro seguinte:

Rubricas	2XXX	2XXX-1
Encargos a pagar...		
Enumerar as sub-rubricas		
Proveitos a repartir por exercícios futuros		
Facturação de obras de carácter plurienal (Nota 8.4)		
Enumerar as restantes sub-rubricas		
Diferenças de câmbio favoráveis diferidas		

NOTAS À Demonstração DE RESULTADOS

22. Vendas:

22.1 Composição das vendas por mercados

Efectuar o preenchimento do quadro seguinte:

Rubricas	2XXX	2XXX-1
Mercado interno		
Vendas		
Subsídios a preços...		
Mercado externo...		

22.2 Composição das vendas por actividades

Efectuar o preenchimento do quadro seguinte:

Rubricas	2XXX	2XXX-1
Resumir as vendas por tipo de actividade		

23. Prestação de serviço:

23.1 Composição das prestações de serviço por mercados

Efectuar o preenchimento do quadro seguinte:

Rubricas	2XXX	2XXX-1
Mercado interno		
Mercado externo...		

23.2 Composição das prestações de serviço por actividades

Efectuar o preenchimento do quadro seguinte:

Rubricas	2XXX	2XXX-1
Serviços principais... ... ... *Enumerar por tipo de actividade*		
Serviços secundários.. ... ... *Enumerar por tipo de actividade*		

24. Outros proveitos operacionais:

24.1 Composição

Efectuar o preenchimento do quadro seguinte:

Rubricas	2XXX	2XXX-1
Serviços suplementares...		
Royalties.		
Subsídios à exploração *(a)*...		
Subsídios à investimentos *(b)*...		
Outros proveitos e ganhos operacionais..		

(a) Subsídios à exploração:

Indicar:

Natureza do subsídio.
Condições não satisfeitas.
Contingências decorrentes de condições não satisfeitas.

(b) Subsídios a investimentos:

Indicar:

Natureza do subsídio.
Condições não satisfeitas.
Contingências decorrentes de condições não satisfeitas.

25. Variações nos produtos acabados e em vias de fabrico:

Efectuar o preenchimento do quadro seguinte:

Rubricas	Exis- tências iniciais	Ofertas e perdas ou ganhos	Exis- tências finais	Varia- ção no ano
Produtos e trabalhos em curso......				
Produtos acabados e intermédios ...				
Sub-produtos, desperdícios, resíduos e refugos..				

26. Trabalhos para a própria empresa:

Efectuar o preenchimento do quadro seguinte:

Rubricas	2XXX	2XXX-1
Trabalhos para imobilizado..		
Corpóreo. ... ... Incorpóreo... ... ... Investimentos financeiros		
Trabalhos para existências... ... ... Trabalhos para encargos a repartir por exercícios futuros...		

27. Custos das existências vendidas e das matérias--primas e subsidiárias consumidas:

Efectuar o preenchimento do quadro seguinte:

Rubricas	Exis- tências iniciais	Com- pras	Ofertas e perdas ou ganhos	Exis- tências finais	Custo no ano
Matérias-primas, subsidiá- rias e de consumo... ...					
Mercadorias..					

28. Custos com o pessoal:

Efectuar o preenchimento do quadro seguinte:

Rubricas	2XXX	2XXX-1
Remunerações dos corpos sociais.. ... ... Pensões... ... ... Prémios para pensões. ... ... Outras remunerações..		
Número de empregados ao serviço da empresa	*Indicar*	*Indicar*

29. Amortizações:

Efectuar o preenchimento do quadro seguinte:

Rubricas	2XXX	2XXX-1
Imobilizações corpóreas (Nota 4).. ... ... Imobilizações incorpóreas (Nota 5)... ...		

30. Outros custos e perdas operacionais:

Efectuar o preenchimento do quadro seguinte:

Rubricas	2XXX	2XXX-1
Sub-contratos... ... ... Fornecimentos e serviços de terceiros ...		
Despesas de investigação. ... ... Despesas de desenvolvimento... ... ... Conservação e reparação.. ... ... Royalties. ... ... Outras.		
Impostos.. ... ... Despesas confidenciais... ... ... Quotizações. ... ... Ofertas e amostras de existências... ... ... Custos e perdas operacionais		

31. Resultados financeiros:

Efectuar o preenchimento do quadro seguinte:

Rubricas	2XXX	2XXX-1
Proveitos e ganhos financeiros..		
Juros...		
Investimentos financeiros...		
Outros...		
Rendimentos de investimentos em imóveis...		
Investimentos financeiros...		
Outros...		
Rendimentos de participações de capital		
Investimentos financeiros...		
Outros...		
Ganhos na alienação de participações financeiras...		
Investimentos financeiros...		
Outros...		
Reposição de provisões (a)...		
Investimentos em filiais e associadas (Nota 6)..		
Outros activos financeiros (Nota 7)		
Disponibilidades (Nota 10)..		
Diferenças de câmbio favoráveis... ...		
Realizadas...		
Não realizadas..		
Descontos de pronto pagamento obtidos		
Outros...		
Custos e perdas financeiros..		
Juros...		
Amortizações de investimentos em imóveis...		
Provisões para aplicações financeiras..		
Investimentos em filiais e associadas (Nota 6)..		
Outros activos financeiros (Nota 7)		
Disponibilidades (Nota 10)..		
Perdas na alienação de aplicações financeiras.		
Investimentos financeiros...		
Outros...		
Diferenças de câmbio desfavoráveis...		
Realizadas...		
Não realizadas..		
Descontos de pronto pagamento concedidos..		
Outros...		

32. Resultados de filiais e associadas:

Efectuar o preenchimento do quadro seguinte:

Rubricas	2XXX	2XXX-1
Subsidiárias...		
Dividendos...		
Lucros		
Associadas...		
Dividendos...		
Lucros		

33. Resultados não operacionais:

Efectuar o preenchimento do quadro seguinte:

Rubricas	2XXX	2XXX-1
Proveitos e ganhos não operacionais.. ...		
Reposição de provisões...		
Existências (Nota 8)...		
Cobranças duvidosas (Nota 9).. ...		
Outros riscos e encargos (Nota 18)		
Anulação de amortizações extraordinárias		
Ganhos em imobilizações...		
Ganhos em existências...		
Recuperação de dívidas...		
Benefícios de penalidades contratuais...		
Descontinuidade de operações.. ...		
Alterações de políticas contabilísticas...		
Correcções relativas a exercícios anteriores		
Outros proveitos e ganhos não operacionais.		
Custos e perdas não operacionais...		
Provisões.		
Existências (Nota 8)...		
Cobranças duvidosas (Nota 9).. ...		
Outros riscos e encargos (Nota 18)		
Amortizações extraordinárias		
Perdas em imobilizações..		
Perdas em existências.		
Dívidas incobráveis		
Multas e penalidades contratuais... ...		
Descontinuidade de operações...		
Alterações de políticas contabilísticas.		
Correcções relativas a exercícios anteriores.		
Outros custos e perdas não operacionais...		

34. Resultados extraordinários:

Efectuar o preenchimento do quadro seguinte:

Rubricas	2XXX	2XXX-1
Proveitos e ganhos extraordinários		
Catástrofes naturais		
Convulsões políticas...		
Expropriações...		
Sinistros...		
Subsídios (a)		
Anulação de passivos não exigíveis ...		
Custos e perdas extraordinários		
Catástrofes naturais		
Convulsões políticas...		
Expropriações...		
Sinistros...		
Outros.		

(a) Estes subsídios referem-se a:

Descrever a natureza do subsídio.

35. Imposto sobre o rendimento:

Efectuar o preenchimento do quadro seguinte:

Rubricas	2XXX	2XXX-1
Resultado contabilístico...		
Correcções para efeitos fiscais:		
A somar: Variações patrimoniais positivas.....................		
Custos e perdas não aceites para efeitos fiscais..............		
Discriminar		
A deduzir: Variações patrimoniais negativas.....................		
Proveitos e ganhos não tributáveis		
Discriminar		
Prejuízos fiscais de anos anteriores................................		
Lucros levados a reservas e reinvestidos....................		
Lucro tributável (prejuízo fiscal)...................................		
Taxa nominal de imposto............................	*Indicar*	*Indicar*
Imposto sobre os lucros (a)..		
Taxa efectiva de imposto...........................	*Indicar*	*Indicar*

(a) Estes impostos decompõem-se da seguinte forma:

Efectuar o preenchimento do quadro seguinte:

Rubricas	2XXX	2XXX-1
Imposto sobre erros fundamentais e sobre as alterações das politicas contabilísticas reconhecido em resultados transitados (Nota 14)..		
Imposto sobre os resultados correntes...........................		
Imposto sobre os resultados extraordinários		

OUTRAS NOTAS RELACIONADAS COM A POSIÇÃO FINANCEIRA E OS RESULTADOS DAS OPERAÇÕES

36. Responsabilidades assumidas e não reflectidas no balanço:

Efectuar o preenchimento do quadro seguinte:

Rubricas	2XXX	2XXX-1
Garantias..		
Avales..		
Letras descontadas..		
Outras...		
Discriminar o tipo de garantias prestadas	——————	——————

37. Contingências:

Indicar:
A natureza das contingências.
Os factores incertos que possam afectar o desfecho futuro.
Estimativa do efeito financeiro, ou uma declaração de que tal estimativa não pode ser feita.

38. Acontecimentos ocorridos após a data de balanço:

Indicar:
A natureza dos eventos.
Estimativa do efeito financeiro, ou uma declaração de que tal estimativa não pode ser feita.

39. Auxílio do Governo e outras entidades:

Indicar:
Natureza do auxílio de que a empresa tenha beneficiado directamente.

40. Transacções com entidades relacionadas:

Indicar:
Relacionamentos em que exista controlo, independentemente de ter havido ou não transacções.
Se tiver havido transacções:
Natureza do relacionamento existente.
Tipos de transacções realizadas.
Políticas de determinação de preços.
Quantia das transacções realizadas.

41. Informações exigidas por diplomas legais:

Indicar informações exigidas por diplomas legais.

42. Outras informações:

Indicar outras informações consideradas necessárias para cumprir com as características qualitativas de relevância e fiabilidade que a informação financeira deve ter.

NOTAS À DEMONSTRAÇÃO DE FLUXOS DE CAIXA

43. Políticas adoptadas:

Indicar:
A política adoptada na determinação dos componentes de caixa e seus equivalentes.

44. Alterações nas politicas:

Indicar se as políticas adoptadas para a determinação dos componentes de caixa e seus equivalentes foram alteradas em relação às que haviam sido seguidas em relação ao exercício precedente. No caso de terem sido alteradas indicar:
Razões que determinaram a alteração.
Natureza das alterações que deviam ser efectuadas nos componentes do período precedente para que os fluxos fossem comparáveis.

45. Alienação de filiais e associadas:

Preencher, para cada filial ou associada alienada, um quadro do tipo seguinte:

Indicar o nome da filial ou associada	
Discriminar o justo valor dos activos (incluindo caixa e equivalentes de caixa) alienados *Discriminar o justo valor dos passivos alienados*	
Total do preço de venda.. Caixa e equivalentes de caixa cedidos... **Fluxo de caixa da venda líquida de caixa e equivalentes de caixa cedidos**..................	( )

46. Aquisição de filiais e associadas:

Preencher, para cada filial ou associada adquirida, um quadro do tipo seguinte:

Indicar o nome da filial ou associada	
Discriminar o justo valor dos activos (incluindo caixa e equivalentes de caixa) adquiridos *Discriminar o justo valor dos passivos adquiridos*	
Total do preço de compra.. Caixa e equivalentes de caixa adquiridos... **Fluxo de caixa da aquisição, líquida da caixa e equivalentes de caixa adquiridos**........	( )

47. Caixa e equivalentes de caixa:

Efectuar o preenchimento do quadro seguinte:

Rubricas	2XXX	2XXX-1
Caixa...		
Numerário..		
Saldos em bancos, imediatamente imobilizáveis...........................		
Equivalentes de caixa..		
Discriminar		
Caixa e equivalentes de caixa (excluindo diferenças de câmbio)..............		
Diferenças de câmbio de caixa e equivalentes de caixa......................		
Caixa e equivalentes de caixa (actualizados cambialmente)....................		
Outras disponibilidades..		
Discriminar		
Disponibilidades constantes do Balanço	_____	_____

48. Operações não efectuadas por caixa e seus equivalentes:

Divulgar, no mínimo, informações relativas a:
    Compra de uma empresa por meio de emissão de acções.
    Conversão de dívidas em capital.

49. Outras informações necessárias à compreensão da demonstração dos fluxos de caixa:

Divulgar, no mínimo, informações relativas a:

    Montantes de créditos bancários concedidos e não utilizados para entidade e que possam ser utilizados para:
    Futuras actividades operacionais.
    Satisfazer compromissos financeiros.
    Restrições na utilização dos créditos bancários acima referidos.

POLÍTICAS CONTABILÍSTICAS

1 — DEFINIÇÃO E OBJECTIVOS:

Políticas contabilísticas são os princípios, bases, convenções, regras e práticas adoptadas por uma entidade na preparação e apresentação das Demonstrações financeiras.

As políticas contabilísticas definidas neste plano têm como objectivo garantir que as demonstrações financeiras foram preparadas em obediência a bases que melhor se adequam às necessidades dos utentes.

2 — APLICAÇÃO:

A escolha das políticas a adoptar fica a cargo da Gerência da entidade e deverá ser orientada no sentido de não pôr em causa as características qualitativas que se pretende que as demonstrações financeiras tenham.

Os casos omissos deverão ser tratados pela Gerência com base em julgamento próprio, devendo a escolha de uma política contabilística ser orientada no sentido de fornecer a informação mais útil aos utilizadores das demonstrações financeiras. Ao exercer tal julgamento a Gerência deve considerar:

a) a forma como neste plano são tratados os assuntos similares e correlacionados;
b) os critérios estabelecidos neste plano para definir, reconhecer e medir activos, passivos, ganhos e perdas;
c) as práticas geralmente usadas por outras entidades, na medida em que estas respeitem o referido em a) e b).

A escolha ou o uso de uma política contabilística inadequada não pode considerar-se adequada, ainda que se encontre apropriadamente divulgada nas Notas às contas.

3 — CARACTERÍSTICAS QUALITATIVAS DA INFORMAÇÃO FINANCEIRA:

As características qualitativas são os atributos que tornam a informação, prestada pelas demonstrações financeiras, útil aos utentes.

1. Relevância:

A informação é relevante quando se torne necessária para a tomada de decisões por parte dos utentes.

A relevância influencia as decisões económicas dos utentes ao ajudá-los a avaliar os acontecimentos passados, presentes ou futuros ou confirmar, ou corrigir as suas avaliações passadas.

2. Fiabilidade:

A informação é fiável na medida em que não enferme de erros materiais e de preconceitos, devendo para tal:
Representar fidedignamente os resultados e a posição financeira da entidade;

Reflectir a substância económica das operações e outros acontecimentos e não meramente a sua forma legal;

Ser neutra, isto é, não influenciar uma tomada de decisão ou o exercício de um juízo a fim de atingir um resultado ou efeito pré-determinado;

Ser prudente, isto é, resultar do uso de um determinado grau de precaução no exercício dos juízos necessários para fazer estimativas requeridas em condições de incerteza e os activos e proveitos não serem sobreavaliados e os passivos e custos não serem sub-avaliados;

Ser completa em todos os aspectos materiais. Para o efeito, entende-se por materialidade o montante a partir do qual uma omissão ou inexactidão de uma informação quantitativa influencia as decisões económicas dos utentes tomadas na base das demonstrações financeiras.

4 — BASES DE APRESENTAÇÃO DAS DEMONSTRAÇÕES FINANCEIRAS:

1. Continuidade:

As Demonstrações financeiras devem ser preparadas na base da continuidade, a menos que a gerência tenha intenções de liquidar a entidade ou cessar a sua actividade, ou não tenha outra alternativa realista que não seja fazê-lo.

Caso existam incertezas quanto à continuidade da entidade ou das suas operações, tal facto deve ser divulgado nas Demonstrações financeiras com indicação das razões que estão na origem das incertezas.

Caso exista intenção ou necessidade de liquidar a entidade ou de cessar as suas operações, as Demonstrações financeiras não devem ser preparadas na base da continuidade, devendo ser divulgado tal facto, a base usada e as razões pelas quais a entidade não se considera em continuidade.

2. Acréscimo:

Excepto quanto demonstração de fluxos de caixa, as demonstrações financeiras devem ser preparadas na base do acréscimo. Sob este regime, os efeitos das operações e outros acontecimentos são reconhecidos quando ocorrem (independentemente da data em que ocorra o respectivo recebimento ou pagamento) sendo registadas e relatadas no período a que se referem.

Desta forma as Demonstrações financeiras informam os utentes não somente das operações passadas envolvendo o pagamento e o recebimento de dinheiro, mas também das obrigações a pagar no futuro e de recursos que representam dinheiro a receber no futuro.

A base do acréscimo pressupõe ainda a utilização do conceito de balanceamento entre custos e proveitos. De acordo com este conceito as despesas são reconhecidas na demonstração de resultados na base do relacionamento directo entre os custos incorridos e os ganhos que lhe estão associados. Contudo, este conceito não permite o reconhecimento de itens no Balanço que não satisfaçam os critérios de definição de activos e passivos.

5 — PRINCÍPIOS CONTABILÍSTICOS

1. Consistência:

A apresentação e classificação de itens nas demonstrações financeiras devem ser mantidas de um período para o outro, a menos que:

Uma alteração significativa nas operações da entidade ou uma revisão da apresentação das demonstrações financeiras demonstre que uma alteração irá resultar numa mais adequada apresentação dos acontecimentos e transacções.

A alteração seja imposta pela entrada em vigor de novas políticas contabilísticas.

2. Materialidade:

A informação é considerada material se a sua omissão puder influenciar a decisão económica dos utentes baseada nas demonstrações financeiras. A materialidade depende do tamanho e da natureza de cada item avaliados nas circunstâncias particulares da sua omissão.

Uma divulgação, mesmo que prevista neste plano, não necessita de ser efectuada se a informação daí resultante for imaterial.

3. Não compensação de saldos:

Não devem ser efectuadas compensações de saldos entre activos e passivos.

A apresentação das rubricas no Balanço pelo seu valor líquido de amortizações e provisões não é considerada uma compensação de saldos.

Podem ser efectuadas compensações de saldos entre itens de custos e proveitos apenas se os ganhos, perdas e despesas relacionadas resultantes de uma mesma operação ou de uma operação similar não for material ou ainda nos seguintes casos:

Ganhos e perdas na venda de activos não correntes, os quais são relatados pela diferença entre o proveito da venda e o valor contabilístico do activo e respectivas despesas de venda.

Despesas recuperadas através de um contrato com uma terceira entidade (ex: sub--arrendamento), as quais são relatadas pelo valor líquido dos proveitos obtidos.

4. Comparabilidade:

De forma que a informação possa ser útil aos utentes, estes deverão ficar habilitados a:

a) efectuar análises comparativas para identificar tendências na posição financeira da entidade e no resultado das suas operações:

Por esta razão, para todos os valores contidos nas Demonstrações financeiras, devem ser apresentados os correspondentes valores comparativos do período precedente.

Informação qualitativa do período precedente deve igualmente ser divulgada sempre que for considerada relevante para a compreensão das Demonstrações financeiras do período corrente.

Quando a apresentação ou classificação de um item nas demonstrações financeiras forem alteradas, deverão ser divulgadas a razão para a alteração e a natureza das alterações que deveriam ser efectuadas na informação do período precedente para que as informações fossem comparáveis.

b) efectuar comparações entre entidades:

Por esta razão devem ser divulgadas as políticas contabilísticas usadas na preparação das demonstrações financeiras.

6 — CRITÉRIOS PARA RECONHECIMENTO DAS CLASSES DAS DEMONSTRAÇÕES FINANCEIRAS:

1. Critério geral:

Reconhecimento é o processo de incorporar no Balanço e na Demonstração de resultados um elemento que satisfaça a definição de uma classe e as condições para o seu reconhecimento.

Um elemento que satisfaça a definição de uma classe deve ser reconhecido se forem satisfeitas as seguintes condições:

For provável que qualquer benefício económico futuro, associado com o elemento, flua para, ou da, empresa;

Seu custo ou valor poder ser quantificado com fiabilidade.

A inter-relação entre as classes significa que um elemento que satisfaça a definição e critérios para o reconhecimento de uma dada classe automaticamente requer o reconhecimento de uma outra classe.

2. Critérios para Reconhecimento de Activos:

Um activo deve ser reconhecido no balanço quando:

For possível que os benefícios económicos futuros fluam para a entidade.

O activo tenha um custo ou um valor que possa ser quantificado com fiabilidade.

A determinação de existência de benefícios económicos futuros deve ser feita atendendo ao grau de certeza dos benefícios, na base da evidência disponível no momento do reconhecimento inicial do activo.

A existência de suficiente certeza de que os benefícios fluirão para a entidade necessita a segurança de que esta:

Receberá as recompensas ligadas ao activo, e

Assumirá os riscos inerentes.

Um dispêndio que tenha sido incorrido e não possa ser reconhecido como um activo, por ser improvável que dele fluam benefícios económicos futuros, deve ser reconhecido como um custo na demonstração de resultados.

2.1 — Imobilizações corpóreas:

São reconhecidos como imobilizações corpóreas, os bens que:

Satisfaçam as condições gerais para o seu reconhecimento como activos.

Se destinem a ficar na posse ou a serem controlados pela entidade por um período superior a um ano.

Não se destinem a ser vendidos no decurso normal das actividades da entidade.

No caso de taras e vasilhame que não se destinem a uso interno da empresa, o seu reconhecimento como um activo fica ainda condicionado à existência de registos que demonstrem que a regra geral é a devolução por parte dos clientes.

2.2 — Imobilizações incorpóreas:

Trespasse:

Só devem ser reconhecidos como trespasses os encargos que representem um pagamento feito em antecipação de benefícios económicos futuros e que sejam de uma aquisição que:
Constitua uma actividade comercial e, simultaneamente.
Resulte na continuação de uma actividade anteriormente exercida.

Despesas de investigação e desenvolvimento:

Só devem ser reconhecidas como um activo as Despesas de Desenvolvimento que satisfaçam todos os critérios seguintes:
O produto ou processo esteja claramente definido e os custos atribuíveis ao produto ou processo possam ser demonstrados.
A exequibilidade técnica do produto ou processo possa ser demonstrada.
A empresa pretenda produzir, comercializar ou usar o produto ou processo.
Exista um mercado para o produto ou processo ou, se for para ser usado internamente e não para ser vendido, a sua utilidade para a empresa puder ser demonstrada.
Existam recursos adequados, ou a sua disponibilidade possa ser demonstrada para completar o projecto e comercializar ou usar o produto ou processo.
As despesas de desenvolvimento que não satisfaçam todas as condições acima referidas, bem como as Despesas de Investigação devem ser reconhecidas como um custo no período em que ocorrem.

2.3 — Investimentos financeiros:

Devem ser reconhecidos como investimentos financeiros os activos que:
Satisfaçam as condições para o seu reconhecimento como activos.
Tenham uma natureza de realizável a médio e longo prazos.
Sejam detidos por um período superior a um ano.
Tenham como objectivo aumentar a riqueza através de uma das seguintes formas:
Distribuição, mediante o recebimento de juros, royalties, dividendos e rendas.
Valorização de capital, ou outros benefícios tais como os resultados de transacções comerciais.

2.4 — Existências:

Devem ser reconhecidos como existências, os bens que:
Respeitem as condições gerais para o reconhecimento como activos.
Satisfaçam uma ou mais das seguintes condições:
Sejam detidos para venda no decurso normal da actividade operacional da empresa.
Resultem do processo de produção da empresa e se destinem à venda.
Se destinem a ser consumidos no processo de produção ou na prestação de serviços, e que revistam a forma de matérias ou materiais de consumo.

3. Critério para o reconhecimento de passivos:

Um passivo deve ser reconhecido no Balanço quando:
    For provável que a liquidação de uma obrigação presente resulte um exfluxo de recursos incorporando benefícios económicos; e
    A quantia pela qual a liquidação tenha lugar possa ser quantificada com fiabilidade.

4. Critério para o reconhecimento de proveitos:

Os proveitos devem ser reconhecidos na Demonstração de resultados quando:
    Tenha surgido um aumento de benefícios económicos futuros relacionados com um aumento de um activo ou com uma diminuição de um passivo; e
    Estes possam ser quantificados com fiabilidade.
    Face ao critério da prudência, os proveitos só devem ser reconhecidos quando satisfizerem uma condição adicional: tenham um grau suficiente de certeza.

4.1 — Vendas:

O rédito proveniente da venda de bens deve ser reconhecido quando estiverem satisfeitas todas as seguintes condições:
    Condições gerais para o seu reconhecimento como proveito.
    Tenham sido transferidos para o comprador os riscos e recompensas significativos da propriedade dos bens.
    Não haja retenção, envolvimento gerencial continuado (com um grau geralmente associado com a propriedade) nem o controlo efectivo dos bens vendidos.
    Os custos incorridos ou a incorrer referentes à transacção possam ser fiavelmente medidos.

4.2 — Prestações de serviços:

O rédito proveniente da prestação de serviços deve ser reconhecido quando estiverem satisfeitas todas as seguintes condições:
    Condições gerais para o seu reconhecimento como proveito.
    A fase de acabamento da transacção à data de balanço possa ser fiavelmente medida.
    Os custos ocorridos ou a ocorrer referentes à transacção possam ser fiavelmente medidos.

4.3 — Royalties:

O rédito proveniente de royalties deve ser reconhecido quando estiverem satisfeitas as condições gerais para o reconhecimento de réditos.
O reconhecimento deve ser feito na base da especialização dos exercícios de acordo com a substância do contrato existente.

4.4 — Subsídios:

Os subsídios só devem ser reconhecidos após existir segurança de que:
    A empresa cumprirá as condições a ela associadas, e
    Os subsídios serão efectivamente recebidos.

Contudo, o recebimento do subsídio, por si só, não prova que de facto as condições do subsídio foram ou irão ser cumpridas.

O rédito proveniente de subsídios deve ser reconhecido durante os períodos necessários para os balancear com os custos relacionados que se pretende que eles compensem, numa base sistemática.

Por essa razão, o rédito proveniente de subsídios deve ser reconhecido pela sua totalidade, no exercício em que se torne recebível no caso dos subsídios:

Se destinarem a investimentos em activos não amortizáveis.

Revestirem a forma de uma doação de um activo não amortizável.

Se destinarem a compensar custos ou perdas incorridos em períodos contabilísticos anteriores.

Se destinarem a dar imediato apoio financeiro à empresa sem quaisquer custos actuais ou futuros relacionados.

4.5 — Erros e alterações de políticas contabilísticas:

Erros:

A correcção de erros na preparação de Demonstrações financeiras de um ou mais períodos anteriores que sejam descobertos no período corrente deve ser reconhecida nos resultados líquidos do período corrente, excepto se reunirem as características para serem considerados erros fundamentais. A correcção de erros fundamentais deverá ser reconhecida nos resultados transitados de exercícios anteriores.

Alterações de estimativas contabilísticas:

Porque o processo de estimativa envolve juízos fundamentais baseados na última informação disponível, esta tem de ser revista se ocorrerem alterações respeitantes às circunstâncias nas quais a estimativa se baseou, ou em resultado de novas informações, de mais experiência ou de desenvolvimentos subsequentes. Dada a sua natureza, a revisão de uma estimativa contabilística não reúne as condições para que possa ser considerada, nem como um erro fundamental, nem como uma rubrica extraordinária.

Por esta razão, os efeitos das alterações das estimativas contabilísticas são reconhecidos na Demonstração de resultados do período corrente, na mesma rubrica usada anteriormente para reconhecer a própria estimativa.

Alterações de políticas contabilísticas:

Face aos princípios contabilísticos da consistência e da comparabilidade dos saldos, as alterações de políticas contabilísticas só devem ser efectuadas nos seguintes casos:

Se for exigida por disposições contabilísticas emitidas por órgão competente para o efeito.

Se a alteração resultar numa apresentação mais apropriada de acontecimentos ou transacções nas demonstrações financeiras da entidade.

Como regra geral, uma alteração numa política contabilística deve ser aplicada retrospectivamente, isto é, a nova política é aplicada aos acontecimentos e transacções em causa como se tivesse estado sempre em uso. Os efeitos desta alteração devem ser reconhecidos nos resultados transitados.

Caso a quantia do ajustamento a efectuar em Resultados transitados não puder ser razoavelmente estimada, admite-se excepcionalmente que tal ajustamento seja registado nos Resultados do exercício, devendo ser feita a divulgação apropriada nas Notas às contas.

4.6 — Juros:

O rédito proveniente de juros deve ser reconhecido quando estiverem satisfeitas condições gerais para o reconhecimento de réditos.

O reconhecimento deve ser feito numa base de proporcionalidade de tempo que tome em consideração o rendimento efectivo do activo.

4.7 — Diferenças de câmbio favoráveis:

Os critérios a usar para o reconhecimento de diferenças de câmbio favoráveis são, com as necessárias adaptações, os mesmos que se encontram definidos para o reconhecimento das diferenças de câmbio desfavoráveis, excepto no que se refere à situação a seguir indicada, por ser enquadrável no âmbito de ganhos potenciais os quais não devem ser reconhecidos.

As diferenças de câmbio favoráveis não realizadas devem ser diferidas:

Se forem originárias da conversão de dívidas a médio e longo prazos.

Se houver expectativas razoáveis que o ganho é reversível.

5. Critério para o reconhecimento de custos:

Os custos devem ser reconhecidos na demonstração de resultados quando:

Tenha surgido uma diminuição dos benefícios económicos futuros relacionados com uma diminuição num activo ou com um aumento do passivo, e

Estes possam ser quantificados com fiabilidade.

Quando se espera que surjam benefícios económicos durante alguns períodos contabilísticos e o proveito ou ganho associado só possa ser determinado de uma forma geral ou indirectamente, o critério de balanceamento determina que os custos sejam reconhecidos na base de procedimentos sistemáticos e racionais de imputação.

Um custo é imediatamente reconhecido quando a despesa não produza benefícios económicos futuros ou estes não se qualifiquem ou deixem de qualificar-se para reconhecimento no balanço como um activo.

5.1 — Despesas de investigação e desenvolvimento:

A prática demonstra que a generalidade dos custos de pesquisa e desenvolvimento não satisfazem, na generalidade dos casos, os critérios gerais para o seu reconhecimento como activos. Assim, por norma, devem ser adoptados os critérios específicos seguintes:

Despesas de investigação devem ser reconhecidas como um custo no período em que ocorrem.

Despesas de desenvolvimento devem ser reconhecidas como um custo no período em que ocorrem, a menos que satisfaçam todas as condições definidas para poderem ser reconhecidas como activos.

5.2 — Erros e alterações de políticas contabilísticas:

Os erros e alterações de políticas contabilísticas, que tenham natureza credora, devem ser reconhecidos, com as necessárias adaptações, nos termos definidos para o reconhecimento dos de natureza devedora.

5.3 — Custos de empréstimos obtidos:

Como regra geral, os custos dos empréstimos obtidos devem ser reconhecidos como um custo no período em que ocorrem.

Alternativamente, os custos com empréstimos obtidos podem ser reconhecidos como activos (através de acréscimo ao custo do activo qualificável relacionado) desde que, cumulativamente, se verifiquem as seguintes condições:

Estejam a ser incorridos.

Satisfaçam os critérios para o reconhecimento de activos.

Possam ser directamente atribuíveis à aquisição, construção, ou produção de um activo.

Se encontram em curso as actividades necessárias para preparar o activo para o seu uso pretendido ou venda.

Estejam a ser incorridos dispêndios com tal activo.

Se em resultado de tal acréscimo o custo ajustado do activo não exceder o mais baixo de: custo de reposição, quantia recuperável pela venda (valor realizável) ou valor de uso do activo.

5.4 — Diferenças de câmbio desfavoráveis:

Como regra geral, devem ser reconhecidas na demonstração de resultados no período em que surjam as diferenças de câmbio provenientes de:

Pagamento de elementos monetários.

Relato de elementos monetários a taxas diferentes das usadas:

No momento do reconhecimento inicial, ou

Na data de relato do período anterior.

As diferenças de câmbio provenientes das situações atrás referidas podem, como regra alternativa, ser reconhecidas da seguinte forma:

Como reservas especiais a serem reconhecidas nos resultados apenas no período em que o investimento financeiro na empresa estrangeira seja vendido, se resultarem de activos ou passivos monetários:

Recebíveis ou pagáveis de/a empresas estrangeiras nas quais a entidade tenha um investimento financeiro.

Que não se refiram a operações comerciais.

Como alteração ao valor de registo inicial dos activos imobilizados qualificáveis, se:

Resultarem de passivos monetários originados pela aquisição de tais activos;

A aquisição dos activos tenha sido recente; e

Se em resultado de tal alteração o custo ajustado do activo não exceder o mais baixo de:

Custo de reposição.

Quantia recuperável pela venda (valor realizável).

Valor de uso do activo.

No caso especial dos passivos monetários se referirem a empréstimos para aquisição, construção ou produção de um activo, a regra alternativa para o reconhecimento das diferenças de câmbio provenientes das situações atrás referidas é o acréscimo ao valor do activo qualificável, de acordo com as seguintes regras:

Se o activo estiver em curso, ou seja, ainda não estiver em condições para o uso pretendido, ou venda.

Se estiverem em curso actividades necessárias para preparar o activo para o seu uso pretendido ou venda.

Se estiverem a ser despendidos custos com tais actividades.

Se em resultado de tal acréscimo o custo ajustado do activo não exceder o mais baixo de: custo de reposição, quantia recuperável pela venda (valor realizável) ou valor de uso do activo.

5.5 — Perdas contingentes:

As perdas contingentes devem ser reconhecidas nas demonstrações financeiras como uma perda (por contrapartida de um passivo) se:

For provável que os acontecimentos futuros venham a confirmar que um activo seja diminuído (depois de já ter tido em consideração qualquer recuperação provável) ou que passe a existir um passivo à data de Balanço; e

Puder ser feita uma estimativa razoável da quantia da perda daí resultante.

7 — VALORIMETRIA:

Entende-se por valorimetria o processo de determinação da quantia pela qual as operações e outros acontecimentos devem ser reconhecidas e inscritas no balanço e na demonstração de resultados.

1. Bases de valorimetria globais:

São bases de valorimetria globais, a usar em graus diferentes e em variadas combinações para efectuar as valorimetrias específicas, as seguintes:

Custo histórico:

Valor original de entrada no património de uma operação ou acontecimento.

Os activos são registados pela quantia de dinheiro ou seus equivalentes, paga ou a pagar para os adquirir, no momento da sua aquisição.

Os passivos são registados pela quantia dos produtos recebidos em troca da obrigação ou, em algumas circunstâncias (ex: impostos sobre os lucros), pelas quantias em dinheiro que se espera que sejam pagas para satisfazer o passivo no decurso normal dos negócios.

Custo corrente:

Valor actualizado de aquisição de activos ou liquidação de passivos.

Os activos são registados pela quantia de dinheiro e seus equivalentes, que teria de ser paga se o mesmo fosse correntemente adquirido.

Os passivos são registados pela quantia não descontada de dinheiro e seus equivalentes que seria necessária para liquidar correntemente a operação.

Valor realizável (de liquidação):

Valor de realização dos activos e de liquidação dos passivos.

Os activos são registados pela quantia de dinheiro e seus equivalentes que possa ser correntemente obtida ao vender o activo numa alienação ordenada.

Os passivos são registados pelos seus valores de liquidação isto é, quantias não descontadas de dinheiro e equivalentes que se espera sejam pagas para satisfazer os passivos no decurso normal dos negócios.

Valor presente (actual):

Valor descontado dos futuros fluxos de caixa.

Os activos são registados pelo valor presente descontado dos futuros influxos líquidos de caixa que se espera que o elemento gere no decurso normal dos negócios.

Os passivos são registados pelo valor presente descontado dos futuros exfluxos líquidos, de caixa que se espera que sejam necessários para liquidar os passivos no decurso normal dos negócios.

Neste Plano é genericamente adoptada como base de valorimetria global o custo histórico, que não tem em atenção nem as variações a nível geral de preços nem as variações nos preços específicos dos activos detidos. Contudo, em circunstâncias particulares é permitido o uso de outras bases de valorimetria, como por exemplo:

Custo corrente, para as imobilizações corpóreas.

Valor realizável, para os inventários.

2. Bases de valorimetria específicas:

2.1 — Transacções em moeda estrangeira:

As transacções em moeda estrangeira devem ser valorizadas na moeda de relato.

No momento do reconhecimento inicial, as transacções em moeda estrangeira são valorizadas na moeda de relato determinada pela aplicação, à quantia de moeda estrangeira, da taxa de câmbio entre a moeda estrangeira e a moeda de relato à data da transacção.

Na data de relato, as transacções em moeda estrangeira são valorizadas na moeda de relato da seguinte forma:

Pelo valor histórico (valorização do reconhecimento inicial), no caso de activos monetários em que o câmbio tenha sido previamente fixado.

Pelo valor histórico (valorização do reconhecimento inicial), no caso de activos não monetários aos quais, na data do reconhecimento inicial, tenha sido atribuído um justo valor em moeda estrangeira.

Pela taxa de fecho determinada pela aplicação, à quantia da moeda estrangeira, da taxa de câmbio à data de fecho entre a moeda estrangeira e a moeda de relato, no caso de activos monetários cujo câmbio não esteja previamente fixado.

2.2 — Imobilizações corpóreas:

As imobilizações corpóreas devem ser valorizadas ao custo de reconhecimento inicial ou ao custo revalorizado, líquido das correspondentes amortizações.

O custo, no reconhecimento inicial, pode ter as seguintes vertentes:

Custo de aquisição, para bens adquiridos ao exterior. O custo de aquisição engloba:

O preço de compra.

Os gastos suportados directa ou indirectamente para colocarem o bem em condições de utilização.

Durante o período em que o imobilizado se encontrar em curso, poderão ainda ser acrescidos ao custo de aquisição os seguintes custos:

As diferenças de câmbio provenientes dos custos relacionados com a aquisição do bem.

Os encargos financeiros provenientes de financiamento relacionados com a aquisição do bem, se tal for considerado adequado e se mostre consistente.

Custo de produção, para bens de produção própria. O custo de produção engloba:

Os custos de materiais e serviços utilizados.

Os custos com pessoal envolvido na produção do bem.

A depreciação dos activos fixos tangíveis que foram usados na produção do bem.

Os gastos gerais de produção relacionados com a produção do bem, que não sejam custos administrativos.

Durante o período em que o imobilizado se encontrar em curso, poderão ainda ser acrescidos ao custo de produção os seguintes custos:

As diferenças de câmbio provenientes dos custos relacionados com a produção do bem.

Os encargos financeiros provenientes de financiamento relacionados com a produção do bem, se tal for considerado adequado e se mostrar consistente.

Custo corrente, para bens recebidos através de doação.

O custo revalorizado, de utilização opcional, tem por objectivo actualizar o valor de reconhecimento inicial do bem para o seu justo valor (custo corrente ou custo de realização) na data da revalorização. O justo valor pode ser determinado usando uma das seguintes formas:

Actualização do custo e respectivas amortizações acumuladas mediante a aplicação de índices que reflictam a perda de poder aquisitivo da moeda.

Avaliação, com base no valor de mercado, realizada por avaliadores qualificados independentes.

As amortizações podem ter as seguintes vertentes:

Amortizações sistemáticas baseadas na vida útil dos bens, destinadas a reflectir a perda dos benefícios económicos decorrentes do uso, da inactividade ou da passagem do tempo. Estas amortizações são calculadas apenas para bens depreciáveis e tendo em atenção:

A quantia depreciável do bem.

A vida útil esperada do bem.

O método mais adequado para reflectir o modelo pelo qual os benefícios económicos deste bem sejam consumidos.

Amortizações extraordinárias destinadas a reduzir o valor dos bens para o seu valor recuperável quando haja diminuição de valor na quantia pela qual os bens se encontram registados. Estas amortizações devem ser revertidas se cessarem os motivos que a originaram.

2.3 — Imobilizações incorpóreas:

Os critérios valorimétricos específicos a adoptar na valorimetria das imobilizações incorpóreas são, com as necessárias adaptações, iguais aos critérios definidos para a valorimetria das imobilizações corpóreas.

Destacam-se como situações particulares as seguintes:

Despesas de investigação e desenvolvimento:

O período de amortização não deve exceder cinco anos.

Trespasses:

O período de amortização não deve exceder cinco anos, a menos que o período mais dilatado se justifique e desde que este não exceda o período de uso útil.

O método de depreciação a usar deverá ser o das quotas constantes, a menos que outro seja mais apropriado nas circunstâncias.

As amortizações extraordinárias não devem ser revertidas ainda que cessem os motivos que as originaram.

2.4 — Investimentos financeiros:

Os investimentos financeiros devem ser valorizados aos custos de reconhecimento inicial, líquido das correspondentes provisões ou amortizações destinadas a garantir que o custo não excede o valor de realização.

O custo, no reconhecimento inicial, pode ter as seguintes vertentes:

Custo de aquisição, para a generalidade dos investimentos financeiros. O custo de aquisição engloba:

O preço de compra.

Os encargos de aquisição, tais como:

Prémios de corretagem.

Honorários.

Direitos e comissões bancárias.

Justo valor, para os investimentos financeiros que forem adquiridos total ou parcialmente:

Pela emissão de acções ou outros títulos.

Por troca com outros activos.

Podem ser efectuadas alterações ao custo, subsequentes ao reconhecimento inicial, nos seguintes casos:

Quando o preço pago pela aquisição já incluía uma parcela de juros vencidos. Neste caso, na data de recebimento dos juros, o custo de aquisição é deduzido da quantia de juros nele incluídos.

Pela imputação de diferenças de câmbio resultantes de passivos monetários relacionados com a aquisição de tais activos.

As amortizações, aplicáveis aos investimentos em imóveis, podem ter as seguintes vertentes:

Amortizações sistemáticas baseadas na vida útil dos imóveis, destinadas a reflectir a perda dos benefícios económicos decorrentes do uso, da inactividade ou da passagem do tempo. Estas amortizações são calculadas apenas para imóveis depreciáveis e tendo em atenção:

A quantia depreciável do imóvel.

A vida esperada do imóvel.

O método mais adequado para reflectir o modelo pelo qual os benefícios económicos deste imóvel fluam para a empresa.

Amortizações extraordinárias destinadas a reduzir o valor dos imóveis para o seu valor recuperável quando haja diminuição de valor na quantia pela qual estes se encontram registados. Estas amortizações devem ser revertidas se cessarem os motivos que a originaram.

As provisões aplicáveis aos restantes investimentos financeiros devem ser:

Registadas no momento em que existam razões fundamentadas que levem a crer que o custo excede o seu provável valor de realização.

Corrigidas ou revertidas, no momento em que se alterarem ou cessarem os motivos que as originaram.

2.5 — Existências:

As existências devem ser valorizadas ao custo ou valor realizável líquido, dos dois o mais baixo.

O custo das existências deve incluir os seguintes custos:

Custos de aquisição, que engloba:

O preço de compra.

Direitos de importação e outros impostos (que não sejam posteriormente recuperáveis).

Custos de transporte.

Custos de manuseamento.

Outros custos directamente atribuíveis à compra dos bens.

Os custos acima devem ser considerados líquidos de descontos comerciais, abatimentos e outros de natureza semelhante.

Custo de conversão que engloba:

Os custos com o pessoal directamente envolvido na produção.

Imputação de gastos industriais fixos.

Depreciação e manutenção de edifícios e de equipamentos da fábrica.

Custos de gestão e administração da fábrica.

Imputação de gastos industriais variáveis.

Materiais indirectos.

Mão de obra indirecta.

Custos ocorridos para colocar os inventários nos seus locais actuais e na sua condição de utilização ou venda.

Desde que os resultados se aproximem dos do custo atrás referido, para a determinação do custo podem ser usadas as seguintes técnicas de medição:

Método dos custos padrões:

Esta técnica de medição só deverá ser usada se for apurado com base em princípios técnicos e contabilísticos adequados, devendo os desvios, se significativos, ser alvo de tratamento adequado.

Método do retalho:

Por este método, a medição do custo é efectuada pelo preço de venda praticado pela empresa deduzido das margens de lucro, exactas ou aproximadas, englobadas naqueles preços.

Esta técnica de medição do custo só deve ser usada em estabelecimentos de venda a retalho ou equivalentes, para medir grande quantidade de unidades:

Que mudam rapidamente (têm grande rotação).

Que têm margens semelhantes.

Para as quais não é praticável usar outros métodos de custeio.

A título excepcional, para a determinação do custo podem ser usadas as seguintes técnicas de medição:

Valor realizável líquido.

Esta técnica de medição pode ser usada para sub-produtos, desperdícios, resíduos e refugos resultantes do processo de produção, para os quais não seja prático a utilização de outro critério.

Valor realizável líquido deduzido de uma margem normal de lucro.

Esta técnica de medição pode ser usada nos seguintes casos:

Quando a actividade da empresa revista uma ou mais das seguintes formas:

    Agricultura.

    Pecuária.

    Silvicultura.

    Pesca.

    Extracção.

    E quando a determinação dos custos de conversão acarretem custos excessivos de apuramento.

Podem ser usados como métodos de custeio os seguintes métodos:

Custo de identificação específica dos custos individuais, para:

    Bens que não sejam ordinariamente intermutáveis.

    Bens ou serviços produzidos e segregados para projectos específicos.

    Primeiro entrado, primeiro saído (FIFO — <<first in first out>>) ou custo médio, como métodos preferenciais, para casos em que não possa ser usado o custo de identificação específica.

    Último entrado, primeiro saído (LIFO — <<last in first out>>), como método alternativo.

    O valor realizável líquido deve ser usado quando o valor do custo não puder ser recuperável pelo uso ou pela venda.

    Este facto acontece, normalmente, quando:

    As existências estiverem danificadas.

    As existências se tornarem total ou parcialmente obsoletas.

    Os preços de venda tiverem diminuído para um valor abaixo do custo.

Os custos estimados de acabamento ou os custos estimados para fazer a venda tiverem aumentado tornando o custo total estimado superior ao seu esperado valor de realização.

O valor realizável líquido é, em casos específicos, equivalente ao:

Custo de reposição, no caso de matérias-primas e subsidiárias das quais se espera que ao serem incorporadas no processo de produção, daí venha a resultar um custo de produto acabado superior ao valor pelo qual este pode ser vendido.

Valor de venda, no caso de sub-produtos, desperdícios, resíduos e refugos resultantes do processo de produção, para os quais não seja prático a utilização de outro critério.

Preço de contrato, no caso de quantidades de inventários detidas para satisfazer vendas firmes em contratos de prestação de serviços, nos quais o preço de venda acordado seja superior ao custo.

Preços gerais de venda, para as restantes existências nos casos em que o respectivo custo for superior ao seu esperado valor de realização.

Os ajustamentos para o valor realizável líquido devem ser reconhecidos através da criação de uma provisão para depreciação de existências excepto nos casos em que o custo tenha sido medido e reconhecido pelos seguintes critérios de reconhecimento:

Método do retalho.

Valor realizável líquido.

Valor realizável líquido deduzido de uma margem normal de lucro.

Nos casos em que a actividade da empresa tenha por objecto contratos de construção plurienais, os produtos e trabalhos em curso no final de cada período podem ser determinados usando um dos seguintes métodos:

Percentagem de acabamento.

Este método só deve ser utilizado se o desfecho do contrato puder ser fiavelmente estimado.

Contrato completado:

Este método deverá ser utilizado apenas quando não seja possível usar o método da percentagem de acabamento.

Qualquer que seja o método utilizado, quando for provável que os custos totais excedam os proveitos totais, o respectivo prejuízo deve ser reconhecido imediatamente como um gasto, através da criação de uma provisão para depreciação de existências ou para outros riscos e encargos, independentemente:

Do trabalho do contrato ter ou não começado.

Da fase de acabamento em que o contrato se encontra.

O custo, neste tipo de contratos deve compreender:

Os custos que se relacionem directamente com o contrato.

Estes custos incluem:

Custos de mão de obra local, incluindo os de supervisão.

Custos de materiais usados.

Depreciação de activos fixos tangíveis usados.

Custos de movimentar os materiais e os activos fixos tangíveis de e para o local do contrato.

Custos de alugar activos fixos tangíveis.

Custos de concepção e de assistência técnica que estejam directamente relacionados com o contrato.

Custos estimados de rectificar e garantir os trabalhos, incluindo custos esperados de garantias.

Reivindicações de terceiras partes.

Diferenças de câmbio relacionadas com passivos monetários directamente relacionados com os custos incorridos com a construção:

Custos atribuíveis à actividade do contrato em geral e que possam ser imputados aos contratos específicos.

Estes custos incluem imputações, por métodos sistemáticos e racionais baseados no nível normal de actividade, de:

Seguros.

Custos de concepção e assistência técnica que não estejam directamente relacionados com um contrato específico.

Gastos gerais de construção, como seja por exemplo custos com a preparação e processamento da folha de salários do pessoal.

Custos de empréstimos obtidos.

Custos especificamente debitáveis a clientes.

Estes custos, dependendo dos termos do contrato, podem incluir alguns custos gerais administrativos e custos de desenvolvimento cujo reembolso esteja especificado nos termos do contrato.

Custos incorridos para assegurar o contrato:

Estes custos só devem ser incluídos no custo se satisfizerem as seguintes condições:

Puderem ser separadamente identificáveis.

Puderem ser medidos fiavelmente.

O contrato for firmado no mesmo período em que os custos forem incorridos.

2.6 — Contas a receber:

As contas a receber são valorizadas ao custo histórico ou ao valor de realização, dos dois o mais baixo.

O custo histórico é o valor de registo inicial eventualmente corrigido para reflectir as seguintes situações:

Os juros vencidos, relativos a dívidas que não tenham sido recebidas na data de pagamento.

Diferenças de câmbio não realizadas determinadas pela aplicação da taxa de câmbio à data de fecho às quantias em moeda estrangeira em dívida na data de relato.

O valor realizável líquido é o valor pelo qual, através de uma análise comercial, se espera que as dívidas possam ser recebidas. Na determinação deste valor deverão ser tidos em conta os valores que se espera que venha a ocorrer com:

Eventuais descontos e créditos que tenham de ser concedidos para conseguir cobrar as dívidas.

Custos de esforço de cobrança.

O ajustamento do custo histórico para o valor realizável líquido quando este for inferior ao primeiro deverá ser reconhecido através da constituição de uma provisão para créditos de cobrança duvidosa, a qual será ajustada ou anulada quando se alterarem ou cessarem as razões que determinaram a sua constituição.

2.7 — Contas a pagar:

As contas a pagar são, regra geral, valorizadas ao custo histórico. Em condições excepcionais as contas a pagar são valorizadas ao valor de liquidação.

O custo histórico é o valor de registo inicial, eventualmente corrigido para reflectir as seguintes situações:

Os juros vencidos, relativos a dívidas que não tenham sido pagas na data de vencimento.

Diferenças de câmbio não realizadas determinadas pela aplicação da taxa de câmbio à taxa de fecho às quantias em moeda estrangeira em dívida na data de relato.

Sempre que, em condições excepcionais o valor de liquidação for inferior ao custo histórico, como por exemplo no caso de ter havido uma redução ou um perdão de dívida, o valor nominal é reduzido, de forma directa, para o seu valor de realização através de uma das seguintes formas:

Transformação em subsídio não reembolsável, a tratar de acordo com os critérios definidos para o reconhecimento de tais subsídios, se o perdão de dívida for concedido mediante determinadas condições que o tornem assemelhável a um subsídio.

Criação de um proveito extraordinário da Demonstração de resultados, se daí resultar um passivo não exigível.

2.8 — Impostos sobre lucros a pagar.

Os impostos sobre lucros a pagar são valorizados ao custo corrente, determinado pela diferença entre o custo histórico do imposto que deveria ser pago e o custo histórico dos adiantamentos já efectuados.

O custo histórico dos adiantamentos corresponde à quantia desembolsada para o efeito.

O custo histórico do imposto que deveria ser pago corresponde à responsabilidade da entidade, apurada de acordo com os critérios fiscais definidos para o seu apuramento.

QUADRO E LISTA DE CONTAS

1 – Introdução:

A fim de orientar o processo de reconhecimento das operações e outros acontecimentos, simplificar o controlo dos registos efectuados e facilitar a consulta de saldos e quantias para efeitos de preparação das componentes das Demonstrações financeiras, optou-se pela sistematização e codificação das rubricas a usar na elaboração dos registos contabilísticos.

Com vista à harmonização, devem ser adoptados os quadros e listas de contas constante deste Plano e respeitadas as disposições gerais a seu respeito.

2 – Disposições gerais:

2.1 Classe 0 – Contas de ordem:

Esta classe é de uso facultativo.

Contudo, sugere-se o seu uso para controlo de situações de direitos e responsabilidades da entidade para com terceiros e de terceiros para com a entidade, que de momento não afectam o seu património mas que no futuro o podem afectar, e que facilitem a respectiva divulgação nas Notas às Contas.

2.2 Classes 1 a 8 – Contabilidade geral:

Estas classes são de uso obrigatório sempre que existam factos ou acontecimentos que pela sua natureza devam nelas ser registados.

Como regra geral não devem ser efectuadas alterações na disposição, nomenclatura e códigos de contas das rubricas constantes de cada uma das classes, sob pena de tais alterações poderem vir a pôr em causa os objectivos com que foram criadas.

Contudo, a título excepcional, são permitidas alterações desde que daí não venha a resultar qualquer prejuízo para a elaboração das demonstrações financeiras nos termos definidos neste Plano.

Podem ser efectuados desenvolvimentos de sub-rubricas de acordo com o que se considerar mais apropriado face à realidade da entidade.

As linhas em branco constantes destas classes podem ser substituídas pela nomenclatura considerada apropriada nas circunstâncias.

2.3 Classe 9 – Contabilidade analítica:

Esta classe é de uso facultativo o qual dependerá da necessidade sentida pela empresa e da ponderação do binómio custo/benefício.

Contudo, recomenda-se o seu uso para empresas industriais onde o apuramento dos custos de produção se torne moroso e difícil de executar por outra via.

1 – MEIOS FIXOS E INVESTIMENTOS

11. Imobilizações corpóreas.
12. Imobilizações incorpóreas.
13. Investimentos financeiros.
14. Imobilizações em curso.
15. ....
16. ....
17. ....
18. Amortizações acumuladas.
19. Provisões para investimentos financeiros.

11. IMOBILIZAÇÕES CORPÓREAS:
11.1 Terrenos e recursos naturais
11.1.1 Terrenos em bruto
11.1.2 Terrenos com arranjo
11.1.3 Subsolos
11.1.4 Terrenos com edifícios:
    11.1.4.1 Relativos a edifícios industriais
    11.1.4.2 Relativos a edifícios administrativos e comerciais
    11.1.4.3 Relativos a outros edifícios

    ....
    ....

11.2 Edifícios e outras construções
11.2.1 Edifícios
    11.2.1.1 Integrados em conjuntos industriais
    11.2.1.2 Integrados em conjuntos administrativos e comerciais
    11.2.1.3 Outros conjuntos industriais
    11.2.1.4 Implantados em propriedade alheia

    ....
11.2.2 Outras construções
11.2.3 Instalações

....
11.3 Equipamento básico
11.3.1 Material industrial
11.3.2 Ferramentas industriais
11.3.3 Melhoramentos em equipamentos básicos

....
11.4 Equipamento de carga e transporte
11.4.1 ....

....
11.5 Equipamento administrativo
11.5.1 ....

....
11.6 Taras e vasilhame
11.6.1 ....

....

11.9 Outras imobilizações corpóreas
11.9.1 ....
....

12. IMOBILIZAÇÕES INCORPÓREAS:
12.1 Trespasses
12.1.1 ....
....

12.2 Despesas de investigação e desenvolvimento
12.2.1 ....
....

12.3 Propriedade industrial e outros direitos e contratos
12.3.1 ....
....

12.4 Despesas de constituição
12.4.1 ....
....

12.9 Outras imobilizações incorpóreas
12.9.1 ....
....
....

13. INVESTIMENTOS FINANCEIROS:
13.1 Empresas subsidiárias
13.1.1 Partes de capital
13.1.2 Obrigações e títulos de participação
13.1.3 Empréstimos
....

13.2 Empresas associadas
13.2.1 Partes de capital
13.2.2 Obrigações e títulos de participação
13.2.3 Empréstimos
....

13.3 Outras empresas
13.3.1 Partes de capital
13.3.2 Obrigações e títulos de participação
13.3.3 Empréstimos
....

13.4 Investimentos em imóveis
13.4.1 ....
....

13.5 Fundos
13.5.1 ....
....

13.9 Outros investimentos financeiros
13.9.1 Diamantes
13.9.2 Ouro

13.9.3 Depósitos bancários

....

14. IMOBILIZAÇÕES EM CURSO:
14.1 Obra em curso
14.2 Obra em curso

....

14.7 Adiantamentos por conta de imobilizado corpóreo
14.7.1 ....

....

14.8 Adiantamentos por conta de imobilizado incorpóreo
14.8.1 ....

....

14.9 Adiantamentos por conta de investimentos financeiros
14.9.1 ....

....

18. AMORTIZAÇÕES ACUMULADAS:
18.1 Imobilizações corpóreas
18.1.1 Terrenos e recursos naturais
18.1.2 Edifícios e outras construções
18.1.3 Equipamento básico
18.1.4 Equipamento de carga e transporte
18.1.5 Equipamento administrativo
18.1.6 Taras e vasilhame

....
18.1.9 Outras imobilizações corpóreas
18.2 Imobilizações incorpóreas
18.2.1 Trespasses
18.2.2 Despesas de investigação e desenvolvimento
18.2.3 Propriedade industrial e outros direitos e contratos
18.2.4 Despesas de constituição

....
18.2.9 Outras imobilizações incorpóreas
18.3 Investimentos financeiros em imóveis
18.3.1 Terrenos e recursos naturais
18.3.2 Edifícios e outras construções

....

19. PROVISÕES PARA INVESTIMENTOS FINANCEIROS:
19.1 Empresas subsidiárias
19.1.1 Partes de capital
19.1.2 Obrigações e títulos de participação
19.1.3 Empréstimos

....
19.2 Empresas associadas
19.2.1 Partes de capital

19.2.2 Obrigações e títulos de participação
19.2.3 Empréstimos

....

19.3 Outras empresas
19.3.1 Partes de capital
19.3.2 Obrigações e títulos de participação
19.3.3 Empréstimos

....

19.4 Fundos
19.4.1 Partes de capital

....

....

19.9 Outros investimentos financeiros
19.9.1 Diamantes
19.9.2 Ouro
19.9.3 Depósitos bancários

....

2 – EXISTÊNCIAS:

21. COMPRAS:
22. **Matérias-primas, subsidiárias e de consumo**
23. **Produtos e trabalhos em curso**
24. **Produtos acabados e intermédios**
25. **Sub-produtos, desperdícios, resíduos e refugos**
26. **Mercadorias**
27. **Matérias-primas, mercadorias e outros materiais em trânsito**
28. **Adiantamentos por conta de compras**
29. **Provisão para depreciação de existências**

21. COMPRAS:
21.1 Matérias-primas, subsidiárias e de consumo
21.1.1 ....

....

21.2 Mercadorias
21.2.1 ....

....

21.7 Devoluções de compras
21.7.1 ....

....

21.8 Descontos e abatimentos em compras
21.8.1 ....

....

21.9 ....
21.9.1 ....

....

22. MATÉRIAS-PRIMAS SUBSIDIÁRIAS E DE CONSUMO
22.1 Matérias-primas
22.1.1 ....

....

22.2 Matérias subsidiárias
22.2.1 ....

....

22.3 Materiais diversos
22.3.1 ....

....

22.4 Embalagens de consumo
22.4.1 ....

....

22.5 Outros materiais
22.5.1 ....

....

23. PRODUTOS E TRABALHOS EM CURSO
23.1 ....

23.2 ....

....

24. PRODUTOS ACABADOS E INTERMÉDIOS
24.1 Produtos acabados
24.1.1 ....

....

24.2 Produtos intermédios
24.2.1 ....

....

24.9 Em poder de terceiros
24.9.1 ....

....

25. SUB-PRODUTOS, DESPERDÍCIOS, RESÍDUOS E REFUGOS
25.1 Sub-produtos
25.1.1 ....

25.2 Desperdícios, resíduos e refugos
25.2.1 ....

26. MERCADORIAS
26.1 ....

26.2 ....

....

26.9 Em poder de terceiros
26.9.1 ....

....

27. MATÉRIAS-PRIMAS, MERCADORIAS E OUTROS MATERIAIS EM TRÂNSITO:

27.1 Matérias-primas

27.1.1 ....

....

27.2 Outros materiais

27.2.1 ....

....

27.3 Mercadorias

27.3.1 ....

....

28. ADIANTAMENTOS POR CONTA DE COMPRAS

28.1 Matérias-primas e outros materiais

28.1.1 ....

....

28.2 Mercadorias

28.2.1 ....

....

29. PROVISÃO PARA DEPRECIAÇÃO DE EXISTÊNCIAS

29.1 ....

29.2 Matérias-primas, subsidiárias e de consumo

29.2.1 ....

....

29.3 Produtos e trabalhos em curso

29.3.1 ....

....

29.4 Produtos acabados e intermédios

29.4.1 ....

....

29.5 Sub-produtos, desperdícios, resíduos e refugos

29.5.1 ....

....

29.6 Mercadorias

29.6.1 ....

....

3 – TERCEIROS

31. Clientes
32. Fornecedores
33. Empréstimos
34. Estado
35. Entidades participantes e participadas
36. Pessoal
37. Outros valores a receber e a pagar
38. Provisões para cobranças duvidosas

39. Provisões para outros riscos e encargos

31. CLIENTES
 31.1 Clientes – correntes
 31.1.1 Grupo
   31.1.1.1 Subsidiárias
   31.1.1.2 Associadas
 31.1.2 Não grupo
   31.1.2.1 Nacionais
   31.1.2.2 Estrangeiros
 31.2 Clientes – títulos a receber
 31.2.1 Grupo
   31.2.1.1 Subsidiárias
   31.2.1.2 Associadas
 31.2.2 Não grupo
   31.2.2.1 Nacionais
   31.2.2.2 Estrangeiros
 31.3 Clientes – títulos descontados
 31.3.1 Grupo
   31.3.1.1 Subsidiárias
   31.3.1.2 Associadas
 31.3.2 Não grupo
   31.3.2.1 Nacionais
   31.3.2.2 Estrangeiros
   ....

 31.8 Clientes de cobrança duvidosa
   31.8.1 Clientes – correntes
   31.8.2 Clientes – títulos
 31.9 Clientes - saldos credores
   31.9.1 Adiantamentos
   31.9.2 Embalagens a devolver
   31.9.3 Material à consignação
   ....

32. FORNECEDORES
 32.1 Fornecedores – correntes
  32.1.1 Grupo
    32.1.1.1 Subsidiárias
    32.1.1.2 Associadas
  32.1.2 Não grupo
    32.1.2.1 Nacionais
    32.1.2.2 Estrangeiros
 32.2 Fornecedores – títulos a pagar
  32.2.1 Grupo
    32.2.1.1 Subsidiárias
    32.2.1.2 Associadas

32.2.2 Não grupo
    32.2.2.1 Nacionais
    32.2.2.2 Estrangeiros

    ....

32.8 Fornecedores – facturas em recepção e conferência
    32.8.1 ....

    ....

32.9 Fornecedores – saldos devedores
    32.9.1 Adiantamentos
    32.9.2 Embalagens a devolver
32.9.3 Material à consignação

    ....

33. EMPRÉSTIMOS
33.1 Empréstimos bancários
    33.1.1 Moeda nacional
        33.1.1.1 Banco _____

        ....

    33.1.2 Moeda estrangeira
        33.1.2.1 Banco _____

        ....

33.2 Empréstimos por obrigações
    33.2.1 Convertíveis
        33.2.1.1 Entidade_____

        ....

    33.2.2 Não convertíveis
        33.2.2.1 Entidade_____

        ....

33.3 Empréstimos por títulos de participação
    33.3.1 Entidade _____

        ....

        ....

33.9 Outros empréstimos obtidos
    33.9.1 Entidade _____
    33.9.1.1 ....

    ....

34. ESTADO
34.1 Imposto sobre os lucros
    34.1.1 ....

    ....

34.2 Imposto de produção e consumo
    34.2.1 ....

    ....

34.3 Imposto de rendimento de trabalho
    34.3.1 ....

    ....

34.4 Imposto de circulação
      34.4.1 ....

....
34.8 Subsídios a preços
      34.8.1 ....

....
34.9 Outros impostos
      34.9.1 ....

....

35. ENTIDADES PARTICIPANTES E PARTICIPADAS
  35.1 Entidades participantes
    35.1.1 Estado
        35.1.1.1 c/subscrição
        35.1.1.2 c/adiantamentos sobre lucros
        35.1.1.3 c/lucros
        35.1.1.4 Empréstimos

....
    35.1.2 Empresas do grupo – subsidiárias
        35.1.2.1 c/subscrição
        35.1.2.2 c/adiantamentos sobre lucros
        35.1.2.3 c/lucros
        35.1.2.4 Empréstimos

....
    35.1.3 Empresas do grupo – associadas
        35.1.3.1 c/subscrição
        35.1.3.2 c/adiantamentos sobre lucros
        35.1.3.3 c/lucros
        35.1.3.4 Empréstimos

....
    35.1.4 Outros
        35.1.4.1 c/subscrição
        35.1.4.2 c/adiantamentos sobre lucros
        35.1.4.3 c/lucros
        35.1.4.4 Empréstimos

....
....
  35.2 Entidades participadas
    35.2.1 Estado
        35.2.1.1 c/subscrição
        35.2.1.2 c/adiantamentos sobre lucros
        35.2.1.3 c/lucros
        35.2.1.4 Empréstimos

....
    35.2.2 Empresas do grupo – subsidiárias
        35.2.2.1 c/subscrição
        35.2.2.2 c/adiantamentos sobre lucros

                35.2.2.3 c/lucros
                35.2.2.4 Empréstimos

                ....

        35.2.3 Empresas do grupo – associadas
                35.2.3.1 c/subscrição
                35.2.3.2 c/adiantamentos sobre lucros
                35.2.3.3 c/lucros
                35.2.3.4 Empréstimos

                ....

        35.2.4 Outros
                35.2.4.1 c/subscrição
                35.2.4.2 c/adiantamentos sobre lucros
                35.2.4.3 c/lucros
                35.2.4.4 Empréstimos

                ....
                ....
                ....

36. PESSOAL
    36.1 Pessoal – remunerações
        36.1.1 Órgãos sociais
                36.1.1.1 ....

                ....

        36.1.2 Empregados
                36.1.2.1 ....

                ....
                ....

    36.2 Pessoal – participação nos resultados
        36.2.1 Órgãos sociais
                36.2.1.1 ....

                ....

        36.2.2 Empregados
                36.2.2.1 ....

                ....
                ....

    36.3 Pessoal – adiantamentos
        36.3.1...................................

                ....
                ....

    36.9 Pessoal – outros
        36.9.1...................................

                ....

37. OUTROS VALORES A RECEBER E A PAGAR
    37.1 Compras de imobilizado
        37.1.1 Corpóreo
        37.1.2 Incorpóreo

37.1.3 Financeiro

....

37.2 Vendas de imobilizado
37.2.1 Corpóreo
37.2.2 Incorpóreo
37.2.3 Financeiro

....

37.3 Proveitos a facturar
37.3.1 Vendas
37.3.2 Prestações de serviço
37.3.3 Juros

....

37.4 Encargos a repartir por períodos futuros
37.4.1 Descontos de emissão de obrigações
37.4.2 Descontos de emissão de títulos de participação

....

37.5 Encargos a pagar
37.5.1 Remunerações
37.5.2 Juros

....

37.6 Proveitos a repartir por períodos futuros
37.6.1 Prémios de emissão de obrigações
37.6.2 Prémios de emissão de títulos de participação
37.6.3 Subsídios para investimento
37.6.4 Diferenças de câmbio favoráveis reversíveis

....

37.7 Contas transitórias
37.7.1 Transacções entre a sede e as dependências da empresa

....
....

37.9 Outros valores a receber e a pagar
37.9.1 ....

....

38. PROVISÕES PARA COBRANÇAS DUVIDOSAS
38.1 Provisões para clientes
38.1.1 Clientes - correntes
38.1.1.1 Grupo
38.1.1.2 Não grupo
38.1.2 Clientes – títulos a receber
38.1.2.1 Grupo
38.1.2.2 Não grupo
38.1.3 Clientes – cobrança duvidosa
38.1.3.1 Grupo
38.1.3.2 Não grupo

....

38.2 Provisões para saldos devedores de fornecedores
   38.2.1 ....

   ....

38.3 Provisões para participantes e participadas
   38.3.1 Participantes
   38.3.2 Participadas

38.4 Provisões para dívidas do pessoal
   38.4.1 ....

   ....

   ....

38.9 Provisões para outros saldos a receber
   38.9.1 Vendas imobilizado

   ....

39. PROVISÕES PARA OUTROS RISCOS E ENCARGOS
   39.1 Provisões para pensões
      39.1.1 ....

      ....

   39.2 Provisões para processos judiciais em curso
      39.2.1 ....

      ....

   39.3 Provisões para acidentes de trabalho
      39.3.1 ....

      ....

   39.4 Provisões para garantias dadas a clientes
      39.4.1 ....

      ....

   39.9 Provisões para outros riscos e encargos
      39.9.1 ....

      ....

4 – MEIOS MONETÁRIOS

41. Títulos negociáveis
42. Depósitos a prazo
43. Depósitos à ordem
44. Outros depósitos
45. Caixa
46. ....
47. ....
48. Conta transitória
49. Provisões para aplicações de tesouraria

41. TÍTULOS NEGOCIÁVEIS
   41.1 Acções
      41.1.1 Empresas do grupo

         41.1.2 Associadas

         41.1.3 Outras empresas

41.2 Obrigações

         41.2.1 Empresas do grupo

         41.2.2 Associadas

         41.2.3 Outras empresas

41.3 Títulos da dívida pública

         41.3.1 ....

         ....

         ....

42. DEPÓSITOS A PRAZO

42.1 Moeda nacional

         42.1.1 Banco ....

         42.1.2 Banco ....

         ....

42.2 Moeda estrangeira

         42.2.1 Banco ....

         42.2.2 Banco ....

         ....

         ....

43. DEPÓSITOS À ORDEM

43.1 Moeda nacional

         43.1.1 Banco ....

         43.1.2 Banco ....

         ....

43.2 Moeda estrangeira

         43.2.1 Banco ....

         43.2.2 Banco ....

         ....

         ....

44. OUTROS DEPÓSITOS

44.1 Moeda nacional

         44.1.1 Banco ....

         44.1.2 Banco ....

         ....

         ....

44.2 Moeda estrangeira

         44.2.1 Banco ....

         44.2.2 Banco ....

         ....

         ....

45. CAIXA

45.1 Fundo fixo

         45.1.1 Caixa ....

         45.1.2 Caixa ....

         ....

45.2 Valores para depositar
45.2.1 ....

....

45.3 Valores destinados a pagamentos específicos
45.3.1 Salários

....

....

46 ....
    46.1 ....

....

47 ....
    47.1 ....

....

48. CONTA TRANSITÓRIA
    48.1 Banco ....
    48.2 Banco ....

....

49. PROVISÕES PARA APLICAÇÕES DE TESOURARIA
    49.1 Títulos negociáveis
        49.1.1 Acções
        49.1.2 Obrigações
        49.1.3 Títulos da dívida pública

....

    49.2 Outras aplicações de tesouraria
        49.2.1 ....

....

....

5 – CAPITAL E RESERVAS

51. Capital
52. Acções/quotas próprias
53. Prémios de emissão
54. Prestações suplementares
55. Reservas legais
56. Reservas de reavaliação
57. Reservas com fins especiais
58. Reservas livres
59. ....

51. CAPITAL

....

52. ACÇÕES/QUOTAS PRÓPRIAS
    52.1 Valor nominal
        52.1.1 ....

....

52.2 Descontos

    52.2.1 ....

....

52.3 Prémios

    52.3.1 ....

....

53. PRÉMIOS DE EMISSÃO

....

54. PRESTAÇÕES SUPLEMENTARES

....

55. RESERVAS LEGAIS

....

56. RESERVAS DE REAVALIAÇÃO
56.1 Legais

    56.1.1 Decreto-Lei nº..........

    56.1.2 Decreto-Lei nº..........

....

56.2 Autónomas

    56.2.1 Avaliação

    56.2.2 Realização

....

....

57. RESERVAS COM FINS ESPECIAIS

....

58. RESERVAS LIVRES

....

59. ....

....

6 – PROVEITOS E GANHOS POR NATUREZA

61. Vendas
62. Prestações de serviço
63. Outros proveitos operacionais
64. Variação nos inventários de produtos acabados e de produção em curso
65. Trabalhos para a própria empresa
66. Proveitos e ganhos financeiros gerais
67. Proveitos e ganhos financeiros em filiais e associadas
68. Outros proveitos não operacionais
69. Proveitos e ganhos extraordinários

61. VENDAS
    61.1 Produtos acabados e intermédios
        61.1.1 Mercado nacional
        61.1.2 Mercado estrangeiro

61.2 Sub-produtos, desperdícios, resíduos e refugos
    61.2.1 Mercado nacional
    61.2.2 Mercado estrangeiro
61.3 Mercadorias
    61.3.1 Mercado nacional
    61.3.2 Mercado estrangeiro
61.4 Embalagens de consumo
    61.4.1 Mercado nacional
    61.4.2 Mercado estrangeiro
61.5 Subsídios a preços
    61.5.1 ....

    ....
61.7 Devoluções
    61.7.1 Mercado nacional
    61.7.2 Mercado estrangeiro
61.8 Descontos e abatimentos
    61.8.1 Mercado nacional
    61.8.2 Mercado estrangeiro
61.9 Transferência para resultados operacionais

62. PRESTAÇÕES DE SERVIÇOS
62.1 Serviços principais
    62.1.1 Mercado nacional
    62.1.2 Mercado estrangeiro
62.2 Serviços secundários
    62.2.1 Mercado nacional
    62.2.2 Mercado estrangeiro

    ....
62.8 Descontos e abatimentos
    62.8.1 Mercado nacional
    62.8.2 Mercado estrangeiro
62.9 Transferência para resultados operacionais

63. OUTROS PROVEITOS OPERACIONAIS
63.1 Serviços suplementares
    63.1.1 Aluguer de equipamento
    63.1.2 Cedência de pessoal
    63.1.3 Cedência de energia
    63.1.4 Estudos, projectos e assistência técnica

    ....
63.2 Royalties
63.3 Subsídios à exploração
63.4 Subsídios a investimento

    ....
63.8 Outros proveitos e ganhos operacionais
    63.8.1 ....

    ....

63.9 Transferência para resultados operacionais

64. VARIAÇÃO NOS INVENTÁRIOS DE PRODUTOS ACABADOS E DE PRODUÇÃO EM CURSO

64.1 Produtos e trabalhos em curso
    64.1.1 ....

64.2 Produtos acabados
    64.2.1 ....

    ....

64.3 Produtos intermédios
    64.3.1 ....

    ....

    ....

64.9 Transferência para resultados operacionais

65. TRABALHOS PARA A PRÓPRIA EMPRESA
65.1 Para imobilizado
    65.1.1 Corpóreo
    65.1.2 Incorpóreo
    65.1.3 Financeiro
    65.1.4 Em curso

65.2 Para encargos a repartir por exercícios futuros
    65.2.1 ....

    ....

    ....

65.9 Transferência para resultados operacionais

66. PROVEITOS E GANHOS FINANCEIROS GERAIS
66.1 Juros
    66.1.1 De investimentos financeiros
        66.1.1.1 Obrigações
        66.1.1.3 Títulos de participação
        66.1.1.4 Empréstimos

        ....
        66.1.1.9 Outros
    66.1.2. De mora relativos a dívidas de terceiros
        66.1.2.1 Dívidas recebidas a prestações
        66.1.2.2 De empréstimos a terceiros

        ....
    66.1.4. Desconto de títulos

        ....
    66.1.5. De aplicações de tesouraria

        ....
66.2 Diferenças de câmbio favoráveis
    66.2.1 Realizadas
    66.2.2 Não realizadas

66.3 Descontos de pronto pagamento obtidos
    66.3.1 ....

....

66.4 Rendimentos de investimentos em imóveis
    66.4.1 ....

....

66.5 Rendimento de participações de capital
    66.5.1 Acções, quotas em outras empresas
    66.5.2 Acções, quotas incluídas nos fundos
    66.5.3 Acções, quotas incluídas nos títulos negociáveis

66.6 Ganhos na alienação de aplicações financeiras
    66.6.1 Investimentos financeiros
        66.6.1.1 Subsidiárias
        66.6.1.2 Associadas
        66.6.1.3 Outras empresas
        66.6.1.4 Imóveis
        66.6.1.5 Fundos

        ....
        66.6.1.9 Outros investimentos
    66.6.2 Títulos negociáveis

66.7 Reposição de provisões
    66.7.1 Investimentos financeiros
        66.7.1.1 Subsidiárias
        66.7.1.2 Associadas
        66.7.1.3 Outras empresas
        66.7.1.4 Fundos

        ....
        66.7.1.9 Outros investimentos
    66.7.2 Aplicações de tesouraria
        66.7.2.1 Títulos negociáveis
        66.7.2.2 Depósitos a prazo
        66.7.2.3 Outros depósitos

        ....
        66.7.2.9 Outros investimentos

....

67. PROVEITOS E GANHOS FINANCEIROS EM FILIAIS E ASSOCIADAS
    67.1 Rendimento de participações de capital
        67.1.1 Subsidiárias
        67.1.2 Associadas

....

    67.9 Transferência para resultados em filiais e associadas

68. OUTROS PROVEITOS E GANHOS NÃO OPERACIONAIS
    68.1 Reposição de provisões
        68.1.1 Existências
            68.1.1.1 Matérias-primas, subsidiárias e de consumo

68.19 Transferência para resultados não operacionais

69. PROVEITOS E GANHOS EXTRAORDINÁRIOS
69.1 Ganhos resultantes de catástrofes naturais
> 69.1.1 ....
> ....

69.2 Ganhos resultantes de convulsões políticas
> 69.2.1 ....
> ....

69.3 Ganhos resultantes de expropriações
> 69.3.1 ....
> ....

69.4 Ganhos resultantes de sinistros
> 69.4.1 ....
> ....

69.5 Subsídios
> 69.5.1 ....
> ....

69.6 Anulação de passivos não exigíveis
> 69.6.1 ....
> ....
> ....

69.9 Transferência para resultados extraordinários

7 – CUSTOS E PERDAS POR NATUREZA

71. Custo das mercadorias vendidas e das matérias consumidas
72. Custos com o pessoal
73. Amortizações do exercício
74. ....
75. Outros custos e perdas operacionais
76. Custos e perdas financeiros gerais
77. Custos e perdas financeiros em filiais e associadas
78. Outros custos e perdas não operacionais
79. Custos e perdas extraordinárias

71 CUSTO DAS EXISTÊNCIAS VENDIDAS
71.1 Matérias-primas
> 71.1.1. ....
> ....

71.2 Matérias subsidiárias
> 71.2.1. ....
> ....

71.3 Materiais diversos
> 71.3.1. ....
> ....

71.4 Embalagens de consumo
    71.4.1. ....
    ....

71.5 Outros materiais
    71.5.1. ....
    ....
    ....

71.9 Transferência para resultados operacionais

72. CUSTOS COM O PESSOAL
72.1 Remunerações – Órgãos sociais
    72.1.1. ....
    ....

72.2 Remunerações – Pessoal
    72.2.1. ....
    ....

72.3 Pensões
    72.3.1. Órgãos sociais
    72.3.2. Pessoal
    ....

72.4 Prémios para pensões
    72.4.1. Órgãos sociais
    72.4.2. Pessoal
    ....

72.5 Encargos sobre remunerações
    72.5.1. Órgãos sociais
    72.5.2. Pessoal
    ....

72.6 Seguros de acidentes de trabalho e doenças profissionais
    72.6.1. Órgãos sociais
    72.6.2. Pessoal
    ....

72.7 Formação
    72.7.1. Órgãos sociais
    72.7.2. Pessoal
    ....

72.8 Outras despesas com o pessoal
    72.8.1. Órgãos sociais
    72.8.2. Pessoal
    ....

72.9 Transferência para resultados operacionais

73. AMORTIZAÇÕES DO EXERCÍCIO
73.1 Imobilizações corpóreas
    73.1.2 Edifícios e outras construções
    73.1.3 Equipamento básico
    73.1.4 Equipamento de carga e transporte

73.1.5 Equipamento administrativo

73.1.6 Taras e vasilhame

....

73.1.9 Outras imobilizações corpóreas

73.2 Imobilizações incorpóreas

73.2.1 Trespasses

73.2.2 Despesas de investigação e desenvolvimento

73.2.3 Propriedade industrial e outros direitos e contratos

73.2.4 Despesas de constituição

....

73.2.9 Outras imobilizações incorpóreas

....

73.9 Transferência para resultados operacionais

75. OUTROS CUSTOS E PERDAS OPERACIONAIS

75.1 Sub-contratos

75.1.1 ....

....

75.2 Fornecimentos e serviços de terceiros

75.2.11 Água

75.2.12 Electricidade

75.2.13 Combustíveis e outros fluídos

75.2.14 Conservação e reparação

75.2.15 Material de protecção, segurança e conforto

75.2.16 Ferramentas e utensílios de desgaste rápido

75.2.17 Material de escritório

75.2.18 Livros e documentação técnica

75.2.19 Outros fornecimentos

75.2.19.1 ....

....

75.2.20 Comunicação

75.2.21 Rendas e alugueres

75.2.22 Seguros

75.2.23 Deslocações e estadas

75.2.24 Despesas de representação

75.2.26 Conservação e reparação

75.2.27 Vigilância e segurança

75.2.28 Limpeza, higiene e conforto

75.2.29 Publicidade e propaganda

75.2.30 Contencioso e notariado

75.2.31 Comissões a intermediários

75.2.32 Assistência técnica

       75.2.32.1 Estrangeira

       75.2.32.2 Nacional

....

75.2.33 Trabalhos executados no exterior

75.2.34 Honorários e avenças

75.2.35 Royalties

....

75.2.39 Outros serviços
        75.2.39.1 ....
75.3 Impostos
        75.3.1 Indirectos
                75.3.1.1 Imposto de selo

        ....
                75.3.1.9 Outros impostos
        75.3.2 Directos
                75.3.2.1 Imposto de capitais
                75.3.2.2 Contribuição predial

        ....
                75.3.2.9 Outros impostos

        ....

75.4 Despesas confidenciais
75.5 Quotizações
75.6 Ofertas e amostras de existências

....
75.8 Outros custos e perdas operacionais

....
75.9 Transferência para resultados operacionais

76. CUSTOS E PERDAS FINANCEIROS GERAIS
76.1 Juros
        76.1.1 De empréstimos
                76.1.1.1 Bancários
                76.1.1.2 Obrigações
                76.1.1.3 Títulos de participação

        ....
        76.1.2 De descobertos bancários
        76.1.3 De mora relativos a dívidas a terceiros
        76.1.4 De desconto de títulos

        ....

76.2 Diferenças de câmbio desfavoráveis
        76.2.1 Realizadas
        76.2.2 Não realizadas
76.3 Descontos de pronto pagamento concedidos
        76.3.1 ....

        ....

76.4 Amortizações de investimentos em imóveis
        76.4.1 ....

        ....

76.5 Provisões para aplicações financeiras
        76.5.1 Investimentos financeiros
                76.5.1.1 Subsidiárias

76.5.1.2 Associadas

76.5.1.3 Outras empresas

76.5.1.4 Fundos

....
76.5.1.9 Outros investimentos

76.5.2 Aplicações de tesouraria

76.5.2.1 Títulos negociáveis

76.5.2.2 Depósitos a prazo

76.5.2.3 Outros depósitos

....
76.5.2.9 Outros

76.6 Perdas na alienação de aplicações financeiras

76.6.1 Investimentos financeiros

76.6.1.1 Subsidiárias

76.6.1.2 Associadas

76.6.1.3 Outras empresas

76.6.1.4 Fundos

....
76.6.1.9 Outros investimentos

76.6.2 Aplicações de títulos negociáveis

76.7 Serviços bancários

76.7.1 ....

....

....

76.9 Transferência para resultados financeiros

77. CUSTOS E PERDAS FINANCEIROS EM FILIAIS E ASSOCIADAS

....

....

77.9 Transferência para resultados financeiros

78. OUTROS CUSTOS E PERDAS NÃO OPERACIONAIS

78.1 Provisões do exercício

78.1.1 Existências

78.1.1.1 Matérias-primas, subsidiárias e de consumo

78.1.1.2 Produtos e trabalhos em curso

78.1.1.3 Produtos acabados e intermédios

78.1.1.4 Subprodutos, desperdícios, resíduos e refugos

78.1.1.5 Mercadorias

....
78.1.2 Cobranças Duvidosas

78.1.2.1 Clientes

78.1.2.2 Clientes – títulos a receber

78.1.2.3 Clientes – cobrança duvidosa

78.1.2.4 Saldos devedores de fornecedores

78.1.2.5 Participantes e participadas

79.2 Perdas resultantes de convulsões políticas
     79.2.1 ....
     ....

79.3 Perdas resultantes de expropriações
     79.3.1 ....
     ....

79.4 Perdas resultantes de sinistros
     79.4.1 ....
     ....
     ....

79. 9 Transferência para resultados extraordinários

8 – RESULTADOS

81. Resultados transitados
82. Resultados operacionais
83. Resultados financeiros
84. Resultados em filiais e associadas
85. Resultados não operacionais
86. Resultados extraordinários
87. Imposto sobre os lucros
88. Resultado líquido do exercício
89. Dividendos antecipados

81. RESULTADOS TRANSITADOS
81.1 Ano _____
     81.1.1 Resultado do ano
     81.1.2 Aplicação de resultados
     81.1.3 Correcções de erros fundamentais, no exercício seguinte
     81.1.4 Efeito das alterações de políticas contabilísticas
     81.1.5 Imposto relativo a correcções de erros fundamentais e alterações de políticas contabi-
          lísticas

81.2 Ano _____
     81.2.1 Resultado do ano
     81.2.2 Aplicação de resultados
     81.2.3 Correcções de erros fundamentais, no exercício seguinte
     81.2.4 Efeito das alterações de políticas contabilísticas
     81.2.5 Imposto relativo a correcções de erros fundamentais e alterações de políticas contabi-
          lísticas

     ....

82. RESULTADOS OPERACIONAIS
82.1 Vendas
82.2 Prestações de serviço

82.3 Outros proveitos operacionais

82.4 Variação nos inventários de produtos acabados e produtos em vias de fabrico

82.5 Trabalhos para a própria empresa

82.6 Custo das mercadorias vendidas e das matérias consumidas

82.7 Custos com o pessoal

82.8 Amortizações do exercício

82.9 Outros custos operacionais

....

82.19 Transferência para resultados líquidos

83. RESULTADOS FINANCEIROS

83.1 Proveitos e ganhos financeiros gerais

83.2 Custos e perdas financeiros gerais

....

83.9 Transferência para resultados líquidos

84. RESULTADOS FINANCEIROS EM FILIAIS E ASSOCIADAS

84.1 Proveitos e ganhos em filiais e associadas

84.2 Custos e perdas em filiais e associadas

....

84.9 Transferência para resultados líquidos

85. RESULTADOS NÃO OPERACIONAIS

85.1 Proveitos e ganhos não operacionais

85.2 Custos e perdas não operacionais

....

85.9 Transferência para resultados líquidos

86. RESULTADOS EXTRAORDINÁRIOS

86.1 Proveitos e ganhos extraordinários

86.2 Custos e perdas extraordinários

....

86.9 Transferência para resultados líquidos

87. IMPOSTOS SOBRE OS LUCROS

87.1 Imposto sobre os resultados correntes

87.2 Imposto sobre os resultados extraordinários

....

87.9 Transferência para resultados líquidos

88. RESULTADOS LÍQUIDOS DO EXERCÍCIO

88.1 Resultados operacionais

88.2 Resultados financeiros gerais

88.3 Resultados em filiais e associadas

88.4 Resultados não operacionais

88.5 Imposto sobre os resultados correntes

88.6 Resultados extraordinários

88.7 Imposto sobre os resultados extraordinários

....

88.9 Transferência para resultados transitados

89. DIVIDENDOS ANTECIPADOS

....

89.9 Transferência para resultados transitados

NOTAS EXPLICATIVAS

1 — Introdução:

Pretende-se que a informação contida neste Plano Geral de Contabilidade seja rapidamente compreensível pelos seus utentes. Contudo, presume-se que os utentes tenham um razoável conhecimento das actividades empresariais, económicas e de contabilidade e vontade de interpretar e aplicar a informação com razoável diligência.

Com base neste pressuposto, as Notas Explicativas constantes deste capítulo destinam-se apenas a auxiliar na interpretação e aplicação das disposições deste Plano não incluindo portanto, na generalidade dos casos, quaisquer regras de movimentação de contas e outras de natureza similar.

2 — Transacções em moeda estrangeira:

2.1 Definições:

Transacções em moeda estrangeira:
Transacções em moeda estrangeira são as transacções que são estabelecidas ou exijam pagamentos em moeda estrangeira.

Moeda estrangeira:
Moeda estrangeira é a moeda que não seja a moeda usada na apresentação das demonstrações financeiras.

Moeda de relato:
Moeda de relato é a moeda usada na apresentação das Demonstrações financeiras.

Taxa de câmbio:
Taxa de câmbio é a taxa de troca de duas moedas.

Diferença de câmbio:
Diferença de câmbio é a diferença que resulta do facto de ser relatado o mesmo número de unidades de moeda estrangeira, na moeda relato, as diferentes taxas de câmbio.

Taxa de fecho:
Taxa de fecho é a taxa de troca à vista à data do balanço.

Activos monetários:
Activos monetários são o dinheiro detido e os activos a serem recebidos em quantias de dinheiro.

Passivos monetários:
Passivos monetários são os passivos a serem pagos em quantias de dinheiro.

Justo valor:
Justo valor é a quantia pela qual um activo pode ser trocado, ou um passivo pago, entre partes conhecedoras e interessadas numa transacção ao seu alcance.

Investimento líquido numa empresa estrangeira:

Investimento líquido numa empresa estrangeira é a parte da entidade que relata nos activos líquidos dessa empresa.

3 — Imobilizações corpóreas:

3.1 Conteúdo das rubricas:

Terrenos e recursos naturais (conta 11.1):

Esta rubrica compreende os terrenos e os recursos naturais (plantações, minas, pedreiras, etc.) afectos às actividades operacionais da empresa. São também incluídos nesta rubrica os custos de desbravamento, movimentação de terras e drenagem com eles relacionados.

Edifícios e outras construções (conta 11.2):

Esta rubrica destina-se a registar os edifícios fabris, comerciais, administrativos e sociais, bem como as instalações fixas que lhes sejam próprias (água, energia eléctrica, ar condicionado, etc.).

São também incluídas nesta rubrica outras construções, tais como muros, silos, parques, albufeiras, canais, estradas e arruamentos, vias férreas internas, pistas de aviação, cais e docas.

Equipamento básico (conta 11.3):

Esta rubrica destina-se a registar o conjunto de instrumentos, máquinas, instalações e outros bens, com os quais a entidade realiza a extracção, transformação e laboração dos produtos ou a prestação dos serviços. São também incluídos nesta rubrica os gastos adicionais com a adaptação da maquinaria e de instalações ao desempenho das actividades da entidade.

Equipamento administrativo (conta 11.5):

Esta rubrica destina-se a registar o equipamento social e o mobiliário diverso.

Taras e vasilhame (conta 11.6):

Esta rubrica destina-se a registar os objectos destinados a conter ou acondicionar as mercadorias ou produtos, quer sejam para uso interno da entidade, quer sejam embalagens retornáveis com aptidão para utilização continuada.

3.2 Definições e situações particulares:

Actividades específicas:

Quando o objectivo da entidade respeite a actividades de transporte ou de serviços administrativos, os equipamentos desta natureza afectos a tais actividades devem ser contabilizados na rubrica de equipamento básico.

Aquisições conjuntas:

Um único dispêndio, relativo a um único imobilizado com vários componentes, deverá ser contabilizado separadamente se os componentes:

Tiverem vidas úteis diferentes.

Proporcionarem benefícios à empresa num modelo diferente, necessitando, por conseguinte, do uso de taxas e métodos de depreciação diferentes.

Os Terrenos e Edifícios são activos separáveis e deverão ser tratados separadamente para fins contabilísticos, mesmo quando adquiridos conjuntamente.

Sobressalentes:
A maior parte dos sobressalentes e equipamentos de serviço é geralmente registada como existências e o seu valor é reconhecido como um gasto quando consumida.

Os sobressalentes principais e equipamentos de reserva são classificados como activos fixos quando a empresa espera usá-los durante mais do que um período.

Melhoramentos:
Os melhoramentos só são reconhecidos como activos quando o dispêndio melhorar a condição do activo para além do seu nível de desempenho originalmente avaliado. Exemplos de melhoramentos que resultam em benefícios económicos futuros incluem:

Modificação de um elemento de uma instalação para prolongar a sua vida útil, incluindo um aumento da capacidade;

Actualização das peças de uma máquina para se conseguir uma melhoria significativa na qualidade de produção;

Adopção de novos processos de produção que facilitem uma redução substancial nos custos operacionais anteriormente avaliados.

Reparações e manutenções:
Os dispêndios em manutenção e reparação devem ser reconhecidos como um gasto na Demonstração de resultados se tiverem sido feitos para restaurar ou manter os benefícios económicos futuros do activo.

Os dispêndios em manutenção e reparação que tiverem sido feitos para repor os benefícios económicos futuros do activo cujas perdas, na data do registo inicial, já haviam sido consideradas, devem ser capitalizados desde que a quantia registada:

Não exceda a quantia recuperável do activo;

Possa ser recuperada do uso futuro do activo.

Substituições:
Os dispêndios com substituições devem ser reconhecidos como um gasto na Demonstração de resultados por se destinarem a manter os benefícios económicos futuros do activo.

Reavaliações:
Nos casos em que a reavaliação é efectuada com base numa avaliação de um perito:

O justo valor de terrenos e edifícios é geralmente o seu valor de mercado para o uso existente, o que pressupõe o uso continuado do activo na mesma ou similar actividade.

O justo valor de instalações e equipamentos é geralmente o seu valor de mercado. Quando não haja evidência de valor de mercado por força da natureza das instalações e dos equipamentos e porque estes componentes raramente são vendidos (excepto como parte de uma actividade continuada), eles são avaliados pelo seu custo de reposição depreciado.

Activos depreciáveis:
Activos depreciáveis são activos que:

Se espera que sejam usados durante mais que um período contabilístico.

Tenham uma vida útil limitada.

Sejam detidos para uso na produção ou no fornecimento de bens e serviços, para arrendamento a outros, ou para fins administrativos.

Os Terrenos não são considerados activos depreciáveis por terem uma vida útil ilimitada.

Vida útil:

A vida útil de um imobilizado é:

O período durante o qual se espera que um activo depreciável seja usado pela empresa; ou

O número de unidades de produção ou similares que a empresa espera obter do activo.

A vida útil é, portanto, definida em termos de utilidade esperada dos bens, e pode ser mais curta do que a sua vida económica.

A estimativa da vida útil é uma questão de julgamento. Ao exercer-se tal julgamento devem ser tidos em consideração os seguintes factores:

Utilização esperada do activo, avaliada com referência à sua esperada capacidade ou produção física;

Desgaste e estragos físicos esperados, que dependem da intensidade do uso, do programa de reparação e manutenção e do cuidado de manutenção em situação ociosa;

Obsolescência técnica proveniente de alterações ou melhoramentos na produção, ou de uma alteração no mercado de procura para o serviço ou produto derivado do activo;

Limites legais ou semelhantes sobre o uso do activo, tais como as datas de extinção de locações com ele relacionadas.

Durante a vida útil de um activo pode tornar-se evidente que a estimativa da vida útil seja inapropriada.

A vida útil pode ser dilatada, por exemplo, por dispêndios subsequentes no activo que melhorem a condição do mesmo para além do seu nível de desempenho originalmente avaliado.

A vida útil pode ser reduzida, por exemplo, por mudanças tecnológicas ou alterações de mercado dos produtos.

A vida útil de um edifício não é efectuada pelo aumento no valor do terreno sobre o qual um edifício se encontra implantado.

Quantia depreciável:

A quantia depreciável de um activo depreciável é o seu custo (histórico ou outro que o substitua) deduzido do valor residual estimado do activo.

O valor residual do activo é determinado por estimativa baseada no valor residual, prevalecente à data da estimativa, de activos semelhantes que tenham atingido o fim da sua vida útil e que tenham funcionado sob condições semelhantes àquelas em que o activo será usado.

A estimativa é feita à data de aquisição do activo e deverá ser revista na data em que se faça uma eventual reavaliação.

O valor residual bruto é, em todos os casos, reduzido pelos custos de venda esperados no fim da vida útil do activo.

O valor residual de um activo pode ainda ser reduzido de forma a reflectir custos significativos de desmantelamento, renovação ou restauração que sejam necessários incorrer no fim da vida útil do activo quando na compra do activo tais custos já se encontrem previstos.

Método de depreciação:

O método de depreciação a usar deve reflectir o modelo pelo qual os benefícios económicos do activo sejam consumidos pela empresa.

O método adoptado deve ser revisto periodicamente e, se houver uma mudança significativa no modelo esperado de benefícios económicos a obter destes activos, o método deve ser alterado para reflectir o modelo alterado.

O consumo de benefícios económicos pode resultar de:

Uso.

Obsolescência técnica.

Desgaste.

Rotura.

Este consumo deve ser contabilizado mesmo que o valor do activo exceda a quantia pela qual este se encontra registado (valor bruto deduzido das amortizações acumuladas).

Retiradas:

As perdas resultantes da retirada de um elemento das imobilizações corpóreas é determinada pela diferença entre a quantia pela qual se encontra registado (valor bruto deduzido das correspondentes amortizações) e devem ser reconhecidas como perdas na Demonstração de resultados.

Um bem cuja retirada se limite a uma retirada do uso activo e seja detido para alienação, deve ser registado pela quantia pela qual se encontra registado ou pelo valor realizável líquido, dos dois o mais baixo.

Alienações:

As perdas ou ganhos resultantes da alienação de um elemento das imobilizações corpóreas são determinados pela diferença entre o produto líquido estimado das alienações e a quantia pela qual o activo se encontra registado (valor bruto deduzido das correspondentes amortizações) e devem ser reconhecidos como perdas ou ganhos na Demonstração de resultados, consoante o apropriado.

Trocas:

Quando um elemento das imobilizações corpóreas seja trocado por um activo fixo semelhante, o custo do activo adquirido é igual à quantia registada do activo dado em troca, não surgido da operação qualquer ganho ou perda.

4 — Imobilizações incorpóreas:

4.1 Conteúdo das rubricas:

Trespasse (conta 12.1):

Esta rubrica destina-se a registar a diferença, quando positiva, entre o valor pago para aquisição de um conjunto de activos (e passivos) que constituam uma actividade empresarial e o justo valor dos activos e passivos adquiridos, desde que a actividade adquirida seja continuada pela adquirente. Na nomenclatura internacional este conceito de trespasse é denominado por <<goodwill>>, <<fonds de commerce>> ou <<aviamento>>.

Despesas de investigação e de desenvolvimento (conta 12.2):

Esta rubrica destina-se a registar:

Despesas de investigação, que são os encargos incorridos com a investigação original e planeada destinada a obter novos conhecimentos científicos ou técnicos e compreensão dos mesmos.

Despesas de desenvolvimento, que são as despesas resultantes da aplicação das descobertas da pesquisa e de outros conhecimentos a um plano ou concepção para a produção de novos ou substancialmente melhorados materiais, mecanismos, produtos, processos, sistemas ou serviços prévios ao início da produção comercial ou uso.

Propriedade industrial e outros direitos e contratos (conta 12.3):
Esta rubrica destina-se a registar patentes, marcas, alvarás, licenças, privilégios, concessões, direitos de autor e outros direitos e contratos assimilados.

Incluem-se nesta rubrica as quantias pagas com o objectivo de adquirir o direito ao arrendamento de um determinado imóvel. Por não constituir a aquisição de uma actividade empresarial, este direito encontra-se excluído do conceito de trespasse.

Despesas de constituição (conta 12.4):
Esta rubrica destina-se a registar as despesas iniciais de constituição e organização da empresa, bem como as despesas subsequentes relacionadas com a sua expansão, designadamente as despesas com aumento de capital, estudos e projectos.

4.2 Situações particulares:

Determinação da vida útil do trespasse:
Ao estimar-se a vida útil do trespasse, devem ser tidos em consideração os seguintes factores:
A vida previsível do negócio ou sector.
Os efeitos da obsolescência dos produtos, de alterações na procura e de outros factores económicos.
As expectativas de vida ao serviço da empresa dos principais indivíduos ou grupos de empregados.
Acções esperadas de concorrentes ou potenciais concorrentes.
Cláusulas gerais, regulamentadoras ou contratuais que afectem a vida útil.

Exemplos de actividades tipicamente incluídas nas despesas de investigação:
Actividades que:
Se destinam à obtenção de novos conhecimentos.
Procuram aplicações para as descobertas de pesquisa ou outros acontecimentos.
Procuram alternativas de produtos ou processos.
Formulam ou concebem possíveis produtos novos ou melhorados ou alternativas de processos.

Exemplos de actividades tipicamente incluídas nas despesas de desenvolvimento:
Actividades que:
Avaliam alternativas de produtos ou de processos.
Concepcionam, constroem e testam protótipos e modelos de pré-produção.
Concepcionam ferramentas, aparelhos, moldes e outros cunhos envolvendo nova tecnologia.
Concepcionem, construam e façam funcionar uma fábrica-piloto que não seja de escala economicamente viável para produção que comerciem.

Exemplos de actividades relacionadas com as de investigação e desenvolvimento mas que não se enquadram no seu âmbito:
Acompanhamentos de engenharia na fase inicial de produção comercial.
Controlo de qualidade durante a produção comercial, incluindo testes de rotina aos produtos.
Detecção de problemas relacionados com falhas durante a produção comercial.
Esforços de rotina para refinar, enriquecer ou de outra forma melhorar as qualidades de um produto existente.

Adaptação da capacidade existente a um requisito particular ou a uma necessidade do cliente como parte de uma actividade comercial contínua.

Alterações de concepção sazonais ou outras periódicas de produtos existentes.

Concepção rotineira de ferramentas, aparelhos, moldes e cunhos.

Actividades, incluindo engenharia de concepção e de construção relacionadas com a construção, transferência, rearranjo ou arranque de instalações ou equipamentos que não sejam instalações ou equipamentos usados exclusivamente para um projecto particular de pesquisa e desenvolvimento.

Exclusões no reconhecimento de despesas de investigação e desenvolvimento.

Encontram-se excluídos do reconhecimento como imobilizado incorpóreo os custos de investigação e desenvolvimento que:

Sejam incorridos por empresas que tenham como actividade a investigação e desenvolvimento.

Resultem de pesquisa de minérios, petróleo, gaz e similares.

5 — Investimentos financeiros

5.1 Conteúdo das rubricas:

Empresas subsidiárias (conta 13.1):
Esta rubrica destina-se a registar as transacções, com empresas pertencentes ao grupo, que não resultem das actividades operacionais exercidas pela entidade.

Empresas associadas (conta 13.2):
Esta rubrica destina-se a registar as transacções, com empresas associadas, que não resultem das actividades operacionais exercidas pela entidade.

Outras empresas (conta 13.3):
Esta rubrica destina-se a registar as transacções, com outras empresas, que não resultem das actividades operacionais exercidas pela entidade.

Investimentos em imóveis (conta 13.4):
Esta rubrica destina-se a registar os imóveis adquiridos que não se destinem a serem usados pela entidade ou nas operações por ela realizadas.

O conceito de imóveis pode revestir a forma, quer de terrenos, quer de edifícios.

Fundos (conta 13.5):
Esta rubrica destina-se a registar os bens detidos pela entidade com o objectivo de fazer face a compromissos prolongados, cujos rendimentos lhe estejam adstritos, como por exemplo fundos de pensões.

Depósitos bancários (conta 13.9.3):
Esta rubrica destina-se a registar os depósitos bancários em instituições de crédito que não possam classificar-se como meios monetários.

5.2 Definições:

Grupo:
Um grupo é composto pela empresa-mãe e todas as suas subsidiárias.

Empresa-mãe:
Empresa-mãe é uma empresa que detém uma ou várias subsidiárias.

Empresa subsidiária:
Empresa subsidiária é aquela que é controlada por uma outra empresa (conhecida como empresa-mãe).

Controlo:
Controlo é o poder de gerir as políticas operacionais e financeiras de uma empresa a fim de obter benefícios das suas actividades.

Empresa associada:
Empresa associada é aquela em que a detentora exerce uma influência significativa e que não seja uma subsidiária.

Influência significativa:
Influência significativa é o poder de participar nas decisões de política operacional e financeira, mas que não possa ser considerada como controlo dessas políticas.

Presume-se que existe influência significativa quando a investidora detiver directa ou indirectamente, através das suas subsidiárias, mais de 20% do poder de voto da investida, a menos que possa ser demonstrado que tal não se verifica.

Ao contrário, presume-se que não existe influência significativa quando a investidora detiver directa ou indirectamente, através das suas subsidiárias, menos de 20% do poder de voto da investida, salvo se tal influência poder claramente ser demonstrada.

A existência de influência significativa pode ser verificada por um ou mais dos seguintes meios:

Representação no Conselho de Administração ou em órgão de gestão equivalente.

Participação nos processos de definição de políticas.

Transacções materialmente relevantes entre a investidora e a investida.

Intercâmbio de pessoal de gestão.

Fornecimento de informação técnica essencial.

Outras empresas:
Outras empresas são aquelas que não possam ser consideradas como empresas subsidiárias nem como empresas associadas.

6 — Existências:

6.1 Conteúdo das rubricas:

Compras (conta 21):
Esta rubrica destina-se a registar o custo das aquisições de bens destinados a serem consumidos pela empresa no seu processo produtivo ou destinados à venda e que satisfaçam os critérios para reconhecimento como existências.

Esta conta deverá ser movimentada da seguinte forma:

A débito, por contrapartida das contas de fornecedores.

A crédito, por contrapartida:

Das contas de existências, ao longo do ano, no caso da entidade dispor de inventário permanente.

Da conta custo das existências vendidas e das matérias consumidas, apenas no final do ano, no caso da entidade optar pelo sistema de inventário intermitente.

Face ao exposto, no final de cada exercício esta rubrica deverá apresentar saldo nulo.

Matérias-primas (conta 22.1):

Esta rubrica destina-se a registar os bens que irão ser incorporados materialmente nos produtos resultantes da produção.

Matérias subsidiárias (conta 22.2):

Esta rubrica destina-se a registar os bens que irão ser usados na produção, mas que não serão incorporados materialmente nos produtos dela resultantes.

Embalagens de consumo (conta 22.3):

Esta rubrica destina-se a registar os bens envolventes ou recipientes das mercadorias e produtos, indispensáveis ao seu acondicionamento e transacção, e que não sejam retornáveis.

Produtos e trabalhos em curso (conta 23):

Esta rubrica destina-se a registar os bens que se encontram em curso de fabricação ou produção e não estão em condições de ser armazenados ou vendidos.

Produtos acabados e intermédios (conta 24):

Esta rubrica destina-se a registar os seguintes bens resultantes do processo produtivo da entidade:

Produtos acabados, que se destinam a armazenagem ou venda por se encontrarem acabados.

Produtos intermédios, que embora normalmente se destinem a reentrar no processo de fabrico se encontram, igualmente, em condições de armazenagem ou venda no estado em que se encontram.

Sub-produtos (conta 25.1):

Esta rubrica destina-se a registar os bens de natureza secundária resultantes do processo produtivo e que são obtidos simultaneamente com os produtos principais.

Desperdícios, resíduos e refugos (conta 25.2):

Esta rubrica destina-se a registar os bens resultantes do processo produtivo e que não respeitem as condições para serem reconhecidos com sub-produtos.

Mercadorias (conta 26):

Esta rubrica destina-se a registar os bens adquiridos pela entidade e destinados à venda sem que sejam objecto de qualquer modificação.

Matérias-primas, mercadorias e outros materiais em trânsito (conta 27):

Esta rubrica destina-se a registar os bens adquiridos que ainda não tenham sido recepcionados pela entidade, mas para os quais já tenha sido recebida a correspondente factura ou documento equivalente.

Adiantamentos por conta de compras (conta 28):

Esta rubrica destina-se a registar os adiantamentos feitos pela entidade relativos a compras cujo preço esteja previamente fixado.

Provisão para depreciação de existências (conta 29):

Esta rubrica destina-se a registar as diferenças relativas ao custo de aquisição ou produção, resultantes da aplicação dos critérios de valorimetria definidos para as existências, isto é, a diferença apurada entre o valor de custo e o valor realizável líquido, quando o primeiro for superior ao segundo.

6.2 Definições e situações particulares:

Gastos industriais de produção fixos:

Os gastos industriais de produção fixos são os custos indirectos de produção que permaneçam relativamente constantes independentemente do volume de produção.

Imputação de gastos industriais fixos:

A Imputação de gastos industriais de produção fixos é baseada na capacidade normal.

Por esta razão, a quantia de gastos industriais fixos imputada a cada unidade de produção não é aumentada pela baixa de produção ou instalações inactivas.

Em períodos de produção anormalmente alta, a quantia de gastos fixos imputada a cada unidade de produção é diminuída, a fim de que os inventários não sejam medidos acima do custo.

Capacidade normal:

Capacidade normal é a produção que se espera que seja atingida em média durante um número de períodos ou de temporadas em circunstâncias normais, tomando em conta a perda de capacidade resultante da manutenção planeada.

Gastos industriais de produção variáveis:

Os gastos industriais de produção variáveis são os custos indirectos de produção que variam directamente, ou quase directamente, com o volume de produção.

Imputação de gastos industriais de produção variáveis:

Os gastos industriais de produção variáveis são imputados a cada unidade de produção na base do uso real das instalações de produção.

Imputação em casos de produção simultânea:

A produção simultânea pode referir-se a:

Produção conjunta.

Produção da qual resulte um produto principal e um subproduto.

Quando os custos de conversão de cada produto não sejam separadamente identificáveis, a sua imputação é feita numa base racional e consistente.

A imputação pode ser baseada, por exemplo, nas vendas relativas de cada produto.

A maioria dos sub-produtos, pela sua natureza, são materialmente irrelevantes, pelo que são muitas vezes medidos pelo valor realizável líquido e este valor é deduzido ao custo do produto principal.

Técnicas para medição do custo:

Designam-se por técnicas para medição do custo os meios usados para medir o valor dos inventários.

Método dos custos padrões:

O método dos custos padrões é uma técnica de medição do custo que toma em consideração os níveis normais de:

Matérias e materiais consumidos.

Mão de obra.

Eficiência.

Utilização da capacidade.

Método do retalho:

Esta técnica de medição do custo é normalmente usada no sector de retalho para medir grande quantidade de unidades que:

Mudam rapidamente (têm grande rotação).

Têm margens semelhantes, para as quais não é praticável usar outros métodos de custeio.

Exemplos de custos excluídos do custo dos inventários:

Encontram-se excluídos do custo dos inventários, devendo ser reconhecidos como gastos no período em que ocorrem, entre outros, os seguintes custos:

Quantias anormais de matérias desperdiçadas, de mão de obra ou de outros custos de produção.

Custos de armazenamento, a menos que esses custos sejam necessários no processo de produção, anterior a um novo estágio de produção.

Gastos administrativos que não contribuam para colocar os inventários nos seus locais actuais e na sua condição de uso ou venda.

Custo de venda.

Métodos de custeio:

Designam-se por métodos de custeio os processos destinados a medir o valor de saída dos inventários, quer para serem incorporados no processo de produção, quer para serem vendidos.

Método de custeio de identificação específica:

Por este método são atribuídos custos específicos a elementos identificados de inventário.

Método de custeio do primeiro entrado, primeiro saído ("FIFO – first in first out"):

Este método pressupõe que os elementos de inventário que foram primeiro comprados são vendidos em primeiro lugar e consequentemente os elementos que permanecem em inventário no fim do período são os elementos mais recentemente comprados ou produzidos.

Método de custeio do custo médio:

Por este método o custo de cada elemento é determinado a partir da média ponderada do custo de elementos semelhantes comprados ou produzidos durante o período.

A média pode ser determinada numa base periódica ou à medida que cada entrega adicional seja recebida, o que depende das circunstâncias da empresa.

Método de custeio do último entrado, primeiro saído ("FIFO – first in first out"):

Este método pressupõe que os elementos de inventário que tenham sido comprados ou produzidos em último lugar são os primeiros vendidos e consequentemente os elementos remanescentes no inventário do fim do período são os que foram comprados ou produzidos em primeiro lugar.

Valor realizável líquido:
O valor realizável líquido é o esperado preço de venda de um bem deduzido dos necessários custos previsíveis de acabamento.

Situações a considerar na estimativa do valor realizável líquido:
A estimativa do valor realizável líquido deve ter por base:

As provas mais fiáveis disponíveis no momento em que sejam feitas as estimativas relativas à quantia que se espera realizar. Estas estimativas tomam em consideração:

As condições existentes no fim do período de relato.

As flutuações de preços ou custos directamente relacionados com acontecimentos que ocorram após o fim do período, na medida em que confirmem as condições anteriores.

A finalidade com que o inventário é detido.

Custo de reposição:
Entende-se por custo de reposição àquele que a empresa teria de suportar para substituir um bem nas mesmas:

Condições.

Qualidades.

Quantidades.

Locais de aquisição.

Locais de utilização.

Contratos de construção plurienais:
Para efeitos do disposto neste Plano designa-se por Contrato de construção, um contrato especificamente negociado para a construção de um activo ou de uma combinação de activos que estejam inter-relacionados, ou interdependentes em termos da sua concepção, tecnologia e função ou do seu propósito ou uso final, como por exemplo a construção de:

Pontes.

Edifícios.

Barragens.

Oleodutos.

Estradas.

Navios.

Túneis.

Peças complexas de equipamento:
O carácter plurienal destes contratos resulta do facto de normalmente as datas de início e fim das obras se situarem em períodos contabilísticos diferentes.

Também se enquadram neste conceito de Contratos de construção os contratos de prestação de serviços:

Que estejam directamente relacionados com a construção dos activos.

Para a destruição ou restauração de activos.

Para a restauração do ambiente que se segue à demolição de activos.

Este tipo de contratos pode assumir um dos seguintes tipos:

Contrato de preço fixado, em que o contratante concorda com um preço fixado ou com uma taxa fixa por unidade.

Contrato de sobrecusto, em que o contratante é reembolsado por:

Custos permitidos ou definidos.

Uma percentagem sobre os custos ou uma remuneração fixada.

Método da percentagem de acabamento:

De acordo com este método, os proveitos e custos associados ao contrato são reconhecidos com referência à fase de acabamento da actividade do contrato à data do Balanço. Em consequência da utilização deste método:

Os proveitos e custos relacionados do contrato são reconhecidos na Demonstração de resultados nos períodos em que o trabalho é executado.

Quaisquer excessos de custos que se relacionem com a actividade futura do contrato é reconhecido como um activo na rubrica de produtos e trabalhos em curso.

Qualquer perda esperada no contrato resultante de custos totais estimados superiores aos proveitos totais estimados é imediatamente reconhecida como um custo na Demonstração de resultados, através da criação de uma provisão para depreciação de existências.

Condições para que o desfecho de um contrato de construção possa ser fiavelmente estimado:

Para que o desfecho de um contrato de construção possa ser fiavelmente estimado, devem ser satisfeitas todas as condições seguintes:

Possam ser fiavelmente medidos:

Os proveitos do contrato.

Os custos incorridos do contrato, por forma a que possam ser comparados com as estimativas prévias.

Os custos para acabar o contrato.

A fase de acabamento.

Seja provável que os benefícios económicos associados com o contrato fluam para a empresa.

A empresa está normalmente em condições de fazer estimativas fiáveis se:

O contrato estabelecer:

Os direitos a cumprir por cada parte respeitante ao activo a ser construído.

A retribuição a ser trocada.

A maneira e os termos do pagamento.

Tiver um sistema interno eficaz:

De relato.

De orçamentação financeira.

Proveitos do contrato:

São considerados proveitos de um contrato:

Os proveitos iniciais acordados no contrato.

As variações subsequentes:

Para mais ou para menos, em resultado de acordos subsequentes entre as partes.

Para mais, baseadas em cláusulas de custo escalonado.

Para menos, em consequência de penalidades provenientes de atrasos causados pelo contratante na conclusão do contrato.

Para mais, quando o contrato envolva um preço fixado por unidade e estas aumentem.

Para mais ou para menos, por alterações ao âmbito do trabalho a executar previsto no contrato, solicitadas pelo cliente (por exemplo alterações nas especificações ou concepção do produto ou no prazo do contrato).

Para mais, quando o contratante procura obter, do cliente ou de uma terceira parte, o reembolso de custos não previstos no contrato, decorrentes, por exemplo, de demoras causadas pelos clientes, de erros nas especificações ou na concepção.

Para mais, se os níveis de desempenho especificados forem atingidos ou excedidos, por exemplo incentivos ao contratador pela conclusão do contrato mais cedo do que o previsto.

O reconhecimento destes proveitos, como proveitos de um contrato, fica condicionado pelas seguintes condições:

Haja condições que os tornem prováveis.

O cliente os aceite.

Haja negociações em estado avançado que indiquem que serão aceites.

Haja expectativas fundamentadas de que as condições serão atingidas.

A respectiva quantia possa ser medida com fiabilidade.

Exemplo de custos excluídos dos custos do contrato:

Encontram-se excluídos dos custos do contrato os custos que não possam ser atribuídos à actividade do contrato ou que a ela não possam ser imputados, como por exemplo:

Custos administrativos gerais relativamente aos quais o reembolso não esteja especificado no contrato.

Custos de vender.

Custos de pesquisa e desenvolvimento quanto aos quais o reembolso não esteja especificado no contrato.

Depreciação de activos fixos tangíveis ociosos que não sejam usados no contrato.

Fase de acabamento:

Para determinação da fase de acabamento a empresa deve usar o método que meça com fiabilidade o trabalho efectuado. Dependendo da natureza do contrato os métodos podem incluir:

Proporção entre os custos incorridos até à data e os custos totais estimados do contrato. Os custos incorridos a considerar devem referir-se apenas ao trabalho executado devendo ser excluídos, entre outros, os seguintes:

Custos que se relacionem com actividades futuras, tais como custos de materiais que ainda não tenham sido usados ou aplicados.

Adiantamentos feitos a subcontratadores por conta de trabalho ainda não realizado.

Levantamento do trabalho executado.

Conclusão de uma proporção física do trabalho contratado.

Os pagamentos progressivos e os adiantamentos recebidos dos clientes não são usados para determinar a fase de acabamento porque muitas vezes não reflectem o trabalho executado.

Método do contrato completado:

De acordo com este método, os proveitos e os custos associados ao contrato são acumulados sendo reconhecidos apenas na data em que a obra esteja concluída ou substancialmente concluída.

Contudo, qualquer prejuízo estimado no contrato é reconhecido imediatamente como um gasto.

7 — Terceiros:

7.1 Conteúdo das rubricas:

Clientes — títulos a receber (conta 31.2):

Esta conta destina-se a registar as letras sacadas a clientes e por estes aceites.

Esta conta reflecte, portanto, em qualquer momento as dívidas de clientes que estejam representadas por títulos ainda não vencidos, quer estejam em carteira, que tenham sido descontados.

O valor das letras a constar no Balanço deverá dizer respeito às letras em carteira pelo que para o respectivo apuramento deverá ser determinada a diferença entre o saldo desta conta e a conta Clientes – títulos descontados.

Clientes — títulos descontados (conta 31.3):

Esta conta tem natureza credora e destina-se a registar as letras descontadas.

Na data de vencimento das letras esta conta deverá ser debitada da seguinte forma:

Por contrapartida da conta Clientes – títulos a receber, caso na data de vencimento a letra não seja devolvida por falta de pagamento.

Por contrapartida da conta bancária onde o desconto haja sido efectuado, caso na data de vencimento a letra seja devolvida por falta de pagamento. Em simultâneo deverá ser efectuada a transferência da letra reflectida em Clientes – títulos a receber para a conta Clientes – correntes.

O saldo desta conta reflecte, portanto, em qualquer momento o valor das letras descontadas ainda não vencidas que deverá figurar numa nota das Notas às contas, dado que a responsabilidade da entidade perante o banco se mantém.

Clientes de cobrança duvidosa (conta 31.8):

Esta conta, conforme o próprio nome indica, destina-se a registar os clientes cujos saldos tenham uma cobrabilidade duvidosa. Quando cessarem as razões que determinaram a transferência dos saldos para esta conta, o respectivo lançamento deverá ser revertido.

Clientes — Saldos credores — Adiantamentos (conta 31.9.1):

Esta conta regista as entregas feitas à empresa relativas a fornecimentos a efectuar a terceiros, cujo preço não esteja previamente fixado. Aquando da emissão da factura, estas verbas serão transferidas para as respectivas contas na rubrica Clientes – correntes.

Clientes — Saldos credores — Embalagens a devolver (conta 31.9.2):

Esta conta, de natureza credora, regista o valor das embalagens enviadas aos clientes por irem acondicionar os bens vendidos mas que se destinam a ser devolvidas. Esta conta será saldada da seguinte forma:

Por contrapartida da respectiva conta de clientes – correntes, na data da devolução por parte do cliente.

Por contrapartida da respectiva conta de vendas, caso as embalagens não sejam devolvidas dentro dos prazos acordados.

Clientes — Saldos credores — Material à consignação (conta 31.9.3):

Esta conta, de natureza credora, é creditada por contrapartida da respectiva conta de clientes – correntes e regista o valor dos bens enviados à consignação para os clientes.

Esta conta será saldada da seguinte forma:

Por contrapartida da respectiva conta de vendas, na data em que os bens tenham sido vendidos deixando, portanto, de estar à consignação.

Por contrapartida da respectiva conta de Clientes – correntes, em caso de devolução dos bens por não terem sido vendidos.

Fornecedores — títulos a pagar (conta 32.2):

Esta conta destina-se a registar as letras sacadas pelos fornecedores e aceites pela entidade.

O saldo desta conta deverá reflectir, em qualquer momento, as dívidas a fornecedores não vencidas que se encontrem representadas por letras ou outros títulos de crédito.

Fornecedores — facturas em recepção e conferência (conta 32.8):

Esta conta destina-se a reflectir as compras, relativas a material recebido, cujas facturas:

Não chegaram à entidade até à data.

Embora tenham chegado à entidade, ainda não se encontrem conferidas.

Aquando da contabilização definitiva da factura esta conta deverá ser saldada por contrapartida da respectiva conta de Fornecedores – corrente.

Fornecedores — Saldos devedores — Adiantamentos (conta 32.9.1):

Esta conta destina-se a registar as entregas feitas pela empresa com relação a fornecimentos a efectuar por terceiros, cujo preço não esteja previamente fixado.

Aquando da recepção da factura, estas verbas deverão ser transferidas para as respectivas contas de Fornecedores – correntes.

Fornecedores — Saldos devedores — Embalagens a devolver (conta 32.9.2):

Esta conta, de natureza devedora, regista o valor das embalagens enviadas pelos fornecedores por virem a acondicionar os bens comprados mas que se destinam a ser devolvidas ao fornecedor. Esta conta será saldada da seguinte forma:

Por contrapartida da respectiva conta de fornecedores – correntes, na data da devolução ao fornecedor.

Por contrapartida da respectiva conta de compras, caso as embalagens não sejam devolvidas ao fornecedor dentro dos prazos acordados.

Fornecedores — Saldos devedores — Material à consignação (conta 32.9.3):

Esta conta, de natureza devedora, é criada por contrapartida da respectiva conta de Fornecedores – correntes e regista o valor dos bens recebidos à consignação dos fornecedores. Esta conta será saldada da seguinte forma:

Por contrapartida da respectiva conta de compras, na data em que os bens tenham sido vendidos a clientes deixando, portanto, de estar à consignação.

Por contrapartida da respectiva conta de fornecedores - correntes, em caso de devolução dos bens ao fornecedor por não terem sido vendidos.

Empréstimos por obrigações — convertíveis (conta 33.2.1):

Esta conta destina-se a registar, pelo valor nominal, as obrigações subscritas por terceiros que sejam convertíveis em capital.

Empréstimos por títulos de participação (conta 33.3):

Esta conta destina-se a registar, pelo valor nominal, os títulos de participação subscritos por terceiros.

Imposto sobre os lucros (conta 34.1):

Esta conta destina-se a evidenciar a dívida da entidade relativa a imposto sobre os lucros.

A débito deverão ser registados os pagamentos por conta efectuados e as eventuais retenções efectuadas por terceiros aquando da colocação de rendimentos à disposição da entidade.

A crédito deverá ser registada a estimativa de imposto a pagar relativa ao exercício, por contrapartida da conta 87 Imposto sobre lucros e da conta 81 Resultados transitados.

Quando se entender conveniente, esta conta poderá ser subdividida por exercícios.

Imposto de rendimento de trabalho (conta 34.3):

Esta conta, de natureza credora, destina-se a registar o imposto deduzido aos empregados devido pelo rendimento do seu trabalho, apurado aquando do processamento dos salários.

Esta conta será saldada por contrapartida de meios monetários a quando do respectivo pagamento ao Estado.

Subsídios a preços (conta 34.8):

Esta conta, de natureza devedora, destina-se a registar o complemento a receber do Estado, resultante do diferencial entre o preço de venda estabelecido pela empresa e o preço de venda ao público.

O débito deverá ser efectuado por contrapartida da conta 61.5 Subsídios a preços.

Esta conta será saldada por contrapartida de meios monetários a quando do respectivo recebimento do Estado.

Entidades participantes — conta subscrição (contas 35.1.1.1, 35.1.2.1, 35.1.3.1, 35.1.4.1):

Estas contas, de natureza devedora, destinam-se a registar, por contrapartida da conta 51 Capital, as subscrições de capital efectuadas por terceiros. Estas contas serão saldadas, por contrapartida de meios monetários, aquando do recebimento dos valores em dívida.

Entidades participantes — conta adiantamento sobre lucros (contas 35.1.1.2, 35.1.2.2, 35.1.3.2, 35.1.4.2):

Estas contas, de natureza devedora, destinam-se a registar, por contrapartida de meios monetários, as entregas efectuadas por conta de lucros futuros. Estas contas serão saldadas por contrapartida das contas Entidades participantes – conta/lucros, aquando da atribuição efectiva dos lucros.

Entidades participantes — conta lucros (contas 35.1.1.3, 35.1.2.3, 35.1.3.3, 35.1.4.3):

Estas contas, de natureza credora, destinam-se a registar, por contrapartida da conta 81 Resultados transitados, a atribuição de lucros decidida em Assembleia Geral de sócios/accionistas.

Estas contas serão saldadas da seguinte forma:

Por contrapartida das contas Entidades participantes – conta adiantamentos, pela parte que haja sido adiantada.

Por contrapartida de meios monetários, pela parte remanescente.

Entidades participantes — conta subscrição (contas 35.2.1.1, 35.2.2.1, 35.2.3.1, 35.2.4.1):

Estas contas, de natureza credora, destinam-se a registar, por contrapartida de Investimentos Financeiros, as subscrições de capital efectuadas em outras empresas. Estas contas serão saldadas, por contrapartida de meios monetários, aquando do pagamento dos valores em dívida.

Entidades participadas — conta adiantamento sobre lucros (contas 35.2.1.2, 35.2.2.2, 35.2.3.2, 35.2.4.2):

Estas contas, de natureza credora, destinam-se a registar, por contrapartida de *meios monetários*, as entregas recebidas por conta de lucros futuros. Estas contas serão saldadas, por contrapartida das contas *Entidades participadas – conta lucros*, aquando da atribuição efectiva dos lucros.

Entidades participadas — conta/lucros (contas 35.2.1.3, 35.2.2.3, 35.2.3.3, 35.2.4.3):

Estas contas, de natureza devedora, destinam-se a registar, por contrapartida de proveitos financeiros, a atribuição de lucros decidida em Assembleia Geral de sócios/accionistas das participadas.

Estas contas serão saldadas da seguinte forma:

Por contrapartida das contas *Entidades participadas – conta adiantamentos*, pela parte que haja sido recebida adiantadamente.

Por contrapartida de meios monetários, aquando do recebimento da parte remanescente.

Pessoal — Remunerações (conta 36.1):

Esta conta, de natureza credora, destina-se a registar e controlar o processamento e pagamento das remunerações a órgãos sociais e ao pessoal.

Esta conta registará a crédito, por contrapartida de custos, os valores líquidos a pagar resultantes do processamento de salários e será saldada da seguinte forma:

Por contrapartida da conta *36.3 Pessoal – adiantamentos*, pela parte que haja sido adiantada.

Por contrapartida de meios monetários, aquando do pagamento na parte remanescente.

Pessoal – Participação nos resultados (conta 36.2):

Esta conta, de natureza credora, destina-se a registar e controlar os resultados atribuídos a órgãos sociais e ao pessoal que tenham sido deliberados em Assembleia Geral de sócios/accionistas.

Esta conta registará a crédito, por contrapartida da conta *81 Resultados transitados*, os valores líquidos a pagar e serão saldadas por contrapartida de meios monetários, aquando do pagamento.

Pessoal – Adiantamentos (conta 36.3):

Esta conta, de natureza devedora, destina-se a registar e controlar os vales dos empregados relativos a adiantamentos efectuados a empregados por conta de remunerações futuras.

Esta conta registará a débito, por contrapartida de meios monetários, os adiantamentos efectuados e será saldada por contrapartida da conta *Pessoal – Remunerações* após o registo do respectivo processamento de salários.

Compras de imobilizado (conta 37.1):

Esta conta, de natureza credora, destina-se a registar as dívidas para com terceiros resultantes de compras de imobilizado.

Esta conta registará a crédito, por contrapartida das respectivas contas de imobilizado, os valores em dívida e será saldada por contrapartida de meios monetários a quando do pagamento.

Vendas de imobilizado (conta 37.2):

Esta conta, de natureza devedora, destina-se a registar as dívidas de terceiros resultantes de vendas de imobilizado.

Estas contas registarão a débito, por contrapartida das contas de resultados respectivas, os valores facturados e serão saldadas por contrapartida de meios monetários aquando do recebimento.

Proveitos a facturar (conta 37.3):

Esta conta, de natureza devedora, serve de contrapartida aos proveitos a reconhecer no próprio exercício, para os quais ainda não tenha sido emitida a respectiva documentação vinculativa, por forma a dar cumprimento ao princípio da especialização dos exercícios.

No exercício seguinte, esta conta deverá ser saldada por contrapartida da respectiva conta de Terceiros após ter sido emitida a respectiva documentação vinculativa.

Encargos a repartir por períodos futuros (conta 37.4):

Esta conta, de natureza devedora, destina-se a registar os custos que devam ser reconhecidos apenas no ou nos exercícios seguintes, por forma a dar cumprimento ao princípio da especialização dos exercícios.

No exercício ou exercícios em que os encargos devam ser reconhecidos como custos, esta conta deverá ser creditada por contrapartida da conta de custos apropriada.

Para um maior controlo dos movimentos a incluir nesta conta, poderão ser abertas duas sub-contas, uma de natureza devedora e outra de natureza credora, destinadas a controlar, respectivamente, o valor inicial diferido e o total do valor já transferido para resultados em exercícios subsequentes. Neste caso, no final de cada ano, o total dos encargos a repartir por exercícios futuros é dado pelo saldo líquido das sub--contas utilizadas.

Encargos a pagar (conta 37.5):

Esta conta, de natureza credora, serve de contrapartida aos custos a reconhecer no próprio exercício, para os quais ainda não tenha sido recebida a respectiva documentação vinculativa, por forma a dar cumprimento ao princípio da especialização dos exercícios.

No exercício seguinte esta conta deverá ser saldada por contrapartida da respectiva conta de terceiros após ter sido recebida a respectiva documentação vinculativa.

Encargos a pagar — Remunerações (conta 37.5.1):

Esta conta destina-se a reconhecer, entre outros, os custos com férias do pessoal (e respectivos encargos fiscais) devidos por motivos de férias, cujo processamento e pagamento só ocorra no ano seguinte.

Proveitos a repartir por períodos futuros (conta 37.6):

Esta conta, de natureza credora, destina-se a registar os proveitos que devam ser reconhecidos apenas no ou nos exercícios seguintes, por forma a dar cumprimento ao princípio da especialização dos exercícios.

No exercício ou exercícios em que devam ser reconhecidos como proveitos esta conta deverá ser debitada por contrapartida da conta de proveitos apropriada.

Para um maior controlo dos movimentos a incluir nesta conta, poderão ser abertas duas sub-contas, uma de natureza credora e outra de natureza devedora, destinadas a controlar, respectivamente, o valor inicial diferido e o total do valor já transferido para resultados em exercícios subsequentes. Neste caso, no final de cada ano, o total dos proveitos a repartir por exercícios futuros é dado pelo saldo líquido das sub--contas utilizadas.

Proveitos a repartir por períodos futuros — Subsídios para investimentos (conta 37.6.3):

Devem ser registados nesta conta os subsídios a fundo perdido destinados a financiar imobilizações amortizáveis.

A quota–parte dos subsídios a transferir para proveitos *(conta 63.4 - Subsídios a investimento)* em cada exercício deverá ser apurada na mesma base da determinação das amortizações do imobilizado a que os subsídios se referem, por forma a cumprir com o princípio de balanceamento de custos e proveitos.

Proveitos a repartir por períodos futuros — Diferenças de câmbio favoráveis reversíveis *(conta 37.6.4):*

Esta conta, de natureza credora, destina-se a registar as diferenças de câmbio favoráveis não realizadas, resultantes de elementos monetários não correntes e relativamente às quais exista a perspectiva de reversibilidade do câmbio.

Esta conta poderá ser sub-dividida por moedas ou por empréstimos e outras operações.

Contas transitórias — Transacções entre a sede e as dependências da empresa *(conta 37.7.1):*

Esta conta destina-se a registar, ao longo do ano, as operações entre a sede e as dependências da empresa, sendo a sua movimentação idêntica a qualquer outra conta de Terceiros.

No final do ano, esta conta deverá ficar saldada através da integração, nas contas da Sede, dos activos e passivos das dependências.

Para uma maior facilidade de controlo, esta conta deverá ser sub-dividida em tantas sub-contas quantas as dependências existentes.

Outros valores a receber e a pagar *(conta 37.9):*

As sub-contas a incluir nesta rubrica, dependendo da sua natureza, poderão ter saldo devedor ou credor. Estão abrangidas por esta rubrica as dívidas a receber ou a pagar derivadas de:

Empréstimos concedidos que não sejam de classificar nas contas *35 Entidades participantes* ou na conta *36.3 Pessoal – Adiantamentos.*

Subsídios recebidos que sejam de natureza reembolsável.

Outras operações relativas a dívidas de e a terceiros que não sejam de classificar nas restantes contas da classe 3.

Provisões para cobranças duvidosas *(conta 38):*

Esta conta, de natureza credora, destina-se a registar as perdas previsíveis associadas a riscos de cobrança das dívidas de Terceiros, por forma a que estas sejam apresentadas pelo seu valor realizável líquido se este for inferior ao seu valor de registo inicial (corrigido, eventualmente, pelo efeito das diferenças de câmbio).

As provisões são criadas por contrapartida das correspondentes contas de custos e são corrigidas ou anuladas quando, respectivamente, se reduzam ou cessem os motivos que as originaram.

Provisões para outros riscos e encargos *(conta 39):*

Esta conta, de natureza credora, destina-se a registar, as perdas previsíveis associadas a riscos de natureza específica e provável (contingências).

As provisões são criadas por contrapartida das correspondentes contas de custos e são corrigidas ou anuladas quando, respectivamente, se reduzam ou cessem os riscos previstos.

Provisões para pensões *(conta 39.1):*

Esta provisão pode ter como suporte um fundo afecto, a considerar na conta *13.5 Investimentos Financeiros – Fundos.*

Provisões para garantias dadas a clientes (conta 39.4):
Consideram-se nesta rubrica as verbas destinadas a suportar os encargos que se espera vir a ter derivados de garantias previstas em contratos de venda.

Excluem-se do âmbito desta rubrica os réditos que devam ser diferidos de acordo com o disposto nas notas relativas a conta de Prestações de Serviço.

7.2 Definições:

Obrigações:
As obrigações são unidades de medida, de igual valor, de cada empréstimo.

As obrigações correspondem, portanto, a uma dívida da sociedade emitente para com cada um dos possuidores dos títulos.

Classificação das obrigações:
Quanto à forma de apresentação:
   Tituladas.
   Escriturais.
Quanto às garantias oferecidas:
   Sem garantias reais.
   Ordinárias.
   Com garantias reais.
   Hipotecárias.
   Consignação de rendimentos.
   Penhor.
Quanto à forma de emissão:
   Nominativas.
   Ao portador.
   Mistas.
Quanto ao preço:
   Ao par.
   Acima do par.
   Abaixo do par.
Quanto ao rendimento:
   Fixo.
   Variável.
Quanto ao valor do reembolso:
   Sem prémio.
   Com prémio.
Quanto ao modo de reembolso:
   Amortização constante.
   Amortização variável.
Quanto à possibilidade de acesso ao capital:
   Convertíveis.
   Não convertíveis.

Títulos de participação:

Os títulos de participação são unidades de medida, de igual valor, de cada empréstimo emitidos por empresas públicas ou de capitais maioritariamente públicos.

Os títulos de participação correspondem, portanto, uma dívida da sociedade emitente para com cada um dos possuidores dos títulos.

8 — Meios monetários:

Os meios monetários representam disponibilidades imediatas de tesouraria, quer em dinheiro, quer em valores, facilmente convertíveis em dinheiro.

8.1 Conteúdo das rubricas:

Títulos negociáveis (conta 41):

Esta conta destina-se a registar os títulos adquiridos para aplicação de excedentes de tesouraria e que são detidos com objectivo de serem transaccionados a curto prazo, ou seja, num período inferior a um ano.

Depósitos a prazo (conta 42):

Esta conta destina-se a registar os meios de pagamento existentes em contas a prazo nas instituições de crédito.

Depósitos à ordem (conta 43):

Esta conta destina-se a registar os meios de pagamento existentes em contas à vista nas instituições de crédito.

Caixa (conta 45):

Esta conta agrega os meios de pagamento, tais como notas de banco, moedas metálicas de curso legal, cheques e vales postais, nacionais ou estrangeiros.

Caixa — Fundo fixo (conta 45.1):

Esta conta destina-se a reflectir os meios de pagamento destinados a fazer face a compras a dinheiro de pequeno montante.

Caixa — Valores a depositar (conta 45.2):

Esta conta destina-se a reflectir os meios monetários compostos por dinheiro ou cheques que resultem de recebimentos de Terceiros e para os quais ainda não tenha sido efectuado o correspondente depósito bancário.

Caixa — Valores destinados a pagamentos específicos (conta 45.3):

Esta conta destina-se a registar os meios monetários levantados do banco com o objectivo de fazer face a pagamentos de montante significativo através de caixa que, em condições normais, seriam pagos directamente através do banco.

Caixa — Conta transitória (conta 48):

Esta conta destina-se a registar os meios monetários que já não se encontram em depósitos à ordem por ter sido solicitada, a uma instituição financeira, a sua transferência para uma terceira entidade mas relativamente aos quais ainda não foi obtida confirmação da efectivação da operação.

Provisões para aplicações de tesouraria (conta 49):

Esta conta destina-se a registar a diferença entre o custo de aquisição e o preço de mercado das aplicações de tesouraria, quando este for inferior àquele.

A provisão é constituída por contrapartida da correspondente conta de custos e é corrigida ou anulada na medida em que se reduzirem ou deixarem de existir as situações que justificaram a constituição.

8.2 Situações particulares:

Caixa — Fundo fixo (conta 45.1):

Esta conta deverá ser debitada por contrapartida de:

Bancos, tendo por base um cheque passado à ordem do responsável pela caixa e um vale assinado por este, confirmando a recepção e a responsabilização pelo valor que lhe foi entregue; ou

Caixa – valores destinados a pagamentos específicos, tendo por base um vale assinado pelo responsável da caixa, confirmando a recepção e a responsabilização pelo valor que lhe foi entregue.

Esta conta será creditada apenas quando:

For necessário diminuir o valor do fundo fixo; ou

O responsável pela caixa mudar.

Nessa data, deverá ser:

Cancelado o vale anteriormente emitido.

Emitido novo vale que deverá ser assinado pelo responsável pela caixa a partir dessa data.

A contrapartida do crédito será um débito na mesma conta tendo por base o novo vale.

Os pagamentos efectuados mediante à utilização dos meios monetários desta caixa deverão ser registados a débito nas respectivas contas de custos e a crédito numa das seguintes contas:

Bancos, se for passado um cheque à ordem do responsável pela caixa para reposição do valor do fundo fixo.

Caixa – valores destinados a pagamentos específicos, se forem entregues ao responsável pela caixa valores em dinheiro para repor o valor do fundo fixo.

Os valores em caixa, compostos por meios monetários e documentos de despesa devem, em qualquer momento, totalizar o valor do fundo fixo. No final de cada mês o fundo fixo deverá ser composto exclusivamente por meios monetários.

9 — Capital e reservas:

9.1 Conteúdo das rubricas:

Capital (conta 51):

Esta conta destina-se a registar:

O capital nominal subscrito das empresas sob a forma de sociedade.

O capital inicial e as dotações de capital das empresas públicas.

O capital inicial, o adquirido e ainda as operações de natureza financeira com o respectivo proprietário no caso de comerciantes em nome individual.

O capital das cooperativas.

Acções/Quotas próprias — valor nominal (conta 52.1):

Esta conta destina-se a registar o valor nominal das acções ou quotas próprias adquiridas pela empresa.

Acções/Quotas próprias — descontos (conta 52.2):

Esta conta destina-se a registar a diferença quando positiva entre o valor nominal das acções ou quotas próprias adquiridas pela empresa e o respectivo custo de aquisição.

De forma a manter os descontos correspondentes às acções ou quotas próprias em carteira, esta conta deverá ser regularizada por contrapartida de reservas quando se proceder à venda das acções ou das quotas próprias.

Acções/Quotas próprias — prémios (conta 52.3):

Esta conta destina-se a registar a diferença, quando negativa, entre o valor nominal das acções ou quotas próprias adquiridas pela empresa e o respectivo custo de aquisição.

De forma a manter os prémios correspondentes às acções ou quotas próprias em carteira, esta conta deverá ser regularizada por contrapartida de reservas quando se proceder à venda das acções ou das quotas próprias.

Prémios de emissão (conta 53):

Esta conta destina-se a registar a diferença, entre os valores de subscrição das acções ou quotas emitidas e o seu valor nominal.

Prestações suplementares (conta 54):

Esta conta destina-se a registar as prestações de capital:

Previstas na lei especificamente para as sociedades por quotas.

Não previstas na lei, para as restantes entidades sujeitas a este Plano, mas cujo carácter seja semelhante ao definido para as das sociedades por quotas.

Reservas Legais (conta 55):

Esta conta destina-se a registar as reservas que devam ser constituídas por imposição legal e deverá ser sub-dividida, consoante as necessidades, tendo em vista a legislação que lhes é aplicável.

Reservas de Reavaliação — legais (conta 56.1):

Esta conta destina-se a registar os ajustamentos monetários resultantes de faculdades previstas em diplomas legais específicos e será movimentada de acordo com as disposições neles constantes.

Reservas de Reavaliação — autónomas — avaliação (conta 56.2.1):

Esta conta destina-se a registar os ajustamentos monetários resultantes de avaliações feitas por perito independente, bem como as correcções subsequentes baseadas em revisões posteriores da avaliação. Salvo quanto às correcções já referidas, o saldo desta conta mantém-se inalterável até que a conta *Reservas de Reavaliação – autónomas – realização (conta 56.2.2)* atinja o mesmo valor, devendo, quando tal acontecer, proceder-se ao respectivo balanceamento/anulação.

Estas reservas não podem pois ser utilizadas para aumentar capital, para cobrir prejuízos ou para distribuição aos sócios e accionistas.

Reservas de Reavaliação — autónomas — realização (conta 56.2.2):

Esta conta destina-se a registar a realização efectiva dos ajustamentos monetários resultantes de avaliações feitas por perito independente (incluindo as correcções subsequentes baseadas em revisões posteriores da avaliação) contabilizadas na conta *Reservas de Reavaliação – autónomas – avaliação (conta 56.2.1)* que ocorram em resultado de:

Venda dos bens.

Amortização do ajustamento monetário incluído nas amortizações dos bens já efectuadas.

Esta conta, de natureza devedora, deve ser:

Criada por contrapartida da conta *58 Reservas livres.*

Corrigida em função das correcções subsequentes da avaliação.

Anulada por contrapartida da conta *Reservas de Reavaliação – autónomas – avaliação (conta 56.2.1)* quando atinja o mesmo valor desta.

Reservas com fins especiais (57):

Esta conta destina-se a registar reservas afectas a um determinado fim específico.

10 — Notas gerais sobre os proveitos:

10.1 Definições:

Rédito:

Rédito é o influxo bruto de benefícios económicos, durante o período, proveniente do curso das actividades ordinárias de uma entidade, recebidos ou a receber de sua própria conta, quando esses influxos resultarem em aumentos de capital próprio, desde que não sejam aumentos relacionados com contribuições de participantes no capital próprio.

O rédito deve ser medido pelo justo valor da retribuição recebida ou a receber, acordada entre a empresa e o comprador ou utente do activo, tendo em atenção a quantia de quaisquer descontos comerciais e de abatimento de volume concedidos pela entidade.

Quando surja uma incerteza acerca da cobrabilidade de uma quantia já incluída no rédito, a quantia incobrável, ou a quantia a respeito da qual a recuperação tenha deixado de ser provável, é reconhecida como um gasto, e não como um ajustamento da quantia do rédito originalmente reconhecido.

10.2 Situações particulares:

Influxos com recebimento diferido:

Quando um influxo de dinheiro ou equivalentes de dinheiro for diferido, o justo valor da retribuição pode ser menor do que a quantia nominal do dinheiro recebido ou a receber. Nestes casos, quando o influxo constitua uma transacção de financiamento, o justo valor da retribuição deve ser determinado, descontando todos os recebimentos futuros, utilizando uma taxa de juro imputada. Esta taxa é a mais claramente determinável de:

Taxa de um instrumento similar de um emitente com uma classificação de crédito similar.

Taxa de juro que desconte a quantia nominal do instrumento para o preço de venda corrente, a dinheiro, dos bens ou serviços.

A diferença entre o justo valor e a quantia nominal da retribuição é reconhecida como rédito de juros.

Influxos resultantes de troca de bens:

Quando os bens sejam vendidos ou os serviços sejam prestados em troca de bens ou serviços dissemelhantes, a troca é vista como uma transacção que gera réditos. O rédito é medido da seguinte forma:

Pelo justo valor dos bens ou serviços recebidos ajustados pela quantia transferida de qualquer dinheiro ou seus equivalentes, ou quando este não possa ser medido com fiabilidade.

Pelo justo valor dos bens entregues ajustados pela quantia transferida de qualquer dinheiro.

Influxos resultantes de transacção única mas com componentes separadamente identificáveis:

Quando numa transacção única existam componentes separadamente identificáveis, estas devem ser analisadas em separado para efeitos de reconhecimento do rédito. Por exemplo, quando o preço de venda de um produto inclua uma quantia identificável de serviços subsequentes, essa quantia deve ser diferida e reconhecida como um rédito durante o período em que o serviço seja desempenhado.

Influxos resultantes de transacções com forma separada mas com uma substância económica única:

Quando em transacções com forma separada exista uma substância única, estas devem ser analisadas em conjunto para efeitos de reconhecimento do rédito. Por exemplo, se ao vender determinado bem se entrar num acordo separado para o recomprar numa data posterior, negando assim os efeitos substantivos das transacções, estas devem, por conseguinte, ser tratadas conjuntamente.

11 — Vendas:

11.1 Conteúdo das rubricas:

Vendas (conta 61):

Esta conta destina-se a registar o rédito proveniente da venda de bens.

Para este efeito, o termo bens inclui bens produzidos pela entidade com a finalidade de serem vendidos e bens comprados para revenda, tais como mercadorias compradas por um retalhista ou terrenos e outras propriedades detidas para revenda.

Subsídios a preços (conta 61.5):

Esta conta destina-se a registar os subsídios a receber do Estado destinados a complementar os preços de venda de bens que tenham sido por ele fixados.

Devoluções (conta 61.7):

Esta conta destina-se a registar as devoluções de clientes relativas a bens que anteriormente lhe tenham sido vendidos.

Para um maior controlo, as sub-contas Mercado Nacional e Mercado Estrangeiro poderão ser desenvolvidas por natureza de bens devolvidos.

Descontos e abatimentos (conta 61.8:

Esta conta destina-se a registar os descontos e abatimentos em vendas que revistam a forma de descontos comerciais.

Para um maior controlo, as sub-contas Mercado Nacional e Mercado Estrangeiro poderão ser desenvolvidas por natureza de bens devolvidos.

11.2 Situações particulares:

Avaliação da transferência de riscos e recompensas da propriedade para o comprador:
Esta avaliação exige um exame das circunstâncias da operação. Na maior parte dos casos, esta transferência coincide com a transferência do documento legal ou da passagem de posse para o comprador.

Tratamento quando existe incerteza sobre se os benefícios económicos associados com a transacção irão fluir para a entidade:
A certeza sobre se os benefícios económicos associados com a transacção irão fluir para a entidade, muitas vezes só ocorre depois da retribuição ser recebida ou de uma incerteza ser removida. Por exemplo, pode ser incerto que uma autoridade governamental estrangeira conceda permissão para remeter a retribuição de uma venda num país estrangeiro. Neste caso o rédito só deve ser reconhecido quando a permissão seja concedida, isto é, quando a incerteza é retirada.

Exemplo de situações em que a entidade retém os riscos significativos e as recompensas da propriedade e em que o rédito não deve ser reconhecido:
Quando a entidade retenha uma obrigação por execução não satisfatória, não coberta por cláusulas normais de garantia.

Quando o recebimento do rédito de uma dada venda esteja dependente da obtenção de rédito, pelo comprador, pela sua venda dos bens.

Quando os bens expedidos estejam sujeitos à instalação e esta seja uma parte significativa do contrato que ainda não tenha sido concluído.

Quando o comprador tenha o direito de rescindir a compra por uma razão especificada no contrato de venda e a entidade não esteja segura acerca da probabilidade da devolução.

Exemplo de situações em que a entidade retém somente um risco de propriedade insignificante:
Retenção do documento legal dos bens unicamente para proteger a cobrabilidade da quantia devida. Neste caso se a entidade tiver transferido os riscos e recompensas significativos da propriedade, a transacção é uma venda e o rédito deve ser reconhecido.

Venda a retalho quando for oferecido um reembolso se o cliente não ficar satisfeito. Neste caso o rédito deve ser reconhecido desde que o vendedor possa estimar com fiabilidade (com base em experiência anterior e outros factores relevantes) as devoluções futuras e reconheça um passivo correspondente.

Tratamento quando os custos não podem ser fiavelmente medidos:
Os custos, incluindo garantias e outros custos, a serem incorridos após a expedição dos bens podem normalmente ser medidos com fiabilidade quando as outras condições para o reconhecimento do rédito tenham sido satisfeitas. Porém, quando tal não acontecer o rédito não pode ser reconhecido pelo que qualquer retribuição já recebida pela venda dos bens deve ser reconhecida como um passivo.

Vendas do tipo <<facture mas não faça a expedição>>:
Nas vendas do tipo <<facture mas não faça a expedição>> por norma a entrega é retardada a pedido do comprador mas este fica com o título de posse e aceita a facturação. Nestas condições, o rédito é reconhecido desde que:

Seja provável que a entrega venha a ser feita.

Os bens em poder do vendedor, estejam identificados e prontos para entrega ao comprador no momento em que a venda é reconhecida.

O comprador acuse especificamente a recepção das instruções de entrega diferida.

Sejam aplicadas as condições usuais de pagamento:

Venda de bens sujeitos a instalação e inspecção:

Nas vendas de bens sujeitos a instalação, o rédito é reconhecido imediatamente após aceitação da entrega por parte do comprador quando:

O processo de instalação seja simples por natureza e caiba por isso ao comprador fazê-la.

A inspecção seja efectuada apenas para confirmar a natureza e qualidade dos bens.

Venda de bens quando tenha sido negociado um direito limitado de devolução:

Nas vendas de bens em que tenha sido negociado um direito limitado de devolução o rédito deve ser reconhecido apenas quando os bens tenham sido:

Formalmente aceites pelo comprador; ou

Entregues e o período de tempo para devolução tenha expirado.

Venda de bens à consignação:

Nas vendas de bens à consignação o receptor (comprador) encarrega-se de vender os bens por conta do expedidor (vendedor). Desta forma o rédito só deve ser reconhecido pelo expedidor quando os bens são vendidos a um terceiro pelo receptor.

Venda de bens a intermediários, tais como distribuidores, negociantes ou outros para revenda:

Nas vendas de bens a intermediários, tais como distribuidores, negociantes ou outros para revenda em que o comprador esteja actuando, em substância, como um agente, o rédito é reconhecido como se tratasse de uma venda à consignação.

Nos restantes casos, o rédito deve ser reconhecido com base nos critérios gerais de reconhecimento do rédito.

Vendas nas quais os bens sejam entregues somente quando o comprador faça o pagamento final de uma série de prestações:

Por norma, o rédito de vendas nas quais os bens sejam entregues somente quando o comprador faça o pagamento final de uma série de prestações deve ser reconhecido apenas quando os bens sejam entregues.

Contudo, o rédito pode ser reconhecido quando um depósito significativo tenha sido recebido desde que:

A experiência indique que a maior parte de tais vendas são consumadas.

Os bens estejam na posse do vendedor e identificados e prontos para entrega ao comprador.

Venda a prestações:

Nas vendas a prestações, a retribuição é recebida a prestações pelo que o valor total da retribuição inclui o preço da venda e uma quantia referente a juros. O preço de venda é o valor presente do total da retribuição determinado com base no desconto para o momento presente das prestações a receber, usando uma taxa de juro imputada.

O rédito das vendas a prestações deve ser reconhecido da seguinte forma:

O correspondente ao preço de venda, na data da venda.

O correspondente à quantia de juros, à medida que for ganho.

Assinaturas de publicações:

O rédito resultante de assinaturas de publicações deve ser reconhecido da seguinte forma:

Proporcionalmente ao período em que as publicações sejam expedidas, quando estas sejam de valor semelhante em cada período de tempo.

Proporcionalmente ao valor total das publicações, quando estas variam de valor de período para período.

12 — Prestações de serviço:

12.1 Conteúdo das rubricas:

Prestações de Serviço (conta 62):

Esta conta destina-se a registar o rédito proveniente da prestação de serviços.

A prestação de serviços envolve tipicamente o desempenho por uma entidade de uma tarefa contratualmente acordada durante um período de tempo igualmente acordado que pode ser prestada dentro de um período único ou durante mais do que um período.

Prestações de serviços — serviços principais (conta 62.1):

Esta conta destina-se a registar as prestações de serviço que façam parte da actividade da entidade e que sejam executadas a título principal.

As sub-contas Mercado Nacional e Mercado Estrangeiro deverão ser desenvolvidas por natureza de serviços prestados.

Prestações de serviços – serviços secundários (conta 62.2):

Esta conta destina-se a registar as prestações de serviço que façam parte da actividade da entidade e que não sejam consideradas actividades principais.

As sub-contas Mercado Nacional e Mercado Estrangeiro deverão ser desenvolvidas por natureza de serviços prestados.

Descontos e abatimentos (conta 62.8):

Esta conta destina-se a registar os descontos e abatimentos em prestações de serviço que revistam a forma de descontos comerciais.

Para um maior controlo, as sub-contas Mercado Nacional e Mercado Estrangeiro poderão ser desenvolvidas por natureza de serviços prestados.

12.2 Definições e situações particulares:

Fase de acabamento da transacção:

O reconhecimento do rédito com base na fase de acabamento da transacção é por vezes denominado como o método da percentagem de anulação segundo o qual o rédito é reconhecido nos períodos contabilísticos em que o serviço é prestado. Neste método, aplicam-se com as necessárias adaptações as disposições relativas a contratos plurienais constantes das notas explicativas relativas a existências.

Métodos para determinação da fase de acabamento da transacção:

Para a determinação da fase de acabamento da transacção, deve ser usado o método mais fiável para medir os serviços executados. Dependendo da natureza da transacção os métodos podem incluir:

Levantamentos do trabalho executado.

Serviços executados até à data com uma percentagem do total dos serviços a serem prestados.

A proporção que os custos incorridos até à data tenham com os custos totais estimados da transacção. Para este efeito somente os custos que reflictam trabalho executado até à data devem ser considerados para determinação dos custos incorridos até à data e somente os custos que reflictam trabalho executado ou a executar devem ser incluídos nos custos totais estimados da transacção. Nem sempre os pagamentos progressivos e os adiantamentos recebidos de clientes reflectem os serviços executados.

Elementos facilitadores da determinação de estimativas fiáveis:

Normalmente, a empresa está em condições de fazer estimativas fiáveis se tiver acordado com os parceiros da transacção o seguinte:

Os direitos que cada uma das partes está obrigada a cumprir quanto ao serviço a ser prestado e recebido pelas partes.

A retribuição a ser dada.

A maneira e os termos da liquidação.

Tratamento quando o desfecho da transacção não pode ser fiavelmente estimado:

Quando o desfecho da transacção não puder ser fiavelmente estimado nenhum lucro deve ser reconhecido mas devem ser usados os seguintes critérios:

Se se espera que os custos incorridos possam ser recuperados, o rédito deve ser reconhecido nessa medida.

Se se espera que os custos incorridos não possam vir a ser recuperados, o rédito não deve ser reconhecido mas os custos incorridos devem ser reconhecidos como um gasto.

Honorários de instalação:

Os honorários de instalação são reconhecidos como rédito da seguinte forma:

Na data do reconhecimento da venda dos bens, se forem inerentes a essa venda.

De acordo com a fase de acabamento, se não forem inerentes à venda.

Honorários de desenvolvimento de software a pedido do cliente:

Os honorários de desenvolvimento de software a pedido do cliente são reconhecidos como rédito com referência à fase de acabamento do desenvolvimento (incluindo conclusão dos serviços proporcionados por assistência de serviços pós entrega):

Honorários de serviços incluídos no preço dos bens vendidos:

Os honorários de serviços incluídos no preço dos bens vendidos são reconhecidos como rédito durante o período em que tais serviços serão prestados, se a quantia dos serviços subsequentes incluída no preço dos bens puder ser estimada. A quantia do rédito a diferir na data da venda dos bens deve ser aquela que cubra os custos esperados dos serviços acordados e o lucro razoável desses serviços.

Comissões de publicidade:

O rédito das comissões de publicidade deve ser reconhecido da seguinte forma:

Em referência à fase de acabamento, no caso do rédito se referir a comissões de produção.

Quando o respectivo anúncio (jornais, rádio ou televisão) surja perante o público, nos restantes casos.

Bilhetes de admissão:

O rédito relativo a bilhetes de admissão para um ou mais acontecimentos deve ser reconhecido da seguinte forma:

Na data em que o acontecimento tiver lugar, quando o rédito resultar de desempenhos artísticos, de banquetes e de outros acontecimentos especiais.

À medida que os serviços sejam executados, quando for vendida uma assinatura para um número de acontecimentos.

Propinas de ensino:

O rédito relativo a propinas de ensino deve ser reconhecido durante o período de instrução:

Quotas de iniciação, entrada e associativismo:

O rédito relativo a quotas deve ser reconhecido da seguinte forma:

De imediato e na totalidade, quando:

(i) não exista nenhuma incerteza significativa quanto à cobrabilidade; e

(ii) a quota permitir apenas o associativismo e todos os outros serviços ou produtos tenham de ser pagos em separado.

Numa base que reflicta a tempestividade, natureza e valor dos benefícios proporcionados, quando a quota der direito a:

(i) serviços ou publicações a serem proporcionadas durante o período de associação; ou à

(ii) compra de bens ou serviços a preços mais baixos do que os debitados a não sócios.

13 — Outras rubricas de proveitos:

13.1 Conteúdo das rubricas:

Serviços suplementares (conta 63.1):

Esta conta, destina-se a registar proveitos inerentes ao valor acrescentado, de actividades que não sejam próprias da actividade da entidade.

Royalties (conta 63.2):

Esta conta, destina-se a registar os proveitos derivados do uso, por terceiros de imobilizados da entidade como por exemplo, patentes, marcas, copyrights e software de computadores.

Subsídios à exploração (conta 63.3):

Esta conta, destina-se a registar subsídios a fundo perdido concedidos à entidade com a finalidade de cobrir custos que não se relacionem com investimentos em imobilizados.

Subsídios a investimentos (conta 63.4):

Esta conta, destina-se a registar os subsídios a fundo perdido concedidos à entidade destinados a financiar imobilizados amortizáveis.

O registo é feito apenas pela quota-parte do ano que se destine a compensar os custos relacionados, a qual deverá ser determinada de acordo com as disposições constantes da rubrica 37.6.3 Proveitos a repartir por exercícios futuros – subsídios para investimento.

Variação nos inventários de produtos acabados e de produção em curso (conta 64):

Esta conta destina-se a registar:

A crédito, a compensação dos custos incorridos e registados, por natureza, nas respectivas contas de custos, que se relacionem com custos necessários à produção de bens e que devam, por essa razão, ser transferidos para existências.

A débito, os custos da produção vendida.

O efeito líquido dos movimentos referidos dá, obviamente, a variação ocorrida nos produtos acabados e na produção em curso.

Caso a entidade não disponha de meios para determinar separadamente os custos que devem ser compensados e o custo da produção vendida, a variação ocorrida nos produtos acabados e na produção em curso poderá ser determinada pelo diferencial entre as existências iniciais e finais, devendo, neste caso, ser:

Debitada, pelo valor das existências iniciais de produtos acabados e da produção em curso.

Creditada, pelo valor das existências finais de produtos acabados e da produção em curso.

Esta conta terá, naturalmente, saldo credor se o saldo final de produtos acabados e da produção em curso for maior que o saldo inicial e saldo devedor na situação inversa.

Trabalhos para a própria empresa (conta 65):

Esta conta destina-se a compensar os custos incorridos e registados, por natureza, nas respectivas contas de custos relativos a trabalhos que a entidade tenha realizado para si mesma, sob a sua administração directa, aplicando meios próprios ou adquiridos para o efeito.

Estes trabalhos podem destinar-se ao seu imobilizado ou podem referir-se a situações que, pela sua natureza, devam ser repartidos por vários exercícios (caso em que serão registados por débito da 37.4 Encargos a repartir por exercícios futuros).

Proveitos e ganhos financeiros — juros (conta 66.1):

Esta conta destina-se a registar os juros resultantes do uso, por terceiros, de dinheiro ou seus equivalentes, que resultem de investimentos ou aplicações financeiras da entidade ou de atraso no recebimento de quantias devidas por terceiros.

Proveitos e ganhos financeiros — diferenças de câmbio favoráveis - realizadas (conta 66.2.1):

Esta conta destina-se a registar as diferenças de câmbio favoráveis não realizadas relacionadas com as actividades operacionais da entidade e com o financiamento de activos que não sejam de imputar a imobilizado ou a existências.

São consideradas diferenças de câmbio realizadas aquelas que resultem do diferencial entre o valor de registo da dívida na data do reconhecimento inicial da transacção e o valor pelo qual a dívida tenha sido paga ou recebida.

Proveitos e ganhos financeiros — diferenças de câmbio favoráveis — não realizadas (conta 66.2.2):

Esta conta destina-se a registar as diferenças de câmbio favoráveis não realizadas relacionadas com as actividades operacionais da empresa e com o financiamento de activos que não sejam de imputar a imobilizado ou a existências e que não devam ser diferidas por se considerar que é pouco provável a reversibilidade do câmbio.

São consideradas diferenças de câmbio não realizadas aquelas que resultem do diferencial entre o valor de registo da dívida na data do reconhecimento inicial da transacção e o valor que resulta da actualização dessa dívida para o câmbio em vigor no final do período, quando esta ainda não tenha sido paga ou recebida até essa data.

Proveitos e ganhos financeiros — desconto de pronto pagamento obtidos (conta 66.3):
Esta rubrica destina-se a registar os descontos desta natureza, quer constem da factura, quer sejam atribuídos posteriormente.

Proveitos e ganhos financeiros — rendimentos de participação de capital (conta 66.5):
Esta conta destina-se a registar os dividendos e lucros recebidos de empresas nas quais exista uma participação de capital e que não sejam subsidiárias nem associadas.

Proveitos e ganhos financeiros — ganhos na alienação de aplicações financeiras (conta 66.6):
Esta conta destina-se a registar os ganhos provenientes da alienação de aplicações financeiras, sendo as respectivas sub-contas creditadas pelo produto da venda e amortizações respectivas (no caso de investimentos em imóveis) e debitadas pelos custos correspondentes.

Proveitos e ganhos financeiros — redução de provisões (conta 66.7):
Esta conta destina-se a registar de forma global, no final do período contabilístico, a variação negativa da estimativa dos riscos, em cada espécie de provisão, entre dois períodos contabilísticos consecutivos, que seja de natureza financeira.

Proveitos e ganhos financeiros em subsidiárias e associadas — rendimentos de participação de capital (conta 67.1):
Esta conta destina-se a registar os dividendos e lucros recebidos de empresas subsidiárias e associadas.

Outros proveitos e ganhos não operacionais (conta 68):
Esta conta destina-se a registar os factos ou acontecimentos de natureza corrente que tenham carácter não recorrente ou não frequente.
Sempre que os factos ou acontecimentos em causa envolvem custos e proveitos, esta rubrica registará ambos se o efeito líquido de tais acontecimentos e factos for de natureza credora.

Outros proveitos e ganhos não operacionais — reposição de provisões (conta 68.1):
Esta conta destina-se a registar de forma global, no final do período contabilístico, a variação negativa da estimativa dos riscos, em cada espécie de provisão (de natureza financeira), entre dois períodos contabilísticos consecutivos.

Outros proveitos e ganhos não operacionais — ganhos em imobilizações (conta 68.3):
Esta conta destina-se a registar os ganhos provenientes da alienação de imobilizações, sendo as respectivas sub-contas creditadas pelo produto da venda e amortizações respectivas e debitadas pelos custos correspondentes.

Outros proveitos e ganhos não operacionais — descontinuidade de operações (conta 68.8):
Esta conta destina-se a registar os ganhos líquidos resultantes da descontinuidade de uma ou várias das operações da empresa.

Outros proveitos e ganhos não operacionais — alterações de políticas contabilísticas (conta 68.9):

Esta conta destina-se a registar as correcções favoráveis derivadas de alterações nas políticas contabilísticas cujos efeitos não puderam ser reconhecidos nos resultados transitados por não ter sido possível efectuar uma estimativa razoável do valor a reconhecer nessa conta.

Outros proveitos e ganhos não operacionais — correcções relativas a exercícios anteriores (conta 68.10):

Esta conta destina-se a registar as correcções favoráveis derivadas de erros ou omissões relacionados com exercícios anteriores, que não sejam de grande significado nem ajustamentos de estimativas inerentes ao processo contabilístico.

Proveitos e ganhos extraordinários (conta 69):

Esta rubrica destina-se a registar os proveitos e ganhos extraordinários resultantes de eventos claramente distinguíveis das actividades operacionais e da empresa e que, por essa razão, não se espera que ocorram nem de forma frequente nem de forma regular.

Sempre que eventos desta natureza originem simultaneamente custos e proveitos estes devem ser contabilizados nesta rubrica apenas se o respectivo valor líquido tiver natureza credora.

Proveitos e ganhos extraordinários — subsídios (conta 69.5):

Esta rubrica destina-se a registar os subsídios a fundo perdido que não estejam relacionados com custos operacionais actuais ou futuros, ou que se refiram a custos já incorridos em anos anteriores.

Proveitos e ganhos extraordinários — anulação de passivos não exigíveis (conta 69.6):

Esta rubrica destina-se a registar a anulação de passivos que deixem de ser exigíveis mas que não se enquadrem no âmbito de subsídios.

13.2 Definições:

Subsídios:

Entende-se por subsídios os auxílios na forma de transferência de recursos para uma entidade em troca do cumprimento passado ou futuro de certas condições relacionadas com as actividades operacionais dessa entidade. Os subsídios podem revestir a forma de empréstimos a fundo perdido isto é, empréstimos em que o emprestador se compromete a renunciar ao seu reembolso sob certas condições prescritas. Os subsídios do Governo são algumas vezes denominados por outros nomes, como dotações, subvenções ou prémios.

Subsídios a investimento:

Entende-se por subsídios a investimento, os subsídios relacionados com activos cuja condição primordial é que a entidade a que eles se propõe deva comprar, construir ou por qualquer forma adquirir imobilizados. Podem também estar ligadas condições subsidiárias restringindo o tipo ou localização dos activos ou dos períodos durante os quais devem ser adquiridos ou detidos.

Subsídios à exploração:

Entende-se por subsídios à exploração, os subsídios que não se enquadrem no âmbito de subsídios a investimentos.

Dividendos:

Entende-se por dividendos as distribuições de rendimento a detentores de investimentos em capital próprio representado por acções, baseadas na proporção das suas detenções de capital, como remuneração do capital investido.

Lucros:

Entende-se por lucros as distribuições de rendimento a detentores de investimentos em capital próprio representado por quotas, baseadas na proporção das suas detenções de capital, como remuneração do capital investido.

Rendimento efectivo de um activo:

Entende-se por rendimento efectivo de um activo a taxa de juro necessária para descontar para o momento presente os recebimentos de caixa futuros esperados durante a vida do activo de forma a igualar a quantia escriturada inicial do activo.

Descontinuidade de operações:

Entende-se por descontinuidade a venda ou abandono de uma linha separada e principal de negócios que seja distinta de outras actividades negociais, como por exemplo um segmento.

Segmentos sectoriais:

Entende-se por segmentos sectoriais os componentes distinguíveis de uma entidade cada um deles empenhado em proporcionar um serviço ou produto diferente, ou um grupo diferente de produtos ou serviços relacionados, predominantemente a clientes fora da entidade.

Segmentos geográficos:

Entende-se por segmentos geográficos os componentes distinguíveis de uma entidade empenhada em operações em regiões individualmente consideradas, ou consideradas em grupo dentro de áreas geográficas particulares, tal como se determine ser apropriado nas particulares circunstâncias de uma entidade.

14 — Custos e perdas:

14.1 Conteúdo das rubricas:

Custo das mercadorias vendidas e das matérias consumidas (conta 71):

Esta rubrica destina-se a registar a contrapartida das saídas das existências nela mencionadas, por venda ou integração no processo produtivo.

Caso a entidade disponha de inventário permanente, esta conta será movimentada ao longo do ano sempre que ocorram as referidas saídas.

No caso da entidade optar pelo inventário intermitente, esta conta será movimentada, apenas no termo do exercício, da seguinte forma:

A débito, por contrapartida:

Das contas de existências, pelo valor inicial destas.

Da conta 21 compras, pelo valor das compras efectuadas.

A crédito, por contrapartida das contas de existências, pelo valor das existências finais.

Pensões (conta 72.3):

Esta rubrica destina-se a registar os custos relativos a pensões, nomeadamente de reforma ou invalidez.

Prémios para pensões (conta 72.4):

Esta rubrica destina-se a registar os prémios da natureza em epígrafe destinados a entidades externas, a fim de que estas venham a suportar oportunamente os encargos com o pagamento de pensões ao pessoal da entidade.

Encargos sobre remunerações (conta 72.5):

Esta rubrica destina-se a registar as incidências relativas a remunerações que sejam suportadas obrigatoriamente pela entidade.

Outros custos com o pessoal (conta 72.8):

Esta rubrica destina-se a registar, entre outros custos, as indemnizações por despedimento e os complementos facultativos de reforma.

Amortizações do exercício (conta 73):

Esta rubrica destina-se a registar as amortizações do imobilizado corpóreo e incorpóreo atribuíveis ao exercício.

Sub-contratos (conta 75.1):

Esta rubrica destina-se a registar os trabalhos necessários ao processo produtivo próprio da entidade, relativamente aos quais se obteve a cooperação de outras empresas, submetidos a compromissos formalizados ou a simples acordos.

Conservação e reparação (conta 75.2.14):

Esta rubrica destina-se a registar os bens destinados à manutenção dos elementos do activo imobilizado e que não provoquem um aumento do seu valor ou da sua vida útil.

Ferramentas e utensílios de desgaste rápido (conta 75.2.16):

Esta rubrica destina-se a registar o equipamento dessa natureza.

Cuja vida útil não exceda, em condições de utilização normal, o período de um ano; ou

Que, pelo seu valor, tenham um montante inferior ao definido para permitir o seu reconhecimento no activo imobilizado corpóreo.

Outros fornecimentos (conta 75.2.19):

Esta rubrica destina-se a registar os fornecimentos de terceiros não enquadráveis nas restantes rubricas como seja, por exemplo, o custo dos bens adquiridos especificamente para oferta.

Rendas e alugueres (conta 75.2.21):

Esta rubrica destina-se a registar as rendas de terrenos e edifícios, bem como as relativas ao aluguer de equipamentos.

Nesta rubrica não devem ser registadas as rendas de bens em regime de locação financeira, mas apenas as de bens em regime de locação operacional.

Seguros (conta 75.2.22):
Esta rubrica destina-se a registar os seguros a cargo da entidade, com excepção dos relativos a custos com o pessoal.

Deslocações e estadas (conta 75.2.23):
Esta rubrica destina-se a registar os encargos com alojamento e alimentação fora do local de trabalho. Deverão ainda ser registados nesta rubrica os gastos com transporte de pessoal que tenham um carácter eventual.
Contudo, se os encargos da natureza acima referida forem suportados através de ajudas de custo, estas deverão ser registadas na rubrica 72.8 outras despesas com o pessoal.

Conservação e reparação (conta 75.2.26):
Esta rubrica destina-se a registar os serviços destinados à manutenção dos elementos do activo imobilizado e que não provoquem um aumento do seu valor ou da sua vida útil.

Comissões a intermediários (conta 75.2.31):
Esta rubrica destina-se a registar as verbas atribuídas às entidades que, de sua conta, agenciaram transacções ou serviços.

Trabalhos executados no exterior (conta 75.2.33):
Esta conta destina-se a registar os serviços técnicos prestados por outras empresas que a própria entidade não pode suportar pelos seus meios, tais como serviços informáticos, análises laboratoriais, trabalhos tipográficos, estudos e pareceres.

Honorários e avenças (conta 75.2.34):
Esta rubrica destina-se a registar as remunerações atribuídas aos trabalhadores independentes.

Ofertas e amostras de existências (conta 75.6):
Esta rubrica destina-se a registar o custo de ofertas e amostras de existências próprias, que não são de registar no custo das existências vendidas e das matérias consumidas.

Custos e perdas financeiros — juros (conta 76.1):
Esta conta destina-se a registar os juros resultantes do uso, pela entidade, de dinheiro ou seus equivalentes que resultem de financiamentos obtidos ou de atraso no pagamento de quantias devidas a terceiros.

Custo e perdas financeiros — diferenças de câmbio desfavoráveis — realizadas (conta 76.2.1):
Esta conta destina-se a registar as diferenças de câmbio desfavoráveis realizadas, relacionadas com as actividades operacionais da empresa e com o financiamento de activos que não sejam de imputar a imobilizado ou a existências.
São consideradas diferenças de câmbio realizadas aquelas que resultem do diferencial entre o valor de registo da dívida na data do reconhecimento inicial da transacção e o valor pelo qual a dívida tenha sido paga ou recebida.

Custos e perdas financeiros — diferenças de câmbio desfavoráveis — não realizadas (conta 76.2.2):

Esta conta destina-se a registar as diferenças de câmbio desfavoráveis não realizadas relacionadas com as actividades operacionais da empresa e com o financiamento de activos que não sejam de imputar a imobilizado ou a existências.

São consideradas diferenças de câmbio não realizadas aquelas que resultem do diferencial entre o valor de registo da dívida na data do reconhecimento inicial da transacção ou o valor actualizado na data do último período de relato e o valor que resulta da actualização dessa dívida para o câmbio em vigor no final do período, quando esta ainda não tenha sido paga ou recebida até essa data.

Custos e perdas financeiros — desconto de pronto pagamentos concedidos (conta 76.3):

Esta rubrica destina-se a registar os descontos desta natureza, quer constem da factura, quer sejam atribuídos posteriormente.

Custos e perdas financeiros — amortizações de investimentos em imóveis (conta 76.4):

Esta conta destina-se a registar as amortizações dos imóveis que se encontrem registados em investimentos financeiros.

Custos e perdas financeiros — perdas na alienação de aplicações financeiras (conta 76.6):

Esta conta destina-se a registar as perdas resultantes da alienação de aplicações financeiras, sendo as respectivas subcontas creditadas pelo produto da venda e amortizações respectivas (no caso de investimentos em imóveis) e debitadas pelos custos correspondentes.

Outros custos e perdas não operacionais (conta 78):

Esta conta destina-se a registar operações de natureza corrente que tenham carácter não recorrente ou não frequente.

Sempre que os factos ou acontecimentos em causa envolvam custos e proveitos, esta rubrica registará ambos se o efeito líquido de tais acontecimentos e factos for de natureza devedora.

Outros custos e perdas não operacionais — Provisões para riscos e encargos — pensões (conta 78.1.3.1):

Esta rubrica destina-se a registar as verbas atribuídas à provisão para pagamento de pensões (acumuladas na conta 39.1).

Outros custos e perdas não operacionais — amortizações extraordinárias (conta 78.2):

Esta conta destina-se a registar as amortizações, relativas a bens ao serviço da entidade, que tenham natureza extraordinária e não devam por isso ser registadas na conta <<Amortizações do exercício>>.

Outros custos e perdas não operacionais — perdas em imobilizações (conta 78.3):

Esta conta destina-se a registar as perdas provenientes:

Da alienação de imobilizações, sendo as respectivas sub-contas creditadas pelo produto da venda e amortizações respectivas e debitadas pelos custos correspondentes.

De abates de imobilizado, sendo as respectivas sub-contas creditadas pelas amortizações respectivas e debitadas pelos custos correspondentes aos bens abatidos.

Outros custos e perdas não operacionais — perdas em existências (conta 78.4):
Esta conta destina-se a registar as perdas de existências apuradas aquando da realização de um inventário físico, ou através de qualquer outra forma, e que não devam afectar o custo das existências vendidas e consumidas.

Outros custos e perdas não operacionais — custos de reestruturação (conta 78.7):
Esta conta destina-se a registar os custos de reestruturação da entidade que não resultem em expansão para outras actividades.

Outros custos e perdas não operacionais — descontinuidade de operações (conta 78.8):
Esta conta destina-se a registar as perdas líquidas resultantes da descontinuidade de uma ou várias das operações da empresa.

Outros proveitos e ganhos não operacionais — alterações de políticas contabilísticas (conta 78.9):
Esta conta destina-se a registar as correcções desfavoráveis derivadas de alterações nas políticas contabilísticas cujos efeitos não puderam ser reconhecidos nos resultados transitados por não ter sido possível efectuar uma estimativa razoável do valor a reconhecer nessa conta.

Outros custos e perdas não operacionais — correcções relativas a exercícios anteriores (conta 78.10):
Esta conta destina-se a registar as correcções desfavoráveis derivadas de erros ou omissões relacionados com exercícios anteriores, que não sejam de grande significado nem ajustamentos de estimativas inerentes ao processo contabilístico.

Custos e perdas extraordinários (conta 79):
Esta rubrica destina-se a registar os custos e perdas extraordinários resultantes de eventos claramente distinguíveis das actividades operacionais da entidade e que, por essa razão, não se espera que ocorram, nem de forma frequente, nem regular.
Sempre que eventos desta natureza originem simultaneamente custos e proveitos, estes devem ser contabilizados nesta rubrica apenas se o respectivo valor líquido tiver natureza devedora.

14.2 Definições:

Custos de empréstimos obtidos:
Custos de empréstimos obtidos são os custos de juros e outros incorridos por uma entidade relativos aos pedidos de empréstimos de fundos.

Activo qualificável:
Activo qualificável é um activo que leva necessariamente um período substancial de tempo para ser apresentado para o seu uso ou venda pretendido.

14.3 Situações particulares:
Exemplos de custos considerados como custos de empréstimos obtidos:
Juros de descobertos bancários.
Juros de empréstimos a curto e longo prazos.
Amortização de descontos ou prémios relacionados com empréstimos obtidos.

Amortização de custos acessórios relacionados com a obtenção dos empréstimos obtidos.

Encargos financeiros relativos a locações financeiras.

Diferenças de câmbio provenientes de empréstimos obtidos em moeda estrangeira.

Exemplos de activos qualificáveis:

Inventários que exijam um período substancial de tempo para os pôr numa condição vendável.

Instalações industriais.

Instalações de geração de energia.

Propriedades de investimento.

Exemplos de activos não qualificáveis:

Investimentos e inventários:

Fabricados de forma rotineira.

Produzidos em grande quantidade, numa base repetitiva, num curto espaço de tempo.

Adquiridos já prontos para o uso pretendido ou venda.

15 — Resultados:

15.1 Conteúdo das rubricas:

Resultados transitados (conta 81):

Esta conta é utilizada para registar os resultados líquidos e os dividendos antecipados provenientes do exercício anterior. Será movimentada subsequentemente de acordo com a distribuição de lucros ou a cobertura de prejuízos que for deliberada pelos detentores do capital.

Esta conta destina-se a registar igualmente:

A correcção dos erros fundamentais que devam afectar, positiva ou negativamente, os capitais próprios e não o resultado do exercício.

Os efeitos retrospectivos, negativos ou positivos, das alterações de políticas contabilísticas.

O imposto sobre os lucros derivados das situações acima referidas. A contabilização efectuada por contrapartida da conta 34.1 Imposto sobre os lucros.

Resultados operacionais (conta 82):

Esta conta destina-se a concentrar, no fim do exercício, os proveitos e os custos registados, respectivamente, nas contas 61 a 65 e 71 a 75 por forma a apurar os resultados operacionais da entidade. Os correspondentes registos deverão ser efectuados por contrapartida das sub-contas denominadas transferência para resultados operacionais.

Resultados financeiros (conta 83):

Esta conta destina-se a concentrar, no fim do exercício, os proveitos e os custos registados, respectivamente, nas contas 66 e 76 por forma a apurar os resultados financeiros da entidade. Os correspondentes registos deverão ser efectuados por contrapartida das sub-contas denominadas transferência para resultados financeiros.

Resultados em filiais e associadas (conta 84):

Esta conta destina-se a concentrar, no fim do exercício, os proveitos e os custos registados, respectivamente, nas contas 67 e 77 por forma a apurar os resultados em filiais e associadas da entidade. Os correspondentes registos deverão ser efectuados por contrapartida das sub-contas denominadas transferência para resultados em filiais e associadas.

Resultados não operacionais (conta 85):
Esta conta destina-se a concentrar, no fim do exercício, os proveitos e os custos registados, respectivamente, nas contas 68 e 78 por forma a apurar os resultados não operacionais da entidade. Os correspondentes registos deverão ser efectuados por contrapartida das sub-contas denominadas transferência para resultados não operacionais.

Resultados extraordinários (conta 86):
Esta conta destina-se a concentrar, no fim do exercício, os proveitos e os custos registados, respectivamente, nas contas 69 e 79 por forma a apurar os resultados extraordinários da entidade. Os correspondentes registos deverão ser efectuados por contrapartida das sub-contas denominadas transferência para resultados extraordinários.

Resultado líquido do exercício (conta 88):
Esta conta servirá para agregar os saldos das contas 82 a 87 por forma a determinar os resultados líquidos do exercício. Os correspondentes registos deverão ser efectuados por contrapartida das subcontas denominadas transferência para resultados líquidos.

No início do exercício seguinte, o seu saldo deverá ser transferido para a conta 81 Resultados transitados.

Dividendos antecipados (conta 89):
Esta conta é debitada, por crédito das subcontas da conta 35.1 Entidades participantes pelos dividendos atribuídos no decurso do exercício, que sejam permitidos nos termos legais e estatutários, por conta dos resultados desse exercício.

No início do exercício seguinte, o seu saldo deverá ser transferido para a conta 81 Resultados transitados.

15.2 Definições:

Erros fundamentais:
Erros fundamentais são aqueles erros que têm um efeito de tal significado nas Demonstrações financeiras de um ou mais períodos anteriores que essas demonstrações financeiras não podem ser consideradas terem sido fiáveis à data da sua emissão.

Erros:
Erros podem resultar de erros matemáticos, erros na aplicação de políticas contabilísticas, má interpretação de factos, fraudes ou descuidos. Excluem-se deste âmbito as alterações das políticas contabilísticas as quais, pela sua natureza, são aproximações que podem necessitar revisão à medida que a informação adicional se torne conhecida, razão pela qual os ajustamentos resultantes da tal revisão não se consideram erros.

16 — Impostos sobre lucros:

16.1 Conteúdo das rubricas:

Imposto sobre os lucros (conta 87):
Esta conta destina-se a registar a estimativa de imposto sobre os lucros relacionada com resultados líquidos do exercício, devendo ser distinguida a parte relativa a resultados correntes e a parte relativa a resultados extraordinários. A quantia estimada de imposto deverá ser contabilizada por contrapartida da conta 34.1 Estado – Impostos sobre os lucros.

16.2 Definições:

Resultado contabilístico:
Resultado contabilístico é o resultado global positivo ou negativo, de um período, antes da dedução do respectivo imposto sobre os lucros.

Lucro tributável (Prejuízo fiscal):
Lucro tributável (Prejuízo fiscal) é a quantia de lucro (prejuízo) de um período, determinado de acordo com as regras estabelecidas pela Administração Fiscal que serve de base ao apuramento do imposto a pagar (recuperar).

Imposto sobre os lucros:
Imposto sobre os lucros é a quantia de imposto incluída na determinação do resultado líquido do período.

Imposto a pagar (recuperar):
Imposto a pagar (recuperar) é a quantia a pagar (receber) correntemente de impostos respeitantes ao lucro tributável de um período.

Taxa efectiva de imposto:
Taxa efectiva de imposto é a relação entre a quantia de imposto sobre os lucros e o resultado contabilístico que é determinada através da divisão da primeira pelo segundo.

16.3 Situações particulares:

Repartição do imposto sobre os resultados do exercício:
Sempre que o apuramento do imposto sobre os:
Resultados correntes.
Resultados extraordinários.
Resultados dos efeitos da correcção de erros fundamentais e alterações de políticas contabilísticas efectuadas na conta de resultados transitados não possa ser efectuado, de imediato, de forma individualizada, o imposto deverá ser apurado de forma global, devendo posteriormente ser alocado, a cada um dos casos acima referidos, através de uma proporcionalidade ou usando a taxa efectiva de imposto.

17 — Contingências:

17.1 Definição:
Contingência é uma condição ou situação cujo desfecho final, ganho ou perda, só será confirmado na ocorrência, ou na não ocorrência, de um ou mais acontecimentos futuros e incertos.

A contingência reside na incerteza de acontecimentos e não na incerteza de valores pelo que uma estimativa não tem carácter de contingência.

17.2 Reconhecimento ou divulgação:

Determinação de contingências:
A determinação da existência de contingências faz-se a dois níveis:
Comprovação da existência da incerteza, utilizando:
Probabilidades quantificadas dos diversos desfechos.
Escalonamento, desde prováveis a remotos, dos diversos desfechos.
Estimativa do desfecho financeiro da contingência, com base:
No julgamento da gerência.
Na experiência em operações semelhantes e, em alguns casos, relatórios de peritos independentes.
Na revisão dos eventos subsequentes à data de Balanço.
Nas informações disponíveis à data de fecho das contas.

Tratamento a dar a ganhos contingentes:
Os ganhos contingentes não devem ser reconhecidos nas demonstrações financeiras, mas a sua existência deve ser divulgada se do escalonamento do seu desfecho resultar provável a realização do ganho.

Tratamento a dar a perdas contingentes:
As perdas contingentes devem ser reconhecidas nas demonstrações financeiras como uma perda (por contrapartida de um passivo) se:
 For provável que os acontecimentos futuros venham a confirmar que um activo esteja diminuído (depois de já se ter tido em consideração qualquer recuperação provável) ou que se tenha incorrido num passivo à data de balanço; e
Puder ser feita uma estimativa razoável da quantia da perda daí resultante.
Se as condições acima não se verificarem, a perda contingente não deve ser reconhecida mas deve ser divulgada.
As perdas contingentes não necessitam de ser divulgadas se do escalonamento do seu desfecho resultar remota a efectivação da perda.

17.3 Situações particulares:

Perdas contingentes com várias estimativas:
Quando a quantia de uma perda contingente tiver várias estimativas:
O reconhecimento deve ser feito:
Pela melhor estimativa.
Pelo menos pela menor das estimativas, quando nenhuma for considerada a melhor.
A divulgação deve indicar qualquer exposição adicional a perdas, se houver a possibilidade de perdas superiores à quantia reconhecida.

Reduções na quantia das perdas contingentes a reconhecer:

Quando uma perda potencial puder ser reduzida pelo facto do passivo associado poder ser compensado, por uma contra-reivindicação ou por uma reivindicação contra um Terceiro, a quantia a reconhecer como perda deve ser deduzida da quantia recuperável que seja provável resultar da reivindicação.

18 — Acontecimentos ocorrendo após a data de Balanço:

18.1 Definição:

Acontecimentos ocorrendo após a data de Balanço são os acontecimentos favoráveis ou desfavoráveis que ocorram entre a data de Balanço e a data em que as Demonstrações financeiras sejam autorizadas para publicação.

Estes acontecimentos podem ter as seguintes naturezas:

Acontecimentos que forneçam provas adicionais de condições que existam à data de Balanço.

Acontecimentos que sejam indicativos de condições que surgiam subsequentemente à data do Balanço.

18.2 Implicações e divulgação:

Os acontecimentos ocorrendo após a data de Balanço podem requerer os seguintes tratamentos:

Necessidade de ajustamento dos activos e/ou dos passivos, se proporcionarem:

Prova adicional para auxiliar na estimativa de quantias relativas a condições existentes na data do Balanço.

Indicações de que a preparação das demonstrações financeiras na base da continuidade das operações, em relação à totalidade ou a uma parte da empresa, não é apropriada.

Necessidade apenas de divulgação, quando:

Não constituírem prova adicional para auxiliar na estimativa de quantias relativas a condições existentes na data do Balanço; e

A sua não divulgação possa afectar a capacidade dos utentes de fazerem avaliações e de tomarem decisões apropriadas.

18.3 Situações particulares:

Exemplo de situações em que os activos e passivos devem ser ajustados:

Perda numa conta a receber que seja confirmada pela falência de um cliente e que ocorra após a data de Balanço.

Exemplo de situações que podem indicar cessão da capacidade operacional, total ou parcial, da empresa:

Deterioração nos resultados operacionais e na posição financeira da empresa após a data de Balanço.

Perda de um cliente ou fornecedor importante que não possa facilmente ser substituído.

Exemplo de situações que não afectam as condições existentes à data de balanço, mas que podem afectar a capacidade de avaliação e de tomada de decisões apropriadas.

Destruição de uma parte importante das instalações por um incêndio após a data de Balanço.

Uma importante aquisição de uma outra empresa após a data de Balanço.

19 — Auxílios do Governo e outras entidades:

19.1 Definição:
Entende-se por auxílios do Governo ou outras entidades as acções concebidas com o objectivo de proporcionar benefícios económicos específicos a uma entidade ou a uma categoria de entidades que a eles se propõem segundo certos critérios.

Estas formas de auxílio podem ter as seguintes naturezas:

Benefícios consubstanciados em atribuição de subsídios.

Benefícios proporcionados directamente à entidade mas para os quais:

Não existe um valor que razoavelmente lhes possa ser atribuído e/ou.

Não podem ser distinguidos das operações comerciais da entidade.

19.2 Reconhecimento e divulgação:
Os auxílios podem requerer os seguintes tratamentos:

Necessidade de reconhecimento e divulgação nas Demonstrações financeiras, se forem consubstanciados em subsídios.

O reconhecimento deve ser efectuado de acordo com os critérios definidos no parágrafo 13.2.

A divulgação deverá ser efectuada de acordo com as diversas indicações constantes das Notas às contas.

Necessidade apenas de divulgação, se forem consubstanciados em benefícios proporcionados directamente à empresa, mas que não sejam quantificáveis e/ou nem distinguíveis das operações normais da empresa.

Neste caso, a divulgação deverá incluir apenas a natureza do auxílio a divulgar na nota 39 das Notas às contas.

19.3 Situações particulares:

Exemplo de auxílios consubstanciados em subsídios:
Transferência, a fundo perdido, de recursos financeiros, mediante condições.
Doação de bens.
Perdões de dívidas, mediante condições.

Exemplo de auxílios consubstanciados em benefícios proporcionados directamente à entidade e que não têm um valor que razoavelmente lhe possa ser atribuído:
Conselhos técnicos e de comercialização gratuitos.
Concessão de garantias.

Exemplo de auxílios consubstanciados em benefícios proporcionados directamente à entidade e que não podem ser distinguidos das operações comerciais da empresa:
Política de aquisições responsável por parte das vendas da entidade.

20 — Transacções com partes em relação de dependência:

20.1 Definições:

Transacções com partes em relação de dependência:
Consideram-se transacções com partes em relação de dependência, independentemente de ter havido ou não um débito de preço, as seguintes:
Transferências de recursos.
Obrigações entre as partes.

Partes em relação de dependência:
Considera-se que as partes estão em relação de dependência se uma parte tiver a capacidade de:
Controlar a outra parte; ou
Exercer influência significativa sobre a outra parte ao tomar decisões:
Financeiras.
Operacionais.

Controlo:
Controlo é a posse, directa ou indirectamente (através de subsidiárias), de:
Mais de metade do poder de voto de uma empresa; ou
Um interesse substancial no poder de voto e o poder de dirigir (por estatuto ou acordo) as políticas financeiras e operacionais da gerência de uma empresa.

Influência significativa:
Influência significativa é a capacidade de participação nas decisões operacionais e financeiras de uma empresa, sem que haja a capacidade de controlo dessas políticas.
Esta influência pode ser exercida, entre outras, das seguintes formas:
Representação na Gerência ou no Conselho de Administração.
Participação no processo de tomada de decisões.
Transacções inter-empresas materialmente relevantes.
Intercâmbio de pessoa de gerência.
Dependência de informação técnica.
Esta influência pode ser obtida através das seguintes formas:
Posse de acções ou quotas.
Estatuto.
Acordo.

Âmbito de partes em relação de dependência:
O âmbito de partes em relação de dependência, que deve ser visto na substância do relacionamento e não meramente na sua forma legal, é o seguinte:
Empresas que, directa ou indirectamente (através de um ou mais intermediários), controlam ou são controladas pela entidade que relata.
Empresas associadas.
Empresas detidas por accionistas maioritários da entidade que relata.
Empresas detidas por administradores da entidade que relata.
Empresas que tenham um membro chave da gerência em comum com a entidade que relata.

Outras empresas em que é possuído um interesse substancial no poder de voto directa ou indirectamente através de qualquer dos indivíduos (e respectivos membros íntimos da família) referidos nos parágrafos seguintes, se estes tiverem a capacidade de nelas exercer influência significativa.

Indivíduos que detêm, directa ou indirectamente, um interesse no poder de voto que lhes dê influência significativa na entidade que relata.

Membros íntimos da família dos indivíduos referidos no parágrafo anterior. Para este efeito, consideram-se membros íntimos aqueles que possam influenciar, ou serem influenciados, por esse indivíduo, nos negócios com a entidade.

Pessoal chave da gerência: indivíduos que têm autoridade e responsabilidade pelo planeamento, direcção e controlo das actividades da entidade que relata. Incluem-se dentro deste âmbito os administradores e o pessoal superior da entidade.

Membros íntimos da família dos indivíduos referidos no parágrafo anterior.

Exclusões do âmbito de partes em relação de dependência:

Excluem-se do âmbito de partes em relação de dependência as seguintes:

Duas empresas simplesmente pelo facto de terem um administrador comum, a menos que este tenha a possibilidade de influenciar as políticas de ambas as empresas nos seus negócios comuns.

Entidades que proporcionam financiamentos.

Sindicatos e centrais sindicais.

Empresas de serviços públicos.

Departamentos de agências governamentais, no decurso dos seus negócios normais com uma empresa.

Um simples cliente, fornecedor, concessor de privilégios, distribuidor ou agente geral com quem a empresa transaccione um volume significativo de negócios, meramente em virtude de dependência económica resultante.

20.2 Divulgações:

As transacções com entidades em relação de dependência devem ser reconhecidas de acordo com os critérios definidos para a natureza das transacções que estejam em causa.

Contudo, porque as relações se consideram privilegiadas, dado que:

Existe um maior grau de flexibilidade no processo de estabelecer o preço, que não está presente nas transacções com entidades não relacionadas.

Algumas vezes não é estabelecido qualquer preço, como por exemplo nos casos de prestação gratuita de serviços de gestão e de concessão de crédito grátis sobre uma dívida.

Algumas transacções não teriam lugar se o relacionamento não existisse.

Devem ser efectuadas divulgações necessárias à compreensão dos efeitos das transacções com partes em relação de dependência nas demonstrações financeiras da entidade que relata.

Desta forma, devem ser feitas as seguintes divulgações:

Relacionamentos em que exista controlo, independentemente de ter havido ou não transacções.

Se tiver havido transacções:

Natureza do relacionamento existente.

Tipos de transacções realizadas.

Políticas de determinação dos preços.

Quantia das transacções realizadas.

20.3 Situações particulares:

Exemplo de situações entre entidades relacionadas, que devem ser divulgadas:

Vendas de bens.
Vendas de imobilizados.
Prestações de serviço.
Compras de bens.
Compras de imobilizados.
Aquisição de serviços.
Acordos de gerência.
Contratos de gestão.
Transferência de pesquisas e desenvolvimento.
Acordos de licenças.
Empréstimos.
Contribuições de capital em dinheiro ou em espécie.
Garantias.

21 — Fluxos de caixa:

21.1 Definições:

Fluxos de caixa:
Fluxos de caixa são entradas (recebimentos, influxos) e saídas (pagamentos, exfluxos) de caixa e seus equivalentes.

Caixa:
Caixa, compreende o dinheiro em caixa e em depósitos à ordem, líquido de descobertos bancários desde que estes sejam usados como forma de financiamento das actividades operacionais.

Equivalentes de caixa:
Equivalentes de caixa são investimentos a curto prazo com as seguintes características:
Alto grau de liquidez.
Sujeitos a um risco insignificante de alterações de valor.
Prontamente convertíveis para quantias conhecidas de dinheiro.

Fluxos das actividades operacionais:
Os fluxos das actividades operacionais são os fluxos líquidos resultantes destas actividades. Estes fluxos são:
Um indicador da capacidade da entidade em gerar meios de pagamento suficientes, sem ter que recorrer a capitais alheios, para:
Manter a capacidade operacional.
Reembolsar empréstimos.
Pagar dividendos.
E fazer investimentos de substituição.
Úteis, juntamente com outras informações, para planear os futuros fluxos de caixa operacionais.

Actividades operacionais:
As actividades operacionais são as principais actividades produtoras de réditos da entidade e outras actividades que não sejam de investimento ou financiamento.

Fluxos das actividades de investimento:

Os fluxos das actividades de investimento são os fluxos líquidos resultantes dessas actividades. Estes fluxos representam a extensão dos dispêndios feitos para obtenção de recursos que tenham em vista gerar, no futuro:

Resultados; e

Fluxos de caixa.

Actividades de investimento:

As actividades de investimento são a aquisição e a alienação de activos a longo prazo e de outros investimentos não incluídos em equivalentes de caixa.

Fluxos das actividades de financiamento:

Os fluxos das actividades de financiamento são os fluxos líquidos resultantes destas actividades. Estes fluxos:

Permitem estimar as necessidades de meios de pagamento e de novas entradas de capital.

Proporcionam informação sobre a capacidade dos financiadores serem reembolsados.

Actividades de financiamento:

As actividades de financiamento são as actividades que têm como consequência alterações na dimensão e composição do capital próprio e nos empréstimos pedidos pela entidade.

21.2 Relatos dos fluxos de caixa das actividades operacionais:

Os fluxos de caixa das actividades operacionais podem ser relatados usando um dos seguintes métodos:

Método directo, segundo o qual os fluxos de caixa são apurados através do relato, pela quantia bruta, das principais classes de recebimentos e das principais classes de pagamentos.

A informação sobre a quantia bruta das principais classes de recebimentos e das principais classes de pagamentos pode ser obtida através de uma das seguintes formas:

Directamente a partir dos registos contabilísticos da entidade se estes estiverem preparados para dar tal informação.

Pelo ajustamento do valor das rubricas da Demonstração de resultados através da variação dos saldos iniciais e finais de balanço que lhes correspondem.

Método indirecto, segundo os fluxos de caixa são relatados partindo do resultado líquido e evidenciando os ajustamentos necessários para excluir deste, os efeitos de:

Operações de natureza que não seja caixa.

Diferimentos ou acréscimos que não tenham um fluxo de caixa associado.

Rubricas de réditos que estejam associados com actividades de investimento ou financiamento.

Rubricas de custos ou perdas que estejam associados com actividades de investimento ou financiamento.

Embora o método a utilizar possa ser escolhido, encoraja-se a adopção do método directo dado que este:

Proporciona informações mais detalhadas e completas.

Facilita a preparação de estimativas sobre fluxos de caixa futuros, que não são possíveis de efectuar pela mera utilização da informação resultante da aplicação do método indirecto.

Exemplos de fluxos de caixa das actividades operacionais:

Recebimentos (de caixa) provenientes da venda de bens e da prestação de serviços.

Recebimentos (de caixa) provenientes de royalties, comissões e outros réditos não relacionados com as actividades de investimento ou financiamento.

Pagamentos (de caixa) a fornecedores de bens e serviços.

Pagamentos (de caixa) a empregados ou por conta destes.

Recebimentos (de caixa) e Pagamentos (de caixa) de uma empresa seguradora relativos a prémios e reclamações, anuidades e outros movimentos derivados de apólices de seguros.

Pagamentos (de caixa) ou restituições de impostos, a menos que possam ser especificamente identificados com as actividades de financiamento e de investimento.

Recebimentos (de caixa) e Pagamentos (de caixa) de contratos detidos para fins negociais ou comerciais.

Fluxos de caixa provenientes da compra e venda de títulos negociáveis.

21.3 Relato dos fluxos de caixa das actividades de investimento:

Os fluxos de caixa das actividades de investimento devem relatar separadamente as principais classes dos recebimentos brutos (de caixa) e as principais classes dos pagamentos brutos (de caixa), excepto se puderem ser relatados numa base líquida.

Exemplos de fluxos de caixa das actividades de investimento:

Pagamentos (de caixa) para aquisição de activos fixos tangíveis (incluindo os auto-construídos), intangíveis (incluindo custos de desenvolvimento capitalizados).

Recebimentos (de caixa) por vendas de activos fixos tangíveis e intangíveis.

Pagamentos (de caixa) para aquisição de investimentos financeiros que não sejam:

(i) detidos para fins de negociação ou comercialização

   ou

(ii) equivalentes de caixa.

Recebimentos (de caixa) de vendas de investimentos financeiros que não sejam:

(i) detidos para fins de negociação ou comercialização

   ou

(ii) equivalentes de caixa.

Adiantamentos de caixa e empréstimos feitos a outras partes.

Recebimentos (de caixa) provenientes de reembolso de adiantamentos e de empréstimos feitos a outras partes.

21.4 Relato dos fluxos de caixa das actividades de financiamento:

Os fluxos de caixa das actividades de financiamento devem relatar separadamente as principais classes dos recebimentos brutos (de caixa) e as principais classes dos pagamentos brutos (de caixa), excepto se puderem ser relatados numa base líquida.

Exemplos de fluxos de caixa das actividades de financiamento:

Entradas de caixa provenientes da emissão de acções ou de outros instrumentos de capital próprio.

Pagamentos (de caixa) a detentores para adquirir ou remir as acções da empresa.

Entradas de caixa vindas da emissão de certificados de dívida, empréstimos pedidos, livranças, obrigações e outros empréstimos pedidos a curto ou longo prazo.

Reembolsos (de caixa) de quantias de empréstimos pedidos.

Pagamentos de caixa por um locatário para a redução de uma dívida por saldar relacionada com uma locação financeira.

21.5 Situações particulares:

Qualificação como equivalente de caixa:
Face às características de equivalentes de caixa, estes são detidos com o objectivo de ir de encontro aos compromissos de caixa a curto prazo e não para investimento ou outros propósitos.

Por esta razão, um investimento só se qualifica normalmente como um equivalente de caixa quando tiver um vencimento de três meses ou menos a partir da data de aquisição.

Relato de fluxos de caixa numa base líquida:
Os fluxos de caixa das actividades operacionais, de investimento e de financiamento, podem ser relatados numa base líquida nos seguintes casos:

Recebimentos e pagamentos (de caixa) por conta de clientes quando o fluxo de caixa reflicta as actividades do cliente e não as da entidade.

Exemplos:
Fundos detidos para clientes, por uma empresa de investimentos.

Rendas cobradas por conta de, e pagas a, possuidores de propriedades.

Recebimentos e pagamentos (de caixa) das rubricas em que:

A rotação seja rápida.

As quantias sejam grandes.

Os vencimentos sejam curtos.

Exemplos:
Compra e venda de aplicações financeiras.

Financiamentos de curto prazo com um período de vencimento de três meses ou menos.

Operações que não sejam por caixa:
As operações de investimento e de financiamento que não requeiram o uso de caixa ou equivalentes de caixa devem ser excluídas da demonstração de fluxos de caixa.

Exemplo de operações que não são por caixa:
Aquisição de activos:

Através da assunção de passivos directamente relacionados.

Por meio de uma locação financeira.

Aquisição de uma empresa por meio de uma emissão de capital.

Conversão de dívidas em capital.

Movimentos entre elementos que constituam caixa e seus equivalentes:
Estes movimentos por norma fazem parte da gestão de caixa da entidade e não parte das suas actividades operacionais, de investimento ou de financiamento pelo que devem ser excluídos do âmbito de fluxos de caixa.

Descobertos bancários:

Normalmente os descobertos bancários são considerados uma actividade de financiamento.

Contudo, os descobertos bancários devem ser incluídos nas actividades operacionais quando os descobertos bancários fazem parte da gestão de caixa da entidade o que acontece normalmente quando estes:

São pagáveis à ordem.

Têm um saldo que flutua muitas vezes de positivo a negativo.

Recebimentos e pagamentos em moeda estrangeira:

Os recebimentos e pagamentos em moeda estrangeira devem ser relatados na moeda de relato aplicando à quantia em moeda estrangeira a taxa de câmbio usada na data em que tais recebimentos e pagamentos foram efectuados.

Diferenças de câmbio não realizadas:

As diferenças de câmbio não realizadas não são fluxos de caixa pelo que devem ser excluídas das actividades operacionais, de investimento ou de financiamento.

Contudo, caso as diferenças de câmbio não realizadas digam respeito a caixa e equivalentes de caixa, estas diferenças devem ser evidenciadas em linha separada de forma a conciliar os saldos iniciais e finais de caixa e seus equivalentes com os fluxos de caixa apurados.

Dividendos e juros:

Os fluxos de caixa associados a tais rubricas devem ser classificados:

Em separado.

De forma consistente de período para período.

Nas actividades operacionais, de investimento (por serem retornos de investimento no caso de dividendos e juros recebidos) e de financiamento (porque são custos de obtenção de recursos financeiros no caso de juros e dividendos pagos), consoante o apropriado.

Os dividendos pagos podem ser classificados nas actividades operacionais de forma a habilitar os utentes a determinar a capacidade da entidade de pagar dividendos a partir destas actividades.

Rubricas extraordinárias:

Os fluxos de caixa associados a tais rubricas devem ser:

Classificados nas actividades operacionais, de investimento e de financiamento, consoante o apropriado.

Evidenciados em linha separada.

Impostos sobre os lucros:

Os fluxos de caixa provenientes de impostos sobre os lucros devem ser:

Evidenciados em linha separada:

Classificados nas actividades operacionais, a menos que possam ser especificamente identificados com as actividades de financiamento ou de investimento.

Na prática, tal identificação torna-se difícil porque enquanto que a estimativa de imposto pode ser prontamente identificável com a actividade associada, os respectivos fluxos de caixa são muitas vezes de identificação impraticável porque os fluxos podem surgir num período diferente daquele em que a estimativa de imposto foi apurada.

O Presidente da República, JOSÉ EDUARDO DOS SANTOS.

CAPÍTULO II

EXEMPLOS DE LANÇAMENTOS

COM BASE NO CÓDIGO DE CONTAS

DO

PGCA

Plano Geral de Contabilidade de Angola

EXEMPLOS DE LANÇAMENTOS

Neste capítulo exibe-se, sucintamente, a espécie de lançamentos a registar em cada uma das subcontas do Plano Geral de Contabilidade de Angola, isto é, exemplifica-se e desenvolve-se a aplicação prática de todos os códigos do PGCA, desde a conta (11 Imobilizações corpóreas) até à ultima (89 Dividendos antecipados).

Para simplificar o nosso trabalho, nos exemplos que se seguem, não se menciona o valor das operações cujos lançamentos se exemplificam mas, unicamente, os respectivos "Códigos" das rubricas a debitar e a creditar.

Saliente-se ainda que, com vista a uma melhor compreensão das nossas explanações, na esmagadora maioria dos exemplos que se apresentam, além da contrapartida de cada lançamento, a registar a débito ou a crédito da subconta cujo movimento se exemplifica, incluem-se também os restantes lançamentos correspondentes à mesma operação ou documento.

Note-se, igualmente, que, para uma mais fácil interpretação do conteúdo da conta analisada, se realçam, a **negro** os "Códigos" que lhes correspondem, distinguindo-os, assim, dos que identificam as contrapartidas dos lançamentos exemplificados nessa mesma rubrica.

Por outro lado, sempre que se julgou oportuno, transcreveu-se a legislação citada nas notas explicativas do PGCA, bem como se prestam outros esclarecimentos de interesse para o estudo de cada conta.

1. Desenvolvimento do Código de Contas do PGCA

Nas "Disposições gerais refere-se que a título excepcional, são permitidas alterações desde que daí não venha a resultar qualquer prejuízo para a elaboração das demonstrações financeiras nos termos definidos neste Plano.

Podem ser efectuados desenvolvimentos de sub-rubricas de acordo com o que se considerar mais apropriado face à realidade da entidade.

As linhas em branco constantes destas classes podem ser substituídas pela nomenclatura considerada apropriada nas circunstâncias".

Assim, somos de opinião que se deve desenvolver o "PGCA", de acordo com a realidade ou necessidades da empresa.

Por exemplo a conta "31 Clientes":

31. Clientes:

    31.1.2 Não grupo:

        31.1.2.1 Nacionais:

            31.1.2.1.01 Cliente "A" - Huambo

            31.1.2.1.02 Cliente "B" - Luanda

            31.1.2.1.03 Cliente "C" - Malange

        31.1.2.2 Estrangeiros:

            31.1.2.2.01 Cliente "A" - Portugal

            31.1.2.2.02 Cliente "B" - Moçambique

            31.1.2.2.03 Cliente "C" - Espanha

2. Classificação dos documentos

A classificação dos documentos é uma das tarefas mais importantes para uma perfeita execução dos registos contabilísticos.

É a base fundamental de garantia dos dados a obter pelos lançamentos efectuados pelo que, para se proceder à referida classificação, se torna indispensável um conhecimento e domínio perfeito do plano de contas adoptado, que no nosso caso, é a aplicação obrigatória do Plano Geral de Contabilidade de Angola, a que nos vimos referindo.

3. Outras considerações

Porque foi bem acolhido pelos nossos leitores o estilo de orientação seguido na apresentação de exemplos de classificação ou lançamentos das anteriores edições do POC ou do SNC – Sistema de Normalização Contabilística, em Portugal, optámos por seguir o mesmo método de trabalho para as exemplificações que se apresentam ao longo deste capítulo.

Para uma mais cómoda e rápida consulta, além das exemplificações que se desenvolvem, inserem-se as "Notas Explicativas", bem como as "Políticas Contabilísticas" do PGCA, imediatamente a seguir ao título da conta ou subconta a que as referidas notas dizem respeito.

Por outro lado, como já se salientou, sempre que isso se julgou útil, acrescentaram-se outros esclarecimentos ou transcreveu-se a legislação adequada ao assunto em análise.

CLASSE 1

MEIOS FIXOS

E

INVESTIMENTOS

Classe 1 – Meios fixos e investimentos

11. IMOBILIZAÇÕES CORPÓREAS

11.1 TERRENOS E RECURSOS NATURAIS

1) Esta rubrica compreende os terrenos e os recursos naturais (plantações, minas, pedreiras, etc.) afectos às actividades operacionais da empresa. São também incluídos nesta rubrica os custos de desbravamento, movimentação de terras e drenagem com eles relacionados *(Notas explicativas)*.

2) São reconhecidos como imobilizações corpóreas, os bens que:

   Satisfaçam as condições gerais para o seu reconhecimento como activos.

   Se destinem a ficar na posse ou a serem controlados pela entidade por um período superior a um ano.

   Não se destinem a ser vendidos no decurso normal das actividades da entidade.

   No caso de taras e vasilhame que não se destinem a uso interno da empresa, o seu reconhecimento como um activo fica ainda condicionado à existência de registos que demonstrem que a regra geral é a devolução por parte dos clientes. *(Políticas contabilísticas)*.

11.1 Terrenos e recursos naturais	Débito	Crédito
1. Aquisição de um terreno para o edifício fabril..	**11.1**	45.1.1
2. Aquisição de um terreno para venda (secção de compras e vendas de propriedades)...	26.1	45.1.1
3. Movimentação de terras do terreno para o edifício fabril.....................	**11.1**	45.1.1
4. Despesas ocasionadas com a legalização do terreno do edifício fabril.	**11.1**	45.1.1

11.2 EDIFÍCIOS E OUTRAS CONSTRUÇÕES

Esta rubrica destina-se a registar os edifícios fabris, comerciais, administrativos e sociais, bem como as instalações fixas que lhes sejam próprias (água, energia eléctrica, ar condicionado, etc.).

São também incluídas nesta rubrica outras construções, tais como muros, silos, parques, albufeiras, canais, estradas e arruamentos, vias férreas internas, pistas de aviação, cais e docas *(Notas explicativas)*.

11.2.1 Edifícios

	Débito	Crédito
1. Compra do Armazém da filial nº 1 - Valor da construção......................	**11.2.1.2**	45.1.1
2. Custo e instalação de um pára-raios para o armazém...........................	**11.2.1.2**	45.1.1
3. Transferência, em 31/12/N, de "Imobilizações em curso" do custo da construção do edifício fabril...	**11.2.1.1**	14.1
4. Factura do construtor "I" relativa ao custo de um muro para vedação total do terreno do Armazém da filial nº 1...	**11.2.1.2**	32.1.2.1
5. Factura do fornecedor "I" pela execução de arruamentos de acesso ao edifício e armazéns	**11.2.1.2**	32.1.2.1
6. Factura do Fornecedor "J" referente ao fornecimento e colocação de uma via férrea interna..	**11.2.3**	32.1.2.1

7. Pela alienação para uso próprio da empresa, para instalação dos seus serviços administrativos, de parte do edifício "A" que se construiu para venda em fracções:

	Débito	Crédito
7.1 Pelo valor do custo conforme factura interna	**11.2.3**	65.1.1
7.2 Pela amortização contabilizada no ano do início de utilização...........	73.1.2	18.1.2

8. Obras em edifícios alheios:

	Débito	Crédito
8.1 Custo das obras de adaptação executadas nas nossas novas instalações que nos foram alugadas pelo senhorio "A"............................	**11.2.1.4**	45.1.1
8.2 Pela amortização anual, estimando-se 8 anos de utilidade...............	73.1.2	18.1.9

9. Aquisição, por 99.759,58 Kz, de um edifício comercial, sem indicação expressa do valor do terreno:

	Débito	Crédito
9.1 Pelo valor do terreno:		
25% s/99.759,58 = 24.939,89...	11.1.4.1	37.1.1
9.2 Pelo valor do edifício		
75% s/99.759,58 = 74.819,69...	**11.2.1.2**	37.1.1
9.3 Pagamento da sisa, registos e demais encargos de legalização.......	**11.2.1.2**	45.1.1

10. Pelo abate do edifício comercial e administrativo para construção de um novo imóvel destinado ao mesmo fim:

	Débito	Crédito
10.1 Valor contabilístico – Construção...	78.3.3	**11.2.1.2**

10.2 Amortização extraordinária (12%) efectuada no ano N e autorizada

	Débito	Crédito
pela Administração Fiscal..	78.3.3	18.1.2
10.3 Valor contabilístico - Amortizações...	18.1.2	78.3.3

11.3 EQUIPAMENTO BÁSICO

Esta rubrica destina-se a registar o conjunto de instrumentos, máquinas, instalações e outros bens, com os quais a entidade realiza a extracção, transformação e laboração dos produtos ou a prestação dos serviços. São também incluídos nesta rubrica os gastos adicionais com a adaptação da maquinaria e de instalações ao desempenho das actividades da entidade *(Notas explicativas)*.

11.3 Equipamento básico	**Débito**	**Crédito**
1. Factura do fornecedor "F", relativa à compra de duas máquinas para a secção fabril	**11.3.1**	37.1.1
2. Construção de um suporte para instalação das mesmas máquinas – Fornecedor "G"...	**11.3.3**	32.1.2.1
3. Factura do fornecedor "B" por benfeitorias no valor de 5.000 Kz executadas nas instalações da filial nº. 2 (edifício alheio)......................	**11.3.3**	32.1.2.1
4. Compra a crédito ao fornecedor "C" de 2 tractores por uma empresa que se dedica a serviços de terraplanagens	**11.3.2**	37.1.1
5. Custo e colocação de um balcão na filial n º 2, aplicado em propriedade alheia..	**11.3.3**	45.1.1
6. Custo das obras (instalações) executadas na filial nº 2, incluindo licença camarária, mão-de-obra e material, pagos ao construtor "X" (propriedade alheia)..	**11.3.3**	45.1.1
7. Aquisição e instalação de um alarme contra roubo.............................	**11.3.4**	45.1.1
8. Importação de maquinaria para a secção industrial:		
8.1 Pelo valor do fornecimento pago através do Banco "A", contra documentos	**11.3.1**	43.1.1
8.2 Pelas despesas de desalfandegamento...	**11.3.1**	45.1.1
8.3 Pelas despesas de instalação e adaptação da maquinaria...........	**11.3.1**	45.1.1
8.4 Pelo desconto efectuado pelo fornecedor, por troca de uma peça da máquina C, conforme aviso de crédito do Banco "A"..................	43.1.1	**11.3.1**
9. Compra a crédito a "F", das seguintes viaturas, para a empresa de		

transporte "Y".. 37.1.1

9.1 Autocarro para o sector de passageiros............................ **11.3.1**

9.2 Camião para o sector de transporte de mercadorias **11.3.1**

9.3 Carrinha fechada para o sector administrativo............................. 11.4.1

9.4 Motorizada para ser utilizada pelos serviços externos..................... 11.4.1

9.5 Pelo aceite de 28 letras... 37.1.1 32.2.2.1

10. Compra de uma empilhadora para a secção fabril............................ **11.3.1** 45.1.1

11. Factura nº. 826 da oficina "D"... 32.1.2.1

11.1 Reparação dos travões da viatura pesada "C"............................. 75.2.14

11.2 Reparação geral do tractor "A" que provoca um aumento da sua

duração... **11.3.3**

11.4 EQUIPAMENTO DE CARGA E TRANSPORTE

11.4.1 Viaturas de turismo

	Débito	Crédito
1. Compra a crédito a "F" da viatura de turismo "A"..................................	**11.4.1**	37.1.1
2. Compra a dinheiro de uma motorizada para o cobrador.......................	**11.4.1**	45.1.1
3. Transferências para "Perdas em imobilizações" do valor de aquisição da viatura "P", por ter sido vendida (adquirida no ano N-4)	78.3.1	**11.4.1**
4. Adiantamento ao fornecedor "E", por débito da n/conta de D. O. no Banco "A", para aquisição do seguinte imobilizado, sem preço previamente fixado..		43.1.1
4.1 Viatura de turismo "A": Valor do adiantamento................................	32.9.1	
4.2 Viatura de mercadorias "C": Valor do adiantamento........................	32.9.1	
4.3 Fornecimento e facturação do imobilizado pelo fornecedor "E".......		37.1.1
4.3.1 Viatura de turismo "A"...	**11.4.1**	
4.3.2 Viatura de mercadorias "C"...	11.4.2	
4.3.3 Pela regularização do adiantamento.......................................	37.1.1	32.9.1
5. Transferência para "Perdas resultantes de sinistros" do valor de aquisição da viatura "A", destruída por um acidente, cujos salvados ficaram em poder da Companhia de Seguros "X".....................................	79.41	**11.4.1**
6. Sinistro verificado com uma viatura da empresa de que resultou o		

seu abate ao imobilizado:

6.1 Pelo valor recebido da companhia de seguros:

a) Supondo que é superior ao valor líquido actual da viatura (custo - amortização):

	Débito	Crédito
1. Pelo valor recebido..	45.1.1	69.4.1
2. Pelo custo de aquisição..	69.4.1	**11.4.1**
3. Pelas amortizações acumuladas...	18.1.4	69.4.1

b) Supondo que resultava num prejuízo contabilístico:

1. Pelo valor recebido..	45.1.1	79.4.1
2. Pelo custo de aquisição..	79.4.1	**11.4.1**
3. Pelas amortizações acumuladas...	18.1.4	79.4.1

11.4.2 Viaturas pesadas

	Débito	Crédito
1. Compra a crédito a "B", da viatura de mercadorias "A"....................	**11.4.2**	37.1.1
2. Adiantamento a "A" por conta da viatura de mercadorias "C"...........	32.9.1	45.1.1
3. Fornecimento e facturação da viatura pelo fornecedor "A"...............	**11.4.2**	37.1.1
4. Pela regularização do adiantamento referido em 2)......................	37.1.1	32.9.1
5. Transferência para "Perdas em imobilizações", do valor de aquisição da viatura "A", destruída por um acidente, cujos salvados ficaram em poder da Companhia de Seguros "X....................................	78.3.9	**11.4.2**
6. Aquisição a crédito de um reboque de mercadorias ao fornecedor "B"	**11.4.2**	37.1.1

11.4.3 Grandes reparações – viaturas pesadas

	Débito	Crédito
1. Reparação geral da viatura pesada "C"....................................	**11.4.3**	45.1.1
2. Grandes e pequenas reparações:		
2.1 Aquisição em N, da viatura de mercadorias "X"......................	**11.4.3**	45.1.1
2.2 Pela grande reparação efectuada, no ano N+2, pela própria empresa, em face da qual se prevê um período de vida útil adicional de 2 anos:		
2.2.1 Pela grande reparação pela própria empresa	**11.4.3**	65.1.1
2.2.2 Pelas amortizações anuais..	73.1.4	18.1.4
3. Pela segunda reparação, por terceiros, da mesma viatura, que não		

provocou aumento do seu custo ou da sua duração............................ 75.2.26   45.1.1

11.5 EQUIPAMENTO ADMINISTRATIVO

Esta rubrica destina-se a registar o equipamento social e o mobiliário diverso *(Notas explicativas).*

11.5.1 Equipamento administrativo	Débito	Crédito
1. Compra a crédito de 4 cadeiras à sociedade "F"............................	**11.5.1**	37.1.1
2. Compra de um cofre..	**11.5.1**	45.1.1
3. Compra a dinheiro, conforme Factura-Recibo n° 11......................		45.1.1
3.1 Equipamento para o escritório da filial 1:		
3.1.1 Secretárias metálicas...	**11.5.1**	
3.1.2 Máquina de escrever...	**11.5.1**	
3.1.3 Estante em madeira para o escritório................................	**11.5.1**	
3.1.4 Fotocopiadora..	**11.5.1**	
3.1.5 Impressora..	**11.5.1**	
3.1.6 Máquina de calcular...	**11.5.1**	
3.1.7 Aquecedor a gás para o escritório......................................	**11.5.1**	
3.1.8 Candeeiro para o gabinete do gerente.............................	**11.5.1**	
4. Pela aquisição de um computador para a secção de contabilidade, com a entrega ao fornecedor do elemento existente:		
4.1 Pela factura do fornecedor "J" relativa à nova aquisição................	**11.5.1**	32.1.2.1
4.2 Pela entrega do computador usado (pagamento em espécie)........	32.1.2.1	
4.2.1 Pelo valor líquido atribuído (supondo que se vai apurar uma mais-valia contabilística)..		68.3.1
4.3 Pelo abate ao imobilizado do computador alienado:		
4.3.1 Pelo valor de aquisição...	68.3.1	**11.5.1**
4.3.2 Pelo valor de amortização...	18.1.5	68.3.1
5. Valor do custo da impressora "A", que se transferiu de "existências" para o "imobilizado"...	**11.5.1**	21.2.1
6. Pelo abate ao imobilizado de uma máquina de calcular, avariada, por o custo da sua reparação ser superior ao valor actual duma máquina nova:		
6.1 Supondo que se encontrava totalmente amortizada, resultando um		

saldo nulo.. 18.1.5   **11.5.1**

6.2 Supondo que não estava totalmente amortizada:

    a) Transferência da conta de "Amortizações" para a conta de "Aquisi-

    ção"... 18.1.5   **11.5.1**

    b) Transferência do saldo devedor resultante do abate...................... 78.3.3   **11.5.1**

7. Valor recebido pela devolução, no mesmo ano da aquisição, de uma

    máquina de escrever referida em 3.1.2................................. 45.1.1   **11.5.1**

8. Pela aquisição ao fornecedor "F", da máquina de fotocopiar "B", com

    retoma da nossa máquina "A":

    8.1 Máquina de fotocopiar "B":

      a) Factura nº 8235 de "F"... **11.5.1**   32.1.2.1

      b) Juros debitados pelo fornecedor, pelo pagamento ter sido dilatado

      até 31/12 do mesmo ano de aquisição.. 76.1.3

    8.2 Pela retoma, da nossa máquina "A", que se encontrava totalmente

    amortizada:

      1) Nota de Débito nº 2156.. 32.1.2.1

      2) Valor da retoma..   68.3.1

      3) Valor do custo.. 68.3.1   **11.5.1**

      4) Valor das amortizações acumuladas............................. 18.1.5   68.3.1

9. Compra a crédito a "A" de equipamento social................................   32.1.2.1

    9.1 Equipamento de refeitório.. **11.5.1**

    9.2 Equipamento de primeiros socorros................................. **11.5.1**

11.6 TARAS E VASILHAME

Esta rubrica destina-se a registar os objectos destinados a conter ou acondicionar as merca-dorias ou produtos, quer sejam para uso interno da entidade, quer sejam embalagens retornáveis com aptidão para utilização continuada *(Notas explicativas)*.

11.6.1 Taras e vasilhame   Débito   Crédito

    I. Com inventário intermitente:

    1. Pelas existências iniciais... 22.4.1

    2. Compra a crédito ao fornecedor "G"..   32.1.2.1

	Débito	Crédito
2.1 Mercadoria "A"..	21.2.1	
2.2 Embalagem "C"..	**11.6.1**	
3. Pela transferência, durante ou no final do ano, das compras de embalagens para a conta de existências...	22.4.1	**11.6.1**
4. Transferência para "custo das mercadorias vendidas" (diferença entre o saldo desta conta e as existências no fim do exercício)...............	71.4.1	22.4.1

11.9 OUTRAS IMOBILIZAÇÕES CORPÓREAS

Nota: Trata-se de uma conta de carácter residual. Regista, portanto, a aquisição de bens que, pela sua natureza, não possam ser englobados nas contas anteriores, como por exemplo:

11.9 Outras imobilizações corpóreas	Débito	Crédito
1. Equipamento de desenho adquirido para a secção fabril......................	**11.9.1**	45.1.1
2. Compra de encerados para serem utilizados na cobertura de matérias-primas em stock..	**11.9.1**	45.1.1
3. Compra do livro técnico "X", de valor elevado e com vida útil superior a um ano...	**11.9.1**	45.1.1

12. IMOBILIZAÇÕES INCORPÓREAS

12.1 TRESPASSES

Esta rubrica destina-se a registar a diferença, quando positiva, entre o valor pago para aquisição de um conjunto de activos (e passivos) que constituam uma actividade empresarial e o justo valor dos activos e passivos adquiridos, desde que a actividade adquirida seja continuada pela adquirente. Na nomenclatura internacional este conceito de trespasse é denominado por <<goodwill>>, <<fonds de commerce>> ou <<aviamento>> *(Notas explicativas)*.

Só devem ser reconhecidos como trespasses os encargos que representem um pagamento feito em antecipação de benefícios económicos futuros e que sejam de uma aquisição que:

Constitua uma actividade comercial e, simultaneamente.

Resulte na continuação de uma actividade anteriormente exercida. *(5 - Princípios contabilísticos)*

12.1.1 Trespasses	Débito	Crédito
1. Importância paga pela cedência das instalações destinadas à filial nº 1		45.1.1

1.1 Pelo valor dos móveis existentes... 11.5.1

1.2 Trespasses (Diferença entre o valor dos móveis e valor despendido) **12.1.1**

2. Recebido do trespasse da filial nº 2, com direito ao arrendamento:

  2.1 Supondo que o valor da transmissão é superior ao valor de custo

    e que não se haviam contabilizado depreciações:

    2.1.1 Valor da alienação.. 45.1.1   68.3.2

    2.1.2 Transferência do valor do custo............................ 68.3.2   **12.1.1**

  2.2 Supondo que o valor do custo é superior ao valor da transmissão:

    2.2.1 Valor da alienação.. 45.1.1   78.3.2

    2.2.2 Transferência do valor do custo............................ 78.3.2   **12.1.1**

12.2 DESPESAS DE INVESTIGAÇÃO E DESENVOLVIMENTO

Notas:

1) Esta rubrica destina-se a registar:

Despesas de investigação, que são os encargos incorridos com a investigação original e pla-neada destinada a obter novos conhecimentos científicos ou técnicos e compreensão dos mesmos.

Despesas de desenvolvimento, que são as despesas resultantes da aplicação das desco-bertas da pesquisa e de outros conhecimentos a um plano ou concepção para a produção de novos ou substancialmente melhorados materiais, mecanismos, produtos, processos, sis-temas ou serviços prévios ao início da produção comercial ou uso. *(Notas explicativas).*

2) Só devem ser reconhecidas como um activo as Despesas de Desenvolvimento que satisfaçam todos os critérios seguintes:

O produto ou processo esteja claramente definido e os custos atribuíveis ao produto ou pro-cesso possam ser demonstrados.

A exequibilidade técnica do produto ou processo possa ser demonstrada.

A empresa pretenda produzir, comercializar ou usar o produto ou processo.

Exista um mercado para o produto ou processo ou, se for para ser usado internamente e não para ser vendido, a sua utilidade para a empresa puder ser demonstrada.

Existam recursos adequados, ou a sua disponibilidade possa ser demonstrada para com-pletar o projecto e comercializar ou usar o produto ou processo.

As despesas de desenvolvimento que não satisfaçam todas as condições acima referidas, bem como as Despesas de Investigação devem ser reconhecidas como um custo no período em que ocorrem. *(Políticas contabilísticas)*.

12.2.1 Despesas de investigação e desenvolvimento	Débito	Crédito
1. Despesas de investigação realizadas pela empresa com vista à aquisição de novos conhecimentos científicos e técnicos..............................	**12.2.1**	45.1.1
2. Gastos efectuados pela empresa com trabalhos técnicos com vista à descoberta e melhoria substancial de produtos e processos de fabrico.	**12.2.1**	45.1.1
3. Pelos estudos e trabalhos de investigação e desenvolvimento efectuados pela própria empresa..	**12.2.1**	65.1.2

12.3 PROPRIEDADE INDUSTRIAL E OUTROS DIREITOS E CONTRATOS

Esta rubrica destina-se a registar patentes, marcas, alvarás, licenças, privilégios, concessões, direitos de autor e outros direitos e contratos assimilados.

Incluem-se nesta rubrica as quantias pagas com o objectivo de adquirir o direito ao arrendamento de um determinado imóvel. Por não constituir a aquisição de uma actividade empresarial, este direito encontra-se excluído do conceito de trespasse. *(Notas explicativas)*.

12.3.1 Propriedade industrial e outros direitos e contratos	Débito	Crédito
1. Gastos com o registo da patente do produto "A"..................................	**12.3.1**	45.1.1
2. Aviso de débito da empresa "X", que comunica o custo da licença que nos autoriza a utilizar a sua patente para o fabrico do produto "B".....	**12.3.1**	37.1.2
3. Aquisição do direito de superfície de um terreno por uma empresa industrial:		
3.1 Pelo direito de superfície..	**12.3.1**	45.1.1
3.2 Pelo valor da sisa...	**12.3.1**	45.1.1
4. Amortização praticada no exercício N, relativa à licença referida em 2): 8 anos = 12,5%...	73.2.3	18.2.3
5. Direitos de ocupação de um posto de venda fixo durante 5 anos, conforme contrato...	**12.3.1**	32.1.2.1

	Débito	Crédito
5.1 Pagamento da primeira prestação...	32.1.2.1	45.1.1
5.2 Amortização do exercício..	73.2.3	18.2.3
6. Licença para utilização do *software* "B"...	**12.3.1**	45.1.1

12.4 DESPESAS DE CONSTITUIÇÃO

Esta rubrica destina-se a registar as despesas iniciais de constituição e organização da empresa, bem como as despesas subsequentes relacionadas com a sua expansão, designadamente as despesas com aumento de capital, estudos e projectos *(Notas explicativas)*.

12.4.1 Despesas de constituição	Débito	Crédito
1. Despesas de constituição da sociedade..	**12.4.1**	45.1.1
2. Gastos com estudo sobre prospecção do mercado...............................	**12.4.1**	45.1.1
3. Despesas com o primeiro aumento de capital...	**12.4.1**	45.1.1
4. Gastos com anúncios relativos ao aumento de capital............................		45.1.1
4.1 Valor dos anúncios...	**12.4.1**	
5. Pelo abate ao imobilizado incorpóreo das "Despesas de constituição" da sociedade totalmente amortizadas e sem qualquer valor venal........	18.2.4	**12.4.1**
6. Gastos administrativos efectuados pela empresa "A", antes do arranque da sua actividade industrial..		45.1.1
6.1 Contencioso e notariado..	**12.4.1**	
6.2 Honorários - Trabalho independente...	**12.4.1**	
6.3 Água e electricidade..	**12.4.1**	
6.4 Material de escritório	**12.4.1**	
6.5 Publicidade e propaganda...	**12.4.1**	
6.6 Comunicação	**12.4.1**	
6.7 Deslocações e estadas	**12.4.1**	
6.8 Livros e documentação técnica	**12.4.1**	
6.9 Proveitos obtidos no mesmo período:		
6.9.1 Descontos de pronto pagamento obtidos...................................	45.1.1	**12.4.1**
6.9.2 Juros creditados pelo Banco "A"...	43.1.1	**12.4.1**
7. Gastos efectuados durante o ano para organização dos sectores administrativos e de produção da actividade secundária "B" cujo início está		

13. INVESTIMENTOS FINANCEIROS

Políticas Contabilísticas: 2.4 — Investimentos financeiros:

Os investimentos financeiros devem ser valorizados aos custos de reconhecimento inicial, líquido das correspondentes provisões ou amortizações destinadas a garantir que o custo não excede o valor de realização.

O custo, no reconhecimento inicial, pode ter as seguintes vertentes:

Custo de aquisição, para a generalidade dos investimentos financeiros. O custo de aquisição engloba:

O preço de compra.

Os encargos de aquisição, tais como:

Prémios de corretagem.

Honorários.

Direitos e comissões bancárias.

Justo valor, para os investimentos financeiros que forem adquiridos total ou parcialmente:

Pela emissão de acções ou outros títulos.

Por troca com outros activos.

Podem ser efectuadas alterações ao custo, subsequentes ao reconhecimento inicial, nos seguintes casos:

Quando o preço pago pela aquisição já incluía uma parcela de juros vencidos. Neste caso, na data de recebimento dos juros, o custo de aquisição é deduzido da quantia de juros nele incluídos.

Pela imputação de diferenças de câmbio resultantes de passivos monetários relacionados com a aquisição de tais activos.

As amortizações, aplicáveis aos investimentos em imóveis, podem ter as seguintes vertentes:

Amortizações sistemáticas baseadas na vida útil dos imóveis, destinadas a reflectir a perda dos benefícios económicos decorrentes do uso, da inactividade ou da passagem do tempo. Estas amortizações são calculadas apenas para imóveis depreciáveis e tendo em atenção:

A quantia depreciável do imóvel.

A vida esperada do imóvel.

O método mais adequado para reflectir o modelo pelo qual os benefícios económicos deste imóvel fluam para a empresa.

Amortizações extraordinárias destinadas a reduzir o valor dos imóveis para o seu valor recuperável quando haja diminuição de valor na quantia pela qual estes se encontram registados. Estas amortizações devem ser revertidas se cessarem os motivos que a originaram.

As provisões aplicáveis aos restantes investimentos financeiros devem ser:

Registadas no momento em que existam razões fundamentadas que levem a crer que o custo excede o seu provável valor de realização.

Corrigidas ou revertidas, no momento em que se alterarem ou cessarem os motivos que as originaram.

13.1 EMPRESAS SUBSIDIÁRIAS

Esta rubrica destina-se a registar as transacções, com empresas pertencentes ao grupo, que não resultem das actividades operacionais exercidas pela entidade. *(Notas explicativas)*.

13.2 EMPRESAS ASSOCIADAS

Esta rubrica destina-se a registar as transacções, com empresas associadas, que não resultem das actividades operacionais exercidas pela entidade. *(Notas explicativas)*.

13.2.2 Empresas associadas – Obrigações e títulos de participação	Débito	Crédito
1. Compra de obrigações da associada "B"..	**13.2.2**	45.1.1
2. Resultado obtido...		67.1.2
2.1 Imposto retido..	34.1.1	
2.2 Valor líquido creditado pelo Banco "A"..		43.1.1

13.3 OUTRAS EMPRESAS

Esta rubrica destina-se a registar as transacções, com outras empresas, que não resultem das actividades operacionais exercidas pela entidade. *(Notas explicativas)*.

13.3.1 Outras empresas – Partes de capital	Débito	Crédito
1. Subscrição de 5% do capital social da empresa "C"..............................	**13.3.1**	35.2.4.1
2. Aquisição da quota do sócio "A", na empresa "P", que representa 8%		
do capital...	**13.3.1**	45.1.1
3. Aquisição de 200 acções na empresa "D", que representa 3% do seu		
capital social..	**13.3.1**	45.1.1
4. Pela venda das 200 acções referidas em 3), com um prejuízo de 5%:		
4.1 Pela venda..	45.1.1	76.6.1.3
4.2 Transferência do custo das 200 acções..	76.6.1.3	**13.3.1**

13.4 INVESTIMENTOS EM IMÓVEIS

Esta rubrica destina-se a registar os imóveis adquiridos que não se destinem a serem usados pela entidade ou nas operações por ela realizadas.

O conceito de imóveis pode revestir a forma, quer de terrenos, quer de edifícios. *(Notas explicativas)*.

13.4.1 TERRENOS E RECURSOS NATURAIS

13.4.1 Terrenos e recursos naturais	Débito	Crédito
1. Aquisição do terreno "B" para aplicação de disponibilidades financeiras	**13.4.1**	45.1.1
2. Gastos de escritura	**13.4.1**	45.1.1
3. Valor da sisa	**13.4.1**	45.1.1
4. Pela alienação do terreno "B"..	37.2.3	
4.1 Supondo que se verificou um ganho..		66.6.1.4
4.2 Supondo que se verificou uma perda..	78.3.1	
4.3 Valor de aquisição do terreno..		**13.4.1**
4.3.1 Supondo que se verificou um ganho..		66.6.1.4
4.3.2 Supondo que se verificou uma perda..	78.3.1	

Notas:

1) Os terrenos e recursos naturais afectos à actividade da empresa registam-se na conta 11.1.4

2) Salvo algumas excepções, os terrenos não estão sujeitos a depreciação (amortizações).

13.5 FUNDOS

Esta rubrica destina-se a registar os bens detidos pela entidade com o objectivo de fazer face a compromissos prolongados, cujos rendimentos lhe estejam adstritos, como por exemplo fundos de pensões. *(Notas explicativas).*

13.5.1 Fundos — Pensões de reforma	Débito	Crédito
1. Fundos para pensões de reforma...	**13.5.1**	45.1.1
2. Pelo reforço da provisão...	72.4.2	39.1.1
3. Aplicação de valores em fundos para pensões de reforma...............	**13.5.1**	43.1.1
4. Rendimentos obtidos com a mesma aplicação e seu reinvestimento:		
4.1 Pelos rendimentos obtidos...	43.1.1	66.7.1.4
4.2 Pela aplicação do valor líquido..	**13.5.1**	43.1.1

13.9 Outros investimentos financeiros

13.9.1 Diamantes	Débito	Crédito
1. Aquisição de diamantes, por débito da n/conta no Banco "A"................	**13.9.1**	43.1.1

13.9.2 Ouro	Débito	Crédito
1. Aquisição de ouro, através de empréstimo bancário do Banco "A".........	**13.9.2**	33.1.1.1

13.9.3 Depósitos bancários	Débito	Crédito

Esta rubrica destina-se a registar os depósitos bancários em instituições de crédito que não possam classificar-se como meios monetários. *(Notas explicativas).*

	Débito	Crédito
1. Transferência para esta conta de meios monetários existentes na conta de depósitos à ordem..	**13.9.3**	43.1.1

14. IMOBILIZAÇÕES EM CURSO

14.1 Construção do Edifício Fabril	Débito	Crédito
1. Saldo transitado do ano anterior..	**14.1**	
2. Factura do fornecedor "A" relativa às fundações...........................	**14.1**	32.1.2
3. Compra de pedra a pronto pagamento..	**14.1**	45.1.1
4. Factura do construtor "C" relativa aos trabalhos de pedreiro, incluindo materiais..	**14.1**	32.1.3
5. Pelos seguintes pagamentos		45.1.1
5.1 Custo da canalização..	**14.1**	
5.2 Compra de 50 sacos de cimento e areia...............................	**14.1**	
5.3 Custo de arruamentos e asfalto	**14.1**	
6. Aviso de crédito do fornecedor "A" - Desconto concedido sobre a totalidade dos trabalhos de fundações..	32.1.2	**14.1**
7. Trabalhos de pintura e outros acabamentos, executados a dinheiro.......	**14.1**	45.1.1
8. Trabalhos efectuados pela própria empresa conforme consta da folha de obra nº 435:		
8.1 Fornecimento e assentamento de esquadria...........................		65.1.1
8.2 Instalação eléctrica da parte administrativa..........................		65.1.1
9. Transferência do saldo devedor desta conta para "Edifícios e outras construções", por já se encontrar concluído o edifício.............................	11.2.1.1	**14.1**

14.2 Construção do armazém de matérias-primas	Débito	Crédito
1. Licença de construção..	**14.2**	45.1.1
2. Factura do fornecedor "B" relativa aos trabalhos de pedreiro.................	**14.2**	32.1.2
3. Assentamento de mosaico por pessoal da empresa....................................	**14.2**	65.1.1
4. Factura-Recibo nº 482 do canalizador..	**14.2**	45.1.1
5. Transferência do saldo final para "Edifícios e outras construções", por conclusão da obra	11.2.2	**14.2**

18. AMORTIZAÇÕES ACUMULADAS

18.1 Imobilizações corpóreas

18.1.1 Terrenos e recursos naturais

Nota:

Os terrenos não poderão ser objecto de amortização para efeitos fiscais.

18.1.2 Edifícios e outras construções	Débito	Crédito
1. Amortizações acumuladas até 31/12/N		**18.1.2**
2. Amortizações contabilizadas no ano N+1..	73.1.2	**18.1.2**

18.1.3 Equipamento básico	Débito	Crédito
1. Amortizações acumuladas até 31/12/N..		**18.1.3**
2. Transferência para a conta "68.3.1" das amortizações até 31/12/N, pela venda de uma máquina industrial no ano N+1, de que resultou uma mais-valia contabilística	**18.1.3**	68.3.1
3. Amortizações contabilizadas em N+1, com exclusão da máquina referida em 2)	73.1.3	**18.1.3**

18.1.4 Equipamento de carga e transporte	Débito	Crédito
1. Amortizações acumuladas até 31/12/N-1..		**18.1.4**
2. Transferência para a conta 78.3.1, das amortizações contabilizadas até N-1, relativas à viatura "C", vendida no ano N, de que resultou uma menos-valia contabilística	**18.1.4**	78.3.1
3. Transferência para "sinistros" do valor das amortizações da viatura "A", sinistrada, cujos salvados ficaram em poder da companhia de seguros.	**18.1.4**	73.1.4
4. Amortizações contabilizadas no exercício N, com exclusão das viaturas referidas em 2) e 3)	73.1.4	**18.1.4**

18.1.5 Equipamento administrativo	Débito	Crédito
1. Amortizações acumuladas até 31/12/N-1..		**18.1.5**
2. Transferência para a conta "78.3.1",das amortizações contabilizadas até N-1 e relativas a 4 secretárias, vendidas neste exercício (menos-valia		

	Débito	Crédito
contabilística)...	**18.1.5**	78.3.1
3. Amortizações no ano N, com exclusão dos bens referidos em 2).............	73.1.5	**18.1.5**
4. Regularização contabilística de amortizações calculadas em excesso no ano N-2 e que a Administração Fiscal tributou, conforme notificação recebida..	**18.1.5**	73.1.5

18.1.6 Taras e vasilhame

Nota:

Veja: *Notas explicativas da conta 11.6.1.*

18.1.6.1 Embalagens retornáveis	**Débito**	**Crédito**
1. Amortizações acumuladas até 31/12/N-1...		**18.1.6.1**
2. Amortizações no ano N..	73.1.6	**18.1.6.1**

18.1.6.2 Outras taras e outro vasilhame	**Débito**	**Crédito**
1. Amortizações acumuladas até 31/12/N-1		**18.1.6.2**
2. Amortizações no ano N	73.1.6	**18.1.6.2**

18.2 Imobilizações incorpóreas

18.2.1 Trespasses	**Débito**	**Crédito**
1. Amortizações do exercício...	73.2.1	**18.2.1**

18.2.2 Despesas de investigação e desenvolvimento	**Débito**	**Crédito**
1. Amortizações do exercício	73.2.2	**18.2.2**

18.2.3 Propriedade industrial e outros direitos e contratos	**Débito**	**Crédito**
1. Amortizações do exercício...	73.2.3	**18.2.3**

18.2.4 Despesas de constituição	**Débito**	**Crédito**
1. Amortizações do exercício...	73.2.4	**18.2.4**

18.2.9 Outras imobilizações incorpóreas	**Débito**	**Crédito**
1. Amortizações do exercício...	73.2.9	**18.2.9**

18.3 Investimentos financeiros em imóveis

18.3.1 Terrenos e recursos naturais

Nota:

Os terrenos não poderão ser objecto de amortização para efeitos fiscais.

	Débito	Crédito
18.3.2 Edifícios e outras construções		
1. Amortizações do exercício...	76.4.1	**18.3.**

19. PROVISÕES PARA INVESTIMENTOS FINANCEIROS

19.1 Empresas subsidiárias

	Débito	Crédito
19.1.1 Partes de capital		
1. Constituição, no ano N, de provisões para fazer face a eventuais prejuízos resultantes da nossa participação no capital da empresa "P"...........	78.1.3.9	**19.1.1**
2. Reforço, em N+1, do mesmo ajustamento, por aquela empresa atravessar grave crise económica e financeira......................................	78.1.3.9	**19.1.1**
19.1.2 Obrigações e títulos de participação	**Débito**	**Crédito**
1. Ajustamento efectuado para os títulos de participação "C": Diferença para menos entre o custo de aquisição e o preço de mercado.	78.1.3.9	**19.1.2**
2. Redução, no ano seguinte, do ajustamento constituído para os títulos de participação "C", por o preço de mercado ser superior ao do ano anterior	**19.1.2**	68.1.3.9

19.2 Empresas associadas

	Débito	Crédito
19.2.1 Partes de capital		
1. Provisões do exercício...	78.1.3.9	**19.2.1**
19.2.2 Obrigações e títulos de participação	**Débito**	**Crédito**
1. Provisões do exercício...	78.1.3.9	**19.2.2**
19.2.3 Empréstimos	**Débito**	**Crédito**
1. Provisões do exercício...	78.1.3.9	**19.2.3**

19.3 Outras empresas

19.3.1 Partes de capital	Débito	Crédito
1. Provisões do exercício..	78.1.3.9	**19.3.1**

19.3.2 Obrigações e títulos de participação	Débito	Crédito
1. Provisões do exercício..	78.1.3.9	**19.3.2**

19.3.3 Empréstimos	Débito	Crédito
1. Provisões do exercício..	78.1.3.9	**19.3.3**

19.4 Fundos

19.4.1 Fundos - Partes de capital	Débito	Crédito
1. Provisões do exercício..	78.1.3.9	**19.4.1**

19.9 Outros investimentos financeiros

19.9.1 Diamantes	Débito	Crédito
1. Provisões do exercício..	78.1.3.9	**19.9.1**

19.9.2 Ouro	Débito	Crédito
1. Provisões do exercício..	78.1.3.9	**19.9.2**

19.9.3 Depósitos bancários	Débito	Crédito
1. Provisões do exercício..	78.1.3.9	**19.9.3**

CLASSE 2

EXISTÊNCIAS

Classe 2 – Existências

21. COMPRAS

Esta rubrica destina-se a registar o custo das aquisições de bens destinados a serem consumidos pela empresa no seu processo produtivo ou destinados à venda e que satisfaçam os critérios para reconhecimento como existências.

Esta conta deverá ser movimentada da seguinte forma:

A débito, por contrapartida das contas de fornecedores.

A crédito, por contrapartida:

Das contas de existências, ao longo do ano, no caso da entidade dispor de inventário permanente.

Da conta custo das existências vendidas e das matérias consumidas, apenas no final do ano, no caso da entidade optar pelo sistema de inventário intermitente.

Face ao exposto, no final de cada exercício esta rubrica deverá apresentar saldo nulo. *(Notas explicativas)*.

21.1 Matérias-primas, subsidiárias e de consumo	Débito	Crédito
I. Com inventário intermitente:		
1. Compra de matérias subsidiárias a dinheiro		45.1.1
1.1 Matérias subsidiárias	**21.1**	
2. Compra a crédito		32.1.2.1
2.1 Matérias subsidiárias	**21.1**	

21.2 Mercadorias	Débito	Crédito
I. Com inventário intermitente:		
1. Compra a dinheiro		45.1.1
1.1 Mercadorias	**21.2**	
2. Compra a crédito ao fornecedor "A"		32.1.2.1
2.1 Mercadorias	**21.2**	
3. Despesas de compra – Frete		45.1.1
3.1 Mercadoria	**21.2**	

21.7.1 Devoluções de compras

	Débito	Crédito

I) Com inventário intermitente:

	Débito	Crédito
1. Devolução ao fornecedor "B"..	32.1.2.1.2	
1.1 Mercadoria "A"..		**21.7.1**
2. Devolução ao fornecedor "C"..	32.1.2.1.3	
2.1 Matéria-prima "B"		**21.7.1**
3. Devolução de compras, a dinheiro..	45.1.1	
3.1 Matérias subsidiárias..		**21.7.1**
4. Transferência para existências do saldo credor desta conta:		
4.1 Mercadorias	**21.7.1**	26.1
4.2 Matérias-primas, subsidiárias e de consumo:		
4.2.1 Matérias-primas...	**21.7.1**	22.1.1
4.2.2 Matérias subsidiárias...	**21.7.1**	22.2.1

II) Com inventário permanente:

Nota:

Veja as exemplificações das contas 26 e 27.

21.8.1 Descontos e abatimentos em compras

	Débito	Crédito

I) Com inventário intermitente:

	Débito	Crédito
1. Desconto concedido pelo fornecedor "B"..	32.1.2.1.2	
1.1 Mercadoria "A"..		**21.8.1**
2. Desconto de 20% recebido em dinheiro...	45.1.1	
2.1 Matérias subsidiárias adquiridas a "C"..		**21.8.1**
3. Desconto concedido pelo fornecedor "D"..	32.1.2.1.4	
3.1 Materiais diversos		**21.8.1**
4. Bónus concedido pela empresa "D" sobre as compras do último mês:		
Mercadoria "X"...	32.1.2.1.4	**21.8.1**
5. Transferência do saldo credor para as contas de existências:		
5.1 Mercadorias	**21.8.1**	26.1
5.2 Matérias-primas, subsidiárias e de consumo:		

	Débito	Crédito
5.2.1 Matérias subsidiárias...	**21.8.1**	22.2.1
5.2.2 Materiais diversos...	**21.8.1**	22.3.1

II) Com inventário permanente:

Nota:

Veja as exemplificações das contas 26 e 27.

22 MATÉRIAS-PRIMAS, SUBSIDIÁRIAS E DE CONSUMO

22.1.1 Matérias-primas

	Débito	Crédito

Esta rubrica destina-se a registar os bens que irão ser incorporados materialmente nos produtos resultantes da produção. *(Notas explicativas)*.

I) Com inventário intermitente:

	Débito	Crédito
1. Compra a crédito ao fornecedor "B".......................................		32.1.2.1.2
1.1 Matéria-prima "C"..	**22.1.1**	
2. Compra a dinheiro		45.1.1
2.1 Matéria-prima "X"..	**22.1.1**	
3. Complemento ao valor do lançamento descrito em 1), por erro de soma na factura..		32.1.2.1.2
3.1 Valor acrescido à matéria-prima......................................	**22.1.1**	
4. Frete até ao armazém da matéria-prima "X"...........................		45.1.1
4.1 Custo do frete..	**22.1.1**	
5. Transferência, no final do exercício, do saldo devedor para "existências/matérias-primas"...	27.1.1	**22.1.1**

II) Com inventário permanente:

Nota:

Veja as exemplificações da conta 22.1 "Matérias-primas".

22.2.1 Matérias subsidiárias

	Débito	Crédito

Esta rubrica destina-se a registar os bens que irão ser usados na produção, mas que não serão incorporados materialmente nos produtos dela resultantes. *(Notas explicativas)*.

I) Com inventário intermitente:

1. Compra a crédito ao fornecedor "C".. 32.1.2.1.3

   1.1 Matérias subsidiárias **22.2.1**

2. Compra a dinheiro 45.1.1

   2.1 Matérias subsidiárias **22.2.1**

3. Transferência para "existências/matérias subsidiárias **22.2.1**

II) Com inventário permanente:

Nota:

Veja as exemplificações da conta 22.2 "Matérias subsidiárias".

22.3.1 Materiais diversos   Débito   Crédito

I) Com inventário intermitente:

1. Compra a dinheiro 45.1.1

   1.1 Materiais diversos... **22.3.1**

2. Compra a crédito ao fornecedor "D".. 32.1.2.1.4

   2.1 Materiais diversos... **22.3.1**

3. Fornecimento de materiais pelo fornecedor "E" cuja factura não foi

   entregue pelo vendedor até esta data... **22.3.1**   32.8.1.5

4. Transferência para "existências/materiais diversos" do saldo devedor

   desta conta.. 27.2.1   **22.3.1**

II) Com inventário permanente:

Nota:

Veja as exemplificações da conta "Materiais diversos".

22.4.1 Embalagens de consumo   Débito   Crédito

Esta rubrica destina-se a registar os bens envolventes ou recipientes das mercadorias e produtos, indispensáveis ao seu acondicionamento e transacção, e que não sejam retornáveis. *(Notas explicativas).*

I) Com inventário intermitente:

1. Compra a dinheiro.. 45.1.1

   1.1 Latas vazias de 5 Kgs.. **22.4.1**

2. Aquisição, a crédito, ao fornecedor "A"... 32.1.2.1.1

   2.1 Embalagens de 20 litros... **22.4.1**

	Débito	Crédito
3. Frete de embalagens desde a origem até armazém............................	45.1.1	
3.1 Custo do frete..	**22.4.1**	
4. Transferência para "existências/embalagens de consumo" do saldo desta conta...	27.2.1	**22.4.1**

II) Com inventário permanente:

Nota: Veja as exemplificações da conta 22.4 "Embalagens de consumo".

22.5 Outros materiais
Nota:

Nesta conta serão registados os materiais que não tenham cabimento nas contas anteriores.

23. PRODUTOS E TRABALHOS EM CURSO

Esta rubrica destina-se a registar os bens que se encontram em curso de fabricação ou produção e não estão em condições de ser armazenados ou vendidos. *(Notas explicativas).*

I. Com inventário intermitente ou inventário permanente de produtos fabricados na classe 9

23.1 Produtos em curso de fabricação

I. Fábrica de azulejos do Lobito:

	Débito	Crédito
1. Pelas existências iniciais:		
1.1 Produtos em curso de fabricação	**23.1**	
1.2 Trabalhos em curso	23.2	
2. Pela transferência, no final do exercício, para "resultados operacionais" da variação da produção:		
2.1 Produtos em curso (aumento das existências)...............................	**23.1**	82.4
2.2 Trabalhos em curso (diminuição das existências)...........................	82.4	23.2

II. Contabilidade da empresa "A" - Construção civil

23.2 Trabalhos em curso

	Débito	Crédito
1.Trabalhos em curso em 31/12/N - Apuramento do custo das seguintes obras conforme mapas extra-contabilísticos:		
1.1 Obra nº 1 (aumento das existências)...	**23.2**	82.4

	Débito	Crédito
1.2 Obra nº 2 (aumento das existências)...	**23.2**	82.4

III. Contabilidade da empresa "B" - Construção civil

23.3 Trabalhos em curso	Débito	Crédito
1. Pelo valor dos custos das seguintes obras em 31 de Dezembro do ano anterior:		
1.1 Obra nº 5 para o cliente "D"...	**23.3**	
1.2 Obra nº 7 para o cliente "O"...	**23.3**	
2. Pela recepção da obra nº 5 pelo cliente "D" no corrente ano:		
2.1 Pela emissão da factura nº 208, conforme contrato e orçamento.......	31.1.2.1	62.1.1
3. Pelo apuramento da variação da produção das seguintes obras em curso no final do ano:		
3.1 Obra nº 7 - Aumento das existências.................................	**23.3**	82.4
3.2 Obra nº 9 - Aumento das existências.................................	**23.3**	82.4

24. PRODUTOS ACABADOS E INTERMÉDIOS

Esta rubrica destina-se a registar os seguintes bens resultantes do processo produtivo da entidade:

Produtos acabados, que se destinam a armazenagem ou venda por se encontrarem acabados.

Produtos intermédios, que embora normalmente se destinem a reentrar no processo de fabrico se encontram, igualmente, em condições de armazenagem ou venda no estado em que se encontram. *(Notas explicativas).*

24.1 Produtos acabados

24.1.1 Produtos agrícolas - Leite	Débito	Crédito
1. Produção de leite...	**24.1.1**	.....
2. Venda de leite:		
2.1 Cliente "B", a crédito..	31.1.2.1	
2.2 Produtos acabados...		61.1.1
3. Variações – Inventários da produção de leite.......................	64.2.1	**24.1.1**

24.9 Produtos em poder de terceiros   Débito   Crédito

1. Valor de 1000 unidades do produto "A", em poder do cliente "C", em
   31/12/N - Factura de consignação "X"... **24.9.1**   .....

25. SUB-PRODUTOS, DESPERDÍCIOS, RESÍDUOS E REFUGOS

25.1 Sub-produtos   Débito   Crédito

Esta rubrica destina-se a registar os bens de natureza secundária resultantes do processo produtivo e que são obtidos simultaneamente com os produtos principais. *(Notas explicativas).*

I. Com inventário intermitente ou inventário permanente de produtos fabricados na classe 9

1. Pelas existências iniciais.. **25.1**
2. Pelo apuramento no final do ano, da variação da produção (aumento
   das existências) que se transfere para resultados operacionais........... **25.1**   82.2

25.2 Desperdícios, resíduos e refugos   Débito   Crédito

Esta rubrica destina-se a registar os bens resultantes do processo produtivo e que não respeitem
as condições para serem reconhecidos com sub-produtos. *(Notas explicativas).*

26 MERCADORIAS

26.1 Mercadorias   Débito   Crédito

Esta rubrica destina-se a registar os bens adquiridos pela entidade e destinados à venda sem
que sejam objecto de qualquer modificação. *(Notas explicativas).*

I. Com inventário intermitente:

1. Pelas existências iniciais.. **26.1**
2. No final ou durante o ano:
   2.1 Transferência das compras registadas na conta 21:
       2.1.1 Mercadorias... **26.1**   27.3.1
       2.1.2 Devoluções de compras.. 21.7.1   **26.1**
       2.1.3 Descontos e abatimentos em compras.................................... 21.8.1   **26.1**
   2.2 Transferência para 71 "Custo das mercadorias vendidas" do saldo
       apurado na conta (existências iniciais + compras), depois de dedu-
       zidas as existências no final do exercício 71.5.1   **26.1**

II.Com inventário permanente - 1° exemplo:

1. Pelas existências iniciais	**26.1**	
2. Pela entrada em armazém das mercadorias em trânsito no final do ano, conforme guia de entrada n° 84...	**26.1**	27.3.1
3. Transferência para "Armazém" das mercadorias entradas em Janeiro e registadas na conta "Compras":		
3.1 Mercadorias...	**26.1**	21.2.1
3.2 Devoluções de compras...	21.7.1	**26.1**
3.3 Descontos e abatimentos em compras...........................	21.8.1	**26.1**
4. Pelas saídas do "Armazém" ao preço de custo:		
4.1 Vendas a crédito/Custo das mercadorias vendidas.......................	71.5.1	**26.1**
4.2 Vendas a dinheiro/Custo das mercadorias vendidas......................	71.5.1	**26.1**
5. Diferença apurada no final do ano entre o inventário físico e o inventário permanente:		
5.1 Quebra anormal registada...	78.4.1	....
5.2 Pelo acerto da conta "Mercadorias - Armazém "A"...........................	....	**26.1**
6. Pela transferência para "Resultados operacionais" do "Custo das mercadorias vendidas"...	82.6	75.9

III.Com inventário permanente - 2° exemplo:

1. Inventário inicial...	**26.1**	
2. Compra a dinheiro da mercadoria "D".....................................	21.2	45.1.1
3. Compra a crédito ao fornecedor "X": mercadoria "B"	21.2	32.1.2.1
4. Compra a crédito ao fornecedor "H" da mercadoria "C", cuja factura não foi ainda entregue pelo vendedor.....................................	**26.1**	32.8.1
5. Devolução ao fornecedor "X": mercadoria "B".......................................	32.1.2.1	21.7.1
6. Desconto de 15% concedido pelo fornecedor "X" : mercadoria "A".........	32.1.2.1	21.8.1
7. Factura do fornecedor "G", da Suiça, referente à importação da mercadoria "D"...	21.2.1	32.1.2.2
8. Pagamento à alfândega..	21.2.1	45.1.1
8.1 Direitos aduaneiros - Mercadoria "D"...............................	21.2.1	45.1.1
9. Transferência para a conta "Mercadorias" do saldo das "Compras",		

neste mês:

	Débito	Crédito
9.1 Mercadorias	**26.1**	21.2.1
9.2 Devoluções de compras..	21.7.1	**26.1**
9.3 Descontos e abatimentos em compras...	21.8.1	**26.1**
10.Vendas a crédito:		
10.1 Pelas saídas do armazém ao preço de aquisição "Custo das mercadorias vendidas"..	71.1.2	**26.1**
10.2 Pelos débitos nas c/c dos clientes	31.2.1	61.3.1
11. Pela recepção e conferência da factura referida na alínea 4)..............	32.8.1	32.1.2.1
12. Vendas a dinheiro:		
12.1 Pela saída de armazém ao preço de custo	71.1.2	**26.1**
12.2 Pela entrada em caixa do valor das vendas	45.1.1	
12.2.1 Valor da mercadoria..		61.3.1
13. Transferência para "Resultados operacionais" do "Custo das mercadorias vendidas", no final do ano	82.6	75.9

27 MATÉRIAS-PRIMAS, MERCADORIAS E OUTROS MATERIAIS EM TRÂNSITO

27.1 Matérias-primas   **Débito**   **Crédito**

Esta rubrica destina-se a registar os bens adquiridos que ainda não tenham sido recepcionados pela entidade, mas para os quais já tenha sido recebida a correspondente factura ou documento equivalente. *(Notas explicativas)*.

28 ADIANTAMENTOS POR CONTA DE COMPRAS

Esta rubrica destina-se a registar os adiantamentos feitos pela entidade relativos a compras cujo preço esteja previamente fixado. *(Notas explicativas)*.

29. PROVISÃO PARA DEPRECIAÇÃO DE EXISTÊNCIAS

Esta rubrica destina-se a registar as diferenças relativas ao custo de aquisição ou produção, resultantes da aplicação dos critérios de valorimetria definidos para as existências, isto é, a diferença apurada entre o valor de custo e o valor realizável líquido, quando o primeiro for superior ao segundo. *(Notas explicativas)*.

29.2 Matérias-primas, subsidiárias e de consumo   Débito   Crédito

  1. Existências de matérias-primas em 31/12, adquiridas no ano N, cujo

    preço de mercado é inferior ao do custo:

    1.1 Constituição de provisões no ano N + 4.................................78.1.1.1   **29.2**

  2. Redução no ano N + 5, da provisão, por o preço de mercado ter sido alte-

    rado para valor superior ao do ano anterior............................ **29.2**   68.1.1.1

29.3 Produtos e trabalhos em curso   Débito   Crédito

  1. Constituição de provisão no ano N............................... 78.1.1.2   **29.3**

  2. Anulação da provisão descrita em 1), no mesmo ano da constituição....... **29.3**   78.1.1.2

29.4 Produtos acabados e intermédios   Débito   Crédito

  1. Constituição de provisão no ano N...................... 78.1.1.3   **29.4**

  2. Constituição de provisão no ano N + 1...................... 78.1.1.3   **29.4**

29.5 Sub-produtos, desperdícios, resíduos e refugos   Débito   Crédito

  1. Constituição de provisão no ano N...................... 78.1.1.4   **29.5**

  2. Constituição de provisão no ano N + 3...................... 78.1.1.4   **29.5**

29.6 Mercadorias   Débito   Crédito

  1. Mercadoria "A" e "B", adquiridas no ano N, por valor superior ao actual

    preço de venda:

    1.1 Constituição de provisão no ano N + 3...................... 78.1.1.5   **29.6**

  2. Redução da provisão no mesmo ano da constituição................................ **29.6**   78.1.1.5

  3. Redução da provisão no ano N + 4........................ **29.6**   68.1.1.5

CLASSE 3

TERCEIROS

Classe 3 – Terceiros

31. CLIENTES

31.1 CLIENTES – CORRENTES

31.1.2 CLIENTES – NÃO GRUPO

31.1.2.1 Clientes — correntes — Nacionais	**Débito**	**Crédito**
1.Venda a crédito ao cliente "B"...	**31.1.2.1**	61.3.1
2. Entrega do cliente "B" para crédito de conta	45.1.1	**31.1.2.1**
3. Devolução de mercadorias pelo cliente "C"...................................	61.7.1	**31.1.2.1**
4. Aceite de letra pelo cliente "D"...	31.2.2.1	**31.1.2.1**
5. Reforma da letra aceite do cliente "A" e descontada no Banco "B:		
5.1 Débito da letra vencida na n/conta D. O.........................	**31.1.2.1**	43.1.2
5.2 Aceite de nova letra pelo cliente "A" (75%)...................	31.2.2.1	**31.1.2.1**
5.3 Encargos de desconto da nova letra de conta do cliente	**31.1.2.1**	43.1.2
5.4 Entrega do cliente (25% da letra inicial e encargos de desconto)....	45.1.1	**31.1.2.1**
6. Venda a prazo à entidade estatal "G" do produto "A".............................	**31.1.2.1**	
6.1 Valor do produto...		61.1..1
7. Nota de crédito para o cliente "B"...		**31.1.2.1**
7.1 Desconto sobre a factura nº 345....................................	76.3.1	
8. Factura nº 048 para a empresa pública "D"...	**31.1.2.1**	
8.1 Serviços prestados...		62.1.1

31.2 CLIENTES — TÍTULOS A RECEBER

Esta conta destina-se a registar as letras sacadas a clientes e por estes aceites.

Esta conta reflecte, portanto, em qualquer momento as dívidas de clientes que estejam representadas por títulos ainda não vencidos, quer estejam em carteira, que tenham sido descontados.

O valor das letras a constar no Balanço deverá dizer respeito às letras em carteira pelo que para o respectivo apuramento deverá ser determinada a diferença entre o saldo desta conta e a conta Clientes – títulos descontados. **(Notas explicativas).**

31.2.2 CLIENTES — TÍTULOS A RECEBER — NÃO GRUPO

31.2.2.1 Clientes — Títulos a receber — Nacionais	Débito	Crédito
1.Pelo aceite..	**31.2.2.1**	31.1.2.1
2. Se a letra se mantiver em carteira:		
2.1 Se for paga:		
a) Pelo recebimento...	45.1.1	31.1.2.1
b) Pela anulação do lançamento referido em 1.........................	31.1.2.1	**31.2.2.1**
2.2 Se for reformada:		
a) Pela anulação do lançamento referido em 1.........................	31.1.2.1	**31.2.2.1**
b) Pela entrega por conta da letra reformada..........................	45.1.1	31.1.2.1
c) Pelo novo aceite..	**31.2.2.1**	31.1.2.1
2.3 Se a letra foi protestada:		
d) Pela anulação do lançamento referido em 1.........................	31.1.2.1	**31.2.2.1**
e) Pela transferência do saldo devedor para clientes de cobrança duvidosa	31.8.1	31.1.2.1
3.Se a letra foi descontada:		
3.1 Pelo desconto..	43.1.1	31.3.2.1
3.2 Pelo pagamento da letra pelo cliente ao banco:		
3.2.1 Anulação do movimento referido em 1……............…...........	31.1.2.1	**31.2.2.1**
3.2.2 Pela regularização da c/c do cliente..................….............		31.1.2.1

31.3 CLIENTES — TÍTULOS DESCONTADOS

Esta conta tem natureza credora e destina-se a registar as letras descontadas.

Na data de vencimento das letras esta conta deverá ser debitada da seguinte forma:

Por contrapartida da conta Clientes – títulos a receber, caso na data de vencimento a letra não seja devolvida por falta de pagamento.

Por contrapartida da conta bancária onde o desconto haja sido efectuado, caso na data de vencimento a letra seja devolvida por falta de pagamento. Em simultâneo deverá ser efectuada a transferência da letra reflectida em Clientes – títulos a receber para a conta Clientes – correntes.

O saldo desta conta reflecte, portanto, em qualquer momento o valor das letras descontadas ainda não vencidas que deverá figurar numa nota das Notas às contas, dado que a responsabilidade da entidade perante o banco se mantém. (Notas explicativas).

31.8 CLIENTES DE COBRANÇA DUVIDOSA

Esta conta, conforme o próprio nome indica, destina-se a registar os clientes cujos saldos tenham uma cobrabilidade duvidosa. Quando cessarem as razões que determinaram a transferência dos saldos para esta conta, o respectivo lançamento deverá ser revertido. (Notas explicativas).

31.8.1 Clientes – Correntes

	Débito	Crédito
1. Pelo valor dos seguintes saldos que transitaram em 31/12, na rubrica "Clientes de cobrança duvidosa":		
1.1 Créditos em mora há mais de 6 e até 12 meses:		
1.1.1 Cliente "E"..	**31.8.1**	
1.1.2 Cliente "F"..	**31.8.1**	
1.2 Créditos em mora há mais de 12 e até 18 meses:		
1.2.1 Cliente "G"..	**31.8.1**	
1.2.2 Cliente "H"..	**31.8.1**	
1.3 Créditos em mora há mais de 18 e até 24 meses:		
1.3.1 Cliente "I"..	**31.8.1**	
1.3.2 Cliente "J"..	**31.8.1**	
1.4 Créditos em mora há mais de 24 meses:		
1.4.1 Cliente "L"..	**31.8.1**	
1.4.2 Cliente "M"..	**31.8.1**	
2. Entrega do cliente "F" para liquidação do s/débito.............................	45.1.1	**31.8.1**
3. Transferência, em 31/12/N+1, para créditos em mora, do saldo do cliente "D", vencido em 30/4/N+1	**31.8.1**	31.1.2.1
4. Transferência para a conta "31.8" do saldo do cliente "R" por ter sido reclamado judicialmente...	**31.8.1**	31.1.2.1
5. Dívida do cliente "M" que é considerada incobrável:		

5.1 Se foi constituído ajustamento... **31.8.1** 78.1.2.1

5.2 Se não foi constituído.. 78.5 **31.8.1**

Nota:

1) Nesta conta registar-se-ão apenas os clientes de cobrança duvidosa. Os restantes devedores de cobrança duvidosa movimentar-se-ão em rubricas subordinadas às contas onde estão registadas as dívidas.

31.9 CLIENTES — SALDOS CREDORES

31.9.1 Clientes – Saldos credores — Adiantamentos   Débito Crédito

Esta conta regista as entregas feitas à empresa relativas a fornecimentos a efectuar a terceiros, cujo preço não esteja previamente fixado. Aquando da emissão da factura, estas verbas serão transferidas para as respectivas contas na rubrica Clientes – correntes. (Notas explicativas).

1. Adiantamento efectuado pelo cliente "J" para futuro fornecimento do produto fabricado "A", sem preço de custo fixado.................................. 45.1.1 **31.9.1**

2. Pelo fornecimento do produto "A" ao cliente "J" e emissão da factura nº 320.. 31.1.1 61.1.1

   2.1 Transferência para "Clientes - Correntes" do valor do adiantamento referido em 1) **31.9.1** 31.1.1

3. Adiantamento titulado por letras:

   * Aceite de uma letra, pelo cliente "B", por conta de uma encomenda a fornecer dentro de 90 dias.. 31.2.2.1 31.1.2.1

   * Pagamento da letra no prazo fixado:

     1) Supondo que já havia sido fornecida e facturada a mercadoria....... 45.1.1 31.1.2.1

     2) Supondo que a mercadoria ainda não tinha sido entregue ao cliente:

       2.1 Pelo adiantamento (encomenda sem preço previamente fixado) 45.1.1 **31.9.1**

       2.2 Regularização do lançamento da letra... 31.1.2.1 31.2.2.1

Nota:

1) Se o recebimento disser respeito a um adiantamento por conta de compras cujo preço esteja previamente fixado, será movimentada a conta 28.2.1 "Adiantamentos por conta de compras".

31.9.2 Clientes – Saldos credores — Embalagens a devolver   Débito   Crédito

Esta conta, de natureza credora, regista o valor das embalagens enviadas aos clientes por irem acondicionar os bens vendidos mas que se destinam a ser devolvidas. Esta conta será saldada da seguinte forma:

Por contrapartida da respectiva conta de clientes – correntes, na data da devolução por parte do cliente.

Por contrapartida da respectiva conta de vendas, caso as embalagens não sejam devolvidas dentro dos prazos acordados. (Notas explicativas).

I. Com inventário intermitente:

	Débito	Crédito
1. Pelas existências iniciais...	**31.9.2**	
2. Compra a crédito ao fornecedor "G"......................................		32.1.2.1
2.1 Mercadoria "A"...	21.2.1	
2.2 Embalagem "C"...	**31.9.2**	
3. Pela transferência, durante ou no final do ano, das compras de emba- lagens para a conta de existências.......................................	26.1	**31.9.2**
4. Transferência para "custo das mercadorias vendidas" (diferença entre o saldo desta conta e as existências no fim do exercício).................	71.4	26.1

31.9.3 Clientes – Saldos credores — Material à consignação   Débito   Crédito

Esta conta, de natureza credora, é creditada por contrapartida da respectiva conta de clientes – correntes e regista o valor dos bens enviados à consignação para os clientes.

Esta conta será saldada da seguinte forma:

Por contrapartida da respectiva conta de vendas, na data em que os bens tenham sido vendidos deixando, portanto, de estar à consignação.

Por contrapartida da respectiva conta de Clientes – correntes, em caso de devolução dos bens por não terem sido vendidos. (Notas explicativas).

1. Pelo valor de 50 unidades do produto "A" em poder do cliente "C", em 31/12, conforme factura de consignação nº 1503 de Novembro (variação da produção - menos aumento das existências)... **31.9.3**   82.4

2. Pela devolução de 20 unidades do produto "A"... 61.7.1   **31.9.3**

3. Pela venda das restantes 30 unidades, a dinheiro....................................... 45.1.1   61.1.1

32 FORNECEDORES

32.1 FORNECEDORES — CORRENTES

32.1.2.1 Fornecedores — correntes — Não grupo — Nacionais   Débito   Crédito

1. Factura do fornecedor "C" – Mercadoria "A"...................................... 21.2.1   **32.1.2.1**

2. Factura do fornecedor "D" - Mercadoria "B"...................................... 21.2.1   **32.1.2.1**

3. Desconto comercial de 5% obtido na factura do fornecedor "A"......... **32.1.2.1**   21.8.1

4. Devolução nº 05/09/N para o fornecedor "C" – Mercadoria "A".......... **32.1.2.1**   21.7.1

32.2 FORNECEDORES — TÍTULOS A PAGAR

Esta conta destina-se a registar as letras sacadas pelos fornecedores e aceites pela entidade.

O saldo desta conta deverá reflectir, em qualquer momento, as dívidas a fornecedores não vencidas que se encontrem representadas por letras ou outros títulos de crédito. (Notas explicativas).

32.2.2.1 Fornecedores — títulos a pagar — Não grupo — Nacionais   Débito   Crédito

1. Nosso aceite ao fornecedor "C" 32.1.2.1   **32.2.2.1**

2. Nosso aceite nº 2 ao fornecedor "D".. 32.1.2.1   **32.2.2.1**

3. Débito na nossa conta de D.O., no Banco "B", do saque do fornece-
dor "C"... **32.2.2.1**   43.1.2

4. Reforma do nosso aceite nº 2 - Fornecedor "D":

4.1 Entrega por conta (30%) 32.1.2.1   45.1.1

4.2 Aceite de nova letra (70%).. 32.1.2.1   **32.2.2.1**

4.3 Aviso de débito do fornecedor - Valor da letra reformada.............. **32.2.2.1**   31.1.2.1

4.4 Débito pelo fornecedor dos encargos bancários com o desconto
da nova letra.. 76.1.4   32.1.2.1

4.5 Pagamento dos encargos... 32.1.2.1   45.1.1

32.8 FORNECEDORES — FACTURAS EM RECEPÇÃO E CONFERÊNCIA

Esta conta destina-se a reflectir as compras, relativas a material recebido, cujas facturas:

Não chegaram à entidade até à data.

Embora tenham chegado à entidade, ainda não se encontrem conferidas.

Aquando da contabilização definitiva da factura esta conta deverá ser saldada por contrapartida da respectiva conta de Fornecedores – corrente. (Notas explicativas).

32.8.1 Fornecedores — Facturas em recepção e conferência	Débito	Crédito
1. Remessa pelo fornecedor "A" de matérias-primas sem apoio da correspondente factura ....……...	21.1.1	**32.8.1**
2. Compra a crédito de mercadorias cuja factura não foi remetida pelo fornecedor "K"..	21.1.1	**32.8.1**
3. Remessa da factura nº 4547 pelo fornecedor "A", que regulariza o lançamento nº 1..	**32.8.1**	32.1.2.1
4. Pela contabilização definitiva da compra a crédito a que se refere o lançamento nº 2), conforme factura nº 0324, que corresponde ao valor inicialmente registado……...…….......	**32.8.1**	32.1.2.1
5. Compra a crédito a "B", de artigos de diversas referências, que já deram entrada em armazém e cuja factura não se encontra, nesta data, disponível para contabilização..	21.1.1	**32.8.1**
5.1 Envio, pelo armazém, da factura à contabilidade, já conferida.........	**32.8.1**	32.1.2.1
5.2 N. Crédito do fornecedor "B" - Diferença de preço do artigo "X"......	32.1.2.1	21.8.1

32.9.1 Fornecedores — Saldos devedores — Adiantamentos	Débito	Crédito

Esta conta destina-se a registar as entregas feitas pela empresa com relação a fornecimentos a efectuar por terceiros, cujo preço não esteja previamente fixado.

Aquando da recepção da factura, estas verbas deverão ser transferidas para as respectivas contas de Fornecedores – correntes. (Notas explicativas).

1. Transferência a favor do fornecedor "A", por conta de cereais..............	**32.9.1**	43.1
2. Remessa dos cereais pelo fornecedor "A" – Factura 223......................	21.2.1	32.1.2.1
3. Transferência para "Fornecedores - correntes" do lançamento nº 1......	32.1.2.1	**32.9.1**

32.9.2 Fornecedores - Saldos devedores - Embalagens a devolver   Débito   Crédito

Esta conta, de natureza devedora, regista o valor das embalagens enviadas pelos fornecedores por virem a acondicionar os bens comprados mas que se destinam a ser devolvidas ao fornecedor. Esta conta será saldada da seguinte forma:

Por contrapartida da respectiva conta de fornecedores – correntes, na data da devolução ao
fornecedor.

Por contrapartida da respectiva conta de compras, caso as embalagens não sejam devolvidas
ao fornecedor dentro dos prazos acordados. (Notas explicativas).

	Débito	Crédito
1. Factura do fornecedor "F" relativa à aquisição de 50 recipientes para acondicionamento e transporte de azeite...	**32.9.2**	32.1.2.1
2. Factura nº 100 para o cliente "B"...	31.1.2.1	
2.1 Azeite...		61.1.1
2.2 Importância debitada ao cliente para garantia das taras a devolver no prazo de 90 dias...	37.9.1	
3. Devolução das taras pelo cliente "B"...	**32.9.2**	31.1.2.1
4. Entrega ao cliente "B"...	31.1.2.1	45.1.1
5. Supondo que o cliente "B" não devolveu as taras no prazo de 90 dias:		
5.1 Pela utilização da caução referida em 2.2), imaginando-se que vai resultar numa perda contabilística:		
5.1.1 Pelo valor da garantia..	78.3.1	37.9.1
5.1.2 Pelo valor das embalagens não restituídas.............................		**32.9.2**
5.1.3 Pelo valor das amortizações acumuladas relativas às embala-gens não devolvidas...	18.1.6	6942
5.2 Supondo-se que se vai verificar um lucro contabilístico:		
5.2.1 Pelo valor da garantia...	37.9.1	68.3.1
5.2.2 Pelo valor das embalagens não restituídas...........................	68.3.1	**32.9.2**
5.2.3 Pelo valor das amortizações acumuladas relativas às emba-lagens não devolvidas...	18.1.6	68.3.1

6. Pela inutilização das embalagens retornáveis "G" e "H":

    6.1 Pelo abate ao imobilizado 78.3.3   18.1.6

    6.2 Pela transferência das amortizações acumuladas até final do ano

    anterior..   18.1.6   78.3.3

	Débito	Crédito
32.9.3 Fornecedores — Saldos devedores — Material à consignação		

Esta conta, de natureza devedora, é criada por contrapartida da respectiva conta de Fornecedores – correntes e regista o valor dos bens recebidos à consignação dos fornecedores. Esta conta será saldada da seguinte forma:

Por contrapartida da respectiva conta de compras, na data em que os bens tenham sido vendidos a clientes deixando, portanto, de estar à consignação.

Por contrapartida da respectiva conta de fornecedores - correntes, em caso de devolução dos bens ao fornecedor por não terem sido vendidos. **(Notas explicativas).**

1. Pelo valor de 80 unidades do produto "B", remetidas à consignação, pelo fornecedor "C", em 31/10, conforme factura de consignação nº 4008 de Outubro.. **32.9.3**   32.1.2.1

2. Pela devolução de 30 unidades do produto "B"...................................... 32.1.2.1   **32.9.3**

33. EMPRÉSTIMOS

33.1 EMPRÉSTIMOS BANCÁRIOS

	Débito	Crédito
33.1.1.1 Moeda nacional — Banco "A"		

1. Empréstimo concedido pelo Banco "A", através duma livrança, a 120 dias:

    1.1 Produto líquido creditado na n/conta de D. O. no Banco "A"   43.1   **33.1.1.1**

    1.2 Juros debitados...   76.1.1.1   43.1

2. Reforma da livrança no Banco "A":

    2.1 Débito na nossa conta de D.O. da livrança vencida.................   **33.1.1.1**   43.1

    2.2 Amortização de 30%, por depósito efectuado............................   43.1   45.1.1

    2.3 Nova livrança dos restantes 70%, creditada na n/conta de D.O.   43.1   **33.1.1.1**

    2.4 Juros debitados na conta de D. O...   76.1.1.1

33.1.1.2 Moeda nacional — Banco "B"   Débito   Crédito

   1. Empréstimo a longo prazo concedido pelo Banco "B" por hipoteca

     do nosso edifício fabril...…… 11.2.1.1   **33.1.1.2**

33.2 EMPRÉSTIMOS POR OBRIGAÇÕES

33.2.1 Empréstimos por obrigações — Convertíveis   Débito   Crédito

Esta conta destina-se a registar, pelo valor nominal, as obrigações subscritas por terceiros que sejam convertíveis em capital. **(Notas explicativas)**.

   1. Colocação de 4 000 obrigações no Banco "D", para subscrição pú-

     blica.. 35.2.4.1   **33.2.1**

   2. Pela subscrição das 4 000 obrigações... 33.2.1.1   35.2.4.1

   3. Pela liberação de todas as obrigações subscritas conforme aviso de

     crédito do Banco "D".. 43.1.4   35.2.4.1

33.2.2 Empréstimos por obrigações — Não convertíveis   Débito   Crédito

   1. Empréstimo por emissão de obrigações em 2005, com vista ao refor-

     ço das disponibilidades financeiras da empresa, para conclusão dos

     investimentos em curso:

     1.1 Pela subscrição.. 35.1.3.1   **33.2.2**

     1.2 Pela regularização feita através do Banco "B"…………................. 43.1.2   35.1.3.1

     1.3 Pelo apuramento dos juros a liquidar.................................... 76.1.1.2 35.1.3.1

   2. Pagamento dos juros creditados a obrigacionistas 35.1.3.1   45.1.1

   3. Primeiro reembolso do empréstimo por obrigações:

     3.1 Obrigações sorteadas... **33.2.2** 35.1.3.1

     3.2 Pelo pagamento através do Banco "B".. 35.1.3.1   43.1.2

33.3 EMPRÉSTIMOS POR TÍTULOS DE PARTICIPAÇÃO

Esta conta destina-se a registar, pelo valor nominal, os títulos de participação subscritos por terceiros. **(Notas explicativas)**.

33.3.1 Empréstimos por títulos de participação — Entidade "A"   Débito Crédito

1. Títulos de participação subscritos por "A", através do Banco "B".....   43.2   **33.3.1**

34. ESTADO

34.1 Imposto sobre os lucros   Débito Crédito

1) Notas explicativas:

Esta conta destina-se a evidenciar a dívida da entidade relativa a imposto sobre os lucros.

A débito deverão ser registados os pagamentos por conta efectuados e as eventuais retenções efectuadas por terceiros aquando da colocação de rendimentos à disposição da entidade.

A crédito deverá ser registada a estimativa de imposto a pagar relativa ao exercício, por contrapartida da conta 87 Imposto sobre lucros e da conta 81 Resultados transitados.

Quando se entender conveniente, esta conta poderá ser subdividida por exercícios.

2) Políticas contabilísticas: 2.8 — Impostos sobre lucros a pagar.

Os impostos sobre lucros a pagar são valorizados ao custo corrente, determinado pela diferença entre o custo histórico do imposto que deveria ser pago e o custo histórico dos adiantamentos já efectuados.

O custo histórico dos adiantamentos corresponde à quantia desembolsada para o efeito.

O custo histórico do imposto que deveria ser pago corresponde à responsabilidade da entidade, apurada de acordo com os critérios fiscais definidos para o seu apuramento.

3) Veja: Notas explicativas da conta "81 Resultados transitados".

I. Ao longo do ano:

1. Pelos pagamentos por conta:

a) Janeiro..   **34.1**   45.1.1

b) Fevereiro **34.1**   45.1.1

c) Março..   **34.1**   45.1.1

2. Pelas retenções na fonte:

a) Aluguer do imóvel "X", ao inquilino "B":

2.1 Pelo valor recebido...   45.1.1

2.2 Pela retenção **34.1**

2.3 Pelo valor da renda recebida..   66.4.1

b) Juros de depósitos a prazo:

    2.4 Pelo valor líquido creditado pelo Banco "A"................................ 43.1

    2.5 Pelos juros creditados.. 66.1.1.9.1

    2.6 Pelo imposto retido... **34.1**

II. No final do exercício:

1. Pelo cálculo da estimativa do imposto a pagar, com base no lucro tributável estimado a partir dos resultados líquidos do exercício, corrigidos para efeitos fiscais....................... 87.1   **34.1**

III. No ano seguinte:

1. Apresentação da declaração de rendimentos:

    1.1 Se a diferença é a favor do Estado: pagamento...................... **34.1**   45.1.1

    1.2 Se houve diferença de cálculo na estimativa referida em II):

        a) Se foi insuficiente - regularização........................... 78.10.1   **34.1**

        b) Se foi estimada em excesso – regularização..................... **34.1**   68.10.1

    1.3 Se a diferença resultar em imposto a recuperar do Estado – pelo recebimento 45.1.1   **34.1**

IV. Dividendos recebidos da Sociedade "A", S.A.:

1. Pelo valor ilíquido.. 67.1.3

2. Valor creditado na nossa conta no Banco "B"...................... 43.1.2

3. Pela retenção na fonte do imposto sobre os lucros...................... **34.1**

V. Liquidação adicional relativa ao ano N-2 e respectivos juros referentes ao ano N **34.1**

3.1 Imposto industrial adicional.. 87.1

3.2 Juros compensatórios 76.1.3

3.3 Pagamento às Finanças.. **34.1**   45.1.1

34.3 Imposto de rendimento de trabalho   **Débito**   **Crédito**

Esta conta, de natureza credora, destina-se a registar o imposto deduzido aos empregados devido pelo rendimento do seu trabalho, apurado aquando do processamento dos salários.

Esta conta será saldada por contrapartida de meios monetários a quando do respectivo pagamento ao Estado. (Notas explicativas).

1. Retenção de IRT nas remunerações de Janeiro – Corpos gerentes.......... 36.1.1.1 **34.3**

2. Idem - Restante pessoal.. 36.1.2.1 **34.3**

3. Pagamento em Janeiro, das retenções relativas a Dezembro do ano
anterior **34.3** 45.1.1

34.4 Imposto de circulação

34.4.1 Imposto de circulação   Débito Crédito

1. Imposto de circulação da viatura "X"... 75.3.1.2 **34.4.1**

34.8 Subsídios a preços   Débito   Crédito

1) Notas explicativas:

Esta conta, de natureza devedora, destina-se a registar o complemento a receber do Estado, resultante do diferencial entre o preço de venda estabelecido pela empresa e o preço de venda ao público.

O débito deverá ser efectuado por contrapartida da conta 61.5 Subsídios a preços.

Esta conta será saldada por contrapartida de meios monetários a quando do respectivo recebimento do Estado.

2) Políticas contabilísticas: 4.4 — Subsídios:

Os subsídios só devem ser reconhecidos após existir segurança de que:

A empresa cumprirá as condições a ela associadas, e

Os subsídios serão efectivamente recebidos.

Contudo, o recebimento do subsídio, por si só, não prova que de facto as condições do subsídio foram ou irão ser cumpridas.

O rédito proveniente de subsídios deve ser reconhecido durante os períodos necessários para os balancear com os custos relacionados que se pretende que eles compensem, numa base sistemática.

Por essa razão, o rédito proveniente de subsídios deve ser reconhecido pela sua totalidade, no exercício em que se torne recebível no caso dos subsídios:

Se destinarem a investimentos em activos não amortizáveis.

Revestirem a forma de uma doação de um activo não amortizável.

Se destinarem a compensar custos ou perdas incorridos em períodos contabilísticos anteriores.

Se destinarem a dar imediato apoio financeiro à empresa sem quaisquer custos actuais ou futuros relacionados.

35. ENTIDADES PARTICIPANTES E PARTICIPADAS

35.1 ENTIDADES PARTICIPANTES

35.1.1 ESTADO

35.1.1.1 Entidades participantes — Estado — conta subscrição   Débito   Crédito

Estas contas, de natureza devedora, destinam-se a registar, por contrapartida da conta 51 Capital, as subscrições de capital efectuadas por terceiros. Estas contas serão saldadas, por contrapartida de meios monetários, aquando do recebimento dos valores em dívida. **(Notas explicativas)**.

35.1.1.2 Entidades participantes — Estado — c/adiantamentos sobre lucros Débito   Crédito

Notas explicativas: Veja: 35.1.1.1

1. Adiantamento, por conta de lucros, concedido aos detentores do
   capital desta sociedade:

   1.1 Pela aprovação:

	Débito	Crédito
1.1.1 Administração local "A"..	89.1	**35.1.1.2**
1.1.2 Administração local "B"..	89.1	**35.1.1.2**
1.2 Pelo pagamento através do Banco "B"..................................	**35.1.1.2**	43.1.2

2. Adiantamentos por conta de lucros, pela empresa "A", S. A., aos
   detentores do seu capital:

	Débito	Crédito
2.1 Pela aprovação do adiantamento...	89.1	**35.1.1.2**
2.2 Pelo pagamento através do Banco "B"...	**35.1.1.2**	43.1.2
2.3 Imposto retido	**35.1.1.2**	34.1.1

3. Pelo recebimento do adiantamento por conta de lucros distribuídos pela Sociedade "Y", na qual temos uma participação de 8%
   do seu capital:

	Débito	Crédito
3.1 Pelo crédito do valor ilíquido...	**35.1.1.2**	66.5.1

	Débito	Crédito
3.2 Pela retenção do imposto...	34.1.1	**35.1.1.2**
3.3 Pelo recebimento..	45.1.1	**35.1.1.2**
4. Adiantamento, por conta de lucros, aos sócios da sociedade por quotas "B"..	**35.1.1.2**	
4.1 Pelo pagamento através do Banco "A"..................................		43.1.1
4.2 Retenção na fonte..		34.1.1

Nota:

Veja outros exemplos de movimentação desta rubrica na conta 89 "Dividendos antecipados".

35.1.1.3 Entidades participantes — conta lucros

Estas contas, de natureza credora, destinam-se a registar, por contrapartida da conta *81 Resultados transitados*, a atribuição de lucros decidida em Assembleia Geral de sócios/accionistas.

Estas contas serão saldadas da seguinte forma:

Por contrapartida das contas *Entidades participantes – conta adiantamentos*, pela parte que haja sido adiantada.

Por contrapartida de meios monetários, pela parte remanescente. **(Notas explicativas).**

35.1.2 EMPRESAS DO GRUPO — SUBSIDIÁRIAS

35.1.2.2 Subsidiárias — c/adiantamentos sobre lucros	Débito	Crédito
1. Adiantamento, por conta de lucros, que se concedeu aos detentores do capital desta empresa:		
1.1 Pela aprovação..	89.1	**35.1.2.2**
1.2 Pela retenção de imposto sobre o rendimento	**35.1.2.2**	34.1.1
1.3 Pelo pagamento através do caixa...	**35.1.2.2**	45.1.1
2. Pelo adiantamento de lucros recebidos por esta empresa da Sociedade "A", na qual participamos com 5% do seu capital:		
2.1 Valor comunicado pela empresa "A":		
a) Valor líquido..	**35.1.2.2**	67.1.1
b) Retenção do imposto...	34.1.1	**35.1.2.2**
2.2 Valor líquido recebido	45.1.1	**35.1.2.2**

35.1.2.3 Entidades participantes — conta lucros

Veja: Notas explicativas da conta 35.1.1.3.

35.1.3 EMPRESAS DO GRUPO – ASSOCIADAS

	Débito	Crédito
35.1.3.1 Entidades participantes — outros — conta subscrição		

Veja: Notas explicativas da conta 35.1.1.1.

	Débito	Crédito
35.1.3.2 Entidades participantes — conta adiantamentos s/lucros		

Veja: Notas explicativas da conta 35.1.1.1

	Débito	Crédito
35.1.3.3 Entidades participantes — conta lucros		

Veja: Notas explicativas da conta 35.1.1.3.

35.1.4 OUTROS

	Débito	Crédito
35.1.4.1 Entidades participantes — outros — conta subscrição		

Veja: Notas explicativas da conta 35.1.1.1.

1. Subscrição do capital na sociedade "A", Lda:

	Débito	Crédito
1.1 Sócio "A"	**35.1.4.1**	51.1
1.2 Sócio "B"	**35.1.4.1**	51.2
1.3 Sócio "C"	**35.1.4.1**	51.3
2. Subscrição do capital inicial da empresa pública "C"	35.1.1.1	51.1
3. Capital subscrito pelos sócios da cooperativa "D"	**35.1.4.1**	51.1

4. Capital inicial da empresa individual "B" que tomou por trespasse o estabelecimento "M":

	Débito	Crédito
4.1 Diferença entre os valores activos e passivos, afectos à actividade		51.1
4.2 Importância entrada em dinheiro	45.1.1	
4.3 Mercadorias destinadas a venda	21.2.1	
4.4 Viatura usada "B"	11.4.1	
4.5 Valor do trespasse	12.1.1	

5. Aumento do capital da empresa "X", S.A.:

5.1 Pela subscrição do aumento, com a entrada de dinheiro......... 35.1.3.1   51.4

  5.1.1 Pela entrega dos valores no Banco "A".............................. 43.1.1   35.1.3.1

5.2 Supondo que se tratava de um aumento por incorporação de reservas:

  5.2.1 Reservas de reavaliação... 56.1.1   51.4

  5.2.2 Reservas livres... 58.1   51.4

  5.2.3 Reservas legais.. 55.1   51.4

5.3 Supondo que o aumento se referia a transformação de dívidas em
capital:

  5.3.1 Acções emitidas 35.1.3.1

    5.3.1.1 Valor nominal 52.1.1

    5.3.1.2 Prémio de emissão...   53.1

  5.3.2 Pela anulação das dívidas transformadas em capital.......   35.1.3.1

    5.3.2.1 Fornecedores – correntes – nacionais........................ 32.1.2.1

    5.3.2.2 Fornecedores de imobilizado – estrangeiro................. 32.1.2.2

    5.3.2.3 Empréstimos bancários - Banco "C"........................... 33.1.1.1

35.1.4.2 Entidades participantes — conta adiantamento sobre lucros

Veja: Notas explicativas da conta 35.1.1.2.

35.1.4.3 Entidades participantes — conta lucros

Veja: Notas explicativas da conta 35.1.1.3.

35.2 ENTIDADES PARTICIPADAS

35.2.1 ESTADO

35.2.1.1 Entidades participadas — conta subscrição

Estas contas, de natureza credora, destinam-se a registar, por contrapartida de Investimentos Financeiros, as subscrições de capital efectuadas em outras empresas. Estas contas serão saldadas, por contrapartida de meios monetários, aquando do pagamento dos valores em dívida. (Notas explicativas).

207

35.2.1.2 Entidades participadas — conta adiantamento sobre lucros

Estas contas, de natureza credora, destinam-se a registar, por contrapartida de *meios monetários*, as entregas recebidas por conta de lucros futuros. Estas contas serão saldadas, por contrapartida das contas *Entidades participadas – conta lucros*, aquando da atribuição efectiva dos lucros. **(Notas explicativas).**

35.2.1.3 Entidades participadas — conta/lucros

Estas contas, de natureza devedora, destinam-se a registar, por contrapartida de proveitos financeiros, a atribuição de lucros decidida em Assembleia Geral de sócios/accionistas das participadas.

Estas contas serão saldadas da seguinte forma:

Por contrapartida das contas *Entidades participadas – conta adiantamentos*, pela parte que haja sido recebida adiantadamente.

Por contrapartida de meios monetários, aquando do recebimento da parte remanescente. **(Notas explicativas).**

35.2.2 EMPRESAS DO GRUPO — SUBSIDIÁRIAS

35.2.2.1 Entidades participantes — conta subscrição

Veja: Notas explicativas da conta 35.2.1.1.

35.2.2.2 Entidades participantes — C/adiantamentos sobre lucros

Veja: Notas explicativas da conta 35.2.1.1.

35.2.3 EMPRESAS DO GRUPO — ASSOCIADAS

35.2.3.1 Entidades participantes — conta subscrição

Veja: Notas explicativas da conta 35.2.1.1.

35.2.3.2 Entidades participadas — conta adiantamento sobre lucros

Veja: Notas explicativas da conta 35.2.1.2.

35.2.4 OUTROS

35.2.4.1 Entidades participantes — conta subscrição
Veja: Notas explicativas da conta 35.2.1.1.

35.2.4.2 Entidades participadas — conta adiantamento sobre lucros
Veja: Notas explicativas da conta 35.2.1.2.

36. PESSOAL

36.1 Pessoal — Remunerações

Esta conta, de natureza credora, destina-se a registar e controlar o processamento e pagamento das remunerações a órgãos sociais e ao pessoal.

Esta conta registará a crédito, por contrapartida de custos, os valores líquidos a pagar resultantes do processamento de salários e será saldada da seguinte forma:

Por contrapartida da conta *36.3 Pessoal – adiantamentos*, pela parte que haja sido adiantada.

Por contrapartida de meios monetários, aquando do pagamento na parte remanescente. **(Notas explicativas).**

36.1.1.1 Pessoal — Remunerações — Órgãos sociais	Débito	Crédito
1. Pelo processamento dos ordenados dos órgãos sociais, conforme "Mapa de remunerações e descontos" do mês Janeiro do ano N:		
1.1 Remunerações ilíquidas..	72.1.1	
1.2 Descontos efectuados:		
1.2.1 Taxa social única...		36.9.1
1.2.2 Retenção de IRT – Imposto de rendimento de trabalho........		34.3.1
1.3 Remunerações líquidas a pagar...		**36.1.1.1**
2. Pelo processamento dos encargos patronais dos Órgãos sociais........	72.5.1	34.3.1
3. Pelo pagamento dos ordenados aos órgãos sociais............................	**36.1.1.1**	45.1.1
4. Pelos seguintes pagamentos:		
4.1 Instituições de Previdência..	36.9.1	45.1.1
4.2 Entrega ao Estado do imposto retido	34.3.1	45.1.1

36.1.2.1 Pessoal — Remunerações — Empregados Débito Crédito

1. Pelo processamento dos ordenados dos empregados, conforme

"Mapa de remunerações e descontos" do mês Janeiro do ano N:

1.1 Remunerações ilíquidas... 72.2.1

1.2 Descontos efectuados:

1.2.1 Taxa social única... 36.9.1

1.2.2 Retenção de IRT – Imposto de rendimento de trabalho........ 34.3.1

1.3 Remunerações líquidas a pagar...................................... **36.1.2.1**

2. Pelo pagamento dos ordenados do pessoal................................... **36.1.2.1** 45.1.1

3. Pelos seguintes pagamentos:

3.1 Instituições de Previdência... 36.9.1 45.1.1

3.2 Entrega ao Estado do imposto retido............................. 34.3.1 45.1.1

36.2 Pessoal – Participação nos resultados

Esta conta, de natureza credora, destina-se a registar e controlar os resultados atribuídos a órgãos sociais e ao pessoal que tenham sido deliberados em Assembleia Geral de sócios/accionistas.

Esta conta registará a crédito, por contrapartida da conta *81 Resultados transitados*, os valores líquidos a pagar e serão saldadas por contrapartida de meios monetários, aquando do pagamento. (Notas explicativas).

36.2.1.1 Pessoal — Participação nos resultados — Órgãos sociais Débito Crédito

1. Resultados transitados do ano N-1.. 81.1.1

2. Distribuição dos resultados líquidos pela Sociedade ABC, Ldª, confor-

me deliberado em Assembleia Geral Ordinária:

2.1 Para "Reserva legal" - 5%.. 81.1.1 55.1

2.2 Para "Reservas livres" - 30%.. 81.1.1 58.1

2.3 Para distribuição pelos sócios – 50%.............................. 81.1.1 35.1.4.3

2.3 Para participação nos resultados dos Órgãos sociais - 7,5%........... 81.1.1 **36.2.1.1**

36.2.2.1 Pessoal — Participação nos resultados — Empregados Débito Crédito

1. Resultados transitados do ano N-1.. 81.1.1

2. Distribuição dos resultados líquidos pela Sociedade ABC, Ldª, conforme deliberado em Assembleia Geral Ordinária:

2.1 Para "Reserva legal" - 5%...	81.1.1	55.1
2.2 Para "Reservas livres" - 30%..	81.1.1	58.1
2.3 Para distribuição pelos sócios – 50%...	81.1.1	35.1.4.3
2.4 Para participação nos resultados dos Empregados – 7,5%............	81.1.1	**36.2.2.1**

36.3 Pessoal – Adiantamentos

Esta conta, de natureza devedora, destina-se a registar e controlar os vales dos empregados relativos a adiantamentos efectuados a empregados por conta de remunerações futuras.

Esta conta registará a débito, por contrapartida de meios monetários, os adiantamentos efectuados e será saldada por contrapartida da conta *Pessoal – Remunerações* após o registo do respectivo processamento de salários. (Notas explicativas).

36.3.1 Pessoal — Adiantamentos	Débito	Crédito
1. Pelos seguintes adiantamentos ao pessoal		45.1.1
1.1 Empregado "A"..	**36.3.1**	
1.2 Empregado "B"..	**36.3.1**	
1.3 Empregado "C"..	**36.3.1**	
2. Pelos descontos efectuados nos ordenados...	36.1.2.1	
2.1 Empregado "A"..		**36.3.1**
2.2 Empregado "B"..		**36.3.1**
2.3 Empregado "C"..		**36.3.1**

37. OUTROS VALORES A RECEBER E A PAGAR

37.1 Compras de imobilizado

Esta conta, de natureza credora, destina-se a registar as dívidas para com terceiros resultantes de compras de imobilizado.

Esta conta registará a crédito, por contrapartida das respectivas contas de imobilizado, os valores em dívida e será saldada por contrapartida de meios monetários a quando do pagamento. (Notas explicativas).

37.1.1 Compras de imobilizado — Corpóreo

	Débito	Crédito
1. Compra a crédito ao fornecedor "B" de dois tractores por uma empresa que se dedica a serviços de terraplanagem..	11.3.2	**37.1.1**
2. Pagamento através do Banco "A"...	**37.1.1**	43.1.1

37.2 Vendas de imobilizado

Esta conta, de natureza devedora, destina-se a registar as dívidas de terceiros resultantes de vendas de imobilizado.

Estas contas registarão a débito, por contrapartida das contas de resultados respectivas, os valores facturados e serão saldadas por contrapartida de meios monetários aquando do recebimento. (Notas explicativas).

37.2.1 Vendas de imobilizado — Corpóreo

	Débito	Crédito
1. Pela venda do computador "X", que se encontrava totalmente amortizado..	45.1.1	**37.2.1**
2. Amortizações acumuladas...	18.1.5	68.3.1

37.3 Proveitos a facturar

Esta conta, de natureza devedora, serve de contrapartida aos proveitos a reconhecer no próprio exercício, para os quais ainda não tenha sido emitida a respectiva documentação vinculativa, por forma a dar cumprimento ao princípio da especialização dos exercícios.

No exercício seguinte, esta conta deverá ser saldada por contrapartida da respectiva conta de Terceiros após ter sido emitida a respectiva documentação vinculativa. (Notas explicativas).

37.3.3 Proveitos a facturar — Rendas

	Débito	Crédito
1. Rendas recebidas, em Dezembro, do prédio "X":		
1.1 Rendas pagas pela empresa ABC, Ldº...	45.1.1	
1.1.1 Renda de Dezembro do ano N...		66.4.1
1.1.2 Renda de Janeiro do ano N+1...		**37.3.3**
1.1.3 Retenção de imposto sobre os lucros...................................	34.1.1	

37.4 Encargos a repartir por períodos futuros

Esta conta, de natureza devedora, destina-se a registar os custos que devam ser reconhecidos apenas no ou nos exercícios seguintes, por forma a dar cumprimento ao princípio da especialização dos exercícios.

No exercício ou exercícios em que os encargos devam ser reconhecidos como custos, esta conta deverá ser creditada por contrapartida da conta de custos apropriada.

Para um maior controlo dos movimentos a incluir nesta conta, poderão ser abertas duas sub--contas, uma de natureza devedora e outra de natureza credora, destinadas a controlar, respectivamente, o valor inicial diferido e o total do valor já transferido para resultados em exercícios subsequentes. Neste caso, no final de cada ano, o total dos encargos a repartir por exercícios futuros é dado pelo saldo líquido das sub-contas utilizadas. **(Notas explicativas)**.

Esta conta destina-se a compensar os custos incorridos e registados, por natureza, nas respectivas contas de custos relativos a trabalhos que a entidade tenha realizado para si mesma, sob a sua administração directa, aplicando meios próprios ou adquiridos para o efeito.

Estes trabalhos podem destinar-se ao seu imobilizado ou podem referir-se a situações que, pela sua natureza, devam ser repartidos por vários exercícios (caso em que serão registados por débito da 37.4 Encargos a repartir por exercícios futuros). *(Notas explicativas da conta 65. Trabalhos para a própria empresa).*

37.5 Encargos a pagar

Esta conta, de natureza credora, serve de contrapartida aos custos a reconhecer no próprio exercício, para os quais ainda não tenha sido recebida a respectiva documentação vinculativa, por forma a dar cumprimento ao princípio da especialização dos exercícios.

No exercício seguinte esta conta deverá ser saldada por contrapartida da respectiva conta de terceiros após ter sido recebida a respectiva documentação vinculativa. **(Notas explicativas)**.

37.5.1 Encargos a pagar — Remunerações

Esta conta destina-se a reconhecer, entre outros, os custos com férias do pessoal (e respectivos encargos fiscais) devidos por motivos de férias, cujo processamento e pagamento só ocorra no ano seguinte. (Notas explicativas).

37.5.1 Encargos a pagar — Remunerações	Débito	Crédito
1. Encargos a pagar – Remunerações do ano N+1:		
1.1. Custos com férias dos órgãos sociais..	72.1.1	**37.5.1**
1.2. Custos com férias do pessoal...	72.1.1	**37.5.1**
1.3. Encargos sobre remunerações dos órgãos sociais........................	72.5.1	**37.5.1**
1.4. Encargos sobre remunerações do pessoal....................................	72.5.1	**37.5.1**

37.6 Proveitos a repartir por períodos futuros

Esta conta, de natureza credora, destina-se a registar os proveitos que devam ser reconhecidos apenas no ou nos exercícios seguintes, por forma a dar cumprimento ao princípio da especialização dos exercícios.

No exercício ou exercícios em que devam ser reconhecidos como proveitos esta conta deverá ser debitada por contrapartida da conta de proveitos apropriada.

Para um maior controlo dos movimentos a incluir nesta conta, poderão ser abertas duas sub--contas, uma de natureza credora e outra de natureza devedora, destinadas a controlar, respectivamente, o valor inicial diferido e o total do valor já transferido para resultados em exercícios subsequentes. Neste caso, no final de cada ano, o total dos proveitos a repartir por exercícios futuros é dado pelo saldo líquido das sub-contas utilizadas. (Notas explicativas).

37.6.1 Prémios de emissão de obrigações	Débito	Crédito
1. Empréstimo por emissão de obrigações no ano N, com vista ao reforço das disponibilidades financeiras da empresa, para conclusão dos investimentos em curso:		
1.1 Pela subscrição..	**37.6.1**	35.2.3.1
1.2 Pela regularização feita através do Banco "B"...........	43.1.2	**37.6.1**
1.3 Pelo apuramento dos juros a liquidar........................	6812	**37.6.1**

2. Pagamento dos juros creditados a obrigacionistas............................. **37.6.1**   45.1.1

3. Primeiro reembolso do empréstimo por obrigações:

   3.1 Obrigações sorteadas 33.2.2.1   **37.6.1**

   3.2 Pelo pagamento através do Banco "B"... **37.6.1**   43.1.2

4. Colocação de 4.000 obrigações no Banco "D", para subscrição pú-

   blica... 37.6.1   33.2.1.1

5. Pela subscrição das 4.000 obrigações referidas em 4)...................... **37.6.1**   43.1.4

   5.1 Pela liberação de todas as obrigações subscritas conforme avi-

   so de crédito do Banco "D"... 43.1.4   **37.6.1**

37.6.3 Proveitos a repartir por períodos futuros — Subsídios para investimento

Devem ser registados nesta conta os subsídios a fundo perdido destinados a financiar imobilizações amortizáveis.

A quota-parte dos subsídios a transferir para proveitos *(conta 63.4 - Subsídios a investimento)* em cada exercício deverá ser apurada na mesma base da determinação das amortizações do imobilizado a que os subsídios se referem, por forma a cumprir com o princípio de balanceamento de custos e proveitos. **(Notas explicativas).**

37.6.3 Subsídios para investimento	Débito	Crédito
1. Subsídio, a fundo perdido, destinado a financiar imobilizações amortizáveis – Valor recebido do Estado	45.1.1	**37.6.3**
2. Amortizações calculadas no ano N	37.6.1	63.4.1

37.6.4 Proveitos a repartir por períodos futuros - Diferenças de câmbio favoráveis reversíveis

Esta conta, de natureza credora, destina-se a registar as diferenças de câmbio favoráveis não realizadas, resultantes de elementos monetários não correntes e relativamente às quais exista a perspectiva de reversibilidade do câmbio.

Esta conta poderá ser sub-dividida por moedas ou por empréstimos e outras operações. **(Notas explicativas).**

37.7 Contas transitórias

37.7.1 Contas transitórias — Transacções entre a sede e as dependências da empresa

Esta conta destina-se a registar, ao longo do ano, as operações entre a sede e as dependências da empresa, sendo a sua movimentação idêntica a qualquer outra conta de Terceiros.

No final do ano, esta conta deverá ficar saldada através da integração, nas contas da Sede, dos activos e passivos das dependências.

Para uma maior facilidade de controlo, esta conta deverá ser sub-dividida em tantas sub-contas quantas as dependências existentes. (Notas explicativas).

37.9 Outros valores a receber e a pagar

As sub-contas a incluir nesta rubrica, dependendo da sua natureza, poderão ter saldo devedor ou credor. Estão abrangidas por esta rubrica as dívidas a receber ou a pagar derivadas de:

Empréstimos concedidos que não sejam de classificar nas contas *35 Entidades participantes* ou na conta *36.3 Pessoal – Adiantamentos*.

Subsídios recebidos que sejam de natureza reembolsável.

Outras operações relativas a dívidas de e a terceiros que não sejam de classificar nas restantes contas da classe 3. (Notas explicativas).

38. PROVISÕES PARA COBRANÇAS DUVIDOSAS

Esta conta, de natureza credora, destina-se a registar as perdas previsíveis associadas a riscos de cobrança das dívidas de Terceiros, por forma a que estas sejam apresentadas pelo seu valor realizável líquido se este for inferior ao seu valor de registo inicial (corrigido, eventualmente, pelo efeito das diferenças de câmbio).

As provisões são criadas por contrapartida das correspondentes contas de custos e são corrigidas ou anuladas quando, respectivamente, se reduzam ou cessem os motivos que as originaram. (Notas explicativas).

39. PROVISÕES PARA OUTROS RISCOS E ENCARGOS

Esta conta, de natureza credora, destina-se a registar, as perdas previsíveis associadas a riscos de natureza específica e provável (contingências).

As provisões são criadas por contrapartida das correspondentes contas de custos e são corrigidas ou anuladas quando, respectivamente, se reduzam ou cessem os riscos previstos. (Notas explicativas).

39.1 Provisões para pensões

Esta provisão pode ter como suporte um fundo afecto, a considerar na conta *13.5 Investimentos Financeiros – Fundos.* (Notas explicativas).

39.1.1 Provisões para pensões	Débito	Crédito
1. Constituição de provisões...	78.1.3.1	**39.1.1**
2. Pelo reforço da provisão..	78.1.3.1	**39.1.1**
3. Aplicação de valores em fundos para pensões de reforma...................	13.5.1	43.1.1
4. Rendimentos obtidos com a mesma aplicação e seu reinvestimento:		
4.1 Pelos rendimentos obtidos..	43.1.1	66.7.1.4
4.2 Pela aplicação do valor líquido...	13.5.1	43.1.1

39.4 Provisões para garantias dadas a clientes

Consideram-se nesta rubrica as verbas destinadas a suportar os encargos que se espera vir a ter derivados de garantias previstas em contratos de venda.

Excluem-se do âmbito desta rubrica os réditos que devam ser diferidos de acordo com o disposto nas notas relativas a conta de Prestações de Serviço. (Notas explicativas).

39.4.1 Provisões para garantias dadas a clientes	Débito	Crédito
1. Constituição em N de provisão para fazer face aos encargos com a garantia dada ao n/cliente "F", pelo fornecimento de produtos.................	78.1.3.4	**39.4.1**
2. Provisão constituída em N, para cobertura das garantias dadas ao cliente "X"	78.1.3.4	**39.4.1**
3. Pela anulação ou redução no próprio ano da constituição ou aumento.	**39.4.1**	78.1.3.4
4. Pela redução ou anulação, tratando-se de uma provisão constituída no exercício anterior..	**39.4.1**	68.1.3.4

CLASSE 4

MEIOS MONETÁRIOS

Classe 4 – Meios Monetários

Os meios monetários representam disponibilidades imediatas de tesouraria, quer em dinheiro, quer em valores, facilmente convertíveis em dinheiro. **(Notas explicativas)**.

41. TÍTULOS NEGOCIÁVEIS

Esta conta destina-se a registar os títulos adquiridos para aplicação de excedentes de tesouraria e que são detidos com objectivo de serem transaccionados a curto prazo, ou seja, num período inferior a um ano. **(Notas explicativas)**.

41.1.1 Acções — Empresas do grupo

	Débito	Crédito
1. Compra de acções da empresa "A"	**41.1.1**	45.1.1
2. Pelos rendimentos obtidos e creditados na n/conta no Banco "B"		67.1.1
2.1 Valor líquido	43.1.2	
2.2 Retenção na fonte	34.1.1	
3. Pela venda das acções supondo que há lucro:		
3.1 Valor recebido	43.1.2	67.1.1
3.2 Transferência do valor do custo das acções vendidas	67.1.1	**41.1.1**
4. Pela venda das acções supondo que resultou num prejuízo:		
4.1 Valor recebido	43.1.1	76.6.2
4.2 Transferência do valor do custo das mesmas acções	76.6.2	**41.1.1**
5. Pela venda das acções supondo que foi igual ao custo de aquisição..	45.1.1	**41.1.1**

41.1.2 Acções — Associadas

	Débito	Crédito
1. Compra de acções da empresa "B" para aplicação de tesouraria a curto prazo	**41.1.2**	45.1.1
2. Rendimento obtido nesta aplicação	45.1.1	67.1.2
3. Venda das acções supondo que houve um ganho:		
3.1 Valor da venda	45.1.1	67.1.2
3.2 Custo das acções	67.1.2	**41.1.2**
4. Venda, supondo que houve um prejuízo:		

	Débito	Crédito
4.1 Valor da venda...	45.1.1	76.6.1.3
4.2 Custo das acções..	76.6.2	**41.1.2**
5. Venda, supondo que houve um resultado nulo......................	45.1.1	**41.1.2**

41.1.3 Acções — Outras empresas

	Débito	Crédito
1. Aquisição de acções da empresa "D" para aplicação de fundos disponíveis	**41.1.3**	45.1.1
1.1 Venda das mesmas acções:		
1.2 Valor da venda - com prejuízo......................................	45.1.1	76.6.2
1.3 Transferência do custo para "Perdas na alienação de aplicações de tesouraria"..	76.6.2	**41.1.3**
2. Compra de 8 000 acções da Sociedade "A", por débito da nossa conta no Banco "B"...	**41.1.3**	43.1.2
3. Dividendos distribuídos pela Sociedade "A":		
3.1 Valor ilíquido...		67.1.2
3.2 Retenção na fonte de imposto sobre os lucros...................	34.1.1	
3.3 Valor líquido recebido...	45.1.1	

42. DEPÓSITOS A PRAZO

Esta conta destina-se a registar os meios de pagamento existentes em contas a prazo nas instituições de crédito. (Notas explicativas).

42.1.1 Depósitos a prazo — Moeda nacional – Banco "A"

	Débito	Crédito
1. Depósito a prazo no Banco "A"..	**42.1.1**	45.1.1
2. Juros produzidos pela mesma conta a prazo conforme aviso de crédito, que se movimentam em c/D.O.:		
2.1 Valor ilíquido dos juros..	43.1.1	66.1.1.4
2.2 Retenção na fonte de imposto sobre os lucros....................	34.1.1	
3. Importância transferida da nossa conta D. O. para a conta a prazo no Banco "B"..	**42.1.1**	43.1.2
4. Restituição do depósito referido em 1) por crédito da conta de D.O.....	43.1.1	**42.1.1**

43. DEPÓSITOS À ORDEM

Esta conta destina-se a registar os meios de pagamento existentes em contas à vista nas instituições de crédito. (Notas explicativas).

43.1.1 Depósitos à ordem — Moeda nacional – Bancos "A" e "B"	Débito	Crédito
1. Depósito em numerário no Banco "A"..	**43.1.1**	45.1.1
2. Levantamento no Banco "A" do cheque 6111548.................................	45.1.1	**43.1.1**
3. Transferência da n/conta D.O. no Banco "B" para o Banco "A"..............	**43.1.1**	**43.1.2**
4. Custo de uma garantia bancária - Banco "B".....................................	76.7.1	**43.1.2**
5. Juros de D. O. creditados pelo Banco "A"...	**43.1.1**	
5.1 Valor dos juros..		66.1.1.9
5.2 Retenção na fonte de imposto sobre os lucros.....................	34.1.1	
6. Depósito efectuado pelo cliente "X" na nossa conta D.O. no Banco "B"..	**43.1.2**	31.1.2.1
7. Empréstimo concedido pelo Banco "B":		
7.1 Valor da livrança	**43.1.2**	33.1.1.1
7.2 Juros debitados posteriormente	76.1.1.1	**43.1.2**
8. Desconto da L.R. nº 2, aceite do cliente "F":		
8.1 Pelo valor ilíquido da letra	**43.1.2**	31.2.2.1
8.2 Despesas de desconto de n/conta......................................	76.1.1.4	**43.1.2**
9. Cobrança do n/saque nº 14, sobre o Cliente "A"..................................		31.2.2.1
9.1 Valor líquido creditado na nossa conta de D. O.................	**43.1.1**	
9.2 Despesas de cobrança debitadas pelo Banco........................	76.1.1.4	

44. OUTROS DEPÓSITOS

Nota:

Nesta conta movimentar-se-ão os depósitos não compreendidos nas contas anteriores, como por exemplo, aqueles que se referem aos sócios de uma futura sociedade.

45. CAIXA

Esta conta agrega os meios de pagamento, tais como notas de banco, moedas metálicas de curso legal, cheques e vales postais, nacionais ou estrangeiros. (Notas explicativas).

45.1 CAIXA — FUNDO FIXO

Esta conta destina-se a reflectir os meios de pagamento destinados a fazer face a compras a dinheiro de pequeno montante. (Notas explicativas).

8.2 Situações particulares:

Esta conta deverá ser debitada por contrapartida de:

Bancos, tendo por base um cheque passado à ordem do responsável pela caixa e um vale assinado por este, confirmando a recepção e a responsabilização pelo valor que lhe foi entregue; ou

Caixa – valores destinados a pagamentos específicos, tendo por base um vale assinado pelo responsável da caixa, confirmando a recepção e a responsabilização pelo valor que lhe foi entregue.

Esta conta será creditada apenas quando:

For necessário diminuir o valor do fundo fixo; ou

O responsável pela caixa mudar.

Nessa data, deverá ser:

Cancelado o vale anteriormente emitido.

Emitido novo vale que deverá ser assinado pelo responsável pela caixa a partir dessa data.

A contrapartida do crédito será um débito na mesma conta tendo por base o novo vale.

Os pagamentos efectuados mediante à utilização dos meios monetários desta caixa deverão ser registados a débito nas respectivas contas de custos e a crédito numa das seguintes contas:

Bancos, se for passado um cheque à ordem do responsável pela caixa para reposição do valor do fundo fixo.

Caixa – valores destinados a pagamentos específicos, se forem entregues ao responsável pela caixa valores em dinheiro para repor o valor do fundo fixo.

Os valores em caixa, compostos por meios monetários e documentos de despesa devem, em qualquer momento, totalizar o valor do fundo fixo. No final de cada mês o fundo fixo deverá ser composto exclusivamente por meios monetários. (Notas explicativas).

45.1.1 Caixa — Fundo fixo   Débito   Crédito

    1. Transferência do Banco "A" para "Caixa – Fundo fixo"........................ **45.1.1**   43.1.1

    2. Compra de material de escritório... 75.2.17   **45.1.1**

    3. Pelos seguintes pagamentos..   **45.1.1**

        3.1 Gasolina... 75.2.13

        3.2 Livros e documentação técnica... 75.2.18

        3.3 Selos do correio.. 75.2.20

        3.4 Anúncio na rádio.. 75.2.29

45.2 CAIXA — VALORES PARA DEPOSITAR

Esta conta destina-se a reflectir os meios monetários compostos por dinheiro ou cheques que resultem de recebimentos de Terceiros e para os quais ainda não tenha sido efectuado o correspondente depósito bancário. **(Notas explicativas).**

45.2 Caixa — Valores para depositar   Débito   Crédito

    1. Venda a dinheiro de mercadorias ....…............……..... **45.2**   61.3.1

    2. Entrega do cliente "B" para crédito de sua conta....…................…..... **45.2**   31.1.2.1

    3. Depósito de numerário no Banco "C"....................................……..... 43.1.3   **45.2**

45.3 CAIXA — VALORES DESTINADOS A PAGAMENTOS ESPECÍFICOS

Esta conta destina-se a registar os meios monetários levantados do banco com o objectivo de fazer face a pagamentos de montante significativo através de caixa que, em condições normais, seriam pagos directamente através do banco. **(Notas explicativas).**

45.3.1 Caixa — Valores destinados a pagamentos específicos – Salários Débito   Crédito

    1. Levantamento do Banco "A" para pagamentos específicos...................... **45.3.1**   43.1.1

    2. Adiantamento ao fornecedor "D" para aquisição de matérias-primas......... 32.9.1   **45.3.1**

48. CAIXA — CONTA TRANSITÓRIA

Esta conta destina-se a registar os meios monetários que já não se encontram em depósitos à ordem por ter sido solicitada, a uma instituição financeira, a sua transferência para uma terceira entidade mas relativamente aos quais ainda não foi obtida confirmação da efectivação da operação. **(Notas explicativas).**

49. PROVISÕES PARA APLICAÇÕES DE TESOURARIA

Esta conta destina-se a registar a diferença entre o custo de aquisição e o preço de mercado das aplicações de tesouraria, quando este for inferior àquele.

A provisão é constituída por contrapartida da correspondente conta de custos e é corrigida ou anulada na medida em que se reduzirem ou deixarem de existir as situações que justificaram a constituição. **(Notas explicativas).**

49.1 TÍTULOS NEGOCIÁVEIS

49.1.1 Títulos negociáveis — Acções

	Débito	Crédito
1. Ajustamento no ano N - Títulos da associada "A"..............................	76.5.2.1	**49.1.1**

49.1.2 Títulos negociáveis — Obrigações

	Débito	Crédito
1. Pelo reforço do ajustamento no ano N...	76.5.2.1	**49.1.2**

49.1.3 Títulos negociáveis — Títulos da dívida pública

	Débito	Crédito
1. Pelo reforço do ajustamento no ano N...	76.5.2.1	**49.1.3**

49.2 OUTRAS APLICAÇÕES DE TESOURARIA

Nota:

Nesta conta movimentar-se-ão as outras aplicações de tesouraria não compreendidas nas contas anteriores.

CLASSE 5

CAPITAL E RESERVAS

Classe 5 – Capital e reservas

51. CAPITAL

Esta conta destina-se a registar:

O capital nominal subscrito das empresas sob a forma de sociedade.

O capital inicial e as dotações de capital das empresas públicas.

O capital inicial, o adquirido e ainda as operações de natureza financeira com o respectivo proprietário no caso de comerciantes em nome individual.

O capital das cooperativas. (Notas explicativas).

51.1 Capital		Débito	Crédito
1. Subscrição do capital da sociedade "A", Lda:			
1.1 Sócio "A"..		35.1.4.1	**51.1**
1.2 Sócio "B"..		35.1.4.1	**51.1**
1.3 Sócio "C"..		35.1.4.1	**51.1**
2. Subscrição do capital inicial da empresa pública "B".............................		35.1.1.1	**51.1**
3. Capital subscrito pelos sócios da cooperativa "C"..................................		35.1.4.1	**51.1**

52. ACÇÕES/QUOTAS PRÓPRIAS

52.1 Acções/Quotas próprias — Valor nominal	Débito	Crédito

Esta conta destina-se a registar o valor nominal das acções ou quotas próprias adquiridas pela empresa. (Notas explicativas).

1) Na contabilidade da Sociedade Anónima "A":	Débito	Crédito
1. Aquisição de acções da própria empresa..		45.1.1
1.1 Valor nominal...	**52.1**	
1.2 Diferença, para mais, entre o custo de aquisição e valor nominal..		52.2
2. Venda de acções da própria empresa....................................... 45.1.1		
2.1 Valor nominal...		**52.1**
2.2 Diferença positiva, entre preço de venda e valor nominal................		52.2

52.2 Acções/Quotas próprias — Descontos   Débito   Crédito

Esta conta destina-se a registar a diferença quando positiva entre o valor nominal das acções ou quotas próprias adquiridas pela empresa e o respectivo custo de aquisição.

De forma a manter os descontos correspondentes às acções ou quotas próprias em carteira, esta conta deverá ser regularizada por contrapartida de reservas quando se proceder à venda das acções ou das quotas próprias. (Notas explicativas).

1) Na contabilidade da Sociedade Anónima "A":

	Débito	Crédito
1. Aquisição de acções da própria empresa		45.1.1
1.1 Valor nominal...	52.1	
1.2 Diferença, para mais, entre o custo de aquisição e valor nominal.....		**52.2**
2. Venda de acções da própria empresa..	45.1.1	
2.1 Valor nominal...	52.1	
2.2 Diferença positiva, entre preço de venda e valor nominal...................		**52.2**

52.3 Acções/Quotas próprias — Prémios   Débito   Crédito

Esta conta destina-se a registar a diferença, quando negativa, entre o valor nominal das acções ou quotas próprias adquiridas pela empresa e o respectivo custo de aquisição.

De forma a manter os prémios correspondentes às acções ou quotas próprias em carteira, esta conta deverá ser regularizada por contrapartida de reservas quando se proceder à venda das acções ou das quotas próprias. (Notas explicativas).

53. PRÉMIOS DE EMISSÃO

Esta conta destina-se a registar a diferença, entre os valores de subscrição das acções ou quotas emitidas e o seu valor nominal. (Notas explicativas).

53.1 Prémios de emissão   Débito   Crédito

1. Subscrição de 5 000 acções emitidas pela empresa "X", S. A., por valor superior ao nominal:

	Débito	Crédito
1.1 Valor nominal dos títulos...	35.1	51.1
1.2 Diferença entre o valor nominal das acções e o subscrito...................	35.1	**53.1**
2. Liberação das 5 000 acções através do Banco "A".......................................	43.1.1	35.1

230

54. PRESTAÇÕES SUPLEMENTARES

Esta conta destina-se a registar as prestações de capital:

Previstas na lei especificamente para as sociedades por quotas.

Não previstas na lei, para as restantes entidades sujeitas a este Plano, mas cujo carácter seja semelhante ao definido para as das sociedades por quotas. ((Notas explicativas).

54.1 Prestações suplementares

	Débito	Crédito
1. Efectivação de um depósito no Banco "A", pelos sócios desta sociedade, para ser considerado como "Prestações suplementares", conforme havia sido previsto na escritura de constituição:		
1.1 Sócio "A"...	43.1.1	**54.1**
1.2 Sócio "B"...	43.1.1	**54.1**
1.3 Sócio "C"...	43.1.1	**54.1**
2. Pela restituição aos sócios, através do Banco "B", das prestações suplementares, por deliberação da Assembleia Geral realizada em 10/03/N, na qual foi apreciada a situação líquida da empresa, que é bastante superior à soma do capital e da reserva legal:		
2.1 Sócio "A"...	**54.1**	43.1.2
2.2 Sócio "B"...	**54.1**	43.1.2
2.3 Sócio "C"...	**54.1**	43.1.2

55. RESERVAS LEGAIS

Esta conta destina-se a registar as reservas que devam ser constituídas por imposição legal e deverá ser sub-dividida, consoante as necessidades, tendo em vista a legislação que lhes é aplicável. (Notas explicativas).

55.1 Reservas Legais

	Débito	Crédito
1. Distribuição dos resultados do exercício anterior.......................................	88.9	**55.1**

56. RESERVAS DE REAVALIAÇÃO
56.1 LEGAIS

56.1 Reservas de Reavaliação — Legais   **Débito   Crédito**

Esta conta destina-se a registar os ajustamentos monetários resultantes de faculdades previstas em diplomas legais específicos e será movimentada de acordo com as disposições neles constantes. (Notas explicativas).

* Pela revalorização dos activos fixos, conforme mapas:

1. Bens não totalmente reintegrados:

   a) Pela actualização do valor de aquisição:

	Débito	Crédito
1.1 Terrenos e recursos naturais	11.1.1	**56.1.1**
1.2 Edifícios e outras construções	11.2.1	**56.1.1**
1.3 Equipamento básico	11.3.1	**56.1.1**
1.4 Equipamento de transporte	11.4.1	**56.1.1**
1.5 Equipamento administrativo	11.5.1	**56.1.1**

   b) Pela actualização do valor das depreciações:

	Débito	Crédito
1.6 Terrenos e recursos naturais	**56.1.1**	18.1.1
1.7 Edifícios e outras construções	**56.1.1**	18.1.2
1.8 Equipamento básico	**56.1.1**	18.1.3
1.9 Equipamento de transporte	**56.1.1**	18.1.4
1.10 Equipamento administrativo	**56.1.1**	18.1.5

2. Bens totalmente reintegrados:

   a) Pela actualização do valor de aquisição:

	Débito	Crédito
2.1 Equipamento básico	11.3.1	**56.1.1**
2.2 Equipamento de transporte	11.4.1	**56.1.1**

   b) Pela actualização do valor das depreciações:

   2.3 Correcção monetária:

	Débito	Crédito
2.3.1 Equipamento básico	**56.1.1**	18.1.3
2.3.2 Equipamento de transporte	**56.1.1**	18.1.4

   2.4 Correcção das depreciações acumuladas:

	Débito	Crédito
2.4.1 Equipamento básico	18.1.3	**56.1.1**
2.4.2 Equipamento de transporte	18.1.4	**56.1.1**

56.2 RESERVAS DE REAVALIAÇÃO — AUTÓNOMAS

56.2.1 Reservas de Reavaliação — Autónomas — Avaliação   Débito   Crédito

Esta conta destina-se a registar os ajustamentos monetários resultantes de avaliações feitas por perito independente, bem como as correcções subsequentes baseadas em revisões posteriores da avaliação. Salvo quanto às correcções já referidas, o saldo desta conta mantém-se inalterável até que a conta *Reservas de Reavaliação – autónomas – realização (conta 56.2.2)* atinja o mesmo valor, devendo, quando tal acontecer, proceder-se ao respectivo balanceamento/anulação.

Estas reservas não podem pois ser utilizadas para aumentar capital, para cobrir prejuízos ou para distribuição aos sócios e accionistas. **(Notas explicativas).**

56.2.2 Reservas de Reavaliação — Autónomas — Realização   Débito   Crédito

Esta conta destina-se a registar a realização efectiva dos ajustamentos monetários resultantes de avaliações feitas por perito independente (incluindo as correcções subsequentes baseadas em revisões posteriores da avaliação) contabilizadas na conta *Reservas de Reavaliação – autónomas – avaliação (conta 56.2.1)* que ocorram em resultado de:

Venda dos bens.

Amortização do ajustamento monetário incluído nas amortizações dos bens já efectuadas.

Esta conta, de natureza devedora, deve ser:

Criada por contrapartida da conta *58 Reservas livres.*

Corrigida em função das correcções subsequentes da avaliação.

Anulada por contrapartida da conta *Reservas de Reavaliação – autónomas – avaliação (conta 56.2.1)* quando atinja o mesmo valor desta. **(Notas explicativas).**

57 Reservas com fins especiais   Débito   Crédito

Esta conta destina-se a registar reservas afectas a um determinado fim específico. **(Notas explicativas).**

58. RESERVAS LIVRES

58.1 Reservas livres   Débito   Crédito

1. Distribuição dos resultados do exercício anterior, conforme Assembleia Geral de 28/03/N+1:

   1.1 Reservas legais.. 81.1.1   55.1

   1.2 Reservas livres.. 81.1.1   **58.1**

CLASSE 6

PROVEITOS E GANHOS

POR NATUREZA

CLASSE 6
PROVEITOS E GANHOS POR NATUREZA

61. VENDAS

Notas:

1) Esta conta destina-se a registar o rédito proveniente da venda de bens.

   Para este efeito, o termo bens inclui bens produzidos pela entidade com a finalidade de serem vendidos e bens comprados para revenda, tais como mercadorias compradas por um retalhista ou terrenos e outras propriedades detidas para revenda. *(Notas explicativas)*.

2) O rédito proveniente da venda de bens deve ser reconhecido quando estiverem satisfeitas todas as seguintes condições:

   Condições gerais para o seu reconhecimento como proveito.

   Tenham sido transferidos para o comprador os riscos e recompensas significativos da propriedade dos bens.

   Não haja retenção, envolvimento gerencial continuado (com um grau geralmente associado com a propriedade) nem o controlo efectivo dos bens vendidos.

   Os custos incorridos ou a incorrer referentes à transacção possam ser fiavelmente medidos.

   (Políticas contabilísticas).

61.1 Produtos acabados e intermédios

61.1.1 Produtos acabados e intermédios — Mercado nacional	Débito	Crédito
1. Venda a crédito de caixilharia ao cliente "F"	31.1.2.1	**61.1.1**
2. Venda a crédito de produtos cerâmicos ao cliente "B"	31.1.2.1	**61.1.1**
3. Venda a crédito de persianas ao cliente "C"	31.1.2.1	**61.1.1**

61.2 Sub-produtos, desperdícios, resíduos e refugos

61.2.1 Sub-prod., desperdícios, resíd.refugos — Mercado nacional	Débito	Crédito
1. Venda a dinheiro de subprodutos	45.1.1	**61.2.1**
2. Venda a crédito de desperdícios ao cliente "X"	31.1.2.1	**61.2.1**

61.3 Mercadorias

61.3.1 Mercadorias — Mercado nacional

	Débito	Crédito
1. Venda a crédito ao cliente "A"...	31.1.2.1	**61.3.1**
2. Venda de mercadorias a dinheiro..	45.1.1	**61.3.1**
3. Correcção da soma da factura para o cliente "A"...................................		31.1.2.1
3.1 Valor considerado a mais...	**61.3.1**	

61.3.2 Mercadorias — Mercado estrangeiro

	Débito	Crédito
1. Factura nº 145 – exportação de mercadorias para o cliente "C", Suíça..	31.1.2.2	**61.3.2**
2. Factura nº 146 para o cliente "D" de Moçambique..................................	31.1.2.2	**61.3.2**

61.4 Embalagens de consumo

61.4.1 Embalagens de consumo — Mercado nacional

	Débito	Crédito
1. Venda a crédito ao cliente "A"...	31.1.2.1	**61.4.1**

61.5 Subsídios a preços

Esta conta destina-se a registar os subsídios a receber do Estado destinados a complementar os preços de venda de bens que tenham sido por ele fixados. *(Notas explicativas).*

61.7 Devoluções

Esta conta destina-se a registar as devoluções de clientes relativas a bens que anteriormente lhe tenham sido vendidos.

Para um maior controlo, as sub-contas Mercado Nacional e Mercado Estrangeiro poderão ser desenvolvidas por natureza de bens devolvidos. *(Notas explicativas).*

61.7.1 Devoluções — Mercado nacional

	Débito	Crédito
1. Devolução de mercadorias pelo cliente "A"..	**61.7.1**	31.1.2.1
2. Devolução de produtos fabricados pelo cliente "X"................................	**61.7.1**	31.1.2.1

61.8 Descontos e abatimentos

Esta conta destina-se a registar os descontos e abatimentos em vendas que revistam a forma de descontos comerciais.

Para um maior controlo, as sub-contas Mercado Nacional e Mercado Estrangeiro poderão ser desenvolvidas por natureza de bens devolvidos. *(Notas explicativas).*

61.8.1 Descontos e abatimentos — Mercado nacional	Débito	Crédito
1. N.C. 18 – Desconto de 10% s/a mercadoria para o Cliente "A"................	**61.8.1**	31.1.2.1
2. N.C. 21 – Desconto de 15% s/os produtos para o Cliente "C"................	**61.8.1**	31.1.2.1
3. Bónus – Desconto concedido ao cliente "F", relativo a vendas efectua-das no ano N..	**61.8.1**	31.1.2.1
4. Rappel – Desconto concedido ao cliente "D" pelas suas aquisições à nossa empresa no 2º trimestre do corrente ano....................................	**61.8.1**	31.1.2.1

61.9 Transferência para resultados operacionais	Débito	Crédito
1. Transferência para resultados operacionais..	82.1	**61.9**

62. PRESTAÇÕES DE SERVIÇO

Notas:

1) O rédito proveniente da prestação de serviços deve ser reconhecido quando estiverem satis-feitas todas as seguintes condições:

   Condições gerais para o seu reconhecimento como proveito.

   A fase de acabamento da transacção à data de balanço possa ser fiavelmente medida.

   Os custos ocorridos ou a ocorrer referentes à transacção possam ser fiavelmente medidos. *(Políticas contabilísticas).*

2) Esta conta destina-se a registar o rédito proveniente da prestação de serviços.

   A prestação de serviços envolve tipicamente o desempenho por uma entidade de uma tarefa contratualmente acordada durante um período de tempo igualmente acordado que pode ser prestada dentro de um período único ou durante mais do que um período. *(Notas explicativas).*

62.1 Serviços principais

Esta conta destina-se a registar as prestações de serviço que façam parte da actividade da entidade e que sejam executadas a título principal.

As sub-contas Mercado Nacional e Mercado Estrangeiro deverão ser desenvolvidas por natureza de serviços prestados. *(Notas explicativas).*

62.1.1 Serviços principais – Mercado nacional — Construção civil   Débito Crédito

Esta conta destina-se a registar as prestações de serviço que façam parte da actividade da entidade e que sejam executadas a título principal. As sub-contas Mercado Nacional e Mercado Estrangeiro deverão ser desenvolvidas por natureza de serviços prestados. *(Notas explicativas).*

1. Recebida do cliente "A" a 1ª prestação por conta do contrato de constru-

   ção de um armazém, com preço previamente fixado...............................   45.1   31.9.1

2. Pela conclusão da obra — Cliente "A":

   2.1 Pela emissão da factura —Valor total conforme contrato.....................   31.1.2.1   **62.1.1**

   2.2 Pela regularização do lançamento descrito em 1) - Valor do adianta-

   mento...   31.9.1 31.1.2.1

62.2 Serviços secundários

Esta conta destina-se a registar as prestações de serviço que façam parte da actividade da entidade e que não sejam consideradas actividades principais.

As sub-contas Mercado Nacional e Mercado Estrangeiro deverão ser desenvolvidas por natureza de serviços prestados. *(Notas explicativas).*

62.2.1 Serviços secundários – Mercado nacional - Publicidade   Débito   Crédito

1) Comissões de publicidade:

O rédito das comissões de publicidade deve ser reconhecido da seguinte forma:

Em referência à fase de acabamento, no caso do rédito se referir a comissões de produção.

Quando o respectivo anúncio (jornais, rádio ou televisão) surja perante o público, nos restantes casos. *(Notas explicativas).*

O rédito relativo a bilhetes de admissão para um ou mais acontecimentos deve ser reconhecido da seguinte forma:

Na data em que o acontecimento tiver lugar, quando o rédito resultar de desempenhos artísticos, de banquetes e de outros acontecimentos especiais.

À medida que os serviços sejam executados, quando for vendida uma assinatura para um número de acontecimentos. *(Notas explicativas)*.

1. Factura para o cliente "A" – preparação de material publicitário............	31.1.2.1	**62.2.1**
2. Execução de um cartaz para uma feira, a dinheiro................................	45.1.1	**62.2.1**

62.8 Descontos e abatimentos

Esta conta destina-se a registar os descontos e abatimentos em prestações de serviço que revistam a forma de descontos comerciais.

Para um maior controlo, as sub-contas Mercado Nacional e Mercado Estrangeiro poderão ser desenvolvidas por natureza de serviços prestados. *(Notas explicativas)*.

63. OUTROS PROVEITOS OPERACIONAIS

63.1 Serviços suplementares

Esta conta, destina-se a registar proveitos inerentes ao valor acrescentado, de actividades que não sejam próprias da actividade da entidade. *(Notas explicativas)*.

63.1.1 Aluguer de equipamento	Débito	Crédito
1. Aluguer de uma niveladora, conforme recibo "X".................................	45.1.1	**63.1.1**
2. Aluguer de uma máquina de fiação que se encontrava inactiva...........	45.1.1	**63.1.1**
3. Aluguer de uma câmara frigorífica, por 60 dias	45.1.1	**63.1.1**
4. Recebido da nossa associada "A", pelo aluguer da nossa máquina de fotocopiar por um trimestre..	45.1.1	**63.1.1**
5. Aluguer de uma máquina por uma empresa que se dedica ao "aluguer de equipamento"...	45.1.1	**63.1.1**

63.1.2 Cedência de pessoal   Débito   Crédito

1. Aviso de débito para a Associada "X", por assistência técnica prestada,

   por um nosso colaborador, aos computadores que representa............... 31.1.1.2   **63.1.2**

63.1.3 Cedência de energia   Débito   Crédito

1. Aviso de débito para a Associada "Y", por cedência de energia............. 31.1.1.2   **63.1.3**

63.1.4 Estudos, projectos e assistência técnica   Débito   Crédito

1. Aviso de débito para a Empresa "X", por assistência técnica presta-

   da, por um nosso colaborador, aos computadores que representa... 31.1.2.1   **63.1.4**

63.2 Royalties   Débito   Crédito

O rédito proveniente de royalties deve ser reconhecido quando estiverem satisfeitas as condições gerais para o reconhecimento de réditos.

O reconhecimento deve ser feito na base da especialização dos exercícios de acordo com a substância do contrato existente. *(Políticas contabilísticas).*

Esta conta, destina-se a registar os proveitos derivados do uso, por terceiros de imobilizados da entidade como por exemplo, patentes, marcas, copyrights e software de computadores. *(Notas explicativas).*

1. Recebido da empresa "Y", royalties, pela exploração da patente do nosso

   produto "B":

   1.1 Valor líquido.. 45.1.1   **63.2**

   1.2 Retenção do imposto na fonte... 45.1.1   34.1.1

2. Recebido da empresa "A", pela cedência temporária do desenho "C":

   2.1 Valor líquido.. 45.1.1   **63.2**

   2.2 Retenção do imposto na fonte... 45.1.1   34.1.1

63.3 Subsídios à exploração   Débito   Crédito

1) Esta conta, destina-se a registar subsídios a fundo perdido concedidos à entidade com a finalidade de cobrir custos que não se relacionem com investimentos em imobilizados. *(Notas explicativas).*

2) Os subsídios só devem ser reconhecidos após existir segurança de que:

A empresa cumprirá as condições a ela associadas, e

Os subsídios serão efectivamente recebidos.

Contudo, o recebimento do subsídio, por si só, não prova que de facto as condições do subsídio foram ou irão ser cumpridas.

O rédito proveniente de subsídios deve ser reconhecido durante os períodos necessários para os balancear com os custos relacionados que se pretende que eles compensem, numa base sistemática.

Por essa razão, o rédito proveniente de subsídios deve ser reconhecido pela sua totalidade, no exercício em que se torne recebível no caso dos subsídios:

Se destinarem a investimentos em activos não amortizáveis.

Revestirem a forma de uma doação de um activo não amortizável.

Se destinarem a compensar custos ou perdas incorridos em períodos contabilísticos anteriores.

Se destinarem a dar imediato apoio financeiro à empresa sem quaisquer custos actuais ou futuros relacionados. *(Políticas contabilísticas)*.

1. Importância recebida da Secretaria de Estado "A", para compensar a diferença de preço na venda, durante o 1º semestre, do produto "Y".... 45.1.1 **63.3**

2. Importância recebida da Secretaria de Estado "B", para manutenção dos postos de trabalho no sector "A", durante o ano que decorre....... 45.1.1 **63.3**

3. Subsídio concedido pelo Estado, para compensação de encargos do sector fabril do corrente ano.. 45.1.1 **63.3**

4. Subsídio concedido para fazer face a despesas com prospecção, exposições e feiras no estrangeiro, com vista ao fomento de exportações 45.1.1 **63.3**

63.4 Subsídios a investimento   Débito Crédito

1) Esta conta, destina-se a registar os subsídios a fundo perdido concedidos à entidade destinados a financiar imobilizados amortizáveis.

O registo é feito apenas pela quota-parte do ano que se destine a compensar os custos relacionados, a qual deverá ser determinada de acordo com as disposições constantes da rubrica 37.6.3 Proveitos a repartir por exercícios futuros – subsídios para investimento. *(Notas explicativas)*.

2) Veja: Políticas contabilísticas da conta 63.3.

63.9 Transferência para resultados operacionais	**Débito**	**Crédito**
1. Transferência para resultados operacionais...	**63.9**	82.3

64. VARIAÇÃO NOS INVENTÁRIOS DE PRODUTOS ACABADOS

E DE PRODUÇÃO EM CURSO

Esta conta destina-se a registar:

A crédito, a compensação dos custos incorridos e registados, por natureza, nas respectivas contas de custos, que se relacionem com custos necessários à produção de bens e que devam, por essa razão, ser transferidos para existências.

A débito, os custos da produção vendida.

O efeito líquido dos movimentos referidos dá, obviamente, a variação ocorrida nos produtos acabados e na produção em curso.

Caso a entidade não disponha de meios para determinar separadamente os custos que devem ser compensados e o custo da produção vendida, a variação ocorrida nos produtos acabados e na produção em curso poderá ser determinada pelo diferencial entre as existências iniciais e finais, devendo, neste caso, ser:

Debitada, pelo valor das existências iniciais de produtos acabados e da produção em curso.

Creditada, pelo valor das existências finais de produtos acabados e da produção em curso.

Esta conta terá, naturalmente, saldo credor se o saldo final de produtos acabados e da produção em curso for maior que o saldo inicial e saldo devedor na situação inversa. *(Notas explicativas)*.

64.1 Produtos e trabalhos em curso

64.1.1 Produtos e trabalhos em curso	**Débito**	**Crédito**
1. Variação positiva da produção no ano N	.....	**64.1.1**

64.2 Produtos acabados

64.2.1 Produtos acabados	Débito	Crédito
1. Variação positiva da produção no ano N..	....	**64.2.1**

64.3 Produtos intermédios

64.3.1 Produtos intermédios	Débito	Crédito
1. Variação positiva da produção no ano N..	....	**64.3.1**

64.9 Transferência para resultados operacionais	Débito	Crédito
1. Transferência para resultados operacionais...	**64.9**	82.3

65. TRABALHOS PARA A PRÓPRIA EMPRESA

Esta conta destina-se a compensar os custos incorridos e registados, por natureza, nas respectivas contas de custos relativos a trabalhos que a entidade tenha realizado para si mesma, sob a sua administração directa, aplicando meios próprios ou adquiridos para o efeito.

Estes trabalhos podem destinar-se ao seu imobilizado ou podem referir-se a situações que, pela sua natureza, devam ser repartidos por vários exercícios (caso em que serão registados por débito da 37.4 Encargos a repartir por exercícios futuros). *(Notas explicativas).*

65.1 Para imobilizado

65.1.1 Para imobilizado — Corpóreo	Débito	Crédito
1. Factura interna "X", relativa ao apuramento do custo de uma máquina para o sector de serração..	11.3.1	**65.1.1**
2. Idem, pela secção de carpintaria, de duas secretárias e estante para o escritório..	11.5.1	**65.1.1**
3. Suporte para a máquina adquirida para o sector fabril "Y"....................	11.3.1	**65.1.1**
4. Execução, pela empresa, de um molde para a secção de plásticos:		
4.1 Pelos custos directos e indirectos apurados na contabilidade interna no ano N	11.3.1	**65.1.1**
4.2 Depreciações contabilizadas no ano N	73.1.3	18.1.3

65.1.2 Para imobilizado — Incorpóreo   Débito   Crédito

1. Gastos efectuados durante o ano, para organização dos sectores de

   produção e administrativos..   12.9.1   **65.1.2**

65.1.3 Para imobilizado — Financeiro   Débito   Crédito

1. Valor apurado na contabilidade analítica, relativo ao custo do trabalho

   prestado pela própria empresa, na construção do edifício nº 3, em cur-

   so, em 31/12...   13.4.1   **65.1.3**

65.1.4 Para imobilizado — Em curso   Débito   Crédito

1. Valor total da caixilharia construída pela empresa para o novo edifício

   fabril, cuja conclusão está prevista para o próximo ano.....................   14.1.1   **65.1.4**

2. Assentamento de mosaico por pessoal da empresa para o armazém

   de matérias-primas que se encontra em fase de acabamento..............   14.2.1   **65.1.4**

65.2 Para encargos a repartir por exercícios futuros

65.2.1 Para encargos a repartir por exercícios futuros   Débito   Crédito

1. Despesas efectuadas, incluindo o custo de mão-de-obra do nosso pes-

   soal, com a preparação de cartazes, painéis e outro material publicitá-

   rio para lançamento dos novos produtos "C" e "D", no próximo ano........   37.4.3   **65.2.1**

65.9 Transferência para resultados operacionais   Débito   Crédito

1. Transferência para resultados operacionais...   **65.9**   82.3

66. PROVEITOS E GANHOS FINANCEIROS GERAIS
66.1 JUROS

Esta conta destina-se a registar os juros resultantes do uso, por terceiros, de dinheiro ou seus equivalentes, que resultem de investimentos ou aplicações financeiras da entidade ou de atraso no recebimento de quantias devidas por terceiros. *(Notas explicativas)*.

66.1.1 De investimentos financeiros

66.1.1.1 Juros — Obrigações

	Débito	Crédito
1. Recebido juros de Obrigações do Tesouro...	45.1.1	**66.1.1.1**
2. Aquisição de obrigações:		
2.1 Pela compra em 1/03/N:		
1) Custo de aquisição..	13.3.2	43.1
2) Juros vincendos (3 meses)...	43.1	**66.1.1.1**
2.2 No final do exercício — Juros de Dezembro/N, para especialização		
de exercícios..	37.3.3	**66.1.1.1**
2.3 Pelo recebimento dos juros em Fevereiro/N+1	43.1.1	
2.3.1 Juros do ano N		37.3.3
2.3.2 Juros do ano N+1		**66.1.1.1**
2.3.3 Juros vincendos à data da compra...	37.3.3	
2.4 Pela venda das mesmas obrigações no ano N+1:		
2.4.1 Valor creditado no Banco "A"	43.1.1	
2.4.2 Valor da venda..		66.6.2
2.4.3 Juros vincendos (3 meses)..		**66.1.1.1**
2.4.4 Transferência do custo de aquisição...	66.6.2	13.3.2

66.1.1.3 Juros — Títulos de participação

	Débito	Crédito
1. Rendimentos de títulos de participação, creditados pelo Banco "C"......	43.1.3	**66.1.1.3**

66.1.1.4 Juros — Empréstimos

	Débito	Crédito
1. Juros produzidos pela n/conta de "DP" no Banco "C"	43.1.3	**66.1.1.4**
1.1 Pela retenção na fonte do imposto sobre os lucros...........................	43.1.3	34.1.1
2. Juros de D.O. creditados pelo Banco "A"...	43.1.1	**66.1.1.4**
2.1 Pela retenção na fonte do imposto sobre os lucros...........................	34.1.1	43.1.1
3. Cálculo (aproximado) dos juros de D. O. não creditados pelo Banco		
"D" até 31/12..	37.3.3	**66.1.1.4**

66.1.2 De mora relativos a dívidas de terceiros

66.1.2.1 Dívidas recebidas a prestações   Débito   Crédito

   1. Juros de mora de dívidas recebidas a prestações do cliente "DF".......   31.8.1.5   **65.1.2.1**

66.2 Diferenças de câmbio favoráveis

66.2.1 Diferenças de câmbio favoráveis — Realizadas   Débito   Crédito

Esta conta destina-se a registar as diferenças de câmbio favoráveis não realizadas relacionadas com as actividades operacionais da entidade e com o financiamento de activos que não sejam de imputar a imobilizado ou a existências.

São consideradas diferenças de câmbio realizadas aquelas que resultem do diferencial entre o valor de registo da dívida na data do reconhecimento inicial da transacção e o valor pelo qual a dívida tenha sido paga ou recebida. *(Notas explicativas).*

   1. Remessa do cliente "B", para regularização do seu débito, através do

      Banco "A"...   43.1.1

      1.1 Valor do saldo em 31/12..   31.1.2.2

      1.2 Diferença de câmbio favorável verificada entre o último balanço e

         o pagamento..   **66.2.1**

66.2.2 Diferenças de câmbio favoráveis — Não realizadas   Débito   Crédito

Esta conta destina-se a registar as diferenças de câmbio favoráveis não realizadas relacionadas com as actividades operacionais da empresa e com o financiamento de activos que não sejam de imputar a imobilizado ou a existências e que não devam ser diferidas por se considerar que é pouco provável a reversibilidade do câmbio.

São consideradas diferenças de câmbio não realizadas aquelas que resultem do diferencial entre o valor de registo da dívida na data do reconhecimento inicial da transacção e o valor que resulta da actualização dessa dívida para o câmbio em vigor no final do período, quando esta ainda não tenha sido paga ou recebida até essa data. *(Notas explicativas).*

66.3 Descontos de pronto pagamento obtidos

Esta rubrica destina-se a registar os descontos desta natureza, quer constem da factura, quer sejam atribuídos posteriormente. *(Notas explicativas).*

66.3.1 Descontos de pronto pagamento obtidos

	Débito	Crédito
1. Desconto obtido no acto do pagamento da factura do fornecedor "B" relativa ao mês anterior..	32.1.2.1	**66.3.1**
2. Aviso de crédito do nosso fornecedor "D", por se ter pago, antes de vencida, a s/factura nº 15..	32.1.2.1	**66.3.1**
3. Aviso de crédito do nosso fornecedor "E", relativa ao desconto de pronto pagamento obtido sobre a nossa última compra.........................	32.1.2.1	**66.3.1**
4. Desconto de pronto pagamento efectuado no próprio recibo pela tipografia (entrada de caixa 54)...	45.1.1	**66.3.1**

66.4 Rendimentos de investimentos em imóveis

66.4.1 Rendimentos de investimentos em imóveis

	Débito	Crédito
1. Recebido da sociedade "A", pelo aluguer do 4º andar do edifício "Sede"	45.1.1	
1.1 Valor da renda..		**66.4.1**
1.2 Imposto retido na fonte...	34.1.1	
2. Pelo aluguer ao inquilino "C", do apartamento "B", para habitação......	45.1.1	**66.4.1**
3. Rendas recebidas provenientes do imóvel habitacional "C", por depósitos efectuados no Banco "A" à n/ordem:		
3.1 Lançamentos:		
1) Supondo que a empresa proprietária do imóvel se dedica à actividade comercial..	43.1	**66.4.1**
2) Supondo que se trata de uma empresa que se dedica exclusivamente à administração dos seus prédios de rendimento (prestação de serviços)..	43.1	62.1.1

66.5 RENDIMENTO DE PARTICIPAÇÕES DE CAPITAL

Esta conta destina-se a registar os dividendos e lucros recebidos de empresas nas quais exista uma participação de capital e que não sejam subsidiárias nem associadas. *(Notas explicativas).*

66.5.1 Acções, quotas em outras empresas

	Débito	Crédito
1. Dividendos recebidos da associada "X":		
1.1 Valor ilíquido dos dividendos..	45.1.1	**66.5.1**
1.2 Imposto retido na fonte..	34.1.1	
2. Dividendos recebidos da sociedade "A", S.A.:		
2.1 Pelo valor ilíquido...		**66.5.1**
2.2 Valor creditado na nossa conta no Banco "B"................................	43.1.2	
2.3 Imposto retido na fonte...	34.1.1	

66.6 GANHOS NA ALIENAÇÃO DE APLICAÇÕES FINANCEIRAS

Esta conta destina-se a registar os ganhos provenientes da alienação de aplicações financeiras, sendo as respectivas sub-contas creditadas pelo produto da venda e amortizações respectivas (no caso de investimentos em imóveis) e debitadas pelos custos correspondentes. *(Notas explicativas).*

66.6.1 Investimentos financeiros

66.6.1.4 Investimentos financeiros — Imóveis

	Débito	Crédito
1. Alienação do imóvel "X", por depósito no Banco "C".........................	43.1.3	**66.6.1.4**
2. Pela transferência para esta conta:		
2.1 Valor do custo	**66.6.1.4**	13.4.1
2.2 Valor das amortizações..	18.3.2	**66.6.1.4**

66.7 REDUÇÃO DE PROVISÕES

Esta conta destina-se a registar de forma global, no final do período contabilístico, a variação negativa da estimativa dos riscos, em cada espécie de provisão, entre dois períodos contabilísticos consecutivos, que seja de natureza financeira. *(Notas explicativas).*

68. OUTROS PROVEITOS E GANHOS NÃO OPERACIONAIS

Esta conta destina-se a registar os factos ou acontecimentos de natureza corrente que tenham carácter não recorrente ou não frequente.

Sempre que os factos ou acontecimentos em causa envolvem custos e proveitos, esta rubrica registará ambos se o efeito líquido de tais acontecimentos e factos for de natureza credora. *(Notas explicativas)*.

68.1 REPOSIÇÃO DE PROVISÕES

Esta conta destina-se a registar de forma global, no final do período contabilístico, a variação negativa da estimativa dos riscos, em cada espécie de provisão (de natureza financeira), entre dois períodos contabilísticos consecutivos. *(Notas explicativas)*.

68.1.3 Riscos e encargos

68.1.3.2 Riscos e encargos — Processos judiciais em curso	Débito	Crédito
1. Constituição de provisões para direitos aduaneiros............................	78.1.3.9	39.9.1
2. Redução no ano N+1 do valor da provisão referida em 1)......................	39.9.1	**68.1.3.2**
3. Provisão constituída, no ano N, para fazer face a eventuais despesas ou indemnizações, inerentes ao processo que o cliente "B" move contra a empresa...	78.1.3.2	39.4.1
4. Provisão constituída, para cobertura dos custos do processo "A"...........	78.1.3.2	39.4.1
5. Pela anulação ou redução:		
5.1 Se a provisão foi constituída no exercício..	39.4.1	**68.1.3.2**
5.2 Se já transitou do exercício anterior..	39.4.1	**68.1.3.2**
6. Constituição em N, de provisão para fazer face aos encargos com a garantia dada ao n/cliente "F", pelo fornecimento de produtos..............	78.1.3.4	39.4.1
7. Provisão constituída no ano N, para cobertura das garantias dadas ao cliente "X"...	78.1.3.4	39.4.1
8. Pela anulação ou redução no próprio ano da constituição ou aumento..	39.4.1	78.1.3.4
9. Pela redução ou anulação, tratando-se de uma provisão constituída no exercício anterior...	39.4.1	**68.1.3.2**

68.2 ANULAÇÃO DE AMORTIZAÇÕES EXTRAORDINÁRIAS

68.2.1 Anulação amortizações extraordinárias – Imobilizações corpóreas

	Débito	Crédito
1. Constituição no ano N, de "Amortizações extraordinárias" para "Imobilizações Corpóreas"..	**78.2.1**	18.1.9
2. Anulação de "Amortizações extraordinárias" constituídas no ano N......	18.1.9	**68.2.1**

68.3 GANHOS EM IMOBILIZAÇÕES

Esta conta destina-se a registar os ganhos provenientes da alienação de imobilizações, sendo as respectivas sub-contas creditadas pelo produto da venda e amortizações respectivas e debitadas pelos custos correspondentes. *(Notas explicativas).*

68.3.1 Venda de imobilizações corpóreas

	Débito	Crédito
1. Venda da viatura "A", a dinheiro...	45.1.1	**68.3.1**
2. Transferência para a conta "68.3.1":		
2.1 Valor de aquisição..	**68.3.1**	11.4.1
2.2 Valor das amortizações acumuladas	18.1.4	**68.3.1**
3. Pela execução, pela própria empresa, de um molde para a secção de plásticos:		
3.1 Pelos custos directos e indirectos apurados na contabilidade interna no ano N..	11.4.1	65.1.1
3.2 Pelas amortizações contabilizadas no ano N........................	73.1.3	18.1.3
3.3 Pela cedência, no ano N+1, ao cliente "E" do mesmo molde:		
3.3.1 Venda a dinheiro nº 788...	45.1.1	
a) Valor do molde (superior ao custo).............................		**68.3.1**
3.4 Pela transferência do valor de aquisição..............................	**68.3.1**	11.3.1
3.5 Pela transferência das amortizações....................................	18.1.3	**68.3.1**
4. Cedência de um estabelecimento, por um sujeito passivo, a outro sujeito passivo:		
4.1 Contabilidade do cedente:		
1) Mercadorias existentes..	45.1.1	61.3.1

2) Máquina registadora "A", adquirida em N-2:

	Débito	Crédito
2.1 Valor de realização...	45.1.1	**68.3.1**
2.2 Valor de aquisição..	**68.3.1**	11.3.4
2.3 Valor da amortização..	18.1.3	**68.3.1**

4.2 Contabilidade do adquirente:

	Débito	Crédito
1) Valor das mercadorias existentes..	26.1	45.1.1

2) Máquina registadora "A":

	Débito	Crédito
2.1 Valor de aquisição..	11.3.4	45.1.1
2.2 Amortização calculada no ano N, com base em 3 anos de utilidade esperada (33,33%)...	73.1.3	18.1.3

68.3.2 Venda de imobilizações incorpóreas

	Débito	Crédito
1. Cedência a "A" da patente do produto "B"............................	45.1.1	**68.3.2**
1.1 Transferência do valor de aquisição..................................	**68.3.2**	12.3.1
1.2 Transferência das amortizações acumuladas	18.2.3	**68.3.2**

2. Recebido pelo trespasse da filial nº 2, com direito ao arrendamento:

2.1 Supondo que o valor da transmissão é superior ao custo:

	Débito	Crédito
2.1.1 Valor da alienação	45.1.1	**68.3.2**
2.1.2 Transferência do valor do custo......................................	**68.3.2**	12.3.1

2.2 Supondo que o valor do custo é superior ao valor da transmissão:

	Débito	Crédito
2.2.1 Valor da alienação..	45.1.1	78.3.2
2.2.2 Transferência do valor do custo......................................	**68.3.2**	12.3.1

68.4 GANHOS EM EXISTÊNCIAS

68.4.1 Ganhos em existências — Sobras

	Débito	Crédito
1. Sobra, de 20 unidades, verificada na entrada da mercadoria "B"....	26.1.1	**68.4.1**

68.5 RECUPERAÇÃO DE DÍVIDAS

68.5.1 Recuperação de dívidas

	Débito	Crédito
1. Saldo devedor de "K" que se considera incobrável, por se desconhecer o paradeiro do devedor, no ano N..	78.5	31.8.1

2. Recuperação, passados dois anos, do crédito sobre o cliente "K", referido em 1), por depósito no Banco "A".. 43.1.1 **68.5.1**

68.8 DESCONTINUIDADE DE OPERAÇÕES

Esta conta destina-se a registar os ganhos líquidos resultantes da descontinuidade de uma ou várias das operações da empresa. *(Notas explicativas)*.

68.9 ALTERAÇÕES DE POLÍTICAS CONTABILÍSTICAS

Esta conta destina-se a registar as correcções favoráveis derivadas de alterações nas políticas contabilísticas cujos efeitos não puderam ser reconhecidos nos resultados transitados por não ter sido possível efectuar uma estimativa razoável do valor a reconhecer nessa conta. *(Notas explicativas)*.

68.10 CORRECÇÕES RELATIVAS A EXERCÍCIOS ANTERIORES

Esta conta destina-se a registar as correcções favoráveis derivadas de erros ou omissões relacionados com exercícios anteriores, que não sejam de grande significado nem ajustamentos de estimativas inerentes ao processo contabilístico. *(Notas explicativas)*.

	Débito	Crédito
68.10.1 Estimativa impostos		
1. Lançamento, no final do exercício, do valor provisional do imposto sobre os lucros	87.1	34.1.1
2. No ano seguinte:		
2.1 Pagamento do imposto de valor inferior à estimativa referida em 1	34.1.1	45.1.1
2.2 Transferência para esta conta do excesso da estimativa do imposto	34.1.1	**68.10.1**

68.11 OUTROS GANHOS E PERDAS NÃO OPERACIONAIS

	Débito	Crédito
68.19 Transferências para resultados não operacionais		
1. Transferências para resultados não operacionais	68.19	85.1

69. PROVEITOS E GANHOS EXTRAORDINÁRIOS

Esta rubrica destina-se a registar os proveitos e ganhos extraordinários resultantes de eventos claramente distinguíveis das actividades operacionais e da empresa e que, por essa razão, não se espera que ocorram nem de forma frequente nem de forma regular.

Sempre que eventos desta natureza originem simultaneamente custos e proveitos estes devem ser contabilizados nesta rubrica apenas se o respectivo valor líquido tiver natureza credora. *(Notas explicativas).*

69.4.1 Ganhos resultantes de sinistros   Débito   Crédito

1. Importância recebida da companhia de seguros relativa ao acidente
   com a viatura "X":

   1.1. Valor atribuído às matérias-primas que a viatura transportava..... 45.1.1 **69.4.1**

   1.2 Valor do custo das mesmas matérias-primas, inferior à indemni-

   zação recebida **69.4.1**   22.1.1

69.5 SUBSÍDIOS

Esta rubrica destina-se a registar os subsídios a fundo perdido que não estejam relacionados com custos operacionais actuais ou futuros, ou que se refiram a custos já incorridos em anos anteriores. *(Notas explicativas).*

Notas explicativas — 13.2 Definições:

Subsídios

Entende-se por subsídios os auxílios na forma de transferência de recursos para uma entidade em troca do cumprimento passado ou futuro de certas condições relacionadas com as actividades operacionais dessa entidade. Os subsídios podem revestir a forma de empréstimos a fundo perdido isto é, empréstimos em que o emprestador se compromete a renunciar ao seu reembolso sob certas condições prescritas. Os subsídios do Governo são algumas vezes denominados por outros nomes, como dotações, subvenções ou prémios.

Subsídios a investimento

Entende-se por subsídios a investimento, os subsídios relacionados com activos cuja condição primordial é que a entidade a que eles se propõe deva comprar, construir ou por qualquer forma adquirir imobilizados. Podem também estar ligadas condições subsidiárias restringindo o tipo ou localização dos activos ou dos períodos durante os quais devem ser adquiridos ou detidos.

Subsídios à exploração

Entende-se por subsídios à exploração, os subsídios que não se enquadrem no âmbito de subsídios a investimentos.

69.5.1 Subsídios à exploração — Do Estado	Débito	Crédito
1. Importância recebida da Secretaria de Estado "A", para compensar a diferença de preço na venda, durante o 1º semestre, do produto "Y"...	45.1.1	**69.5.1**
2. Importância recebida da Secretaria de Estado "B", para manutenção dos postos de trabalho no sector "A", durante o ano que decorre.......	45.1.1	**69.5.1**
3. Subsídio concedido pelo Departamento do Estado "C" para compensação de encargos do sector fabril do corrente ano.............................	45.1.1	**69.5.1**
4. Subsídio atribuído por uma Câmara Municipal a um jornal, para fazer face a encargos com a organização de uma prova desportiva no respectivo concelho.................	45.1.1	**69.5.1**

69.5.2 Subsídios ao investimento — Do Estado	Débito	Crédito
1. Transferência para esta conta das amortizações consideradas como custo do exercício e relativas a equipamento subsidiado.....................	73.1.3	**69.5.2**

69.6 ANULAÇÃO DE PASSIVOS NÃO EXIGÍVEIS

Esta rubrica destina-se a registar a anulação de passivos que deixem de ser exigíveis mas que não se enquadrem no âmbito de subsídios. *(Notas explicativas).*

69.9 Transferência para resultados extraordinários	Débito	Crédito
1. Transferência para resultados extraordinários dos "proveitos e ganhos extraordinários"..	**69.9**	86.1

CLASSE 7

CUSTOS E PERDAS

POR NATUREZA

CLASSE 7

CUSTOS E PERDAS POR NATUREZA

71. CUSTO DAS MERCADORIAS VENDIDAS E DAS MATÉRIAS CONSUMIDAS

Esta rubrica destina-se a registar a contrapartida das saídas das existências nela mencionadas, por venda ou integração no processo produtivo.

Caso a entidade disponha de inventário permanente, esta conta será movimentada ao longo do ano sempre que ocorram as referidas saídas.

No caso da entidade optar pelo inventário intermitente, esta conta será movimentada, apenas no termo do exercício, da seguinte forma:

A débito, por contrapartida:

Das contas de existências, pelo valor inicial destas.

Da conta 21 compras, pelo valor das compras efectuadas.

A crédito, por contrapartida das contas de existências, pelo valor das existências finais. *(Notas explicativas)*.

	Débito	Crédito
71.1.1 Matérias-primas		
I) Com inventário intermitente:		
1.Transferência para esta conta do "Custo das matérias-primas consumidas"..	**71.1.1**	27.1.1
2.Transferência para "Resultados operacionais" do saldo de "Custo das matérias consumidas"..	82.6	**71.1.1**
II) Com inventário permanente:		
1. Saídas para fabrico em Janeiro ao preço do custo conforme notas de saída..	**71.1.1**	27.1.1
2. Idem, em Fevereiro...	**71.1.1**	27.1.1
3. Transferência, no final do exercício, para "Resultados operacionais"	82.6	**71.1.1**

71.2.1 Matérias subsidiárias   Débito   Crédito

I) Com inventário intermitente:

1. Transferência para esta conta do "Custo das matérias consumidas"..   **71.2.1**   22.2.1

2. Transferência, no final do exercício, para "Resultados operacionais"
   do custo das matérias subsidiárias..   82.6   **71.2.1**

II) Com inventário permanente:

1. Matérias subsidiárias consumidas em Janeiro conforme guias de saí-
   da do armazém geral **71.2.1**   22.2.1

2. Idem, em Fevereiro..   **71.2.1**   22.2.1

3. Transferência, em 31/12, para "Resultados operacionais" do custo das
   matérias subsidiárias consumidas..   82.6   **71.2.1**

71.3.1 Materiais diversos   Débito   Crédito

I) Com inventário intermitente:

1. Transferência para esta conta do "Custo das matérias consumidas":
   materiais diversos..   **71.3.1**   22.3.1

2. Transferência, no final do exercício, para "Resultados operacionais"
   do custo dos materiais diversos consumidos......................................   82.6   **71.3.1**

II) Com inventário permanente:

1. Materiais diversos consumidos em Janeiro conforme guias de saída
   do armazém geral **71.3.1**   22.3.1

2. Idem, em Fevereiro..   **71.3.1**   22.3.1

3. Idem, em Março..   **71.3.1**   22.3.1

4. Transferência, em 31/12, para "Resultados operacionais" do custo
   dos materiais diversos consumidos...   82.6   **71.3.1**

71.4.1 Embalagens de consumo   Débito   Crédito

I) Com inventário intermitente:

1. Transferência para esta conta do "custo das matérias consumidas
   e embalagens de consumo"..   **71.4.1**   22.4.1

2. Transferência para "Resultados operacionais" do custo das emba-

lagens consumidas.. 82.6   22.4.1

II) Com inventário permanente:

1. Consumo de embalagens em Janeiro conforme guias de saída do

armazém geral.. **71.4.1** 22.4.1

2. Idem, em Fevereiro... **71.4.1** 22.4.1

3. Idem, em Março... **71.4.1** 22.4.1

4. Transferência, em 31/12, para "Resultados operacionais" do custo

das embalagens consumidas... 82.6   **71.4.1**

71.9 Transferência para resultados operacionais   Débito Crédito

1. Transferência para resultados operacionais do custo das mercadorias

vendidas e das matérias consumidas.. 82.6   **71.9**

72. CUSTOS COM O PESSOAL

72.1.1 Remunerações – Órgãos sociais   Débito Crédito

1. Remunerações do mês de Abril dos órgãos sociais.............................   36.1.1.1

1.1 Directores.. **72.1.1**

1.2 Administradores.. **72.1.1**

1.3 Conselho Fiscal.. **72.1.1**

1.4 Retroactivos de Janeiro/Março.. **72.1.1**

2. Pelo crédito à sociedade "G", da remuneração de Abril auferida na sua

qualidade de presidente do conselho fiscal... **72.1.1** 35.1.2.5

2.1 Retenção de imposto de rendimento de trabalho................   34.3.1

72.2.1 Remunerações – Pessoal   Débito Crédito

1. Remunerações do pessoal relativas a Junho...   36.1.2.1

1.1 Sector comercial... **72.2.1**

1.2 Sector administrativo... **72.2.1**

1.3 Subsídios de férias - Empregados "A" e "D"...................... **72.2.1**

1.4 Retroactivos de Janeiro a Maio... **72.2.1**

1.5 Comissões de Junho ao pracista "B"................................. **72.2.1**

1.6 Abonos para falhas do tesoureiro... **72.2.1**

2. Ajudas de custo pagas ao empregado "A", pela sua deslocação ao Lobi-

to em serviço da empresa **72.2.1** 45.1.1

3. Subsídio de refeição **72.2.1** 36.1.2.1

4. Subsídio de Natal... **72.2.1** 36.1.2.1

5. Diuturnidades... **72.2.1** 36.1.2.1

6. Senhas de presença **72.2.1** 36.1.2.1

7. Trabalho extraordinário.. **72.2.1** 36.1.2.1

8. Trabalho nocturno e prémios de diuturnidade.................................... **72.2.1** 36.1.2.1

9. Subsídios de residência.. **72.2.1** 36.1.2.1

72.3 Pensões

Esta rubrica destina-se a registar os custos relativos a pensões, nomeadamente de reforma ou invalidez. *(Notas explicativas).*

72.3.1 Pensões — Órgãos sociais   Débito Crédito

1. Pensões de reforma de "A".. **72.3.1** 45.1.1

2. Pensões de invalidez de "B"... **72.3.1** 45.1.1

72.3.2 Pensões — Pessoal   Débito Crédito

Esta rubrica destina-se a registar os custos relativos a pensões, nomeadamente de reforma ou invalidez. *(Notas explicativas).*

1. Pensões de reforma de "C".. **72.3.2** 45.1.1

2. Pensões de invalidez de "D".. **72.3.2** 45.1.1

72.4 Prémios para pensões

Esta rubrica destina-se a registar os prémios da natureza em epígrafe destinados a entidades externas, a fim de que estas venham a suportar oportunamente os encargos com o pagamento de pensões ao pessoal da entidade. *(Notas explicativas).*

72.4.1 Prémios para pensões — Órgãos sociais   Débito Crédito

1. Prémios relativos a pensões dos órgãos sociais, pagos à Seguradora "A".   **72.4.1** 45.1.1

72.4.2 Prémios para pensões — Pessoal   Débito   Crédito

Esta rubrica destina-se a registar os prémios da natureza em epígrafe destinados a entidades externas, a fim de que estas venham a suportar oportunamente os encargos com o pagamento de pensões ao pessoal da entidade. *(Notas explicativas)*.

1. Prémios relativos a pensões do pessoal, pagos à Seguradora "A".............. **72.4.2**   45.1.1

72.5 Encargos sobre remunerações

Esta rubrica destina-se a registar as incidências relativas a remunerações que sejam suportadas obrigatoriamente pela entidade. *(Notas explicativas)*.

72.5.1 Encargos sobre remunerações — Órgãos sociais   Débito   Crédito

1. Encargos patronais de Janeiro - Órgãos sociais **72.5.1**   34.3.1
2. Contribuição patronal sobre subsídio de férias... **72.5.1**   34.3.1

72.5.2 Encargos sobre remunerações — Pessoal   Débito   Crédito

Esta rubrica destina-se a registar as incidências relativas a remunerações que sejam suportadas obrigatoriamente pela entidade. *(Notas explicativas)*.

1. Encargos patronais de Janeiro - Pessoal **72.5.2**   34.3.1
2. Contribuição patronal sobre subsídio de férias... **72.5.2**   34.3.1

72.6 Seguros de acidentes de trabalho e doenças profissionais

72.6.1 Órgãos sociais   Débito   Crédito

1. Seguros do primeiro trimestre... **72.6.1**   45.1.1
2. Seguros do terceiro trimestre.. **72.6.1**   45.1.1
3. Seguros de acidentes no trabalho relativos ao 4º trimestre, pagos no ano

  seguinte... **72.6.1**   37.4.3

72.6.2 Pessoal   Débito   Crédito

1. Seguros do primeiro trimestre... **72.6.2**   45.1.1
2. Seguros do terceiro trimestre.. **72.6.2**   45.1.1

3. Seguros de acidentes no trabalho relativos ao 4º trimestre, pagos no ano seguinte... **72.6.2**   37.4.3

72.7 Formação

72.7.1 Órgãos sociais   Débito   Crédito

1. Importância debitada pela nossa associada "A" pela formação de pessoal para a actividade "Y"... **72.7.1**   35.1.3.5
2. Bolsa de estudo para o órgão social "A"..................................... **72.7.1**   45.1.1

72.7.2 Pessoal   Débito   Crédito
1. Importância debitada pela nossa associada "A" pela formação de pessoal para a actividade "Y"... **72.7.2**   35.1.3.5
2. Bolsa de estudo para o órgão social "A"..................................... **72.7.2**   45.1.1
3. Gastos com o recrutamento e selecção de pessoal.................................... **72.7.2**   45.1.1

72.8 Outros custos com o pessoal

Esta rubrica destina-se a registar, entre outros custos, as indemnizações por despedimento e os complementos facultativos de reforma. *(Notas explicativas).*

Nota: Veja "Notas explicativas da conta 75.2.23 – Deslocações e estadas".

72.8.1 Órgãos sociais   Débito   Crédito

1. Bolsa de estudo para o Órgão social "A"... **72.8.1**   45.1.1
2. Gastos com despesas de saúde do gerente "B"...................................... **72.8.1**   45.1.1

72.8.2 Pessoal   Débito   Crédito

1. Indemnização ao empregado "A", por despedimento............................. **72.8.2**   45.1.1
2. Fardamento para o pessoal do sector "C"... **72.8.2**   45.1.1
3. Complemento de reforma ao trabalhador "D" **72.8.2**   45.1.1
4. Importância debitada pela nossa associada "A", pela formação de pessoal para a actividade "C".. 35.1.3.5
5. Bolsa de estudo para o empregado "A"... **72.8.2**   45.1.1
6. Gastos com o recrutamento e selecção de pessoal.............................. **72.8.2**   45.1.1

7. Gastos com despesas de saúde do empregado "B".............................. **72.8.2**   45.1.1

Nota:

Se assim se entender, poder-se-á desdobrar esta rubrica da seguinte forma:

72.8.2 Outras despesas com o pessoal – Pessoal:

    72.8.2.1 Indemnizações por despedimento

    72.8.2.2 Complementos facultativos de reforma

    72.8.2.3 Recrutamento e formação do pessoal

    72.8.2.4 Fardamentos

    72.8.2.5 Assistência médica e medicamentosa

    72.8.2.6 Bolsas de estudo

    72.8.2.7 Material didáctico

    72.8.2.. .....

72.9 Transferência para resultados operacionais   Débito   Crédito

1. Transferência para resultados operacionais dos custos com o pessoal....   82.7   **72.9**

73. AMORTIZAÇÕES DO EXERCÍCIO

Esta rubrica destina-se a registar as amortizações do imobilizado corpóreo e incorpóreo atribuíveis ao exercício. *(Notas explicativas).*

73.1 Imobilizações corpóreas

73.1.2 Edifícios e outras construções   Débito   Crédito

1. Amortizações do exercício.. **73.1.2**   18.1.2

Nota:

As amortizações de "Investimentos financeiros/Edifícios" são lançadas na conta 18.3.2.

73.1.3 Equipamento básico   Débito   Crédito

1.Amortizações do exercício.. **73.1.3**   18.1.3

73.1.4 Equipamento de carga e transporte   Débito   Crédito

1.Amortizações do exercício.. **73.1.4**   18.1.4

73.1.5 Equipamento administrativo	Débito	Crédito
1.Amortizações do exercício..	**73.1.5**	18.1.5

73.1.6 Taras e vasilhame	Débito	Crédito
1.Amortizações do exercício..	**73.1.6**	18.1.6

73.1.9 Outras imobilizações corpóreas	Débito	Crédito
1.Amortizações do exercício..	**73.1.9**	18.1.9

73.2 Imobilizações incorpóreas

73.2.1 Trespasses   Débito   Crédito

Políticas contabilísticas — 2.2 - Imobilizações incorpóreas:

Só devem ser reconhecidos como trespasses os encargos que representem um pagamento feito em antecipação de benefícios económicos futuros e que sejam de uma aquisição que:

Constitua uma actividade comercial e, simultaneamente.

Resulte na continuação de uma actividade anteriormente exercida.

1. Amortizações do exercício..	**73.2.1**	18.2.1

73.2.2 Despesas de investigação e desenvolvimento   Débito   Crédito

Políticas contabilísticas — 2.2 - Imobilizações incorpóreas:

Só devem ser reconhecidas como um activo as Despesas de Desenvolvimento que satisfaçam todos os critérios seguintes:

O produto ou processo esteja claramente definido e os custos atribuíveis ao produto ou processo possam ser demonstrados.

A exequibilidade técnica do produto ou processo possa ser demonstrada.

A empresa pretenda produzir, comercializar ou usar o produto ou processo.

Exista um mercado para o produto ou processo ou, se for para ser usado internamente e não para ser vendido, a sua utilidade para a empresa puder ser demonstrada.

Existam recursos adequados, ou a sua disponibilidade possa ser demonstrada para completar o projecto e comercializar ou usar o produto ou processo.

As despesas de desenvolvimento que não satisfaçam todas as condições acima referidas, bem como as Despesas de Investigação devem ser reconhecidas como um custo no período em que ocorrem.

	Débito	Crédito
1. Amortizações do exercício	**73.2.2**	18.2.2

73.2.3 Propriedade industrial e outros direitos e contratos

	Débito	Crédito
1. Amortizações do exercício..	**73.2.3**	18.2.3

73.2.4 Despesas de constituição

	Débito	Crédito
1. Amortizações do exercício..	**73.2.4**	18.2.4

73.2.9 Outras imobilizações incorpóreas

	Débito	Crédito
1. Amortizações do exercício..	**73.2.9**	18.2.9

73.9 Transferência para resultados operacionais

	Débito	Crédito
1. Transferência para resultados operacionais das amortizações do exercício..	82.8	**73.9**

75. OUTROS CUSTOS E PERDAS OPERACIONAIS

75.1 SUB-CONTRATOS

Esta rubrica destina-se a registar os trabalhos necessários ao processo produtivo próprio da entidade, relativamente aos quais se obteve a cooperação de outras empresas, submetidos a compromissos formalizados ou a simples acordos. (Notas explicativas).

75.1.1 Sub-contratos

	Débito	Crédito
1. Factura do fornecedor "C", relativa ao débito das subempreitadas executadas para o edifício fabril do nosso cliente "D"..		32.1.2.1
1.1 Canalização..	**75.1.1**	
1.2 Arruamentos..	**75.1.1**	
1.3 Estrutura metálica..	**75.1.1**	
1.4 Instalação eléctrica..	**75.1.1**	

2. Factura do fornecedor "E" - execução da subempreitada de pintura geral do mesmo edifício fabril.. 32.1.2.1

2.1 Material e mão de obra... **75.1.1**

75.2 Fornecimentos e serviços de terceiros

75.2.11 Água   Débito   Crédito

1. Pagamento do consumo de água de Janeiro... **75.2.11**   45.1.1

2. Idem, do mês de Fevereiro.. **75.2.11**   45.1.1

3. Taxa, paga à Câmara Municipal, de ligação da água para o escritório.. **75.2.11**   45.1.1

4. Consumo de água em Novembro e Dezembro a pagar no ano seguinte:

    4.1 Valor do consumo.. **75.2.11**   37.5.3

    4.2 Pagamento no ano seguinte.. 37.5.3   45.1.1

75.2.12 Electricidade   Débito   Crédito

1. Pago à empresa "A", energia de Janeiro... **75.2.12**   45.1.1

2.Pago à empresa "A", energia da Filial nº. 1... **75.2.12**   45.1.1

3. Consumo de electricidade em Dezembro a pagar no ano seguinte..... **75.2.12**   37.5.3

    3.1 Pagamento no ano seguinte.. 37.5.3   45.1.1

75.2.13 Combustíveis e outros fluidos   Débito   Crédito

1. Compra a dinheiro dos seguintes combustíveis....................................   45.1.1

    1.1 Gasolina.. **75.2.13**

    1.2 Gasóleo.. **75.2.13**

2. Compra de combustíveis sólidos... **75.2.13**   45.1.1

3. Compra a um pequeno retalhista de petróleo e carvão......................... **75.2.13**   45.1.1

75.2.14 Conservação e reparação   Débito   Crédito

Esta rubrica destina-se a registar os bens destinados à manutenção dos elementos do activo imobilizado e que não provoquem um aumento do seu valor ou da sua vida útil. *(Notas explicativas)*.

1. Compra de câmaras de ar para a viatura pesada "B"........................... **75.2.14**   45.1.1

2. Compra a crédito de uma peça para a máquina "A", conforme factura

nº 568 do fornecedor "G"... **75.2.14**   32.1.2.1

3. Compras a dinheiro...   45.1.1

3.1 Rolamentos para o tractor "D"... **75.2.14**

3.2 Tinta de esmalte para pintura de secretárias................................ **75.2.14**

3.3 Fio eléctrico para reparação de uma máquina............................. **75.2.14**

4. Pagamento da reparação da viatura ligeira "A", na oficina "B"............   75.2.26   45.1.1

5. Factura do fornecedor "C", relativa à reparação de um computador.......   75.2.26   32.1.2.1

6. Pintura de uma secretária e cadeira, a dinheiro................................   75.2.26   45.1.1

7. Factura nº 826 da oficina "H"...   32.1.2.1

7.1 Reparação dos travões da viatura pesada "C".................................   75.2.26

7.2 Reparação geral do tractor "A" que provoca um aumento da sua

duração (grande reparação)..   11.3.1

8. Reparação dos estores do escritório, a dinheiro..................................   75.2.26   45.1.1

75.2.15 Material de protecção, segurança e conforto   **Débito**   **Crédito**

1. Pelas seguintes aquisições a dinheiro..   45.1.1

1.1 Sabão e lixívia para o escritório.. **75.2.15**

1.2 Sacos de plástico para o lixo... **75.2.15**

1.3 Pela aquisição dos seguintes artigos a um fornecedor do regime dos

pequenos retalhistas:

1.3.1 Panos para limpeza do chão.. **75.2.15**

1.3.2 Vassoura para o armazém... **75.2.15**

1.3.3 Pá e palha de aço para limpeza.................................... **75.2.15**

1.3.4 Tambor plástico para o lixo... **75.2.15**

1.4 Desinfecção do arquivo geral da fábrica, conforme factura do forne-

cedor "K"... **75.2.15**   32.1.2.1

1.5 Lavagem de alcatifas do sector administrativo pela empresa "G", a

dinheiro... **75.2.15**   45.1.1

2. Factura da Sociedade Semprelimpa, Lda, relativa ao serviço de limpe-

za de Dezembro.. **75.2.15**   32.1.2.1

75.2.16 Ferramentas e utensílios de desgaste rápido

Esta rubrica destina-se a registar o equipamento dessa natureza.

Cuja vida útil não exceda, em condições de utilização normal, o período de um ano; ou

Que, pelo seu valor, tenham um montante inferior ao definido para permitir o seu reconhecimento no activo imobilizado corpóreo. *(Notas explicativas)*

	Débito	Crédito
1. Compra de uma lima e uma chave de fendas...	**75.2.16**	45.1.1
2. Compra a dinheiro ao fornecedor "B", serrote de desgaste rápido.........	**75.2.16**	45.1.1
3. Pelas seguintes compras a dinheiro		45.1.1
3.1 Trinchas para pintura...	**75.2.16**	
3.2 Cesto plástico para papéis..	**75.2.16**	
3.3 Pequeno martelo...	**75.2.16**	
3.4 Pincéis para limpeza do pó..	**75.2.16**	
3.5 Mangueira plástica para lavagem do passeio..................................	**75.2.16**	
3.6 Pequeno tapete para a entrada do escritório..................................	**75.2.16**	
3.7 Réguas e esquadros em plástico...	**75.2.16**	
3.8 Luvas de borracha..	**75.2.16**	
3.9 Berbequim eléctrico..	11.3.2	

75.2.17 Material de escritório

	Débito	Crédito
1. Compra de tinta para carimbos a um pequeno retalhista.....................	**75.2.17**	45.1.1
2. Fitas para a impressora...	**75.2.17**	45.1.1
3. Compra a dinheiro de esferográficas e lápis...	**75.2.17**	45.1.1
4. Execução de diversos impressos pela tipografia "F"	**75.2.17**	32.1.2.1
5. Pelas seguintes aquisições a dinheiro...		45.1.1
5.1 Fotocópias	**75.2.17**	
5.2 Papel químico..	**75.2.17**	
5.3 Agrafos, clips, fita gomada e borrachas...	**75.2.17**	
6. Pelas seguintes aquisições a dinheiro...		45.1.1
6.1 Livros de registo de letras a receber...	**75.2.17**	
6.2 Papel contínuo para computador...	**75.2.17**	
6.3 Papel mata-borrão	**75.2.17**	

7. Aquisição a dinheiro de material de escritório a um fornecedor do regime dos pequenos retalhistas.. 45.1.1

7.1 Papel de 1ªs e 2ªs vias.. **75.2.17**

7.2 Agendas para o escritório e secção comercial................................. **75.2.17**

7.3 Envelopes e blocos de apontamentos.. **75.2.17**

75.2.18 Livros e documentação técnica   Débito Crédito

1. Pelas seguintes aquisições a dinheiro.. 45.1.1

1.1 Revista de decoração para o sector de fabrico................................ **75.2.18**

1.2 Assinatura de jornal sobre técnicas de fabrico............................... **75.2.18**

1.3 Plano Geral de Contabilidade de Angola, anotado **75.2.18**

1.4 Manual de fabrico do produto "A"... **75.2.18**

1.5 Dicionário "Português-Inglês" **75.2.18**

2. Compra do livro técnico "X", de valor elevado e com vida útil superior a um ano.. 45.1.1

2.1 Custo do livro.. 11.9.1

2.2 Amortização no ano N... 73.1.9   18.1.9

75.2.19 Outros fornecimentos

Esta rubrica destina-se a registar os fornecimentos de terceiros não enquadráveis nas restantes rubricas como seja, por exemplo, o custo dos bens adquiridos especificamente para oferta. *(Notas explicativas)*.

75.2.19.1 Outros fornecimentos   Débito Crédito

1. Pelas seguintes aquisições a dinheiro.. 45.1.1

1.1 Papel para embalagem.. **75.2.19.1**

1.2 Lâmpadas... **75.2.19.1**

1.3 Fio de sisal e papel de embrulho... **75.2.19.1**

1.4 Sacos plásticos para embalagem ao balcão.................................... **75.2.19.1**

1.5 Cartão canelado para embalagens.. **75.2.19.1**

1.6 Pilhas para o rádio do escritório.. **75.2.19.1**

2. Custo do aluguer, instalação e recolha de aparelhagem sonora para a

	Débito	Crédito
nossa exposição na feira "Y"..	75.2.19.1	
3. Compra de jornais diários para a sala de espera....................................	75.2.19.1	45.1.1
4. Plantas ornamentais para o stand de exposição....................................	75.2.19.1	
5. Pagamento de aferição de pesos e medidas..	75.2.19.1	45.1.1
6. Compra do Diário da República..	75.2.19.1	45.1.1

75.2.20 Comunicação

	Débito	Crédito
1. Expedição de correspondência registada...	75.2.20	45.1.1
2. Chamadas telefónicas de Janeiro...	75.2.20	45.1.1
3. Custo de um telefonema para o estrangeiro..	75.2.20	45.1.1
4. Selos do correio..	75.2.20	45.1.1
5. Custo de um telex para o cliente "X"..	75.2.20	45.1.1
6. Recarga da máquina de franquear nos CTT...	75.2.20	45.1.1
7. Transferência para o exercício seguinte do valor por utilizar na máquina de franquear em 31/12...	37.4.3	75.2.20
8. Compra de bilhetes postais..	75.2.20	45.1.1
9. Despesas cobradas pelos CTT com vales postais...................................	75.2.20	45.1.1
10. Chamadas telefónicas de Dezembro só liquidadas no ano seguinte........	75.2.20	37.5.3
11. Pelos seguintes pagamentos aos CTT..		45.1.1
11.1 Expedição de telegrama para Lisboa...	75.2.20	
11.2 Expedição de telegrama para Londres...	75.2.20	
11.3 Custo de telexes para Paris...	75.2.20	

75.2.21 Rendas e alugueres

Débito Crédito

Esta rubrica destina-se a registar as rendas de terrenos e edifícios, bem como as relativas ao aluguer de equipamentos.

Nesta rubrica não devem ser registadas as rendas de bens em regime de locação financeira, mas apenas as de bens em regime de locação operacional. *(Notas explicativas)*.

	Débito	Crédito
1. Aluguer de uma máquina de fotocopiar a uma empresa que se dedica ao aluguer de equipamento...	75.2.21	45.1.1

2. Pagamento em Novembro do ano N das seguintes rendas das instala-

	Débito	Crédito
ções comerciais...		45.1.1
2.1 Renda de Novembro e Dezembro/N..	**75.2.21**	
2.2 Renda de Janeiro do ano N+1..	37.4.9	
2.3 Retenção de imposto..		34.9.1
2.4 No ano N+1 – Transferência para "Rendas e alugueres" da renda de Janeiro referida em 2.2)...	**75.2.21**	37.4.9
3.Aluguer de um automóvel por avaria do veículo da empresa...................	**75.2.21**	45.1.1

75.2.22 Seguros

Esta rubrica destina-se a registar os seguros a cargo da entidade, com excepção dos relativos a custos com o pessoal. *(Notas explicativas)*.

	Débito	Crédito
1. Pelo pagamento dos seguintes seguros..		45.1.1
1.1 Seguro da viatura "X"...	**75.2.22**	
1.2 Seguro contra incêndio - mercadorias..	**75.2.22**	
1.3 Seguro contra roubo..	**75.2.22**	
1.4 Seguro da viatura "Y"...	**75.2.22**	
1.5 Seguro de equipamento...	**75.2.22**	
2. Transferência para esta conta dos seguros pagos no ano anterior e pertencentes ao presente exercício..	**75.2.22**	37.4.3
3. Transferência para "37.4 Encargos a repartir por períodos futuros" da parte do seguro contra fogo correspondente a Janeiro/Junho do ano seguinte...	37.4.3	**75.2.22**
4. Pagamento de seguros de acidentes de trabalho - Pessoal....................	72.6.2	45.1.1
5. Pagamento à Companhia de Seguros "Y", do prémio dos seguintes seguros...		45.1.1
5.1 Viatura "A"...	**75.2.22**	
5.2 Incêndio (estabelecimento)...	**75.2.22**	
5.3 Importação da maquinaria "A" para o imobilizado...........................	11.3.1	
5.4 Importação de mercadorias para venda..	21.2.1	
6. Pagamento do seguro automóvel (viatura "A"), correspondente ao período de 01/10/N a 30/09/N+1		45.1.1

6.1 Encargos a repartir por períodos futuros (ano N+1) 37.4.3

6.2 Parte relativa ao ano em curso.. **75.2.22**

7. Quota parte do seguro de incêndio, das instalações fabris, pago em Fevereiro do ano seguinte.. **75.2.22**   37.4.3

8. Pelo pagamento, no ano seguinte, dos seguros referidos em 7).............   45.1.1

8.1 Parte correspondente ao próprio exercício..................................... **75.2.22**

8.2 Parte correspondente ao exercício anterior.. 37.4.3

Notas:

1) Os seguros relativos a compras de bens armazenáveis ou a aquisições de bens do imobilizado, são encargos de compra.

2) Poderá ser vantajoso desdobrar esta conta tendo em atenção os ramos de seguro:

75.2.22 Seguros:

    75.2.22.1 Incêndio

    75.2.22.2 Roubo

    75.2.22.3 Automóvel:

        75.2.22.3.1 Veículos ligeiros ou mistos

        75.2.22.3.2 Restantes

    75.2.22.4 Outros

75.2.23 Deslocações e estadas   Débito   Crédito

Esta rubrica destina-se a registar os encargos com alojamento e alimentação fora do local de trabalho. Deverão ainda ser registados nesta rubrica os gastos com transporte de pessoal que tenham um carácter eventual.

Contudo, se os encargos da natureza acima referida forem suportados através de ajudas de custo, estas deverão ser registadas na rubrica 72.8 outras despesas com o pessoal. *(Notas explicativas).*

1. Pela efectivação dos seguintes pagamentos..   45.1.1

1.1 Despesas de alojamento e alimentação do motorista e ajudante......   **75.2.23**

1.2 Gastos com transportes, alojamento e alimentação do nosso vendedor..   **75.2.23**

1.3 Custo do bilhete de avião de ida e volta para Moçâmedes do nosso empregado "A", em serviço..   **75.2.23**

1.4 Despesas de viagem apresentadas pelo vendedor, com exclusão das ajudas de custo.. **75.2.23**

1.5 Bilhetes de comboio Luanda/Lobito relativos à deslocação do geren-
te da filial "L.1".. **75.2.23**

1.6 Despesas de alojamento, estadia e deslocação do sócio-gerente
para aquisição de matérias-primas...................................... **75.2.23**

2. Entrega em numerário ao empregado "A" para despesas de deslocação   37.9.1 45.1.1

3. Apresentação de documentos justificativos de despesas de deslocação
efectuadas pelo empregado "A", ao serviço da empresa........................   37.9.1

3.1 Valor das despesas.. **75.2.23**

3.2 Devolução do saldo não utilizado.................................... 45.1.1

4. Refeições e alojamento de pessoal ao serviço da empresa, não cober-
tos por ajudas de custo.. **75.2.23** 45.1.1

75.2.24 Despesas de representação   **Débito Crédito**

1. Pelos seguintes pagamentos.. 45.1.1

1.1 Almoço com o fornecedor "X".. **75.2.24**

1.2 Almoço de confraternização e passeio, pela passagem do 10º ano,
de existência da empresa.. **75.2.24**

1.3 Despesas com a recepção a um cliente dos Estados Unidos............. **75.2.24**

1.4 Factura - Recibo do restaurante "L", relativa ao custo de 3 almoços
com o gerente da filial nº 1 e dois clientes............................ **75.2.24**

1.5 Despesas de avião do cliente "B" que nos visitou a nosso convite..... **75.2.24**

1.6 Hospedagem do mesmo cliente... **75.2.24**

1.7 Despesas de alojamento de clientes que vieram assistir à demonstração do novo produto "XZ".. **75.2.24**

1.8 Despesas originadas com o almoço e passeio fluvial oferecido a entidades privadas e oficiais, pela abertura da nova instância turística... **75.2.24**

1.9 Gastos com um jantar e espectáculo musical, oferecido à comunica-
ção social... **75.2.24**

1.10 Gastos de viagem e alojamento em hotel, dos nossos clientes "X",
"Y" e "Z"... **75.2.24**

75.2.26 Conservação e reparação   Débito   Crédito

Esta rubrica destina-se a registar os serviços destinados à manutenção dos elementos do activo imobilizado e que não provoquem um aumento do seu valor ou da sua vida útil. *(Notas explicativas).*

	Débito	Crédito
1. Compra de câmaras de ar para a viatura pesada "B".............................	75.2.14	45.1.1
2. Compra a crédito, de uma peça para a máquina "A", conforme factura		
nº 346 do fornecedor "H"..	75.2.14	32.1.2.1
3. Compras a dinheiro..		45.1.1
3.1 Rolamentos para o tractor "D"...	75.2.14	
3.2 Tinta de esmalte para pintura de secretárias....................................	75.2.14	
3.3 Fio eléctrico para reparação de uma máquina..................................	75.2.14	
4. Pagamento da reparação da viatura ligeira "A", na oficina "B"	**75.2.26**	45.1.1
5. Factura do fornecedor "C", relativa à reparação do computador "F"........	**75.2.26**	32.1.2.1
6. Pintura de uma secretária e cadeira, a dinheiro....................................	**75.2.26**	45.1.1
7. Factura nº 826 da oficina "D"..		32.1.2.1
7.1 Reparação dos travões da viatura pesada "C"..................................	**75.2.26**	
7.2 Reparação geral do tractor "A" que provoca um aumento da sua du-		
ração (grande reparação)...	11.3.3	
8. Reparação da porta de entrada do escritório...	**75.2.26**	45.1.1
9. Reparação de uma máquina de calcular...	**75.2.26**	45.1.1
10. Reparação dos estores do escritório, a dinheiro....................................	**75.2.26**	45.1.1
11. Contrato com a empresa "A", para assistência técnica ao novo equipa-		
mento industrial		45.1.1
11.1 Valor mensal, conforme recibo...	**75.2.26**	
12. Assistência prestada pela empresa "B" às máquinas de calcular e foto-		
copiar, conforme contrato...		45.1.1
12.1 Valor mensal..	**75.2.26**	
13. Reparação da instalação eléctrica do estabelecimento pela Electrifica-		
dora "A", Ldª...	**75.2.26**	45.1.1

14. Grandes e pequenas reparações:

14.1 Compra em N-2 da viatura de mercadorias "X"................................ 11.4.1   45.1.1

14.2 Pela grande reparação efectuada, no ano N, pela própria empresa, em face da qual se prevê um período de vida adicional de dois
anos:

14.2.1 Pela grande reparação pela própria empresa...................... 11.4.1   65.1.1

14.2.2 Pelas amortizações anuais... 73.1.4   18.1.4

14.3 Pela segunda reparação, por terceiros, da mesma viatura, que não
provocou aumento do seu custo ou da sua duração...................... **75.2.26**   45.1.1

75.2.27 Vigilância e segurança	Débito	Crédito

1.Pago à empresa de segurança "X", pelo transporte de valores.............. **75.2.27**   45.1.1

2.Factura da empresa "A", relativa aos serviços de vigilância prestados
nas nossas instalações fabris.. **75.2.27**   32.1.2.1

3.Pago ao guarda-nocturno da área da filial nº 1.................................... **75.2.27**   45.1.1

4. Aquisição de material de segurança - Bens de consumo........................ **75.2.27**   45.1.1

75.2.28 Limpeza, higiene e conforto	Débito	Crédito

1.Pelas seguintes aquisições a dinheiro...   45.1.1

1.1 Sabão e lixívia para o escritório... **75.2.28**

1.2 Artigos de higiene e limpeza para as casas de banho das instalações
fabris.. **75.2.28**

1.3 Sacos de plástico para o lixo.. **75.2.28**

1.4 Pela aquisição dos seguintes artigos a um fornecedor dos pequenos
retalhistas:

1.4.1 Panos para limpeza do chão.............................. **75.2.28**

1.4.2 Vassoura para o armazém.................................. **75.2.28**

1.4.3 Pá e palha de aço para limpeza......................... **75.2.28**

1.4.4 Tambor plástico para o lixo............................... **75.2.28**

1.5 Desinfecção do arquivo geral da fábrica, conforme factura do forne-
cedor "D"... **75.2.28**   32.1.2.1

1.6 Lavagem de alcatifas do sector administrativo, pela empresa "H", a
dinheiro.. **75.2.28**   45.1.1

75.2.29 Publicidade e propaganda   **Débito** **Crédito**

1. Anúncio do produto "B" na revista "X"... **75.2.29**   45.1.1
2. Anúncio na rádio relativo à abertura de uma nova filial....................... **75.2.29**   45.1.1
3. Anúncio na televisão do produto "B" - dois dias.................................. **75.2.29**   45.1.1
4. Custo de autocolantes adquiridos ao fornecedor "B"........................... **75.2.29** 32.1.2.1
5. Fornecimento de calendários pela tipografia "I", com o nome da em-
presa.. **75.2.29** 32.1.2.1
6. Custo de agendas referindo o produto "E"... **75.2.29**   45.1.1
7. Custo e impressão de folhetos publicitários da filial 2......................... **75.2.29**   45.1.1
8. Factura nº 4562 da empresa de publicidade "C", relativa à campanha
publicitária com o lançamento de novos produtos.............................   32.1.2.1
   8.1 Quota parte correspondente ao exercício (ano N) (1/3)............... **75.2.29**
   8.2 Exercícios seguintes (2/3).. 37.4.3
      8.2.1 Lançamentos de regularização:
         - Ano N+1 - Quota parte (1/3) **75.2.29**   37.4.3
         - Ano N+2 - Quota parte (1/3)... **75.2.29**   37.4.3
9. Custo de dois cartazes publicitários.. **75.2.29**   45.1.1
10. Custos de esferográficas com publicidade da empresa...................... **75.2.29**   45.1.1
11. Aquisição de serviços de publicidade a "XP", com sede em Paris **75.2.29**   45.1.1

75.2.30 Contencioso e notariado   **Débito** **Crédito**

1. Pelos seguintes pagamentos..   45.1.1
   1.1 Despesas pagas no Tribunal pela execução de um crédito................. **75.2.30**
   1.2 Despesas de hipoteca pagas ao Notário e Conservatória.................. **75.2.30**
   1.3 Reconhecimento de assinaturas.. **75.2.30**
   1.4 Despesas com a acção contra a Companhia de Seguros "X"............. **75.2.30**
   1.5 Custo de uma procuração para o advogado....................................... **75.2.30**
   1.6 Custo de uma certidão do documento "A"... **75.2.30**

1.7 Custas e honorários apresentados pelo nosso advogado relativos ao processo com o acidente da viatura "A":

	Débito	Crédito
1.7.1 Honorários pagos conforme recibo...	75.2.34	
1.7.1.1 Retenção de imposto de rendimento.............................		34.3.1
1.7.2 Custas conforme justificativos..	**75.2.30**	

1.8 Pago ao tribunal custas relativas a uma acção que não chegou a ser julgada por acordo com os autores... **75.2.30**

75.2.31 Comissões a intermediários   Débito Crédito

Esta rubrica destina-se a registar as verbas atribuídas às entidades que, de sua conta, agenciaram transacções ou serviços. *(Notas explicativas).*

	Débito	Crédito
1. Comissões sobre vendas creditadas a "A"...	**75.2.31**	37.9.1
2. Anulação de parte das comissões creditadas a "A" por terem sido mal calculadas..	37.9.1	**75.2.31**
3. Comissões creditadas a "B", por angariação de serviços prestados e facturados pela empresa..	**75.2.31**	37.9.1
4. Comissão à Agência de Viagens "Z" referente à estadia no nosso hotel dos clientes "A" e "C"...	**75.2.31**	45.1.1
5. Factura do comissionista "C" sobre vendas..		37.9.1
5.1 Valor líquido...	**75.2.31**	
5.2 Retenção de imposto de rendimento...		34.3.1

6. Vendas efectuadas pelo intermediário "A", por conta do comitente "B", à empresa "F":

6.1 Supondo que o intermediário "A" agiu em nome próprio:

	Débito	Crédito
I) Lançamentos a efectuar pela empresa "B":		
1. Pela factura nº 100 para "A"...	31.1.2.1	61.3.1
II) Lançamentos na contabilidade de "A":		
1. Pela recepção da factura nº 100 de "B"..	21.2.1	32.1.2.1
1.1 Pela venda a "F" - factura nº 65...	31.1.2.1	61.3.1
III) Lançamentos na escrita de "F":		
1. Factura nº 45 de "A"..	21.2.1	32.1.2.1

6.2 Supondo que o intermediário "A" agiu por conta e ordem do comitente "B":

  I) Lançamentos na contabilidade da empresa "B":

    1. Emissão da factura 38, directamente em nome da empresa "F".. 31.1.2.1 61.3.1

    2. Pela comissão creditada a "A"... **75.2.31** 37.9.1

  II) Lançamentos na escrita do intermediário "A":

    1. Emissão da nota de débito ou factura para empresa "B"............ 31.1.2.1 61.3.1

Nota:

  As comissões pagas aos empregados da empresa registar-se-ão na conta 72.2.1 "Remunerações - pessoal" e estão sujeitas aos mesmos descontos dos ordenados.

75.2.33 Trabalhos executados no exterior   Débito Crédito

  Esta conta destina-se a registar os serviços técnicos prestados por outras empresas que a própria entidade não pode suportar pelos seus meios, tais como serviços informáticos, análises laboratoriais, trabalhos tipográficos, estudos e pareceres. *(Notas explicativas).*

75.2.34 Honorários e avenças   Débito Crédito

  Esta rubrica destina-se a registar as remunerações atribuídas aos trabalhadores independentes. *(Notas explicativas).*

  1. Recibo do desenhador "B", relativo aos seus honorários de Janeiro 45.1.1

    1.1 Valor líquido... **75.2.34**

    1.2 Retenção de imposto de rendimento de trabalho 34.3.1

  2. Avença do contabilista de Janeiro 45.1.1

    2.1 Valor da avença... **75.2.34**

    2.2 Retenção de imposto de rendimento de trabalho............................   34.3.1

  3. Pagamento ao advogado "C" - Recibo 3435678....................................   45.1.1

    3.1 Honorários **75.2.34**

    3.2 Retenção de imposto de rendimento de trabalho............................   34.3.1

  4. Trabalhos prestados pelo economista "A" - Recibo 3499678..................   45.1.1

    4.1 Valor dos honorários... **75.2.34**

    4.2 Retenção de imposto de rendimento de trabalho............................   34.3.1

5. Honorários pagos ao engenheiro técnico "A".. 45.1.1

   5.1 Valor dos honorários.. **75.2.34**

   5.2 Retenção de imposto de rendimento de trabalho.............................. 34.3.1

6. Honorários pagos ao arquitecto "B" - Recibo 5566678 .... 45.1.1

   6.1 Valor dos honorários.. **75.2.34**

   6.2 Retenção de imposto de rendimento de trabalho.............................. 34.3.1

7. Avença do médico "A"... 45.1.1

   7.1 Valor da avença.. **75.2.34**

   7.2 Retenção de imposto de rendimento de trabalho.............................. 34.3.1

8. Avença do enfermeiro.. 45.1.1

   8.1 Valor da avença.. **75.2.34**

   8.2 Retenção de imposto de rendimento de trabalho.............................. 34.3.1

75.2.35 Royalties   Débito   Crédito

1. Pelos seguintes pagamentos.. 45.1.1

   1.1 À empresa "D", royalties relativos ao período de 01/01 a 31/12....... **75.2.35**

   1.2 Custo da licença que autoriza o fabrico do produto "B" no corrente

      ano **75.2.35**

   1.3 Custo do contrato pela utilização do processo de fabrico do produto

      "ABC" **75.2.35**

   1.4 Custo dos direitos de exploração do modelo do produto "D"............. **75.2.35**

   1.5 À empresa "E" - Exploração da patente do produto"H".................. **75.2.35**

2. Retenção de imposto de rendimento... 34.3.1

75.2.39.1 Outros serviços   Débito   Crédito

1.Pelos seguintes pagamentos através do caixa da sede........................... 45.1.1

   1.1 Despesas pagas aos Bombeiros Voluntários, pelo reboque da viatu-

      ra "ZATA" **75.2.39.1**

   1.2 Custo do aluguer, instalação e recolha de aparelhagem sonora para

      a nossa exposição na feira "Y".. **75.2.39.1**

75.3 Impostos

75.3.1 Indirectos

75.3.1.1 Imposto de selo   **Débito Crédito**

   1. Imposto do selo de Janeiro/N.. **75.3.1.1** 34.9.1

   2. Pagamento do imposto.. 34.9.1 45.1.1

75.3.1.9 Outros impostos   **Débito Crédito**

Nota:

   Nesta conta registar-se-ão os impostos indirectos não movimentados nas contas anteriores.

75.3.2 Directos

75.3.2.1 Imposto de capitais   **Débito Crédito**

   1. Imposto sobre os lucros.. **75.3.2.1** 34.1.1

   2. Pagamento do imposto.. 34.1.1 45.1.1

   3. Dividendos recebidos da Sociedade "A", S.A.:

      3.1 Pelo valor ilíquido.. 67.1.3

      3.2 Valor creditado na nossa conta no Banco "B"................................ 43.1.2

      3.3 Pela retenção na fonte do imposto sobre os lucros 34.1.1

75.3.2.2 Contribuição predial   **Débito Crédito**

   1. Imposto sobre imóveis.. **75.3.2.2** 45.1.1

75.3.2.9 Outros impostos   **Débito Crédito**

Nota:

   Nesta conta registar-se-ão os impostos indirectos não movimentados nas contas anteriores.

75.4 Despesas confidenciais   **Débito Crédito**

   1. Gastos efectuados pela administração da empresa, sem documentação

      comprovativa.. **75.4** 45.1.1

75.5 Quotizações   Débito   Crédito

    1. Quotas da Associação Industrial..   **75.5**   45.1.1

    2. Quotas da Associação Comercial..   **75.5**   45.1.1

    3. Quotas da ACAP pagas pelo Banco "C"...................................   **75.5**   45.1.1

75.6 Ofertas e amostras de existências   Débito   Crédito

Esta rubrica destina-se a registar o custo de ofertas e amostras de existências próprias, que não são de registar no custo das existências vendidas e das matérias consumidas. *(Notas explicativas)*.

    1. Guia de saída nº 315 relativa à oferta de 3 unidades do produto "A".......   26.1.1

      1.1 Pela oferta ao cliente "G"...   **75.6**

    2. Oferta ao cliente "G", como prenda de casamento, de uma mobília que

      havia sido adquirida para venda:

      2.1 Pela entrega da mobília...   **75.6**   26.1.1

    3. Oferta a 6 clientes de uma unidade, a cada um, do produto "B", cujo pre-

      ço de venda é inferior a 15 Kz...   **75.6**   26.1.1

    4. Entrega de amostras a futuros clientes do produto "C", de valor inferior

      a 10 Kz..   **75.6**   26.1.1

75.8 Outros custos e perdas operacionais   Débito   Crédito

  Nota:

    Nesta conta registar-se-ão os impostos directos não movimentados nas contas anteriores.

75.9 Transferência para resultados operacionais   Débito   Crédito

    1) Transferência para resultados operacionais..........................   **75.9**

      1.1 Sub-contratos...   75.1

      1.2 Fornecimentos e serviços de terceiros............................   75.2

      1.3 Impostos..   75.3

      1.4 Despesas confidenciais...   75.4

      1.5 Quotizações...   75.5

      1.6 Ofertas e amostras de existências.................................   75.6

      1.7 Outros custos e perdas operacionais..............................   75.8

76. CUSTOS E PERDAS FINANCEIROS GERAIS

76.1 Juros

Esta conta destina-se a registar os juros resultantes do uso, pela entidade, de dinheiro ou seus equivalentes que resultem de financiamentos obtidos ou de atraso no pagamento de quantias devidas a terceiros. *(Notas explicativas).*

76.1.1 De empréstimos

76.1.1.1 Empréstimos - Bancários	Débito	Crédito
1. Juros - Livrança do Banco "A"..	**76.1.1.1**	43.1.1
2. Juros - Reforma de livrança do Banco "A"...................................	**76.1.1.1**	43.1.1
3. Juros a liquidar no ano N+1 relativos ao empréstimo concedido pelo		
Banco "B", no ano N...	**76.1.1.1**	37.5.2
4. Pelo débito dos juros referidos em 3), na nossa conta de "D.O.", no		
ano N+1..		43.1.2
4.1 Parte correspondente ao ano N, descrita em 3)............................	37.5.2	
4.2 Parte correspondente ao exercício N+1.......................................	**76.1.1.1**	
5. Construção do edifício, a concluir no prazo de 3 anos:		
5.1 Juros de capitais alheios pagos pela empresa no primeiro ano....	14.1	43.1.1
5.2 Importação de maquinaria no ano anterior ao arranque da fá-		
brica:		
5.2.1 Juros de empréstimos suportados para o pagamento do		
equipamento...	37.5.2	43.1.1
5.2.2 Transferência para custos e perdas financeiras da quota		
parte correspondente ao ano do início da actividade........	**76.1.1.1**	37.5.2

76.1.1.2 Empréstimos - Obrigações	Débito	Crédito
1. Aquisição de obrigações:		
1.1 Pela compra em 1/03/N:		
1) Custo de aquisição..	13.3.2	43.1.1
2) Juros vincendos (3 meses)	37.5.2	43.1.1

		Débito	Crédito
1.2 No final do exercício - Juros de Dezembro/N, para especialização de exercícios..		**76.1.1.2**	66.1.1.1
1.3 Pelo recebimento dos juros em Fevereiro/N+1..................................		43.1.1	
1.3.1 Juros do ano N..			66.1.1.1
1.3.2 Juros do ano N+1..			66.1.1.1
1.3.3 Juros vincendos à data da compra.............................		37.3.3	
1.4 Pela venda das mesmas obrigações no ano N+1:			
1.4.1 Valor creditado no Banco "A"......................................		43.1.1	
1.4.2 Valor da venda...			66.1.5
1.4.3 Juros vincendos (3 meses)...		37.3.3	
1.4.4 Transferência do custo de aquisição..........................		66.1.5	13.3.2

76.1.1.3 Empréstimos - Títulos de participação

Nota:

Nesta conta registar-se-ão os juros de empréstimos não movimentados nas contas anteriores.

76.1.2 De descobertos bancários

	Débito	Crédito
1. Depósito no Banco "X"...	43.1.2	45.1.1
2. Cheque emitido a favor do fornecedor "ABC", por valor superior	32.1.2.1	43.1.2
3. Juros debitados pelo Banco – descoberto bancário.............................	**76.1.2**	43.1.2

76.1.3 De mora relativos a dívidas a terceiros

	Débito	Crédito
1. Juros de mora debitados pelo fornecedor "X"..	**76.1.3**	32.1.2.1
2. Juros de mora debitados pelo Banco "A"..	**76.1.3**	43.1.1
3. Liquidação adicional relativa ao ano N-2, e respectivos juros compensatórios do ano N..	**76.1.3**	34.1.1

76.1.4 De desconto de títulos

	Débito	Crédito
1. Juros com o desconto do saque nº 1, no Banco "B"................................	**76.1.4**	43.1.2
2. Juros debitados pelo fornecedor "D", relativos ao desconto do nosso aceite nº 4..	**76.1.4**	32.1.2.1

3. Juros debitados ao nosso cliente "C" relativos a 50% dos encargos su-
portados com o desconto do saque nº 1 .... 31.1.2.1   **76.1.4**

4. Desconto, no Banco "A", do nosso saque nº 221, sobre o cliente "C":

4.1 Valor do saque.. 31.2.2.1

4.2 Valor dos juros debitados... **76.1.4**

4.3 Valor líquido creditado pelo Banco... 43.1.1

76.2.1 Diferenças de câmbio desfavoráveis - Realizadas   Débito   Crédito

Esta conta destina-se a registar as diferenças de câmbio desfavoráveis realizadas, relacionadas com as actividades operacionais da empresa e com o financiamento de activos que não
sejam de imputar a imobilizado ou a existências.

São consideradas diferenças de câmbio realizadas aquelas que resultem do diferencial entre o
valor de registo da dívida na data do reconhecimento inicial da transacção e o valor pelo qual a
dívida tenha sido paga ou recebida. *(Notas explicativas)*.

1. Pagamento, através do Banco "A", do empréstimo concedido pelo Banco
Suíço "XZ"... 33.1.2.1   43.2.1

2. Diferença de câmbio desfavorável verificada na operação............................. **76.2.1** 33.1.2.1

76.2.2 Diferenças de câmbio desfavoráveis - Não realizadas   Débito   Crédito

Esta conta destina-se a registar as diferenças de câmbio desfavoráveis não realizadas relacionadas com as actividades operacionais da empresa e com o financiamento de activos que não
sejam de imputar a imobilizado ou a existências.

São consideradas diferenças de câmbio não realizadas aquelas que resultem do diferencial
entre o valor de registo da dívida na data do reconhecimento inicial da transacção ou o valor actualizado na data do último período de relato e o valor que resulta da actualização dessa dívida para o
câmbio em vigor no final do período, quando esta ainda não tenha sido paga ou recebida até essa
data. *(Notas explicativas)*.

76.3 Descontos de pronto pagamento concedidos

Esta rubrica destina-se a registar os descontos desta natureza, quer constem da factura, quer
sejam atribuídos posteriormente. *(Notas explicativas)*.

76.3.1 Descontos de pronto pagamento concedidos

	Débito	Crédito

1. Desconto concedido ao cliente "B", por antecipação do pagamento de uma factura do mês em curso... **76.3.1** 31.1.2.1

Amortizações de investimentos em imóveis

Esta conta destina-se a registar as amortizações dos imóveis que se encontrem registados em investimentos financeiros. *(Notas explicativas).*

76.4.1 Amortizações de investimentos em imóveis

	Débito	Crédito

1. Amortização a contabilizar no ano N – Edifício "A" **76.4.1** 18.3.2

76.5 Provisões para aplicações financeiras

76.5.1 Investimentos financeiros

76.5.1.1 Subsidiárias

	Débito	Crédito

1. Ajustamento, efectuado no ano N, para fazer face a eventuais prejuízos resultantes da nossa participação no capital da Subsidiária "P"...... **76.5.1.1** 19.1.1
2. Reforço, em N+1, do mesmo ajustamento, por aquela empresa atravessar grave crise económica e financeira... **76.5.1.1** 19.1.1

76.5.1.2 Associadas

	Débito	Crédito

1. Ajustamento no ano N - Títulos da associada "A"...................………….. **76.5.1.2** 19.2.1

76.5.1.3 Outras empresas

	Débito	Crédito

1. Ajustamento efectuado no ano N, para "Outras empresas".................... **76.5.1.3** 19.3.1

76.5.1.4 Fundos

	Débito	Crédito

1. Ajustamento efectuado no ano N, para "Fundos".................................. **76.5.1.4** 19.4.1

76.5.1.9 Outros investimentos

	Débito	Crédito

1. Ajustamento efectuado no ano N, para "Diamantes" **76.5.1.9** 19.9.1

2. Ajustamento efectuado no ano N, para "Ouro"...................................... **76.5.1.9**   19.9.2

3. Ajustamento efectuado no ano N, para "Depósitos bancários" **76.5.1.9**   19.9.3

76.5.2 Aplicações de tesouraria

76.5.2.1 Títulos negociáveis   Débito Crédito

1. Ajustamento efectuado no ano N... **76.5.2.1**   19.3.2

76.5.2.2 Depósitos a prazo   Débito Crédito

1. Ajustamento efectuado no ano N... **76.5.2.2**   19.9.3

76.6 Perdas na alienação de aplicações financeiras

Esta conta destina-se a registar as perdas resultantes da alienação de aplicações financeiras, sendo as respectivas subcontas creditadas pelo produto da venda e amortizações respectivas (no caso de investimentos em imóveis) e debitadas pelos custos correspondentes. *(Notas explicativas).*

76.6.1 Investimentos financeiros

76.6.1.1 Subsidiárias   Débito Crédito

1. Venda de acções da empresa "X", com prejuízo.................................... 45.1.1   **76.6.1.1**

2. Transferência do custo das mesmas acções... **76.6.1.1**   13.1.2

76.6.1.2 Associadas   Débito Crédito

1. Venda de acções da empresa "ACB", com prejuízo............................... 45.1.1   **76.6.1.2**

2. Transferência do custo das mesmas acções... **76.6.1.2**   1 3.2.2

76.6.1.3 Outras empresas   Débito Crédito

1. Venda de acções da empresa "XYZ", com prejuízo............................... 45.1.1   **76.6.1.3**

2. Transferência do custo das mesmas acções... **76.6.1.3**   13.3.2

76.6.1.4 Fundos   Débito Crédito

1. Venda de "Fundos", com prejuízo... 45.1.1   **76.6.1.4**

2. Transferência do custo dos mesmos "Fundos"...................................... **76.6.1.4**   13.5.1

76.9 Transferência para resultados financeiros   Débito   Crédito

1) Transferência para resultados financeiros dos "Custos e perdas finan-

ceiros gerais"..   82.9   **76.9**

78. OUTROS CUSTOS E PERDAS NÃO OPERACIONAIS

Esta conta destina-se a registar operações de natureza corrente que tenham carácter não recorrente ou não frequente.

Sempre que os factos ou acontecimentos em causa envolvam custos e proveitos, esta rubrica registará ambos se o efeito líquido de tais acontecimentos e factos for de natureza devedora. *(Notas explicativas).*

78.1 Provisões do exercício

78.1.1 Existências

78.1.1.1 Matérias-primas, subsidiárias e de consumo   Débito   Crédito

1. Provisões apuradas no ano N...   **78.1.1.1**   39.9.1

78.1.1.2 Produtos e trabalhos em curso   Débito   Crédito

1. Provisões apuradas no ano N...   **78.1.1.2**   39.9.2

78.1.1.3 Produtos acabados e intermédios   Débito   Crédito

1. Ajustamentos no ano N...   **78.1.1.3**   39.9.3

2. Ajustamentos no ano N+1...   **78.1.1.3**   39.9.3

78.1.1.4 Subprodutos, desperdícios, resíduos e refugos   Débito   Crédito

1. Ajustamentos no ano N **78.1.1.4**   39.9.4

2. Redução no ano N+3..   39.9.4   68.1.1.4

78.1.1.5 Mercadorias   Débito   Crédito

1. Provisões apuradas no ano N..   **78.1.1.5**   39.9.5

78.1.2 Cobranças Duvidosas

78.1.2.1 Clientes   **Débito   Crédito**

   1. Ajustamentos no ano N para créditos em mora:

     1.1 Cliente "D".. **78.1.2.1** 38.1.1.2

     1.2 Cliente "E".. **78.1.2.1** 38.1.1.2

     1.3 Reforço do ajustamento do cliente "H"…….........…......…….. **78.1.2.1** 38.1.1.2

     1.4 Redução de ajustamentos no ano N+1………………......….…… 38.1.1. 2 68.1.2.1

78.1.2.2 Clientes – títulos a receber   **Débito   Crédito**

   1. Constituição de provisão, no ano N, para títulos a receber:

     1.1 Cliente "H".. **78.1.2.2** 38.1.1.2

78.1.2.3 Clientes – cobrança duvidosa   **Débito   Crédito**

   1. Constituição de provisão, no ano N, para cobrança duvidosa:

     1.1 Cliente "X".. **78.1.2.3** 38.1.1.2

78.1.2.4 Saldos devedores de fornecedores   **Débito   Crédito**

   1. Constituição de provisão, no ano N, para "Saldos devedores de fornecedores":

     1.1 Fornecedor "F.G".. **78.1.2.4** 38.1.1.2

78.1.2.5 Participantes e participadas   **Débito   Crédito**

   1. Constituição de provisão, no ano N, para "Participantes e participadas":

     1.1 Participada "AB"... **78.1.2.5** 38.1.1.2

78.1.2.6 Dívidas do pessoal   **Débito   Crédito**

   1. Constituição de provisão, no ano N, para "Dívidas do pessoal", relativa a
um adiantamento ao empregado "Y"... **78.1.2.6**   38.4.1

78.1.2.9 Outros saldos a receber   **Débito   Crédito**

   1. Constituição de provisão, no ano N, para "Outros saldos a receber"......... **78.1.2.9**   38.9.2

78.1.3 Riscos e encargos

78.1.3.1 Pensões   Débito Crédito

Esta rubrica destina-se a registar as verbas atribuídas à provisão para pagamento de pensões (acumuladas na conta 39.1). *(Notas explicativas).*

1. Constituição de provisão, no ano N, para "Pensões"................................. **78.1.3.1**   39.1.1

78.1.3.2 Processos judiciais em curso   Débito Crédito

1. Provisão constituída no ano N, para fazer face a eventuais despesas ou indemnizações inerentes ao processo que o cliente "B" move contra a empresa... **78.1.3.2**   39.2.1

78.1.3.3 Acidentes de trabalho   Débito Crédito

1. Provisão constituída no ano N... **78.1.3.3**   39.3.1

78.1.3.4 Garantias dadas a clientes   Débito Crédito

1. Constituição, no ano N, de provisão para fazer face aos encargos a suportar com a garantia dada ao nosso cliente "F" pelo fornecimento de produtos... **78.1.3.4**   39.4.1
2. Redução de provisão no ano N+1... 39.4.1 68.1.3.4

78.1.3.9 Outros riscos e encargos   Débito Crédito

1. Constituição no ano N de provisão para outros riscos e encargos........ **78.1.3.9**   39.9.1
2. Anulação da provisão no mesmo ano da constituição........................... 39.9.1 **78.1.3.9**

78.2 Amortizações extraordinárias

Esta conta destina-se a registar as amortizações, relativas a bens ao serviço da entidade, que tenham natureza extraordinária e não devam por isso ser registadas na conta <<Amortizações do exercício>>.*(Notas explicativas).*

78.2.1 Imobilizações Corpóreas Débito Crédito

1. Constituição no ano N, de "Amortizações extraordinárias" para "Imobiliza-
   ções Corpóreas"... **78.2.1** 18.1.9

78.2.2 Imobilizações Incorpóreas Débito Crédito

1. Constituição no ano N, de "Amortizações extraordinárias" para "Imobiliza-
   ções Incorpóreas".. **78.2.2** 18.2.9

78.3 Perdas em imobilizações

Esta conta destina-se a registar as perdas provenientes:

Da alienação de imobilizações, sendo as respectivas sub-contas creditadas pelo produto da venda e amortizações respectivas e debitadas pelos custos correspondentes.

De abates de imobilizado, sendo as respectivas sub-contas creditadas pelas amortizações respectivas e debitadas pelos custos correspondentes aos bens abatidos. *(Notas explicativas)*.

78.3.1 Venda de imobilizações corpóreas Débito Crédito

1. Venda de máquina da secção fabril "A", que representa numa menos-
   -valia contabilística:
   1.1 Lançamentos:
   a) Pela venda a dinheiro.. 45.1.1
      - Valor da alienação.. **78.3.1**
   b) Pela transferência do:
      - Valor de aquisição.. **78.3.1** 11.3.1
      - Valor das amortizações acumuladas....................................... 18.1.3 **78.3.1**

78.3.2 Venda de imobilizações incorpóreas Débito Crédito

1. Cedência das instalações da filial nº 1, ao antigo proprietário — Valor do
   trespasse inferior ao custo... 45.1.1 **78.3.2**
2. Transferência do custo do trespasse.. **78.3.2** 12.1.1
3. Transferência das amortizações acumuladas... 18.2.1 **78.3.2**

78.3.3 Abates

	Débito	Crédito
1. Pelo abate ao imobilizado corpóreo, de duas secretárias danificadas, adquiridas no ano N-6	**78.3.3**	11.5.1
2. Pela transferência das amortizações acumuladas até final do ano anterior.	18.1.5	**78.3.3**
3. Pelo abate ao imobilizado de uma máquina de calcular, avariada, por o custo da sua reparação ser superior ao valor actual de uma máquina nova:		
3.1 Supondo que se encontrava totalmente amortizada, resultando num saldo nulo..	18.1.5	11.5.1
3.2 Supondo que não estava totalmente amortizada:		
a) Transferência da conta de "Amortizações" para a conta "Aquisição"	18.1.5	11.5.1
b) Transferência do saldo devedor resultante do abate	**78.3.3**	11.5.1
4. Pela inutilização das embalagens retornáveis "G" e "H":		
4.1 Pelo abate ao imobilizado...	**78.3.3**	11.6.1
4.2 Pela transferência das amortizações acumuladas até final do ano anterior...	18.1.6	**78.3.3**
5. Pelo abate do edifício comercial e administrativo para construção de um novo imóvel destinado ao mesmo fim:		
5.1 Valor contabilístico - Construção...	**78.3.3**	18.1.2
5.2 Amortização extraordinária (12%), efectuada no ano N e autorizada pelo Fisco...	73.1.2	11.2.1.2
5.3 Valor contabilístico - Amortizações..	18.1.2	**78.3.3**

78.3.9 Outras

	Débito	Crédito
1. Pelo roubo da viatura "Z", no início do ano e não recuperada até final do mesmo ano (evento não coberto pelo seguro)...........................	**78.3.9**	11.4.1
1.1 Transferência das amortizações contabilizadas até final do ano anterior..	18.1.4	**78.3.9**

78.4 Perdas em existências

Esta conta destina-se a registar as perdas de existências apuradas aquando da realização de um inventário físico, ou através de qualquer outra forma, e que não devam afectar o custo das existências vendidas e consumidas. *(Notas explicativas)*.

78.4.1 Quebras	Débito	Crédito
1. Diferença apurada no final do ano entre o inventário físico e o inventário permanente - quebra anormal em mercadorias	**78.4.1**	26.1.1
2. Diferença de peso verificada no milho a granel depositado no armazém "A" - matérias-primas...	**78.4.1**	27.1.1
3. Quebras apuradas nas existências de produtos fabricados...................	**78.4.1**	24.1.1

78.5 Dívidas incobráveis	Débito	Crédito
1. Transferência para a conta "78.5" do débito do cliente "X", por ter sido considerado incobrável através de processo judicial...............................	**78.5**	31.8.1
2. Saldo devedor de "F" que se considera incobrável, por se desconhecer o paradeiro do devedor..	**78.5**	31.8.1
3. Contrato de cessão da dívida do cliente "B", que suspendeu pagamentos há bastante tempo:		
3.1 Entrega em cheque (65%) pelo credor "J"...	45.1.1	31.8.1
3.2 Pela regularização de 35% do crédito que se considera incobrável, em virtude da cessão feita..	**78.5**	31.8.1
4. Recuperação, passados dois anos, do crédito sobre o cliente "F" referido em 2) - Depósito no Banco "A"..	43.1.1	68.5.1

78.6 Multas e penalidades contratuais

78.6.1 Fiscais	Débito	Crédito
1. Multa pela entrega fora do prazo da declaração de alterações...............	**78.6.1**	45.1.1
2. Multa pelo pagamento fora do prazo do imposto industrial...................	**78.6.1**	45.1.1
3. Multa pela não entrega do IRT – Imposto do rendimento do trabalho...	**78.6.1**	45.1.1

78.6.2 Não fiscais   Débito   Crédito

    1. Multa por transgressão ao Código da Estrada.......................................   **78.6.2**   45.1.1

    2. Multa aplicada pela Câmara Municipal por infracção do Regulamento

       para a concessão de anúncios e reclamos **78.6.2**   45.1.1

78.6.3 Penalidades contratuais   Débito   Crédito

    1. Pagamento de multa, com origem contratual, aplicada pelo nosso

       cliente "X"..   **78.6.3**   31.1.2.1

78.7 Custos de reestruturação   Débito   Crédito

Esta conta destina-se a registar os custos de reestruturação da entidade que não resultem em expansão para outras actividades. *(Notas explicativas)*

78.8 Descontinuidade de operações   Débito   Crédito

Esta conta destina-se a registar as perdas líquidas resultantes da descontinuidade de uma ou várias das operações da empresa. *(Notas explicativas)*

78.9 Alterações de políticas contabilísticas   Débito   Crédito

Esta conta destina-se a registar as correcções desfavoráveis derivadas de alterações nas políticas contabilísticas cujos efeitos não puderam ser reconhecidos nos resultados transitados por não ter sido possível efectuar uma estimativa razoável do valor a reconhecer nessa conta. *(Notas explicativas)*

78.10 Correcções relativas a exercícios anteriores

Esta conta destina-se a registar as correcções desfavoráveis derivadas de erros ou omissões relacionados com exercícios anteriores, que não sejam de grande significado nem ajustamentos de estimativas inerentes ao processo contabilístico. *(Notas explicativas)*

78.10.1 Estimativa impostos   Débito   Crédito

    1. Apuramento, no final do exercício, do valor provisional do Imposto

       Industrial, com base nos elementos contabilísticos.............................   87.1   34.1.1

    2. No ano seguinte:

       2.1 No dia da apresentação da declaração de rendimentos:

2.1.1 Pagamento da diferença entre os pagamentos por conta e
retenções na fonte e o valor do Imposto Industrial devido,
superior à estimativa referida em 1.. 34.1.1   45.1.1

2.1.2 Lançamento relativo à regularização da insuficiência da es-
timativa do Imposto Industrial.. **78.10.1**   34.1.2

3. Liquidação adicional relativa ao ano N-2 e respectivos juros................. 34.1.2

3.1 Imposto adicional... **78.10.1**

3.2 Juros de mora.. 76.1.3

78.11 Outros custos e perdas não operacionais

78.11.1 Donativos	Débito	Crédito
1. Pelos seguintes donativos concedidos...		45.1.1
1.1 Donativo à Câmara Municipal....................................	**78.11.1**	
1.2 Donativo à escola secundária da localidade....................................	**78.11.1**	
1.3 Donativo à Cruz Vermelha..	**78.11.1**	
1.4 Donativo ao clube de ginástica da localidade..............................	**78.11.1**	
1.5 Donativo aos Bombeiros Municipais...	**78.11.1**	
1.6 Donativo à Liga Contra o Cancro..	**78.11.1**	
1.7 Donativo aos Bombeiros Voluntários..	**78.11.1**	

78.19 Transferência para resultados não operacionais	Débito	Crédito
1.Transferência para resultados não operacionais.....................................	85.2	**78.19**

79. CUSTOS E PERDAS EXTRAORDINÁRIAS

Esta rubrica destina-se a registar os custos e perdas extraordinários resultantes de eventos claramente distinguíveis das actividades operacionais da entidade e que, por essa razão, não se espera que ocorram, nem de forma frequente, nem regular.

Sempre que eventos desta natureza originem simultaneamente custos e proveitos, estes devem ser contabilizados nesta rubrica apenas se o respectivo valor líquido tiver natureza devedora.

(Notas explicativas)

79. 9 Transferência para resultados extraordinários	Débito	Crédito
1.Transferência para resultados extraordinários.......................................	86.2	**79.9**

CLASSE 8

RESULTADOS

Classe 8 – Resultados

81. RESULTADOS TRANSITADOS

Esta conta é utilizada para registar os resultados líquidos e os dividendos antecipados provenientes do exercício anterior. Será movimentada subsequentemente de acordo com a distribuição de lucros ou a cobertura de prejuízos que for deliberada pelos detentores do capital.

Esta conta destina-se a registar igualmente:

A correcção dos erros fundamentais que devam afectar, positiva ou negativamente, os capitais próprios e não o resultado do exercício.

Os efeitos retrospectivos, negativos ou positivos, das alterações de políticas contabilísticas.

O imposto sobre os lucros derivados das situações acima referidas. A contabilização efectuada por contrapartida da conta 34.1 Imposto sobre os lucros. *(Notas explicativas)*

81.1 Ano N - 1

81.1.1 Resultados transitados	Débito	Crédito
1. Resultados transitados do ano N-1..	88.9	**81.1.1**

81.1.2 Aplicação de resultados	Débito	Crédito
1. Distribuição dos resultados líquidos pela empresa "XYZ, S.A", conforme deliberado em Assembleia Geral Ordinária:		
1.1 Para "Reserva legal" - 5%	55.1	89.1
1.2 Para "Reservas livres" - 20%...	58.1	89.1
1.3 Para "Dividendos antecipados" - 25%..	59.1	89.1
1.4 Para distribuição e colocação à disposição dos accionistas - 50%:		
1.4.1 Empresa "A" - 25%..	59.1	35.1.3.2
1.4.2 Empresa "B" - 30%..	59.1	35.1.3.2
1.4.3 Empresa "C" - 18%..	59.1	35.2.2.2
1.4.4 Restantes accionistas - 27%....................................	59.1	35.2.4.2
2. Retenção na fonte - Diferença entre o valor dos "dividendos antecipados" e os colocados à disposição dos accionistas:		
2.1 Accionistas individuais...	35.2.4.2	34.1.1

2.2 Empresa "A"..	35.1.3.2	34.1.1
2.3 Empresa "B"..	35.1.3.2	34.1.1
2.4 Empresa "C"..	35.2.2.2	34.1.1

3. Pelo pagamento dos dividendos líquidos através do Banco "C":

3.1 Empresa "A"..	35.1.3.2	43.1.3
3.2 Empresa "B"..	35.1.3.2	43.1.3
3.3 Empresa "C"..	35.2.2.2	43.1.3
3.4 Restantes accionistas	35.2.4.2	43.1.3
4. Pela entrega ao Estado do imposto retido na fonte.............................	34.1.1	45.1.1

82. RESULTADOS OPERACIONAIS

Esta conta destina-se a concentrar, no fim do exercício, os proveitos e os custos registados, respectivamente, nas contas 61 a 65 e 71 a 75 por forma a apurar os resultados operacionais da entidade. Os correspondentes registos deverão ser efectuados por contrapartida das sub-contas denominadas transferência para resultados operacionais. *(Notas explicativas)*

82.1 Resultados operacionais

	Débito	Crédito
1. Transferência para "Resultados operacionais" dos seguintes saldos devedores...	**82.1**	
1.1 Custo das mercadorias vendidas.....................................		71.9
1.2 Custos com o pessoal...		72.9
1.3 Amortizações do exercício..		73.9
1.4 Outros custos e perdas operacionais.............................		75.9
2. Transferência dos saldos credores das seguintes contas para "Resultados operacionais"...	**82.1**	
2.1 Vendas...	61.9	
2.2 Prestações de serviços...	62.9	
2.3 Outros proveitos operacionais	63.9	
2.4 Variação inventários de produtos acabados e de produção em curso	64.9	
2.5 Trabalhos para a própria empresa...................................	65.9	

83. RESULTADOS FINANCEIROS

Esta conta destina-se a concentrar, no fim do exercício, os proveitos e os custos registados, respectivamente, nas contas 66 e 76 por forma a apurar os resultados financeiros da entidade. Os correspondentes registos deverão ser efectuados por contrapartida das sub-contas denominadas transferência para resultados financeiros. *(Notas explicativas)*

83.1 Proveitos e ganhos financeiros gerais	Débito	Crédito
1. Transferência do saldo para "Resultados financeiros":		
1.1 Proveitos e ganhos financeiros gerais..	66.9	**83.1**

83.2 Custos e perdas financeiros gerais	Débito	Crédito
1. Transferência do saldo para "Resultados financeiros":		
1.1 Custos e perdas financeiros gerais..	**83.2**	76.9

83.9 Transferência para resultados líquidos	Débito	Crédito
1. Transferência do saldo para "Resultados líquidos":		
1.1 Proveitos e ganhos financeiros gerais................................	83.1	**83.9**
1.2 Custos e perdas financeiros gerais....................................	**83.9**	83.2

84. RESULTADOS FINANCEIROS EM FILIAIS E ASSOCIADAS

Esta conta destina-se a concentrar, no fim do exercício, os proveitos e os custos registados, respectivamente, nas contas 67 e 77 por forma a apurar os resultados em filiais e associadas da entidade. Os correspondentes registos deverão ser efectuados por contrapartida das sub-contas denominadas transferência para resultados em filiais e associadas. *(Notas explicativas)*

84.1 Proveitos e ganhos em filiais e associadas	Débito	Crédito
1. Proveitos e ganhos financeiros em filiais e associadas..............................	67.9	**84.1**

84.2 Custos e perdas financeiros gerais	Débito	Crédito
1. Custos e perdas financeiros em filiais e associadas....................................	**84.2**	77.9

84.9 Transferência para resultados líquidos   Débito   Crédito

    1. Proveitos e ganhos em filiais e associadas..   84.1   **84.9**

    2. Custos e perdas financeiros em filiais e associadas....................................   **84.9**   84.2

85. RESULTADOS NÃO OPERACIONAIS

Esta conta destina-se a concentrar, no fim do exercício, os proveitos e os custos registados, respectivamente, nas contas 68 e 78 por forma a apurar os resultados não operacionais da entidade. Os correspondentes registos deverão ser efectuados por contrapartida das sub-contas denominadas transferência para resultados não operacionais. *(Notas explicativas)*

85.1 Proveitos e ganhos não operacionais   Débito   Crédito

    1. Transferência do saldo de proveitos e ganhos não operacionais..............   **85.1**   88.4

85.2 Custos e perdas não operacionais   Débito   Crédito

    1. Transferência do saldo de custos e perdas não operacionais..................   88.4   **85.2**

85.9 Transferência para resultados líquidos   Débito   Crédito

    1. Proveitos e ganhos não operacionais..   85.1   **85.9**

    2. Custos e perdas não operacionais..   **85.9**   85.2

86. RESULTADOS EXTRAORDINÁRIOS

Esta conta destina-se a concentrar, no fim do exercício, os proveitos e os custos registados, respectivamente, nas contas 69 e 79 por forma a apurar os resultados extraordinários da entidade.

Os correspondentes registos deverão ser efectuados por contrapartida das sub-contas denominadas transferência para resultados extraordinários. *(Notas explicativas)*

86.1 Proveitos e ganhos extraordinários   Débito   Crédito

    1. Transferência do saldo de:

        1.1 Proveitos e ganhos extraordinários..   69.9   **86.1**

86.2 Custos e perdas extraordinários   Débito   Crédito

1. Transferência do saldo de:

1.2 Outros custos e perdas extraordinárias.. **86.2**   79.9

87. IMPOSTOS SOBRE OS LUCROS

Esta conta destina-se a registar a estimativa de imposto sobre os lucros relacionada com resultados líquidos do exercício, devendo ser distinguida a parte relativa a resultados correntes e a parte relativa a resultados extraordinários. A quantia estimada de imposto deverá ser contabilizada por contrapartida da conta 34.1 Estado – Impostos sobre os lucros. *(Notas explicativas – Definições)*

87.1 Imposto sobre os resultados correntes   Débito   Crédito

1. Estimativa do imposto sobre os resultados correntes **87.1**   34.1.1

87.2 Imposto sobre os resultados extraordinários   Débito   Crédito

1. Estimativa do imposto sobre os resultados extraordinários.......................... **87.2**   34.1.1

87.9 Transferência para resultados líquidos   Débito   Crédito

1. Transferência para resultados líquidos dos saldos das seguintes contas....   **87.9**

1.1 Resultados operacionais... 88.1

1. 2 Resultados financeiros gerais.. 88.2

1.3 Resultados em filiais e associadas... 88.3

1.4 Resultados não operacionais 88.4

1.5 Imposto sobre os resultados correntes... 88.5

1.6 Resultados extraordinários 88.6

1.7 Imposto sobre os resultados extraordinários... 88.7

88 RESULTADOS LÍQUIDOS DO EXERCÍCIO

Esta conta servirá para agregar os saldos das contas 82 a 87 por forma a determinar os resultados líquidos do exercício. Os correspondentes registos deverão ser efectuados por contra-partida das subcontas denominadas transferência para resultados líquidos.

No início do exercício seguinte, o seu saldo deverá ser transferido para a conta 81 Resultados transitados. *(Notas explicativas)*

88.1 Resultados operacionais	Débito	Crédito
1. Transferência para resultados líquidos..	87.9	**88.1**

88.2 Resultados financeiros gerais	Débito	Crédito
1. Transferência para resultados líquidos..	87.9	**88.2**

88.3 Resultados em filiais e associadas	Débito	Crédito
1. Transferência para resultados líquidos..	87.9	**88.3**

88.4 Resultados não operacionais	Débito	Crédito
1. Transferência para resultados líquidos,,,,,,,,,,,,,,,,,,,,,,,,......................................	87.9	**88.4**

88.5 Imposto sobre os resultados correntes	Débito	Crédito
1. Transferência para resultados líquidos..	87.9	**88.5**

88.6 Resultados extraordinários	Débito	Crédito
1. Transferência para resultados líquidos..	87.9	**88.6**

88.7 Imposto sobre os resultados extraordinários	Débito	Crédito
1. Transferência para resultados líquidos..	87.9	**88.7**

88.9 Transferência para resultados transitados	Débito	Crédito
1. Transferência para resultados transitados...	87.9	**88.9**

89 DIVIDENDOS ANTECIPADOS

Esta conta é debitada, por crédito das subcontas da conta 35.1 Entidades participantes pelos dividendos atribuídos no decurso do exercício, que sejam permitidos nos termos legais e estatutários, por conta dos resultados desse exercício.

No início do exercício seguinte, o seu saldo deverá ser transferido para a conta 81 Resultados transitados. *(Notas explicativas)*

89.1 Dividendos antecipados – Sociedade anónima "G"	Débito	Crédito

1. Dividendos antecipados atribuídos aos accionistas da sociedade anónima

"G", conforme deliberado na última Assembleia Extraordinária:

I) Lançamentos na contabilidade da empresa que atribuiu os dividendos antecipados:

	Débito	Crédito
1.1 Empresa "A" (associada)	**89.1**	35.1.3.2
1.2 Empresa "B" (associada)	**89.1**	35.1.3.2
1.3 Empresa "C" (subsidiária)	**89.1**	35.2.2.2
1.4 Restantes accionistas	**89.1**	35.2.4.2
1.5 Retenção na fonte de imposto sobre os lucros:		
1.5.1 Restantes accionistas	35.2.4.2	34.1.1
1.5.2 Empresa "A"	35.1.3.2	34.1.1
1.5.3 Empresa "B"	35.1.3.2	34.1.1
1.5.4 Empresa "C"	35.2.2.2	34.1.1
1.6 Pagamento do valor líquido através do Banco "A"		43.1.1
1.6.1 Accionistas individuais	35.2.4.2	
1.6.2 Empresa "A"	35.1.3.2	
1.6.3 Empresa "B"	35.1.3.2	
1.6.4 Empresa "C"	35.2.2.2	

89.1 Dividendos antecipados — Associadas "A" e "B"

	Débito	Crédito
1) Lançamentos nas contabilidades das sociedades que receberam os dividendos antecipados:		
1.1 Empresas "A" e "B" - Associadas:		
1.1.1 Pelo crédito prestado pela empresa "G"	35.1.3.2	67.1.2
1.1.2 Pela retenção na fonte de imposto sobre os lucros	34.1.1	35.1.3.2
1.1.3 Recebimento do saldo através do Banco "A"	43.1.1	35.1.3.2

89.1 Dividendos antecipados — Empresa "C" - Participada

	Débito	Crédito
1) Lançamentos na contabilidade da sociedade "C" que recebeu os dividendos antecipados:		
1.1 Empresa "C" - Participada:		
1.1.1 Pelo crédito prestado pela empresa "G":		
1) Valor dos dividendos antecipados	35.1.3.2	67.1.2

	Débito	Crédito
2) Pela retenção na fonte de imposto sobre os lucros	34.1.1	35.1.3.2
1.2.2 Crédito prestado pelo Banco "A" correspondente ao valor líquido..	43.1.1	35.1.3.2

89.1 Dividendos antecipados — Empresa "G"

	Débito	Crédito
III) Distribuição dos resultados líquidos pela empresa "G", conforme deliberado em Assembleia Geral Ordinária:		
1. Contabilidade da empresa "G":		
1.1 Para "Reserva legal" - 5%	81.1.2	55.1
1.2 Para "Reservas livres" - 25%..	81.1.2	58.1
1.3 Para "Dividendos antecipados" - 20%...	81.1.2	**89.1**
1.4 Para distribuição e colocação à disposição dos accionistas - **50%**:		
1.4.1 Empresa "A" - 25%...	81.1.2	35.1.3.2
1.4.2 Empresa "B" - 30%...	81.1.2	35.1.3.2
1.4.3 Empresa "C" - 18%	81.1.2	35.2.2.2
1.4.4 Restantes accionistas - 27%...	81.1.2	35.2.4.2
2. Retenção na fonte - Diferença entre o valor dos "dividendos antecipados" e os colocados à disposição dos accionistas:		
2.1 Accionistas individuais..	35.2.4.3	34.1.1
2.2 Empresa "A"..	35.1.3.3	34.1.1
2.3 Empresa "B"..	35.1.3.3	34.1.1
2.4 Empresa "C"..	35.2.2.3	34.1.1
3. Pelo pagamento dos dividendos líquidos através do Banco "C":		
3.1 Empresa "A"..	35.1.3.2	43.1.3
3.2 Empresa "B"..	35.1.3.2	43.1.3
3.3 Empresa "C"..	35.2.2.2	43.1.3
3.4 Restantes accionistas...	35.2.4.2	43.1.3
4. Pela entrega ao Estado do imposto retido na fonte.............................	34.1.1	45.1.1

89.1 Dividendos antecipados – Empresas "A", "B" e "C"   **Débito   Crédito**

   III) Lançamentos - Contabilidade das empresas "A", "B" e "C":

      1. Pela remessa dos valores líquidos dos dividendos atribuídos pela empresa "G":

         1.1 Valor dos dividendos... 35.1.3.2 67.1.2

         1.2 Imposto retido na fonte.. 34.1.1   43.1.1

89.9 Transferência para resultados transitados   **Débito   Crédito**

   1. Transferência para resultados transitados - Resultado do ano "N"............. **89.9**   81.1.1

CAPÍTULO III

NOÇÕES DE COMÉRCIO

E

DE CONTABILIDADE

NOÇÕES DE COMÉRCIO E DE CONTABILIDADE (*)

(*) Extraído da nossa obra "A Contabilidade e a Escrituração por Decalque, publicada em 1978"

1. PRINCIPAIS DOCUMENTOS USADOS NO COMÉRCIO

1.1 Nota de Encomenda ou Requisição

É um documento por meio do qual o comprador encomenda ou requisita ao vendedor as mercadorias que pretende adquirir, normalmente a crédito.

1.2 Nota de Remessa (ou Guia de Remessa) e Nota de Recepção

Estes documentos, que são elaborados pelo vendedor, acompanham a mercadoria e são entregues ao destinatário para este conferir as quantidades e as qualidades requisitadas ou encomendadas:

a) Nota ou Guia de Remessa é o documento que serve de apoio ao débito a efectuar pelo vendedor ao comprador, através da factura a que adiante nos vamos referir;

b) Nota de Recepção geralmente vem apensa à guia ou nota de remessa. É destacável por uma picotagem, talão este que é assinado pelo destinatário como prova que a mercadoria foi entregue pelo transportador. Em outros casos é o duplicado ou triplicado da N. Remessa que serve de N. Recepção ao ser devidamente assinado pelo destinatário.

1.3 Factura

A factura é um dos documentos mais importantes e mais usados no comércio. Nele se descrevem as mercadorias vendidas e condições convencionadas entre o fornecedor e o comprador.

Existem variadíssimas espécies de facturas. Pode até dizer-se que cada comerciante ou empresa estuda o seu modelo, adaptando-o ao ramo de negócio a que se dedica.

No entanto, o costume comercial exige na factura vários requisitos que podemos dividir em duas partes:

a) O cabeçalho que normalmente compreende o nome e endereço do fornecedor e comprador, data da emissão, número de ordem e condições de venda;

b) O corpo que se destina ao detalhe da mercadoria vendida indicando quantidades, espécies, preços unitários, importâncias parciais e totais.

1.3.1 Tipo de facturas

Podemos classificar as facturas da seguinte forma:

a) **Facturas da Praça** — Aquelas que se emitem em nome de clientes da mesma praça do vendedor.

b) **Facturas de Expedição** — São as que se referem a mercadorias vendidas a clientes de outras praças e expedidas por via marítima, aérea ou terrestre.

c) *Facturas Gerais* — Habitualmente dá-se o nome de factura geral àquela que refere as compras parcialmente realizadas dentro de um período — normalmente um mês — na qual apenas se mencionam os números das notas ou guias de remessa e as importâncias totais de cada uma.

Este tipo de facturação é hoje o mais usado, principalmente nos casos em que há muita variedade de artigos a facturar.

Para este género de facturação é conveniente que se elabore a guia ou nota de remessa com mais uma via que fica em poder do vendedor, para anexar à factura, como justificativo da venda e auxílio da conferência pelo comprador. Isto, porque as notas de remessa devem ser sempre conferidas pelos fornecedores antes das facturas definitivas serem emitidas e isso dá origem a que, muitas vezes, são encontrados erros de cálculo, cometidos quando da emissão das notas, que carecem de correcção.

Portanto, as notas que são alteradas ou corrigidas deixam de condizer com o original em poder do cliente pelo que, se uma via corrigida acompanhar a factura, o comprador fica habilitado à sua conferência, sem dificuldades.

d) **Facturas Consulares** — Que também são conhecidas por «declarações de carga» — são documentos por meio dos quais o Cônsul do país de destino das mercadorias certifica o preço corrente por grosso que vigora na origem. Esta factura serve para o comprador provar, nas Alfândegas do seu país, o valor das mercadorias, para efeitos de pagamento dos direitos aduaneiros.

A factura consular pode ser acompanhada por um certificado de origem ou de manufactura.

O certificado de origem, emitido pelas autoridades locais e legalizado pelo Cônsul do país importador, certifica a proveniência e origem das mercadorias, auxiliando as

312

Alfândegas do país comprador a aplicar, com maior exactidão, as pautas aduaneiras em vigor.

A função principal da factura consular consiste em certificar que o preço corrente de venda no país exportador é o facturado ao importador. O certificado de origem certifica que a mercadoria exportada é oriunda de um determinado país a cujos produtos as alfândegas do país importador aplicam taxas aduaneiras reduzidas.

e) **Factura Pró-Forma** — Também conhecida por factura simulada — é aquela que o vendedor passa sem corresponder a uma venda real e que tem por fim elucidar o comprador sobre as condições e o preço a que forneceria determinadas mercadorias.

f) **Factura Provisória** — Costuma dar-se o nome de factura provisória aquela que relaciona mercadorias para serem vendidas à consignação. Das mercadorias não devolvidas à procedência, por terem sido vendidas, passam a conta firme através de factura definitiva.

1.4 Nota ou Aviso de Débito

Este documento pode, em muitos casos, substituir a factura. É, portanto, um documento no qual o credor indica as importâncias e origem das verbas que vai debitar ao comprador ou devedor.

Diferencia-se da factura pelo facto de, na descrição do débito se assinalar, não um fornecimento de mercadoria, mas um débito motivado por qualquer erro de cálculo numa factura, diferença de preço, despesas de transportes, seguros, cobranças, etc.. Por estes motivos podemos considerar a nota de débito como uma factura rectificativa, uma vez que, na maioria dos casos, a nota de débito surge por não se poder alterar a factura primitiva, quando se localizam erros, por esta já se encontrar lançada.

1.5 Nota ou Aviso de Crédito

Tem as mesmas características da Nota de Débito, mas destina-se ao aviso de lançamento de valores de origem inversa ou seja a créditos relativos a devoluções de mercadorias, reduções de preços, descontos, endosse de letras, etc.. Serve, do mesmo modo, para rectificar as facturas primitivas ou as alterar.

Modernamente, usa-se para estes avisos um impresso único para emissão das Notas de Débito e Notas de Crédito. É um impresso com uma coluna destinada ao débito e outra ao crédito. Faz-se, portanto, a descrição da razão do movimento e inscreve-se a verba na coluna a que respeita; a débito ou a crédito.

1.6 Recibo ou Documento de Quitação

É o documento passado pelo credor ao devedor quando este procede ao pagamento de um fornecimento ou valor de uma factura. Com a entrega do recibo, extingue-se o contrato de compra e venda das mercadorias, ou melhor, o vendedor dá quitação ao comprador.

O vendedor não pode recusar ao comprador a factura das coisas vendidas e entregues, com o recibo do preço ou da parte do preço que houver embolsado.

Quando o valor da factura ou do fornecimento for cobrado por partes, isto é, em prestações, o recibo de cada parte frisará que é por conta, com excepção do último, que deve indicar que é para liquidar o saldo de conta ou da factura.

O recibo também poderá ser passado na própria factura, apondo sobre os selos fiscais, quando devidos, as palavras «Recebi» ou «Recebemos», seguidas da data e assinatura do recebedor.

1.7 Vendas a Dinheiro

O impresso de «vendas a dinheiro» tem as mesmas características daquele que se utiliza para a factura ou nota de remessa. Podemos até designá-lo por «factura de vendas a dinheiro» ou «guia ou nota de vendas a dinheiro».

As notas de remessa e facturas funcionam para os casos de vendas a crédito ou a prazo. As notas de vendas a dinheiro são emitidas no acto da venda, portanto, quando as condições convencionadas entre o vendedor e o comprador sejam as de «pronto pagamento» (pagamento no acto da entrega da mercadoria).

Todavia, para as vendas a pronto pagamento nada impede que se elabore uma factura de vendas a crédito e, simultaneamente, o correspondente recibo de quitação. No entanto, este processo não é tão prático por ser mais moroso e originar mais expediente. É que, para a emissão de «V. D.» é habitual utilizarem-se impressos com mais uma via, para esta servir de apoio ao lançamento de «entrada de caixa».

2. PRINCIPAIS TÍTULOS DE CRÉDITO

Qualquer papel representativo de dinheiro e susceptível de transmissão denomina-se título de crédito.

Os Títulos de Crédito ou Papeis de Crédito classificam-se em duas categorias:

1) Quanto à qualidade das pessoas que neles podem intervir:

    a) Títulos de Crédito Público — Os que são emitidos pelo Estado (Exemplo: os fundos públicos, os vales de correio e telegráficos, etc.).

    b) Títulos de Crédito Privado *(ou Títulos de Crédito Particulares)* — Os que são emitidos pelos particulares. (Exemplo: as acções, as obrigações, as letras, as livranças, os cheques, etc.).

2) Quanto ao modo como se transmitem e circulam classificam-se nas categorias que a seguir se exemplificam:

    a) Nominativos — São os que se emitem em nome de pessoa certa, isto é, que mencionam o nome do seu possuidor. Para passarem para a posse de outra pessoa carecem de notificação ao devedor ou do seu assentimento. (Exemplo: as acções e obrigações nominativas).

    b) À ordem — São os que mencionam o nome do seu possuidor e que se transmitem a outra pessoa, sem prévio conhecimento do devedor, através de uma ordem ou endosso. (Exemplo: as letras, os cheques, os extractos de facturas, etc.).

    c) Ao portador — São os que não indicam o nome do portador. Considera-se com direito ao seu valor a pessoa que os apresente ao devedor. (Exemplo: as notas de banco, os cheques ao portador, as acções e obrigações ao portador, etc.).

    d) Mistos — São considerados títulos mistos aqueles que são:

        1) Nominativos quanto ao capital por só se poderem transferir por averbamento.

        2) Ao portador quanto ao juro por este estar representado num cupão, que se destaca dos títulos, e que é pagável a quem o apresentar.

O averbamento de um título consiste no registo da transmissão em nome do novo portador, feito em livro obrigatório que a sociedade emitente do título tem para tal fim.

O endosso é a declaração expressa no verso do título pelo transmitente e pela qual este transfere para a posse de outra pessoa os direitos do mesmo título.

Os títulos de crédito, que dão direito ao recebimento de uma quantia em dinheiro, costumam pagar-se nas seguintes condições:

1) **À vista** — O pagamento efectua-se na data da apresentação do título ao devedor. É o caso dos vales do correio, cheques, saques à vista, etc..

2) **A prazo** — O pagamento efectua-se no dia fixo, ou ao fim de um certo tempo, que se menciona no título. É o caso das letras e livranças, etc..

3) **Com aviso prévio** — O pagamento efectua-se posteriormente a um aviso que terá que ser feito com certa antecedência.

2.1 Principais títulos de crédito usados no comércio

Os principais títulos de crédito usados no comércio são o cheque, a letra, a livrança, o extracto de factura e o warrant.

É sobre estes títulos que a seguir vamos dar algumas noções que consideramos útil recordar:

2.1.1 O Cheque

O cheque é uma ordem dada por um depositante ao estabelecimento bancário para este pagar por débito da sua conta de depósitos à ordem uma certa importância.

No cheque o sacador é aquele que o emite e o sacado é quem paga o cheque. O beneficiário é aquele a favor do qual o cheque é emitido.

2.1.1.1 Principais requisitos do cheque

O cheque deve conter:

1) A palavra «cheque» inserta no próprio texto do título e expressa na língua empregada para a redacção desse título;

2) O mandato puro e simples de pagar uma quantia determinada;

3) O nome de quem deve pagar (sacado);

4) A indicação do lugar em que o pagamento se deve efectuar. No caso de não indicar o lugar do pagamento, considera-se pagável no lugar onde o sacado tem o seu estabelecimento principal;

5) A indicação da data em que e do lugar onde o cheque é passado. O cheque sem indicação do lugar da sua emissão considera-se passado no lugar designado ao lado do nome do sacador;

6) A assinatura de quem passa o cheque (sacador);

7) A importância a pagar por extenso e por algarismos. Quando houver divergência na importância por extenso e por algarismos, prevalece a importância por extenso;

8) O nome do beneficiário. O cheque sem indicação do nome do beneficiário é considerado como cheque ao portador.

Um cheque só pode ser emitido sobre um banqueiro que tenha fundos à disposição do sacador e em harmonia com uma convenção expressa ou tácita, segundo a qual o sacador tem o direito de dispor desses fundos por meio de cheques.

A lei considera criminosa a emissão de cheques sem cobertura, isto é, para pagamento dos quais o sacador não possui no banco quantia suficiente para o efeito.

O cheque é pagável à vista pelo que se considera como não escrita qualquer menção em contrário. Apresentado a pagamento antes do dia indicado como data da emissão, é pagável no dia da apresentação.

2.1.2 A Letra

A letra é o mais importante dos documentos usados no comércio, motivo porque lhe vamos dedicar mais atenção:

2.1.2.1 Intervenientes duma letra

a) **Sacador** — A pessoa ou entidade que saca a letra, ou seja aquela que ordena a outro o seu pagamento;

b) **Sacado** — Aquele a quem é dirigida a ordem de pagar, o devedor;

c) **Aceitante** — Aquele que se compromete ao pagamento do saque e que o assina antes de se verificar o seu vencimento. O sacado toma o nome de aceitante depois de assinar a letra, isto é, de a aceitar;

d) **Tomador ou beneficiário** — Aquele a favor do qual se sacou ou endossou uma letra;

e) **Portador** — Aquele que apresenta a letra ao aceitante no seu vencimento, para efeitos de pagamento. O portador é, portanto, o legítimo possuidor da letra que tanto pode ser o próprio sacador como qualquer outro indivíduo ou entidade a quem aquele endossou a letra;

f) **Endossante ou cedente** — O que endossa a letra, ou melhor, aquele que transfere o título a outra pessoa, que tanto pode ser o sacador, o tomador ou o último endossado, portanto o portador;

g) **Endossado** — Aquele a favor do qual são transferidos os direitos de propriedade da letra;

h) **Interventor** — Aquele que paga ou aceita a letra em honra do sacador ou de qualquer dos endossantes, depois do sacado se ter recusado ao seu aceite ou pagamento. Interventor é, também, aquele que paga a letra em honra do aceitante.

2.1.2.2 Principais requisitos da letra

A letra terá que satisfazer, obrigatoriamente, os seguintes requisitos:

a) Inserir a palavra «letra» no próprio texto do título e expressa na língua empregada para a redacção da letra;

b) O mandato puro e simples de pagamento, expresso pela palavra «pagará» inserida no próprio texto do título;

c) Indicar a quantia a satisfazer em algarismos e por extenso. Quando se verifique discordância entre as duas quantias, prevalece a quantia indicada por extenso;

d) O nome do sacado ou pessoa que tem de a pagar;

e) O nome da pessoa ou da firma a quem ou à ordem de quem deve ser paga a letra. Quando a letra é sacada à ordem do próprio sacador, o nome omite-se, bastando mencionar na letra a frase: «...pagará V. Sr.ª por esta nossa única via de letra *a nós ou à nossa ordem* a quantia de...»;

f) A assinatura de quem passa a letra;

g) O dia do vencimento ou prazo de pagamento;

h) A data e lugar de emissão. Quando a letra não indica o lugar da sua emissão considera-se como emitida no lugar indicado ao lado do nome do sacador;

i) O local de pagamento. Na sua falta é considerado o lugar designado ao lado do nome do sacado.

2.1.2.3 O Vencimento

O vencimento é a data ou prazo mencionado na letra, para esta ser paga. A letra pode ter vencimento determinado ou indeterminado.

a) *Vencimento determinado:*

1) Prazo fixo — Quando na própria letra se indica o dia do pagamento («aos 31 de Março de 1976», por exemplo);

2) A um certo termo de data — Quando é fixada na letra a data de vencimento contado desde o dia mencionado na letra como data da sua emissão («aos 90 dias da data», por exemplo).

b) Vencimento indeterminado:

1) À vista — Quando o pagamento tem que ser feito pelo sacado no acto da apresentação da letra pelo tomador;

2) A um certo termo de vista — Quando o pagamento tem de ser feito a tantos dias, meses ou anos de vista, contagem que começa a ser feita no dia da apresentação ou aceite da letra pelo sacador.

2.1.2.4 O Aceite

O aceite é o compromisso escrito tomado pelo sacado ou interventor de pagar a letra no seu vencimento e pode ser completo, em branco, ou parcial:

a) Aceite completo — Quando o sacado escreve na letra a palavra «aceito» (ou «aceitamos»);

b) Aceite em branco — Quando tem somente o nome (assinatura) do aceitante (ou aceitantes);

c) Aceite parcial — Quando o aceitante ou sacado declara aceitar a letra apenas por parte do seu valor. Também se dá o nome de «aceite condicional» a esta modalidade.

Na prática verificam-se muitos aceites parciais. Normalmente o vendedor remete para aceite a letra juntamente com a factura. Acontece por vezes, que a factura, depois de conferida pelo destinatário, carece de ser rectificada por se terem verificado erros de cálculo, diferenças de preço, devoluções, ou faltas de mercadorias.

Quando isso acontece, para não se emitir nova letra, que originaria duplicação de despesas com o custo de outra letra e selagem, é habitual o sacado aceitar a letra pelo valor correcto, inserindo antes da sua assinatura de aceite, por exemplo: «Aceito por 41.600,00 (Quarenta e um mil e seiscentos kuanzas)».

Esta alteração necessita da concordância do sacador pelo que a letra ficará devidamente legalizada se este inscrever, por exemplo, no espaço em branco acima da parte reservada ao local e data de emissão da letra, a frase: «Concordamos com a alteração do valor da presente letra para 41.600,00 (Quarenta e um mil e seiscentos kuanzas)», assinando de seguida.

2.1.2.5 O Endosso

O endosso é a declaração escrita no reverso da letra pela qual o portador transfere a propriedade ou direito do valor nela descrito para outrem, caducando assim todos os seus direitos sobre a mesma.

Em relação ao novo portador da letra, o endossante toma o nome de «cedente».

O endosso pode ser completo ou em branco:

a) Endosso completo — É aquele que indica a pessoa ou firma a quem a letra é endossada. (Exemplo: «Pague-se a António Faria Antunes ou à sua ordem»);

b) Endosso em branco — Verifica-se quando o endosso é feito simplesmente com a assinatura do endossante.

2.1.2.6 O Alongo

O alongo é uma tira de papel das mesmas dimensões que se junta à letra quando os endossos sucessivos tenham ocupado todo o seu reverso e ainda haja necessidade em efectuar mais.

Esse alongo deve colocar-se numa das extremidades da letra, depois do último endosso.

Na face deve identificar-se, convenientemente, a letra a que ele pertence, repetindo no alongo os requisitos essenciais dessa mesma letra.

2.1.2.7 O Aval

O aval é a obrigação que contrai o avalista ao afiançar o pagamento de uma letra, indepen-dentemente do seu aceitante ou endossante.

O aval pode ser escrito na própria letra ou prestado em documento separado, podendo também, quando prestado na própria letra, ser completo ou em branco:

a) Aval completo — O aval completo exprime-se pelas frases «por aval», «bom para aval», «por aval a favor de F...», ou por qualquer outra fórmula equivalente, seguida da assinatura do avalista;

b) Aval em branco — O aval em branco é aquele que contém apenas a assinatura do dador. Terá de ser escrito na letra ou no seu alongo de forma a não se confundir com as assinaturas do sacador e do aceitante;

c) A quem se dá o aval? — O aval deve indicar a pessoa ou firma a quem se dá. Quando assim não acontecer (como é o caso do aval em branco) a lei presume que foi dado a favor do sacador.

2.1.2.8 A Reforma

A reforma é a substituição de uma letra, que não foi paga, por outra de igual valor ou inferior, com vencimento mais distante.

Dá-se a reforma quando o sacado, prevendo que não pode satisfazer o compromisso assumido no vencimento, de um seu aceite, pede ao sacador para emitir uma nova letra em sua substituição e, no caso de a ter endossado, a pagar por si ou solicitar que a mesma seja retirada de circulação.

A reforma pode ser parcial ou total:

a) Parcial — Quando o devedor entrega qualquer valor para amortização e aceita nova letra pela diferença;

b) Total — Quando a nova letra abrange na totalidade aquela que se reforma isto é, quando é substituída por outra letra do mesmo valor nominal com vencimento posterior.

Geralmente a nova letra inclui não só o montante da que se reforma, ou do seu saldo quando é reformada parcialmente, como também as despesas de emissão, os juros ou outros encargos que o sacador seja obrigado a efectuar para concretizar a reforma. No entanto, é também norma corrente o sacado proceder ao pagamento prévio da amortização bem como das despesas originadas com a reforma.

Vulgarmente, tanto os «cedentes» como os bancos, só permitem reformas parciais exigindo ao aceitante o pagamento de uma percentagem por conta da letra a reformar (10 a 20% pelo menos).

2.1.3 A Livrança

A livrança ou promissória é a promessa escrita de um devedor para pagar ao seu credor ou à sua ordem num dia determinado, a quantia nela descrita. É um título comprovativo de dívida emitido pelo devedor a favor do seu credor. É, portanto, um escrito particular de dívida.

A livrança distingue-se da letra por esta ordenar um pagamento e aquela constituir a obrigação de pagar.

2.1.3.1 Principais requisitos da livrança

A livrança deve conter, pelo menos:

a) A palavra «livrança» inserta no próprio texto do título e expressa na língua empregada para a redacção desse título;

b) A promessa de pagar uma quantia determinada;

c) A indicação da quantia a pagar;

d) O nome da pessoa ou firma a quem ou à ordem de quem deve ser paga;

e) A assinatura de quem passa a livrança «subscritor»;

f) A época do pagamento. Quando não se indique será considerada «pagável à vista»;

g) A indicação do lugar em que se deve efectuar o pagamento. Quando omitido considera-se para o efeito, o lugar do domicílio do subscritor;

h) A indicação da data e local de emissão;

i) Nas livranças não há aceite;

j) Outros pormenores:

  1) Dá-se também o nome de promissória aos títulos de depósitos a prazo entregues pelos bancos aos seus depositantes;

  2) Para elaboração de uma livrança é usual utilizarem-se os impressos das letras, tendo-se, no entanto, de ressalvar o termo «letra» e substituí-lo pelo de «livrança», que deve figurar, obrigatoriamente, no documento.

3) Nas livranças pagáveis a «certo termo de vista», o prazo conta-se desde a data do visto dado pelo subscritor.

2.1.4 O Warrant

O warrant que também se designa por «cautela de penhor» é, na prática, uma livrança, cujo pagamento é garantido pelo penhor das mercadorias depositadas nos armazéns gerais.

O warrant pode ser transmissível por endosso, permitindo transaccionar as mercadorias armazenadas ou contrair um empréstimo sobre elas.

Por esta modalidade o comerciante deposita as mercadorias nos armazéns gerais para evitar o seu despacho imediato levantando-as à medida das suas necessidades, só pagando os direitos aduaneiros correspondentes às mercadorias levantadas.

3 AUXILIAR PARA CÁLCULOS COMERCIAIS

Não queremos aqui incluir qualquer novidade, apenas desejamos relembrar aquilo que já se estudou e que poderá, entretanto, ter sido esquecido.

Nós próprios, para os exemplos que vamos apresentar, tivemos que recorrer à nossa «velha matéria» para recordar fórmulas para apuramento de valores a que habitualmente designamos por «cálculos rudimentares», mas sempre úteis a todo o contabilista ou empresário.

Por isso, vamos a seguir apresentar alguns problemas de uso corrente para assim podermos auxiliar aqueles que, por falta de treino, se possam sentir embaraçados na resolução dos seus trabalhos quotidianos.

3.1 Percentagens

Como se sabe, dá-se o nome de «percentagem» (%) ao cálculo feito em relação à unidade 100. Ou melhor, é a porção de determinado valor, que se conhece sabendo-se o quanto corresponde a cada 100.

3.1.1 Uma mercadoria que se adquiriu por 75 000$00, por quanto se há-de vender se quisermos ganhar 15% sobre o preço do custo?

3.1.1.1 Para efectivação do nosso cálculo temos de raciocinar da seguinte forma: Cada 100 do custo terão de se vender por 115 para ganharmos os 15% pelo que, assim, teremos:

$$\frac{100}{115} = \frac{75\,000\$00}{V} \qquad V = \frac{75\,000\$00 \times 115}{100} = 86\,250\$00$$

a) Para comprovar a exactidão deste cálculo poderíamos achar os 15% e adicionar ao resultado o custo da mercadoria, ou seja:

$$\frac{75\,000\$00 \times 15}{100} = 11\,250\$00 + 75\,000\$00 = 86\,250\$00$$

3.1.2 Um comerciante deseja ter um lucro líquido de 30% *sobre o valor de venda* de uma mercadoria. Sabendo que essa mercadoria lhe custou 140 000$00, por quanto a terá de vender?

a) Antes de exemplificarmos este cálculo desejamos salientar que temos verificado certa tendência de se achar os 30% sobre o valor do custo da mercadoria, o que é errado, como se exemplifica:

— Calculando 30% sobre 140 000$00, obtém-se 42 000$00 que, adicionado ao custo, daria:

140 000$00 + 42 000$00 = 182 000$00

— Calculando os 30% sobre os 182 000$00 obter-se-ia um lucro de 54 600$00 que, deduzido ao valor de venda, daria um custo apenas de 127 400$00 quando, na realidade, o custo da mercadoria foi de 140 000$00.

— O cálculo terá de efectuar-se por forma tal que, subtraindo o lucro ao preço de venda, se encontre o custo real da mercadoria.

b) Resolve-se este caso raciocinando-se da seguinte forma:

1) O preço de venda terá de ser de 100 acrescido de 30 que é o lucro que pretende obter o comerciante;

2) Em relação à venda o preço de compra foi de 100, deduzido do lucro de 30, ou seja:

$$100 - 30 = 70$$

Portanto, sabendo-se que a mercadoria custou 70 e foi vendida por 100, acharíamos o seu preço de venda através da seguinte fórmula e cálculo:

$$\text{Venda} = \frac{\text{Compra} \times 100}{100 - \text{Percentagem}}$$

$$V = \frac{140\,000\$00 \times 100}{70} = 200\,000\$00$$

c) Resposta: A venda terá de efectuar-se por 200 000$00 para se obter um lucro líquido de 30%. Verifica-se, assim, que os nossos cálculos estão certos ao adicionarmos os 30% sobre o valor de venda ao custo:

140 000$00 + 60 000$00 = 200 000$00

3.1.3 Quanto ganhou uma empresa que vendeu por 250 000$00 uma mercadoria que lhe deu de lucro 17 5/8%?

a) Resposta:

5/8 = 0,625, logo:

17 5/8 é igual a 17,625%

$$\text{Lucro} = \frac{250\,000\$00 \times 17{,}625}{100} = 44\,062\$50$$

3.1.4 Um comerciante facturou uma mercadoria com um lucro de 20% sobre o custo. Sabendo-se que o valor da venda totalizou 420 000$00 qual foi o custo da mercadoria?

a) Resposta (A mercadoria custou 100 e foi vendida por 100 mais 20):

$$\frac{420\,000\$00 \times 100}{120} = 350\,000\$00$$

3.1.5 Um comerciante adquiriu mercadorias pelo valor de 28 800$00. O vendedor concedeu-lhe um desconto de 20% mais 3% e, ainda, um desconto de pronto pagamento de 2%. Qual o valor líquido a pagar?

a) 20% sobre 28 800$00:

$$\frac{28\,800\$00 \times 20}{100} = 5\,760\$00$$

b) 3% sobre 28 800$00 — 5 760$00 = 23 040$00:

$$\frac{23\,040\$00 \times 3}{100} = 691\$20$$

c) 2% sobre 23 040$00 — 691$20 = 22 348$80:

$$\frac{22\,348\$80 \times 2}{100} = 446\$97 \text{ (ou 447$00 por arredondamento)}$$

d) Resposta: O valor líquido a pagar pelo comerciante será de 22 348$80 — 447$00 = = 21 901$80.

Nota: Como se constata o desconto de 20 + 3 + 2% não é a mesma coisa do que 25%, como às vezes é erradamente interpretado. (Na prática, 20 + 3 + 2% corresponde a 23,952%).

3.1.6 O mesmo comerciante pretende ganhar 20% numa mercadoria que lhe custou 36 000$00. Por que preço a terá de vender sabendo que terá ainda de pagar 4% de comissão sobre aquele valor e 1,5% de despesas de s/ conta para as remeter ao destinatário?

a) Resposta: Para se obter o lucro que se pretende, terá que se ter presente que o custo da mercadoria tem de ser sobrecarregado com mais 20, 4, e 1,5%, ou sejam 25,5%, pelo que, assim, teremos:

$$V = \frac{36\,000\$00 \times (100 + 25,5)}{100} = 45\,180\$00$$

3.1.7 Comprou-se na Alemanha uma mercadoria por DM 4 000,00 ao câmbio de 16$83,75. O importador deseja vender essa mercadoria com um lucro de 30% sobre o preço do custo. Pergunta-se por quanto a terá de vender, sabendo que efectuou as seguintes despesas até à entrada do produto em armazém?

— 3,5% s/ o valor da factura para despesas de transporte e seguro;

— 15% s/ o valor total para desembaraço alfandegário;

— 3/4% s/ o custo total até à saída da alfândega, para despesas com frete até ao armazém do comprador.

— Cálculos:

a) Conversão ao câmbio do dia:

DM 4 000,00 × 16$83,75 . . . .   67 350$00

b) Seguro e transporte:

$$\frac{67\,350\$00 \times 3,5}{100} = \ldots \ldots \ldots \ldots \ldots \ldots$$ 2 357$25

c) Direitos alfandegários:

$$\frac{(67\,350\$00 + 2\,357\$25) \times 15}{100} = 10\,456\$087 \ldots \ldots \ldots$$ 10 456$10

d) Frete para o armazém:

$$\frac{(67\,350\$ + 2\,357\$25 + 10\,456\$10) \times 0,75}{100} = (601\$225) \ldots$$ 601$20

Custo total . . . .   80 764$55

e) Preço de venda:

$$\frac{80\,764\$55 \times (100 + 30)}{100} = 104\,993\$91 \ldots \ldots \ldots \ldots$$ 104 993$90

3.1.8 Qual a percentagem de lucro que se obteve numa mercadoria que custou 145 500$00 e foi vendida por 172 650$30?

Respostas:

a) Percentagem de lucro s/ o valor de compra:

$$\frac{(172\,650\$30 - 145\,500\$00) \times 100}{145\,500\$00} = 18,66\%$$

b) Percentagem de lucro s/ o valor de venda:

$$\frac{(172\,650\$30 - 145\,500\$00) \times 100}{172\,650\$30} = 15,725602 \text{ ou } 15,73\% \text{ (por arredondamento)}$$

3.2 Juros

3.2.1 Como calcular o juro:

Uma Instituição de Crédito concedeu um empréstimo de 60 000$00 a um seu cliente à taxa de 7% ao ano. Qual o juro a cobrar ao fim de 180 dias?

Resposta:

$$\frac{60\ 000\$00 \times 7 \times 180}{100 \times 365} = 2\ 071\$23 \ (\text{ou } 2\ 071\$20)$$

Fórmula:

$$J = \frac{C \times R \times T}{36500}$$

3.2.2 Como achar o capital:

Qual o capital que à taxa de 7% ao ano rendeu de juro 2 071$23, em 180 dias?

Resposta:

$$\frac{2\ 071\$23 \times 36500}{7 \times 180} = 59\ 999\$99 \ (\text{ou } 60\ 000\$00)$$

Fórmula:

$$C = \frac{J \times 36500}{R \times T}$$

3.2.3 Como achar a taxa:

Qual a taxa em que o capital de Esc. 60 000$00, rendeu de juro Esc. 2 071$23, durante o período de 180 dias?

Resposta:

$$\frac{2\ 071\$23 \times 36500}{60\ 000\$00 \times 180} = 6,9999 \ (\text{ou } 7\%)$$

Fórmula:

$$R = \frac{J \times 36500}{C \times T}$$

3.2.4 Como achar o tempo:

Qual o tempo, em que o capital de Esc. 60 000$00, rendeu de juro Esc. 2 071$23 à taxa de 7% ao ano?

Resposta:

$$\frac{2\ 071\$23 \times 36500}{60\ 000\$00 \times 7} = 179,999 \ (\text{ou } 180 \text{ dias}).$$

Fórmula:

$$T = \frac{J \times 36500}{C \times R}$$

CAPÍTULO IV

DEMONSTRAÇÃO

DOS

FLUXOS DE CAIXA

4 — DEMONSTRAÇÃO DOS FLUXOS DE CAIXA

4.1 Conceito

A Demonstração de Fluxos de caixa é uma demonstração contabilística destinada a evidenciar como foi gerado e utilizado o dinheiro no período em análise.

4.2 Conteúdo

Por forma a evidenciar como foi gerado e utilizado o dinheiro no período em análise Demonstração de fluxos de caixa mostra, por actividades:

As fontes de caixa e equivalentes de caixa a que a empresa teve acesso durante um determinado período de tempo, e

O destino que foi dado a tais fontes.

Assim, a Demonstração de Fluxos de caixa tem as seguintes componentes:

Fluxos resultantes das actividades operacionais	Fluxos resultantes das principais actividades geradoras de proveitos da entidade e de outras actividades que não sejam de investimento ou de financiamento.
Fluxos resultantes das actividades de investimentos	Fluxos resultantes da aquisição e alienação de activos a longo prazo e de outros investimentos não incluídos em equivalentes de caixa.
Fluxos resultantes das actividades de financiamento	Fluxos resultantes das actividades que têm como consequência alterações na dimensão e composição do capital próprio e nos empréstimos pedidos pela entidade.

4.3 Estrutura

A estrutura da Demonstração de Fluxos de caixa deve obedecer a um dos modelos constantes das páginas seguintes. Estes modelos contêm a informação mínima que deve ser relatada e deverá ser tido em conta que:

As linhas a tracejado relativas a resultados extraordinários deverão ser substituídas por designação apropriada.

Podem ser criadas outras rubricas nas restantes linhas que se encontram a tracejado.

Modelo de Demonstração de Fluxos de Caixa

(método directo)

Empresa..

Demonstração de Fluxos de caixa para o exercício findo em.....................................

....Valores expressos em ....

Designação	Notas	Exercícios	
		2xxx	2xxx-1
Fluxo de caixa das actividades operacionais:			
Reconhecimentos (de caixa) de clientes......................			
Pagamentos (de caixa) a fornecedores e empregados.....			
Caixa gerada pelas operações:			
Juros pagos:			
....			
Impostos s/os lucros pagos......................................			
Fluxos de caixa antes da rubrica extraordinária:			
....			
Caixa líquida proveniente das actividades operacionais....			
Fluxo de caixa das actividades de investimento:			
Recebimentos provenientes de:			
Imobilizações corpóreas			
Imobilizações incorpóreas....................................			
Investimentos financeiros....................................	45		
Subsídios a investimento......................................			
Juros e proveitos similares....................................			
Dividendos ou lucros recebidos.............................			
....			
Pagamentos respeitantes a:			
Imobilizações corpóreas			
Imobilizações incorpóreas....................................			
Investimentos financeiros....................................	46		

DEMONSTRAÇÃO DOS FLUXOS DE CAIXA

Recordado nas páginas anteriores o conceito, conteúdo e estrutura da Demonstração de Fluxos de Caixa, passamos a evidenciar as nossas sugestões para a elaboração dos mapas obrigatórios:

PLANO DE CONTAS PARA CONTABILIZAÇÃO DOS FLUXOS DE CAIXA

Para elaboração da demonstração dos fluxos de caixa pelo método directo, apresentam-se as seguintes sugestões para registo em contas apropriadas da "Classe 0" de todos os movimentos de caixa e equivalentes a caixa:

01 ACTIVIDADES OPERACIONAIS

01.01 Recebimentos de clientes

01.02 Pagamentos a fornecedores

01.03 Pagamentos ao pessoal

01.04 Pagamento do imposto industrial do ano N-1

01.05 Imposto industrial recuperado no ano N

02 CAIXA GERADA PELAS OPERAÇÕES

02.01 Juros pagos:

02.01.01 De empréstimos

02.01.02 De descobertos bancários

02.01.03 De mora relativos a dívidas a terceiros

02.01.04 De descontos de títulos

02.02 Impostos sobre os lucros pagos:

02.02.01 Quantia estimada no ano N-1

02.02.02 Quantia paga no ano N

03 ACTIVIDADES DE INVESTIMENTO

03.01 Recebimentos – Investimentos financeiros

03.02 Recebimentos – Imobilizações corpóreas

03.03 Recebimentos – Imobilizações incorpóreas

03.04 Recebimentos – Subsídios de investimento

03.05 Recebimentos – Juros e proveitos similares

03.06 Recebimentos – Dividendos ou lucros recebidos

03.10 Pagamentos – Investimentos financeiros

03.11 Pagamentos – Imobilizações corpóreas

03.12 Pagamentos – Imobilizações incorpóreas

04 ACTIVIDADES DE FINANCIAMENTO

04.01 Recebimentos – Empréstimos efectuados

04.02 Recebimentos – Aumentos de capital, prestações suplementares e prémios de emissão

04.03 Recebimentos – Subsídios e doações

04.04 Venda de acções (quotas) próprias

04.05 Recebimentos – Cobertura de prejuízos

.... - ....

04.10 Pagamentos – Empréstimos obtidos

04.11 Pagamentos – Amortizações de contratos de locação financeira

04.12 Pagamentos – Juros e custos similares

04.13 Pagamentos – Dividendos

04.14 Pagamentos – Redução de capital e prestações suplementares

04.15 Pagamentos – Aquisição de acções (quotas) próprias

04.16 Pagamentos -.....................................

09 CONTAS REFLECTIDAS

0.9.1 Disponibilidades

    0.9.11 Caixa

    0.9.12 Bancos

    0.9.13 ....

NOTAS E COMENTÁRIOS

A utilização do quadro de contas antes apresentado será vantajosa para as empresas que utilizam a via informatizada na sua contabilidade, poderão lançar, simultaneamente, os movimentos a registar na "Contabilidade financeira" (Classe 1 a 8) e na "Contabilidade dos fluxos de caixa" (Classe 0).

Para o efeito, serão os documentos previamente classificados evidenciando os valores a registar, por reflexão, na classe 0, como por exemplo:

1)	Entrega de 8.000,00 pelo Cliente "A", para pagamento da factura nº 300/N: Neste caso, além de se creditar a conta 31.1.2.1, por débito de 43.1.1 ou 45.1.1, será reflectido o mesmo valor na classe 0, ou seja: Débito: 01.01 Recebimentos de clientes. Crédito: 0.911 Caixa - Contas reflectidas/Caixa, ou Crédito: 0.912 Contas reflectidas/Bancos.

2)	Pagamento em cheque do Banco "A", de facturas do fornecedor "B":	
	2.1 Bens para consumo no escritório...	250,00
	2.2 Bens destinados a venda..	3.000,00
	2.3 Bens do activo imobilizado corpóreo..	5.000,00
	Estes pagamentos seriam registados, na contabilidade normal, a crédito de 43.1.1 Banco "A", por débito de:	
	a) as alíneas 2.1 e 2.2 a débito de 32.1.2.1.......................................	3.250,00
	b) a alínea 2.3 a débito de 37.1.1..	5.000,00
	Na efectivação destes registos, na contabilidade financeira, os respectivos valores serão reflectidos na contabilidade dos fluxos (Classe 0) como segue:	
	a) as alíneas 2.1 e 2.2 a débito de 0.912 "Contas reflectidas/Bancos" por crédito de 01.02 Pagamentos a fornecedores	3.250,00
	b) a alínea 2.3 a débito de 0.912 "Contas reflectidas/Bancos", por crédito de 03.11 Pagamentos - Imobilizações corpóreas a fornecedores..........	5.000,00

3)	Pagamentos dos salários do pessoal através do Banco "C": 3.1 Contabilidade Financeira: Debitando a conta 36.1, por crédito de 43.1.3 3.2 Contabilidade dos fluxos de caixa: Debitando a conta 0.912 e creditando a rubrica 01.03 "Pagamentos ao pessoal".

A seguir damos a nossa opinião sobre os movimentos a registar em cada rubrica da classe 0 – Contabilidade dos fluxos de caixa:

01 ACTIVIDADES OPERACIONAIS

Actividades operacionais são aquelas que não se enquadram nas actividades de "Investimento" ou de "Financiamento", isto é, são todas aquelas que constituem o objectivo principal da empresa.

Apresentam-se, como exemplo de fluxos de caixa de actividades operacionais, os seguintes casos:

a) Recebimentos provenientes de vendas e de prestações de serviços;

b) Recebimentos relativos a royalties, honorários, comissões, e outros proveitos;

c) Pagamentos referentes a compras de bens e serviços;

d) Pagamentos a empregados e por conta deles;

e) Pagamentos e reembolsos de imposto sobre o rendimento, a menos que este se relacione com as outras actividades; e

f) Recebimentos e pagamentos inerentes a contratos relacionados com a actividade normal da empresa.

01.01 RECEBIMENTOS DE CLIENTES

Regista os recebimentos de clientes relativos a vendas de mercadorias, produtos e serviços prestados.

Não são aqui movimentados os juros e proveitos similares recebidos de clientes por se enquadrarem nas "Actividades de investimento" (Conta 02.05).

01.02 PAGAMENTOS A FORNECEDORES

Regista os pagamentos a fornecedores de bens e serviços, com excepção dos destinados ao imobilizado, juros e custos similares que são de incluir nas "Actividades de financiamento".

01.03 PAGAMENTOS AO PESSOAL

Como o próprio título indica, são de incluir nesta rubrica todos os pagamentos efectuados ao pessoal inerentes às actividades operacionais, nomeadamente os salários mensais e encargos respectivos.

01.04 RECEBIMENTO DO IMPOSTO SOBRE O RENDIMENTO

Movimenta-se aqui o reembolso do imposto sobre o rendimento, excepto as que poderem ser especificamente identificadas como actividades de investimento e de financiamento.

01.05 PAGAMENTO DO IMPOSTO SOBRE O RENDIMENTO

Regista-se nesta rubrica o pagamento do imposto sobre o rendimento, excepto as que poderem ser especificamente identificadas como actividades de investimento e de financiamento.

01.06 OUTROS RECEBIMENTOS RELATIVOS À ACTIVIDADE OPERACIONAL

Registam-se aqui as importâncias recebidas que sejam de considerar no âmbito das actividades operacionais e que não tenham sido relevadas sob as denominações anteriores, tais como:

63.3	Subsídios à exploração
63.8	Outros proveitos e ganhos operacionais
66.2.1	Diferenças de câmbio favoráveis
66.3.1	Descontos de pronto pagamento obtidos
66.6.2	Ganhos na alienação de aplicações de tesouraria
66.1.1.1	Juros de obrigações
66.1.1.4	Juros de investimentos financeiros – Empréstimos
66.1.5	Juros de aplicações de tesouraria
....	Etc.

01.07 OUTROS PAGAMENTOS RELATIVOS À ACTIVIDADE OPERACIONAL

Registam-se aqui as importâncias pagas que sejam de considerar no âmbito das actividades operacionais e que não tenham sido relevadas sob as denominações anteriores, como por exemplo:

75.3	Impostos
76.2	Diferenças de câmbio desfavoráveis
76.3	Descontos de pronto pagamento concedidos
76.6	Perdas na alienação de aplicações financeiras
76.1.3	Juros de mora relativos a dívidas a terceiros
76.1.4	Juros de desconto de títulos
....	Etc.

01.08 RECEBIMENTOS RELACIONADOS COM RUBRICAS EXTRAORDINÁRIAS

Inclui esta rubrica os recebimentos extraordinários que se considerem como actividades operacionais, movimentados nas subcontas que se seguem:

68.5	Recuperação de dívidas
68.6	Benefícios de penalidades contratuais
68.10	Correcções relativas a exercícios anteriores
68.11	Outros ganhos e perdas não operacionais
......	Etc.

01.09 PAGAMENTOS RELACIONADOS COM RUBRICAS EXTRAORDINÁRIAS

Inclui esta rubrica os pagamentos extraordinários que se considerem como actividades operacionais, movimentados nas subcontas que se seguem:

78.6.3	Multas e penalidades contratuais
78.10.1	Correcções relativas a exercícios anteriores
78.11.1	Donativos
79.4.1	Perdas resultantes de sinistros
......	Etc.

02 ACTIVIDADES DE INVESTIMENTO

Compreende a aquisição e alienação de imobilizações corpóreas e incorpóreas e aplicações financeiras não consideradas como equivalentes a caixa. São exemplos de fluxos de caixa originados por actividades de investimento:

a) Pagamentos relativos à aquisição de imobilizações, corpóreas e incorpóreas, bem como de outros activos de longo prazo. Incluem-se nestes pagamentos os relacionados com custos capitalizados (de desenvolvimento, financeiros e outros) e com activos fixos auto-construídos;

b) Recebimentos relativos à alienação de imobilizações, corpóreas e incorpóreas, bem como de outros activos de longo prazo;

c) Pagamentos relativos à aquisição de partes de capital, de obrigações e de outras dívidas, qualquer que seja a forma como se encontrem representadas;

d) Recebimentos relativos à alienação de partes de capital, de obrigações e de outras dívidas, qualquer que seja a forma como se encontram representadas;

e) Adiantamentos e empréstimos concedidos;

f) Recebimentos resultantes do reembolso de adiantamentos e de empréstimos concedidos;

g) Pagamentos inerentes a contratos de *futuros, forward, options, e swaps*, excepto quando tais contratos constituam actividade operacional ou os pagamentos sejam classificados como actividade de financiamento;

h) Recebimentos inerentes a contratos de *futures, forward, options e swaps*, excepto quando tais contratos constituam actividade operacional ou os recebimentos sejam classificados como actividade de financiamento.

02.01 RECEBIMENTOS - INVESTIMENTOS FINANCEIROS

Esta subconta abrange os recebimentos provenientes das alienações de investimento, bem como de empréstimos concedidos, tais como:

66.6   Ganhos na alienação de aplicações financeiras

76.6   Perdas na alienação de aplicações financeiras

....

02.02 RECEBIMENTOS - IMOBILIZAÇÕES CORPÓREAS

Nesta rubrica são registados os valores de realização provenientes da alienação de imobilizações corpóreas que são movimentadas nas seguintes contas da contabilidade financeira:

68.3.1   Ganhos em imobilizações – Venda de imobilizações corpóreas

69.4.1   Ganhos resultantes de sinistros

79.4.1   Perdas resultantes de sinistros

....

02.03   RECEBIMENTOS - IMOBILIZAÇÕES INCORPÓREAS

Como no caso anterior, regista os valores de realização provenientes da alienação de imobilizações incorpóreas que são movimentadas nas seguintes contas da contabilidade financeira:

68.3.2   Ganhos em imobilizações – Venda de imobilizações incorpóreas

79.4.2   Perdas resultantes de sinistros

....

02.04 RECEBIMENTOS - SUBSÍDIOS DE INVESTIMENTO

São aqui registados todos os subsídios de investimento recebidos no ano em curso.

02.05 RECEBIMENTOS - JUROS E PROVEITOS SIMILARES

Compreende os juros e proveitos similares, não considerados operacionais, recebidos durante o ano em curso, movimentados nas contas que se seguem:

66.1.1   Juros de investimentos financeiros

66.1.4   Juros de desconto de títulos

66.1.5   Juros de aplicações de tesouraria

66.6.1.4 Ganhos na alienação de aplicações financeiras - Imóveis

......   Etc.

02.06 RECEBIMENTOS - DIVIDENDOS

Inclui os dividendos recebidos no exercício em curso e movimentados na conta "67.1 Rendimento de participações de capital".

02.10 PAGAMENTOS - INVESTIMENTOS FINANCEIROS

Compreende os investimentos financeiros adquiridos no exercício, incluindo a concessão de empréstimos a médio e longo prazo. Para obtenção dos dados recorrer-se-á, por exemplo aos pagamentos registados nas contas que se evidenciam:

13.1.1   Partes de capital

13.1.2   Obrigações e títulos de participação

13.1.3   Empréstimos

13.4.1   Investimentos em imóveis

13.9.3   Outros investimentos financeiros – Depósitos bancários

14.9.1   Adiantamentos por conta de investimentos financeiros

......   Etc.

02.11 PAGAMENTOS - IMOBILIZAÇÕES CORPÓREAS

Compreende os bens do imobilizado corpóreo adquiridos no exercício, registados nas contas que se evidenciam:

11.1   Terrenos e recursos naturais

11.2   Edifícios e outras construções

11.3   Equipamento básico

11.4   Equipamento de carga e transporte

11.5   Equipamento administrativo

11.6   Taras e vasilhame

11.9   Outras imobilizações corpóreas

14.7   Adiantamentos por conta de imobilizado corpóreo

......   Etc.

02.12 PAGAMENTOS - IMOBILIZAÇÕES INCORPÓREAS

Compreende os bens do imobilizado incorpóreo adquiridos no exercício, registados nas contas que se evidenciam:

12.1   Trespasses

12.2   Despesas de investigação e desenvolvimento

12.3   Propriedade industrial e outros direitos e contratos

14.8   Adiantamentos por conta de imobilizado incorpóreo

......   Etc.

03 ACTIVIDADES DE FINANCIAMENTO

Sobre o assunto, destaca-se o seguinte:

a) Recebimentos provenientes da realização de acções (quotas), prémios de emissão e prestações suplementares;

b) Pagamentos por aquisição de acções (quotas) próprias, redução do capital ou amortização de acções (quotas);

c) Recebimentos provenientes de empréstimos obtidos, qualquer que seja o prazo e a forma como se encontrem representados;

d) Reembolso dos empréstimos obtidos; e

e) Pagamento das amortizações relativas a contratos de locação financeira.

03.01 RECEBIMENTOS - EMPRÉSTIMOS OBTIDOS

Compreende os recebimentos provenientes de empréstimos obtidos, qualquer que seja o prazo e a forma como se encontrem representados, nomeadamente os registados nas contas que se evidenciam:

33.1	Empréstimos bancários
33.2	Empréstimos por obrigações
33.3	Empréstimos por títulos de participação
33.9	Outros empréstimos obtidos
......	Etc.

03.02 RECEBIMENTOS - AUMENTOS DE CAPITAL, PRESTAÇÕES SUPLEMENTARES E PRÉMIOS DE EMISSÃO

Compreende os recebimentos provenientes da realização de acções (quotas) prémios de emissão e prestações suplementares, nomeadamente os registados nas contas que se evidenciam:

35.1.3	Entidades participantes – Empresas do grupo – Associadas
51.1	Capital
54.1	Prestações suplementares
.....	Etc.

03.03 RECEBIMENTOS - SUBSÍDIOS E DOAÇÕES

Compreende os recebimentos provenientes de subsídios que não se destinem a investimentos amortizáveis, nem à exploração, bem como doações, registados nas contas que se evidenciam

.....	Subsídios
.....	Doações
.....	Etc.

03.04 RECEBIMENTOS - VENDA DE ACÇÕES (QUOTAS) PRÓPRIAS

Compreende os recebimentos provenientes da realização de acções (quotas) próprias, nomeadamente os registados a crédito das contas que se evidenciam:

521 Valor nominal

522 Descontos

...... Etc.

03.05 RECEBIMENTOS - COBERTURA DE PREJUÍZOS

Registar-se-ão nesta rubrica, como o próprio título sugere todas as verbas recebidas dos sócios ou accionistas para cobertura de prejuízos.

03.10 PAGAMENTOS - EMPRÉSTIMOS OBTIDOS

Compreende os reembolsos efectuados relativos a empréstimos obtidos, já citados na rubrica "03.01" e movimentados nas subcontas ali evidenciadas.

03.11 PAGAMENTOS - AMORTIZAÇÕES DE CONTRATOS DE LOCAÇÃO FINANCEIRA

Compreende esta subconta o pagamento das amortizações relativas a contratos de locação financeira debitados na rubrica 32.... de fornecedores do imobilizado.

03.12 PAGAMENTOS - JUROS E CUSTOS SIMILARES

Registar-se-ão nesta rubrica, como o próprio título sugere todas as verbas inerentes ao pagamento de juros e custos similares, não considerados operacionais, nomeadamente os movimentados na conta "76.1.1.1 Juros de empréstimos - bancários".

03.13 PAGAMENTOS - DIVIDENDOS

Registar-se-ão nesta rubrica, como o próprio título sugere todas as verbas inerentes ao pagamento de dividendos.

03.14 PAGAMENTOS - REDUÇÃO DE CAPITAL E PRESTAÇÕES SUPLEMENTARES

Compreende esta subconta o pagamento relativo a reduções de capital e reembolsos de prestações suplementares, por débito a ser registado nas contas:

51 Capital

54 Prestações suplementares

03.15 PAGAMENTOS - AQUISIÇÃO DE ACÇÕES (QUOTAS) PRÓPRIAS

Compreende os pagamentos inerentes à aquisição de acções (quotas) próprias, nomeadamente os registados a débito das contas que se evidenciam:

521   Valor nominal
522   Descontos
.....   Etc.

CONTAS DE ORDEM – OPERAÇÕES CONTABILÍSTICAS

Com vista à elaboração da "Demonstração dos fluxos de caixa", apresentam-se, como exemplos de aplicação, os mapas que se seguem:

1. Resumo das operações contabilísticas

Neste mapa que resume as operações contabilísticas realizadas em Dezembro de 2004, destacam-se os registos relativos às "Contas de ordem – Fluxos de caixa".

2. Centralização do movimento para efeitos de balancete

Este mapa controla os valores contabilizados nas contas de ordem com vista à elaboração dum balancete que nos habilite a preencher a "Demonstração dos fluxos de caixa".

Como é óbvio, este mapa é aqui mencionado apenas para obtenção de valores para a nossa exemplificação, dado que, utilizando-se a via informatizada para registo das operações contabilísticas, está toda a tarefa de recolha de dados facilitada, sem qualquer recurso a mapas extra contabilidade.

3. Balancete da demonstração dos fluxos de caixa

Com base nos dados constantes do mapa antes anunciado, elaborar-se-á o balancete em epígrafe, reportado a 31/12/2004, com dados suficientes para construção da demonstração dos fluxos de caixa, já com a inclusão do "Movimento anterior".

BALANCETE DA DEMONSTRAÇÃO DOS FLUXOS DE CAIXA
EM 31 DE DEZEMBRO DE 2004

DESIGNAÇÃO DOS FLUXOS	MOVIMENTO ANTERIOR		MOVIMENTO DO MÊS		MOVIMENTO ACUMULADO	
	Débito	Crédito	Débito	Crédito	Débito	Crédito
01 ACTIVIDADES OPERACIONAIS						
01.01 Recebimentos de clientes.................	465 750,00	0,00	40 500,00	0,00	506 250,00	0,00
01.02 Pagamentos a fornecedores................	0,00	456 757,00	0,00	39 718,00	0,00	496 475,00
01.03 Pagamentos ao pessoal	0,00	82 915,00	0,00	7 210,00	0,00	90 125,00
01.05 Pagamento imposto s/o rendimento.....	0,00	55 200,00	0,00	4 800,00	0,00	60 000,00
01.07 Outros pagam.rel.activ.operacional......	0,00	1 380,00	0,00	120,00	0,00	1 500,00
01.08 Recebimentos rel.rub.extraordinárias...	1 000,00	0,00	0,00	0,00	1 000,00	0,00
	466 750,00	596 252,00	40 500,00	51 848,00	507 250,00	648 100,00
02 ACTIVIDADES DE INVESTIMENTO						
02.01 Recebimentos-Invest.financeiros.........	1 500,00	0,00	0,00	0,00	1 500,00	0,00
02.02 Recebimentos-Imobil.corpóreas...........	4 600,00	0,00	400,00	0,00	5 000,00	0,00
2.1 Pagamentos-Investimentos financeiros.	0,00	230 000,00	0,00	20 000,00	0,00	250 000,00
02.11 Pagamentos-Imobilizaç.corpóreas........	0,00	34 270,00	0,00	2 980,00	0,00	37 250,00
	6 100,00	264 270,00	400,00	22 980,00	6 500,00	287 250,00
03 ACTIVIDADES DE FINANCIAMENTO						
03.01 Recebimentos-Empréstimos obtidos.....	575 000,00	0,00	50 000,00	0,00	625 000,00	0,00
03.02 Recebimentos-Aumentos capital..........	0,00	0,00	50 000,00	0,00	50 000,00	0,00
03.11 Pagamentos-Cont.loc.financeira.........	0,00	4 370,00	0,00	380,00	0,00	4 750,00
03.12 Pagamentos-Juros custos similares......	0,00	517,50	0,00	45,00	0,00	562,50
	575 000,00	4 887,50	100 000,00	425,00	675 000,00	5 312,50
09 CONTAS REFLECTIDAS						
0.911 Caixa.................................	127 282,00	467 100,00	11 068,00	40 400,00	138 350,00	507 500,00
0.912 Bancos...............................	738 127,50	580 750,00	64 185,00	100 500,00	802 312,50	681 250,00
	865 409,50	1 047 850,00	75 253,00	140 900,00	940 662,50	1 188 750,00
TOTAIS ACUMULADOS....................	1 913 259,50	1 913 259,50	216 153,00	216 153,00	2 129 412,50	2 129 412,50

	DESIGNAÇÃO DAS OPERAÇÕES EFECTUADAS	CONTABILIDADE FINANCEIRA Valores lançados	CONTAS DE ORDEM FLUXOS DE CAIXA			
			Contas a movimentar		Valores a registar	
			Débito	Crédito	Débito	Crédito
1	Vendas de mercadorias em Dezembro:					
1.1	A pronto pagamento	15 000,00	01.01	0.911	15 000,00	15 000,00
1.2	Vendas a crédito	30 000,00				
2	Recebimento de clientes	25 000,00	01.01	0.911	25 000,00	25 000,00
3	Compra de mercadorias para venda:					
3.1	A dinheiro	10 000,00	0.911	01.02	10 000,00	10 000,00
3.2	A crédito	20 000,00				
4	Pagamentos a fornecedores, c/c...............	21 000,00	0.912	01.02	21 000,00	21 000,00
5	Débito/Banco: letras de fornecedores........	5 000,00	0.912	01.02	5 000,00	5 000,00
6	Aceite de letras a fornecedores, c/c..........	1 000,00				
7	Letras de clientes - Cobranças/Banco........	500,00	01.01	0.912	500,00	500,00
8	Pagamento de gratificação ao pessoal	800,00	0.911	01.03	800,00	800,00
9	Aquisição de bens do imobilizado:					
9.1	Computador "A" - Cheque 34578	600,00	0.912	02.11	600,00	600,00
9.2	Viatura "B" - A prazo, fornecedor "X"	12 500,00				
9.21	Pagamento 1ª prestação - Banco "A"........	1 250,00	0.912	02.11	1 250,00	1 250,00
10	Pagamento das remunerações/Janeiro......	5 250,00	0.912	01.03	5 250,00	5 250,00
11	Cheque para a Segurança Social	620,00	0.912	01.03	620,00	620,00
12	Cheque - Pagamento retenções IRS	540,00	0.912	01.03	540,00	540,00
13	Cheque - Pagamento retenções prediais ...	120,00	0.912	01.07	120,00	120,00
14	Empréstimo obtido - Banco "A"	50 000,00	03.01	0.912	50 000,00	50 000,00
15	Importação da máquina X a crédito..........	1 800,00				
15.1	Pagamento de 30%	540,00	0.912	02.11	540,00	540,00
15.2	Direitos alfandegários	340,00	0.912	02.11	340,00	340,00
15.3	Frete da máquina pago por caixa	250,00	0.911	02.11	250,00	250,00
	A transportar	202 110,00			136 810,00	136 810,00

DESIGNAÇÃO DAS OPERAÇÕES EFECTUADAS	CONTABILIDADE FINANCEIRA Valores lançados	CONTAS DE ORDEM FLUXOS DE CAIXA Contas a movimentar Débito	Crédito	Valores a registar Débito	Crédito
Transporte	202 110,00			136 810,00	136 810,00
16 Alienação da máquina "C"	800,00				
16.1 Recebido por conta - 50%	400,00	02.02	0.911	400,00	400,00
16.2 Transfª-Custo de aquisição........................	2 000,00				
16.3 Transfª-Amortizações em 31/12/N-1	1 800,00				
17 Adiantamento ao fornecedor "E"...............	1 200,00	0.912	01.02	1 200,00	1 200,00
18 Compra de títulos negociáveis	20 000,00	0.912	02.10	20 000,00	20 000,00
19 Compra a dinheiro de envelopes	18,00	0.911	01.02	18,00	18,00
20 Pagamento a "C" de royalties....................	2 500,00	0.912	01.02	2 500,00	2 500,00
21 Pagamento renda locação financeira:					
21.1 Relativa a amortização capital	380,00	0.912	03.11	380,00	380,00
21.2 Encargos suportados	45,00	0.912	03.12	45,00	45,00
22 Aumento capital - Depósito Banco "A"	50 000,00	03.02	0.912	50 000,00	50 000,00
23 Aceite letra - Fornecedor imobilizado	1 000,00				
24 Imobilizado-Amortizações do exercício	18 700,00				
25 Custo das mercadorias vendidas	350 400,00				
26 Pagamento por conta - IRC	4 800,00	0.912	01.05	4 800,00	4 800,00
27 Estimativa do IRC e tribut. autónoma	20 250,00				
SOMAS DE CONTROLO	676 403,00			216 153,00	216 153,00

CONTROLO DO MOVIMENTO

1) Movimento sem lançamento nas contas de ordem 460 250,00

2) Movimento registado nas contas de ordem (Fluxos de caixa)... 216 153,00

676 403,00

MAPA DE CENTRALIZAÇÃO - CONTAS DE ORDEM - MOVIMENTO DE DEZEMBRO DE 2004

01 ACTIVIDADES OPERACIONAIS

01.01		01.02		01.03		01.04		01.05	
Débito	Crédito	Débito	Crédito	Débito	Crédito	Débito	Crédito	Débito	Crédito
15 000,00			10 000,00		800,00				4 800,00
25 000,00			21 000,00		5 250,00				
500,00			5 000,00		620,00				
			1 200,00		540,00				
			18,00						
			2 500,00						
40 500,00	0,00	0,00	39 718,00	0,00	7 210,00	0,00	0,00	0,00	4 800,00

01.06		01.07		01.08		01.09			
Débito	Crédito	Débito	Crédito	Débito	Crédito	Débito	Crédito	Débito	Crédito
			120,00						
0,00	0,00	0,00	120,00	0,00	0,00	0,00	0,00	0,00	0,00

02 ACTIVIDADES DE INVESTIMENTO

02.01		02.02		02.03		02.04		02.05	
Débito	Crédito	Débito	Crédito	Débito	Crédito	Débito	Crédito	Débito	Crédito
		400,00							
0,00	0,00	400,00	0,00	0,00	0,00	0,00	0,00	0,00	0,00

02.06		02.10		02.11		02.12		02.13	
Débito	Crédito	Débito	Crédito	Débito	Crédito	Débito	Crédito	Débito	Crédito
			20 000,00		600,00				
					1 250,00				
					540,00				
					340,00				
					250,00				
0,00	0,00	0,00	20 000,00	0,00	2 980,00	0,00	0,00	0,00	0,00

03 ACTIVIDADES DE FINANCIAMENTO

03.01		03.02		03.03		03.04		03.05	
Débito	Crédito	Débito	Crédito	Débito	Crédito	Débito	Crédito	Débito	Crédito
50 000,00		50 000,00							
50 000,00	0,00	50 000,00	0,00	0,00	0,00	0,00	0,00	0,00	0,00

03.06		03.10		03.11		03.12		03.13	
Débito	Crédito	Débito	Crédito	Débito	Crédito	Débito	Crédito	Débito	Crédito
					380,00		45,00		
0,00	0,00	0,00	0,00	0,00	380,00	0,00	45,00	0,00	0,00

CONTAS REFLECTIDAS				BALANCETE - FLUXOS DE CAIXA - MOVIMENTO DE DEZEMBRO DE 2004			
0.911		0.912		DESIGNAÇÃO DAS CONTAS - MOVIMENTO DO MÊS		DÉBITO	CRÉDITO
Débito	Crédito	Débito	Crédito				
10 000,00	15 000,00	21 000,00	50 000,00	01.01	Recebimentos de clientes	40 500,00	
800,00	25 000,00	5 000,00	500,00	01.02	Pagamentos a fornecedores		39 718,00
250,00	400,00	600,00	50 000,00	01.03	Pagamentos ao pessoal		7 210,00
18,00		1 250,00		01.05	Pagamento do imposto s/o rendimento		4 800,00
		5 250,00		01.07	Outros pagam.ºs relat. act.operacionais.		120,00
		620,00		02.02	Recebimentos imobilizações corpóreas	400,00	
		540,00		02.10	Pagamentos - Investiment. financeiros..		20 000,00
		120,00		02.11	Pagamentos - Imobilizações corpóreas.		2 980,00
		540,00		03.01	Recebimentos - Empréstimos obtidos...	50 000,00	
		340,00		03.02	Recebimentos - Aumentos de capital.....	50 000,00	
		1 200,00		03.11	Pagamentos - Contratos loc.financeira..		380,00
		20 000,00		03.12	Pagamentos - Juros custos similares....		45,00
		2 500,00			SUB-TOTAL	140 900,00	75 253,00
		380,00		0.911	Caixa	11 068,00	40 400,00
		45,00		0.912	Bancos	64 185,00	100 500,00
		4 800,00					
11 068,00	40 400,00	64 185,00	100 500,00			216 153,00	216 153,00

MAPA DA DEMONSTRAÇÃO DOS FLUXOS DE CAIXA PELO MÉTODO DIRECTO

Com base nos dados constantes dos documentos antes anunciados, estamos habilitados a elaborar o mapa em epígrafe, cujo modelo consta em 4.3 (Estrutura) do Decreto nº 82/01, de 16 de Novembro.

Contudo, prestam-se as seguintes informações complementares:

Dados da contabilidade financeira

Como não se apresentam balancetes da contabilidade normal, com vista ao preenchimento da parte final da demonstração dos fluxos de caixa, vamos supor que os respectivos balancetes mostravam os seguintes valores:

2.1 Caixa e seus equivalentes no início do período:

a) Exercício N...	21.120,00
b) Exercício N - 1..	15.840,00

2.2 Caixa e seus equivalentes no fim do período:

a) Exercício N..	13.534,00
b) Exercício N – 1..	21.120,00

Assim, inclui-se, a seguir, o referido mapa, apresentado pelo método directo e reportado a 31 de Dezembro de 2004.

DEMONSTRAÇÃO DOS FLUXOS DE CAIXA
9.1.1 MÉTODO DIRECTO

	EXERCÍCIOS			
	2004		2003	
Actividades operacionais:				
Recebimentos de clientes (a)..	506 250,00		465 750,00	
Pagamentos a fornecedores (b)	496 475,00		456 757,00	
Pagamentos ao pessoal	90 125,00		82 915,00	
Fluxo gerado pelas operações	-80 350,00		-73 922,00	
Recebimento do imposto sobre o rendimento (c)	0,00		0,00	
Pagamento do imposto sobre o rendimento (c)	60 000,00		55 200,00	
Outros recebimentos relativos à actividade operacional (d).....	0,00		0,00	
Outros pagamentos relativos à actividade operacional (d).......	1 500,00		1 380,00	
Fluxos gerados antes das rubricas extraordinárias	-141 850,00		-130 502,00	
Recebimentos relacionados com rubricas extraordinárias.......	1 000,00		920,00	
Pagamentos relacionados com rubricas extraordinárias..........	0,00		0,00	
Fluxos das actividades operacionais [1]		-140 850,00		-129 582,00
Actividades de investimento:				
Recebimentos provenientes de:				
Investimentos financeiros (e)	1 500,00		1 380,00	
Imobilizações corpóreas	5 000,00		4 600,00	
Imobilizações incorpóreas	0,00		0,00	
Subsídios de investimento	0,00		0,00	
Juros e proveitos similares	0,00		0,00	
Dividendos	0,00		0,00	
	0,00	6 500,00	0,00	5 980,00
Pagamentos respeitantes a:				
Investimentos financeiros	250 000,00		230 000,00	
Imobilizações corpóreas	37 250,00		34 270,00	
Imobilizações incorpóreas	0,00		0,00	
	0,00	287 250,00	0,00	264 270,00
Fluxos das actividades de investimento [2]		-280 750,00		-258 290,00
Actividades de financiamento:				
Recebimentos provenientes de:				
Empréstimos obtidos...	625 000,00		575 000,00	
Aumentos de capital, prestações suplementares e pré-mios de emissão	50 000,00		46 000,00	
Subsídios e doações	0,00		0,00	
Venda de acções (quotas) próprias	0,00		0,00	
Cobertura de prejuízos	0,00		0,00	
	0,00	675 000,00	0,00	621 000,00
Pagamentos respeitantes a:				
Empréstimos obtidos	0,00		0,00	
Amortizações de contratos de locação financeira.............	4 750,00		4 370,00	
Juros e custos similares	562,50		517,50	
Dividendos	0,00		0,00	
Redução de capital e prestações suplementares	0,00		0,00	
Aquisição de acções (quotas) próprias...........................	0,00		0,00	
		5 312,50	0,00	4 887,50
Fluxos das actividades de financiamento [3]		669 687,50		616 112,50

	Exercícios	
	2004	2003
Variação de caixa e seus equivalentes: [4] = [1] + [2] + [3]	248 087,50	228 240,50
Efeito das diferenças de câmbio (±)...............................	0,00	0,00
Caixa e seus equivalentes no início do período..................	21 120,00	15 840,00
Caixa e seus equivalentes no fim do período.....................	13 534,00	21 120,00

a) *Compreende as importâncias recebidas de clientes e respeitantes à venda de mercadorias, de produtos e de serviços, com excepção do recebimento de juros e proveitos similares, que são de incluir nas actividades de investimento.*

b) *Compreende as importâncias pagas a fornecedores e respeitantes à compra de bens e serviços, com excepção do pagamento de juros e custos similares, que são de incluir nas actividades de financiamento.*

c) *Compreende as importâncias pagas e recebidas relativas a imposto sobre o rendimento, salvo as que puderem ser especificamente identificadas como actividades de investimento e de financiamento.*

d) *Compreende as importâncias recebidas e pagas que sejam de considerar no âmbito das actividades operacionais e que não tenham sido relevadas sob as dei*

e) *Compreende as importâncias recebidas pela venda de partes de capital e pelo reembolso de empréstimos concedidos.*

ANEXO À DEMONSTRAÇÃO DOS FLUXOS DE CAIXA

Em anexo a esta demonstração devem ser feitas as seguintes divulgações:

1 - Relativamente à aquisição ou alienação de filiais e outras actividades empresariais, quando se tratar de operação materialmente relevante, deve ser divulgado, para cada caso, o seguinte:

a) Preço total da aquisição ou da alienação;

b) Parcela do preço indicado na alínea a) que foi pago/recebido por meio de caixa e seus equivalentes;

c) A quantia de caixa e equivalentes a caixa existente na filial ou na actividade empresarial adquirida ou alienada;

d) As quantias dos outros activos e passivos adquiridos (alienados), classificados por trespasse, imobilizações, existências, dívidas a receber e dívidas a pagar.

2 - Discriminação dos componentes de caixa e seus equivalentes, reconciliando as quantias evidenciadas na demonstração dos fluxos de caixa com as rubricas do balanço:

	Ano n	Ano n - 1
Numerário..		
Depósitos bancários imediatamente mobilizáveis........................		
Equivalentes a caixa		
Caixa e seus equivalentes		
Outras disponibilidades (a)		
Disponibilidades constantes do balanço		

(a) A desenvolver segundo as rubricas do balanço.

3 - Divulgação de informações respeitantes a actividades financeiras não monetárias, designadamente as relativas a:

a) Quantia dos créditos bancários concedidos e não sacados que possa ser utilizada para futuras actividades operacionais e para satisfazer compromissos financeiros, indicando quaisquer restrições na utilização destas facilidades;

b) Compra de uma empresa através da emissão de acções;

c) Conversão de dívidas em capital.

4 - Repartição do fluxo de caixa por ramos de actividade e zonas geográficas, caso tenha sido adoptada a mesma divisão segmentada nas demais peças das demonstrações financeiras.

5 - Divulgação das quantias agregadas dos fluxos de caixa das actividades operacionais, de investimento e de financiamento relacionadas com interesses em empreendimentos conjuntos, caso seja utilizado o método da consolidação proporcional.

6 - Quantia agregada dos fluxos de caixa que representem acréscimo da capacidade operacional, em separado dos fluxos que sejam exigidos para manter a capacidade operacional.

7 - Outras informações necessárias à compreensão da demonstração dos fluxos de caixa, designadamente as previstas na regulamentação contabilística específica em vigor e as relativas a rubricas que sejam criadas por iniciativa da própria empresa.

EXEMPLOS DE APLICAÇÃO

Apresentam-se os seguintes exemplos de aplicação:

I. MÉTODO INDIRECTO

Para obtenção dos dados com vista à elaboração da "Demonstração dos fluxos de caixa" pelo método indirecto, ter-se-ão que analisar as contas para recolha de informação extra contabilidade, muitas vezes com grandes perdas de tempo, para assim poder garantir a informação que se presta. Por isso, não deixaremos de aqui repetir a nossa preferência pelo "Método directo", dado que este proporciona informações mais detalhadas e completas.

Sobre o "Método indirecto" a Directriz Contabilística nº 14 (Portugal), diz-nos o seguinte:

5.2 - Método indirecto - é aquele em que o resultado líquido do exercício é ajustado por forma a excluirem-se os efeitos de transacções que não sejam a dinheiro, acréscimos ou diferimentos relacionados com recebimentos ou pagamentos passados ou futuros e contas de proveitos ou custos relacionados com fluxos de caixa respeitantes às actividades de investimento ou de financiamento.

A determinação do fluxo líquido de caixa das actividades operacionais é feita a partir do resultado líquido do exercício ajustando-o pelos efeitos de:

i) Variações ocorridas, durante o período contabilístico, nas existências e nas dívidas operacionais de e a terceiros;

ii) Rubricas não relacionadas com caixa, tais como amortizações, provisões, impostos diferidos, diferenças de câmbio não realizadas, resultados não distribuídos de associadas e interesses minoritários;

iii) Todas as outras rubricas cujos efeitos de caixa respeitem a fluxos de caixa de investimento ou de financiamento.

O fluxo líquido de caixa das actividades operacionais pode também ser apresentado pelo método indirecto, seriando os custos e proveitos relacionados com caixa incluídos na demonstração dos resultados e as variações ocorridas, durante o período contabilístico, nas existências e nas dívidas operacionais de e a terceiros.

É desejável que as empresas utilizem o método directo na elaboração dos fluxos de caixa das actividades operacionais, dado que este proporciona informações mais detalhadas e completas. Além disso, facilita a preparação de estimativas sobre futuros fluxos de caixa que não são possíveis pela mera utilização do método indirecto.

EXEMPLOS DE APLICAÇÃO – MÉTODO INDIRECTO

Para elaboração da demonstração dos fluxos de caixa pelo método indirecto, apresentam-se as seguintes sugestões:

1. BALANÇO EM 31 DE DEZEMBRO DO ANO N

Para exemplo e tendo presente que o mapa da "Demonstração dos fluxos de caixa pelo método indirecto" é elaborado a partir do ajustamento ao resultado líquido do exercício das variações das contas do balanço, começamos por apresentar esta peça contabilística, simplificada, com vista à recolha de dados para elaboração da demonstração em causa.

2. MAPA DA DEMONSTRAÇÃO DOS FLUXOS DE CAIXA PELO MÉTODO INDIRECTO

Com base nos dados anunciados, elaborar-se-ia o mapa em causa, como adiante se exemplifica:

FLUXOS DE CAIXA - MÉTODO INDIRECTO

BALANÇO EM 31 DE DEZEMBRO DO ANO N			
ACTIVO	**ANO N**	**ANO N-1**	**VARIAÇÃO**
Imobilizações corpóreas...............................	1 311 504,00	1 106 856,00	204 648,00
Amortizações acumuladas............................	-457 584,00	-276 744,00	-180 840,00
Existências..	4 584 632,00	4 216 792,00	367 840,00
Dívidas de clientes.....................................	3 681 232,00	3 395 008,00	286 224,00
Depósitos bancários e caixa........................	143 912,00	171 040,00	-27 128,00
Total do Activo...............................	9 263 696,00	8 612 952,00	650 744,00
CAPITAL PRÓPRIO			
Capital..	5 600 000,00	2 000 000,00	3 600 000,00
Reservas..	1 723 232,00	4 960 880,00	-3 237 648,00
Resultado líquido do exercício......................	240 216,00	202 352,00	37 864,00
Total do capital próprio.............................	7 563 448,00	7 163 232,00	400 216,00
PASSIVO			
Dívidas a instituições de crédito......................	618 824,00	458 088,00	160 736,00
Fornecedores..	503 280,00	466 720,00	36 560,00
Estado...	417 024,00	379 224,00	37 800,00
Acréscimos de custos...................................	161 120,00	145 688,00	15 432,00
Total do passivo...............................	1 700 248,00	1 449 720,00	250 528,00
Total do capital próprio e do passivo..................	9 263 696,00	8 612 952,00	650 744,00

Informações complementares sobre os resultados		
1) Reintegrações do exercício:		
a) Relativas às actividades operacionais...		180 840,00
2) Imobilizações corpóreas:		
a) Pagamentos pelas aquisições no exercício..		204 648,00
3) Empréstimos obtidos:		
a) Concedidos à empresa - Recebimentos..		500 736,00
b) Amortização dos empréstimos - Pagamentos...		340 000,00
4) Aumento do capital:		
a) Por incorporação de reservas..	3 360 000,00	
b) Em dinheiro	240 000,00	3 600 000,00
5) Aplicação do resultado líquido do exercício N - 1:		
a) Dividendos atribuídos e pagos no exercício N..		207 872,00
6) Provisões do exercício:		
a) Relativas às actividades operacionais...		127 872,00

DEMONSTRAÇÃO DOS FLUXOS DE CAIXA
9.1.2 MÉTODO INDIRECTO

		EXERCÍCIOS			
		N		N - 1	
Actividades operacionais:					
Resultado líquido do exercício	±	240 216,00		202 352,00	
Ajustamentos:					
Amortizações e ajustamentos (a)	+	180 840,00		148 288,80	
Provisões	±	127 872,00		104 855,04	
Resultados financeiros (b)	±	0,00		0,00	
Aumento das dívidas de terceiros (c)	-	286 224,00		234 703,68	
Diminuição das dívidas de terceiros (c)	+	0,00		0,00	
Aumento das existências	-	367 840,00		301 628,80	
Diminuição das existências	+	0,00		0,00	
Aumento das dívidas a terceiros (c)	+	74 360,00		60 975,20	
Diminuição das dívidas a terceiros (c)	-	0,00		0,00	
Diminuição dos proveitos diferidos	-	0,00		0,00	
Aumento dos acréscimos de proveitos	-	0,00		0,00	
Diminuição dos custos diferidos	+	0,00		0,00	
Aumento dos acréscimos de custos	+	15 432,00		12 654,24	
Ganhos na alienação de imobilizações	-	0,00		5 374,88	
Perdas na alienação de imobilizações	+	0,00		0,00	
		0,00		0,00	
Fluxo das actividades operacionais [1]	±		-15 344,00		-12 582,08
Actividades de investimento:					
Recebimentos provenientes de:					
Investimentos financeiros (d)		0,00		0,00	
Imobilizações corpóreas		0,00		0,00	
Imobilizações incorpóreas		0,00		0,00	
Subsídios de investimento		0,00		0,00	
Juros e proveitos similares		0,00		0,00	
Dividendos		0,00		0,00	
		0,00	0,00	0,00	0,00
Pagamentos respeitantes a:					
Investimentos financeiros		0,00		0,00	
Imobilizações corpóreas		204 648,00		167 811,36	
Imobilizações incorpóreas		0,00		0,00	
		0,00	204 648,00	0,00	167 811,36
Fluxos das actividades de investimento [2]	±		-204 648,00		-167 811,36
Actividades de financiamento:					
Recebimentos provenientes de:					
Empréstimos obtidos		500 736,00		410 603,52	
Aumentos de capital, prestações suplementares e prémios de emissão		240 000,00		196 800,00	
Subsídios e doações		0,00		0,00	
Venda de acções (quotas) próprias		0,00		0,00	
Cobertura de prejuízos		0,00		0,00	
		0,00	740 736,00	0,00	607 403,52
Pagamentos respeitantes a:					
Empréstimos obtidos		340 000,00		278 800,00	
Amortizações de contratos de locação financeira		0,00		0,00	
Juros e custos similares		0,00		0,00	
Dividendos		207 872,00		170 455,04	
Redução de capital e prestações suplementares		0,00		0,00	
Aquisição de acções (quotas) próprias		0,00		0,00	
		0,00	547 872,00	0,00	449 255,04
Fluxos das actividades de financiamento [3]	±		192 864,00		158 148,48

	Exercícios	
	N	N - 1
Variações de caixa e seus equivalentes [4] = [1] + [2] + [3]	-27 128,00	-22 244,96
Efeito das diferenças de câmbio [±]	0,00	0,00
Caixa e seus equivalentes no início do período	171 040,00	106 435,00
Caixa e seus equivalentes no fim do período	143 912,00	171 040,00

(a) Com exclusão das amortizações e ajustamentos ncluídos nos resultados financeiros.

(b) Com exclusão das operações relacionadas com as actividades operacionais.

(c) Inclui somente as dívidas relacionadas com as actividades operacionais.

(d) Compreende as importâncias recebidas pela venda de partes de capital e pelo reembolso de empréstimos concedidos.

CAPÍTULO V

FICHAS DE EXISTÊNCIAS

CUSTO MÉDIO PONDERADO

FIFO

LIFO

CUSTO PADRÃO

PROVISÕES

Depois de efectuadas as regularizações originadas pela análise das contas constantes do primeiro balancete do razão geral, a conta de "Provisões" passou a apresentar os seguintes valores:

39.2.1 Provisões para processos judiciais em curso

Porque foi instaurado um processo judicial contra a empresa, cujo valor previsto é de 1.995,20, deverá ser reforçada esta rubrica que apresenta um saldo de 1.723,85.

O referido reforço será de 271,35 devendo debitar-se a conta 78.1.3.2 "Processos judiciais em curso", por contrapartida desta subconta.

39.9.1 Provisões para outros riscos e encargos

Depois de efectuadas as regularizações constantes do primeiro balancete esta rubrica passou a apresentar um saldo de 6.601,09, conforme mostra o balancete que se exibe na parte final deste capítulo.

21 COMPRAS

1) A conta em título, depois de lançadas todas as rectificações, deve ser saldada por contrapartida da conta 26.1 Mercadorias.

   Assim, terá que se proceder à transferência dos respectivos saldos para a conta 26.1, como segue:

	Débito	Crédito
1.1 Mercadorias...	26.1	21.2.1
1.2 Devoluções de compras..		21.7.1
1.3 Descontos e abatimentos em compras...................….……...		21.8.1

26.1 MERCADORIAS

Esta conta mostra um saldo de 178.647,46, que corresponde às existências em 31/12/10.

Será creditada pelos valores apurados como "Custo das mercadorias vendidas" (conta 71) tendo em linha de conta o valor das existências em 31/12/11 (204.507,14), que se detalham nos comentários à rubrica 71 "Custo das mercadorias vendidas".

A conta "26.1 Mercadorias", no sistema de inventário permanente, apresenta, como é óbvio, permanentemente, o saldo das mercadorias em existência, uma vez que é debitada pelas "entradas" e creditada pelas "saídas" das mercadorias.

Assim sendo, no final do exercício, se não se verificarem diferenças entre as existências (inventário permanente) e as quantidades físicas, não há necessidade de efectuar qualquer lançamento para apuramento do custo das vendas.

Exemplos de aplicação

I - Método: Custo específico (custo real)

Dados

Para o 1º exemplo, imagine-se que a Sociedade "K", Ldª., efectuou em Janeiro de 2009, as seguintes operações relativas a movimentos de mercadorias:

1 - Existência em 31/12/08:

Mercadoria "A"	600	Unidades	14.963,94	
Mercadoria "B"	200	Unidades	5.985,57	
Mercadoria "C"....................	100	Unidades	4.987,98	
Mercadoria "D"....................	400	Unidades	<u>7.980,77</u>	33,918,26

2 - Factura 45 do Fornecedor "B", de 3/1:

Mercadoria "C"....................	70	Unidades	3.740,98

3 - Venda a crédito a "B" - Factª.100, de 5/1:

Mercadoria "A"....................	100	Unidades	2.992,79

4 - Venda a dinheiro nº 1 de 10/1:

Mercadoria "D"	200	Unidades	4.788,46

5 - Compra a dinheiro em 15/1:

Mercadoria "A"....................	120	Unidades	2.992,79

6 - Venda a crédito a "C" - Factª. 85, de 20/1:

Mercadoria "B"	100	Unidades	3.990,38

7 - N. Crédito 12 de "B", de 23/1 - Desconto comercial não deduzido na factª. 45: Mercadoria "C"   249,40

8 - Venda a dinheiro nº 2, de 26/1:

Mercadoria "C"........................ 70 Unidades 4.189,90 4.189,90

9 - N. C. nº 2 do Fornecedor "B", de 27/1:

Devol. - Mercadoria "C": 10 Unidades 498,80

10 - N.de Créd. nº 1 pª o cliente "C", de 31/1:

S/dev. - Mercadoria "B": - 5 Unidades 199,52

A seguir apresenta-se a movimentação contabilística destas operações, bem como das respectivas fichas de existências, valorizadas ao custo real, ou específico.

2009	Nº	Designação	Contas do P.G.C.A		Valores	
Mês	Docº.	da operação	Débito	Crédito	Débito	Crédito
1/01	1	Existências em 31/12/08	26.1	Balanço	33.918,26	33.918,26
3/01	2	Compra a "B", Ldª...............		32.1.2.1.02		4.526,49
		- Mercadoria "C".................	26.1		4.526,49	
5/01	3	Venda a crédito a "B"..........	31.1.2.1.02		4.788,46	
		- Mercadoria "A"..................		61.3.1.1		4.788,46
10/01	4	Venda a dinheiro nº 1..........	45.1.1		5.794,04	
		- Mercadoria "D".................		61.3.1.1		5.794,04
15/01	5	Compra a dinheiro..............		45.1.1		3.990,38
		- Mercadoria "A"..................	26.1		3.990,38	
20/01	6	Venda a crédito a "C"..........	31.1.2.1.03		4.172,06	
		- Mercadoria "B"..................		61.3.1.1		4.172,06
23/01	7	Desconto comercial.............	61.8.1	31.1.2.1.03	249,40	249,40
26/01	8	Venda a dinheiro nº 2..........	45.1.1		4.189,90	
		- Mercadoria "C".................		61.3.1.1		4.189,90
27/01	9	Fornecedor "B" - N.C. 2.......	32.1.2.1.02		603,55	
		- Mercadoria "C".................		21.8.1		603,55
31/01	10	Cliente "C" – N.C. nº 1........		31.1.2.1.03		241,42
		- Mercadoria "B", devol.......	61.7.1		241,42	
		Totais........................			**62.473,96**	**62.473,96**

FICHA DE EXISTÊNCIAS

ARTIGO	MERCADORIA "A"	CÓDIGO	30001

ARMAZÉM				ENTRADAS				SAÍDAS			EXISTÊNCIAS		
Datas			Descrição	N° doc°	Quanti-dades	Custo unitário	Valores (entradas)	Quanti-dades	Preço unitário	Valores (saídas)	Quanti-dades	Valores (saldos)	Custo das vendas
Dia	Mês	Ano											
01	Jan°	2009	Existências..............	1	600,00	24,94	14 964,00	0,00	0,00	0,00	600,00	14 964,00	0,00
05	"	2009	Factura n° 100.............	3	0,00	0,00	0,00	100,00	24,94	2 494,00	500,00	12 470,00	2 494,00
15	"	2009	Compra........................	5	120,00	24,94	2 992,80	0,00	0,00	0,00	620,00	15 462,80	0,00
													0,00
			Total ou a transportar		720,00		17 956,80	100,00		2 494,00	620,00	15 462,80	2 494,00

FICHA DE EXISTÊNCIAS

ARTIGO	MERCADORIA "B"	CÓDIGO	30002

ARMAZÉM				ENTRADAS				SAÍDAS			EXISTÊNCIAS		
Datas			Descrição	N° doc°	Quanti-dades	Custo unitário	Valores (entradas)	Quanti-dades	Preço unitário	Valores (saídas)	Quanti-dades	Valores (saldos)	Custo das vendas
Dia	Mês	Ano											
01	Jan°	2009	Existências..............	1	200,00	29,93	5 986,00	0,00	0,00	0,00	200,00	5 986,00	0,00
20	"	2009	Factura n° 85..............	6	0,00	0,00	0,00	100,00	29,93	2 993,00	100,00	2 993,00	2 993,00
31	"	2009	Devolução..................	10	5,00	29,93	149,65	0,00	0,00	0,00	105,00	3 142,65	- 105,00
			Total ou a transportar		205,00		6 135,65	100,00		2 993,00	105,00	3 142,65	2 888,00

FICHA DE EXISTÊNCIAS

ARTIGO	MERCADORIA "C"	CÓDIGO	30003

ARMAZÉM				ENTRADAS			SAÍDAS			EXISTÊNCIAS		
Datas			Descrição	Nº docº	Quanti-dades	Custo unitário	Total (entradas)	Quanti-dades	Preço unitário	Valores (saídas)	Quanti-dades	Valores (saldos)	Custo das vendas
Dia	Mês	Ano											
01	Jan°	2009	Existências..................	1	100,00	49,88	4 988,00	0,00	0,00	0,00	100,00	4 988,00	0,00
03	"	2009	Compra......................	2	70,00	53,44	3 740,80	100,00	24,94	2 494,00	70,00	6 234,80	2 494,00
23	"	2009	Desconto....................	7	0,00	0,00	- 249,40	0,00	0,00	0,00	0,00	5 985,40	0,00
26	"	2009	V. Dinheiro 2................	8	0,00	0,00	- 249,40	70,00	49,88	3 491,60	- 70,00	2 244,40	3 491,60
27	"	2009	Devolução...................	9	0,00	0,00	- 249,40	10,00	49,88	498,80	- 80,00	1 496,20	498,80
			Total ou a transportar		170,00		7 980,60	180,00		6 484,40	- 10,00	1 496,20	6 484,40

FICHA DE EXISTÊNCIAS

ARTIGO	MERCADORIA "D"	CÓDIGO	30004

ARMAZÉM				ENTRADAS			SAÍDAS			EXISTÊNCIAS		
Datas			Descrição	Nº docº	Quanti-dades	Custo unitário	Valores (entradas)	Quanti-dades	Preço unitário	Valores (saídas)	Quanti-dades	Valores (saldos)	Custo das vendas
Dia	Mês	Ano											
01	Jan°	2009	Existências..................	1	400,00	19,95	7 980,00	0,00	0,00	0,00	400,00	7 980,00	0,00
10	"	2009	V. Dinheiro 1................	4	0,00	0,00	0,00	200,00	19,95	3 990,00	200,00	3 990,00	3 990,00
													0,00
			Total ou a transportar		400,00		7 980,00	200,00		3 990,00	200,00	3 990,00	3 990,00

No exemplo anterior mostra-se a valorização das existências pelo "Custo específico/custo real".

Este método, não é de fácil aplicação, nomeadamente nas empresas que comercializam vários artigos de reduzido valor. Contudo, o sistema aplica-se aos artigos de custo mais elevado, como por exemplo, na comercialização de viaturas, máquinas industriais, computadores, ou outros artigos cujo custo unitário não altere com frequência, como é o caso das operações que serviram de base ao exemplo antes apresentado.

Para completar as nossas sugestões, no que se refere à aplicação do sistema de inventário permanente, incluir-se-ão, a seguir, exemplos de aplicação, para os restantes métodos, ou seja:

- Custo médio ponderado;
- FIFO;
- LIFO;
- Custo padrão.

II - Método: Custo médio ponderado

Com a aplicação deste método, o custo de cada artigo é determinado a partir da média ponderada do custo dos artigos existentes, como se passa a exemplificar, supondo que a Empresa "B", vai realizar, com a *mercadoria "B"*, em Janeiro do ano 2009, as seguintes transacções, a pronto pagamento:

Dados (Em euros)

1 - **Existências em 31/12/08:**

2.000 Unidades.. 0,22   440,00

2 - **Entradas - Compras:**

Em 10/1 - 1.200 Unidades.................................…...... 0,23   276,00

Em 28/1 - 2.000 Unidades... 0,24   480,00

3 - **Saídas - Devolução de compras:**

Em 11/1 - 100 Unidades, adquiridas em 11/1........................ 0,23   23,00

4 - **Saídas - Vendas:**

Em 11/1 - 2.000 Unidades... 0,30   600,00

Em 29/1 - 1.600 Unidades... 0,30   480,00

5 - **Entradas - Devolução de vendas:**

Em 30/1 - 100 unidades vendidas em 11/1........................... 0,30   30,00

III - Método: FIFO (First in first out)

Neste exemplo, vamos mostrar a valorização das existências da ficha de armazém da *mercadoria "B"*, com a utilização do método FIFO (ou método do custo cronológico directo), valorizando-se as existências vendidas e consumidas aos preços mais antigos e as existências em armazém aos preços mais recentes.

Para o efeito, servir-nos-emos dos mesmos dados do exemplo nº II.

IV - Método: LIFO (Last in first out)

Neste 4º exemplo, exemplifica-se a valorização das existências da ficha de armazém da *mercadoria "B"*, utilizando-se o método LIFO (ou método do custo cronológico inverso), em que as existências em armazém são avaliadas aos custos mais antigos e as saídas aos preços mais modernos.

Como no caso anterior, servir-nos-emos dos mesmos dados do exemplo nº II.

V - Método: Custo padrão

Além dos métodos já referidos, a adopção do custo padrão, as existências poderão ser valorizadas ao custo padrão se este for apurado de acordo com os princípios técnicos e contabilísticos adequados. De contrário, deverá haver um ajustamento que considere os desvios verificados.

FICHA DE EXISTÊNCIAS

ARTIGO   CÓDIGO

MERCADORIA "B" - Custo médio ponderado

ARMAZÉM			ARMAZÉM CENTRAL		ENTRADAS			SAÍDAS			EXISTÊNCIAS			
Dia	Mês	Ano	Descrição	Nº docº	Quanti-dades	Custo unitário	Valores (entradas)	Quanti-dades	Preço unitário	Valores (saídas)	Quanti-dades	Custo unitário	Valores (saldos)	Custo das vendas
01	01	2009	Transporte	2001	2 000,00	0,22	440,00	0,00	0,00	0,00	2 000,00	0,22	440,00	0,00
10	01	2009	Compra	2035	1 200,00	0,23	276,00	0,00	0,00	0,00	3 200,00	0,23	716,00	0,00
11	01	2009	Devolução/compra	3021	0,00	0,00	0,00	100,00	0,23	23,00	3 100,00	0,23	693,00	23,00
11	01	2009	Venda	3022	0,00	0,00	0,00	2 000,00	0,23	460,00	1 100,00	0,23	233,00	460,00
28	01	2009	Compra	3024	2 000,00	0,24	480,00	0,00	0,00	0,00	3 100,00	0,23	713,00	0,00
29	01	2009	Venda	3025	0,00	0,00	0,00	1 600,00	0,23	368,00	1 500,00	0,23	345,00	368,00
30	01	2009	Devolução/venda	3026	100,00	0,24	24,00	0,00	0,00	0,00	1 600,00	0,23	369,00	0,00
			Total ou a transportar ...		5 300,00		1 220,00	3 700,00		851,00	1 600,00		369,00	851,00

FICHA DE EXISTÊNCIAS

ARTIGO   CÓDIGO

MERCADORIA "B" - Método FIFO

ARMAZÉM			ARMAZÉM CENTRAL		ENTRADAS			SAÍDAS			EXISTÊNCIAS			
Dia	Mês	Ano	Descrição	Nº docº	Quanti-dades	Custo unitário	Valores (entradas)	Quanti-dades	Preço unitário	Valores (saídas)	Quanti-dades	Custo unitário	Valores (saldos)	Custo das vendas
01	01	2009	Transporte	2001	2 000,00	0,22	440,00	0,00	0,00	0,00	2 000,00	0,22	440,00	0,00
10	01	2009	Compra	2035	1 200,00	0,23	276,00	0,00	0,00	0,00	3 200,00	(a)	716,00	0,00
11	01	2009	Devolução/compra	3021	0,00	0,00	0,00	100,00	0,23	23,00	3 100,00	(b)	693,00	23,00
11	01	2009	Venda	3022	0,00	0,00	0,00	2 000,00	0,23	460,00	1 100,00	0,23	233,00	460,00
28	01	2009	Compra	3024	2 000,00	0,24	480,00	0,00	0,00	0,00	3 100,00	(c)	713,00	0,00
29	01	2009	Venda	3025	0,00	0,00	0,00	1 600,00	0,23	368,00	1 500,00	0,24	345,00	368,00
30	01	2009	Devolução/venda	3026	100,00	0,24	24,00	0,00	0,00	0,00	1 600,00	0,24	369,00	0,00
			Total ou a transportar ...		5 300,00		1 220,00	3 700,00		851,00	1 600,00		369,00	851,00

(a) 2000 x 0,22 = 440,00
    1200 x 0,23 = 276,00
    716,00

(b) 2000 x 0,22 = 440,00
    1100 x 0,23 = 253,00
    693,00

(c) 1100 x 0,23 = 253,00
    2000 x 0,24 = 480,00
    733,00

(d) 1100 x 0,23 = 253,00
    500 x 0,24 = 120,00
    373,00

FICHA DE EXISTÊNCIAS

| ARTIGO | | | | | | | | | | | | | CÓDIGO | | |

MERCADORIA "B" - Método LIFO

ARMAZÉM			ARMAZÉM CENTRAL		ENTRADAS			SAÍDAS			EXISTÊNCIAS			
Datas			Descrição	Nº doc°	Quanti-dades	Custo unitário	Valores (entradas)	Quanti-dades	Preço unitário	Valores (saídas)	Quanti-dades	Custo unitário	Valores (saldos)	Custo das vendas
Dia	Mês	Ano												
01	01	2009	Transporte	2001	2 000,00	0,22	440,00	0,00	0,00	0,00	2 000,00	0,22	440,00	0,00
10	01	2009	Compra	2035	1 200,00	0,23	276,00	0,00	0,00	0,00	3 200,00	(a)	716,00	0,00
11	01	2009	Devolução/compra	3021	0,00	0,00	0,00	100,00	0,23	23,00	3 100,00	(b)	693,00	23,00
11	01	2009	Venda	3022	0,00	0,00	0,00	2 000,00	0,23	460,00	1 100,00	0,23	233,00	460,00
28	01	2009	Compra	3024	2 000,00	0,24	480,00	0,00	0,00	0,00	3 100,00	(c)	713,00	0,00
29	01	2009	Venda	3025	0,00	0,00	0,00	1 600,00	0,23	368,00	1 500,00	0,24	345,00	368,00
30	01	2009	Devolução/venda	3026	100,00	0,24	24,00	0,00	0,00	0,00	1 600,00	0,24	369,00	0,00
			Total ou a transportar		5 300,00		1 220,00	3 700,00		851,00	1 600,00		369,00	851,00

(a) 2000 x 0,22............440,00
1200 x 0,23............276,00
716,00 = 338,00

(b) 1900 x 0,22............418,00
1200 x 0,24............288,00
706,00 = 360,00

(C) 1100 x 0,22............242,00
2000 x 0,24............480,00
722,00 = 452,00

(d) 1100 x 0,23............242,00
400 x 0,24............96,00
264,00

(e) 1200 x 0,23............264,00
400 x 0,24............96,00

(f) 1200 x 0,23............276,00
800 x 0,24............176,00

RESUMO DAS EXISTÊNCIAS

EXISTÊNCIAS NO FIM DE JANEIRO DE 2009

DESIGNAÇÃO DAS MERCADORIAS	ENTRADAS	SAÍDAS	EXISTÊNCIAS	CUSTO/VENDAS
Mercadoria "A"................................	17.956,73	2.493,99	15.462,74	2.493,99
Mercadoria "B"................................	6.135,21	2.992,79	3.142,42	2.843,15
Mercadoria "C"................................	8.479,56	3.990,39	4.489,17	3.491,59
Mercadoria "D"................................	7.980,76	3.990,38	3.990,38	3.990,38
TOTAIS ACUMULADOS..................	40.552,26	13.467,55	27.084,71	12.819,11

26.1 MERCADORIAS

2009	Doc.	Descrição dos lançamentos	LANÇAMENTOS Débito	LANÇAMENTOS Crédito	SALDOS Devedores	SALDOS Credores
01.01	1	Existências iniciais.........................	33.918,26		33.918,26	
03.01	2	Compra – Mercadoria "C"...............	3.740,98		37.659,74	
05.01	3	Saída – Mercadoria "A".................		2.493,99	35.165,25	
10.01	4	Saída – Mercadoria "D"..................		3.990,38	31.174,87	
15.01	5	Compra – Mercadoria "A"...............	2.992,79		34.167,66	
20.01	6	Saída – Mercadoria "B".................		2.992,79	31.174,87	
23.01	7	Desconto comercial........................		249,40	30.925,47	
26.01	8	Saída – Mercadoria "C"..................		3.491,59	27.433,88	
27.01	9	N/devolução - Mercadoria "C"........		498,80	26.935,08	
31.01	10	Devol. vendas - Mercadoria "B".....	149,64		27.084,72	
		TOTAIS ACUMULADOS...................	40.801,67	13.716,95	27.084,72	0,00

711 CUSTO DAS EXISTÊNCIAS VENDIDAS

2009	Doc.	Descrição dos lançamentos	LANÇAMENTOS Débito	LANÇAMENTOS Crédito	SALDOS Devedores	SALDOS Credores
05.01	3	Venda – Mercadoria "A"...............	2.493,99		2.493,99	
10.01	4	Venda – Mercadoria "D"...............	3.990,38		6.484,37	
20.01	6	Venda – Mercadoria "B"...............	2.992,79		9.477,16	
28.01	8	Venda – Mercadoria "C"...............	3.491,59		12.968,75	
31.01	10	Dev. – Mercadoria "B".................		149,64	12.819,11	
		TOTAIS ACUMULADOS................	12.968,75	149,64	12.819,11	0,00

38 RECLASSIFICAÇÃO E REGULARIZAÇÃO DE INVENTÁRIOS

Quando do incêndio verificado no armazém, foram danificadas várias mercadorias que haviam sido adquiridas por 3.391,83.

Entretanto a empresa tomou conhecimento de que o seguro vai pagar a correspondente indemnização no montante de 2.693,51.

Dado que se trata de uma situação ocorrida no exercício de 2011, há que regularizar o respectivo movimento contabilístico, pelo que se sugerem os seguintes lançamentos:

Pelo montante das mercadorias danificadas, ao preço de custo:

- Debitar a conta 78.4.1;

- Creditar a conta 28.2.1.

Pela indemnização a receber da Companhia de Seguros "A":

- Debitar a conta 37.9.1;

- Creditar a conta 78.4.1.

Movimenta-se a conta da classe 7, pelo facto de se ter concluído que a indemnização era inferior ao custo das mercadorias. Se, pelo contrário, a indemnização fosse superior ao valor das mercadorias danificadas, seria movimentada a conta 68.4.1, em vez da conta 78.4.1.

29. PROVISÃO PARA DEPRECIAÇÃO DE EXISTÊNCIAS

O inventário das existências de mercadorias em 31 de Dezembro de 2011, que se apresenta na rubrica "71 Custo das mercadorias vendidas e das matérias consumidas", resume-se a seguir, mostrando-se:

* O custo de aquisição;

* O valor de mercado;

* Imparidade admitida.

EXISTÊNCIAS EM 31 DE DEZEMBRO DE 2011

	Custo de aquisição	Valor de mercado	Imparidade admitida
Mercadorias A, B e C..................	39 900,00	38 902,40	997,60
Mercadorias D, E e F...................	33 428,54	33 428,54	
Mercadorias G, H, I e J...............	37 966,60	37 966,60	
Mercadorias K, L e M	23 142,00	23 142,00	
Mercadorias N, O e P..................	34 858,00	32 862,81	1.995,19
Mercadorias Q, R, S e T..............	35 212,00	35 212,00	
Totais......................................	204 507,14	201 514,35	2 992,79

O saldo de "Perdas por imparidade acumuladas" transitado de 2010 cifra-se em 3.663,67, pelo que se terá de fazer uma redução de 670,88.

Para o efeito, efectuar-se-á um lançamento de regularização, debitando a conta 29.6 "Provisão para depreciação de existências - Mercadorias, por crédito de 68.1.1.5 "Reposição de provisões - Mercadorias".

INVENTÁRIO DAS EXISTÊNCIAS EM 31 DE DEZEMBRO DE 2011

Apresenta-se, a seguir, o inventário das existências em 31 de Dezembro de 2011, da Sociedade "K", Limitada.

EMPRESA	SOCIEDADE "K", LIMITADA				
LOCAL DO ARMAZÉM OU ESTABELECIMENTO	GABELA				
INVENTÁRIO DAS EXISTÊNCIAS EM				**31 DE DEZEMBRO DE 2011**	
CÓDIGO DO ARTIGO	DESCRIÇÃO DO ARTIGO	UNIDADE	QUANTIDADE	CUSTO UNITÁRIO	CUSTO TOTAL
2080101	Artigo "A"............................	Caixa de 6	300,00	65,00	19 500,00
2080102	Artigo "B"............................	Unidade	250,00	48,00	12 000,00
2080103	Artigo "C"............................	Kgs.	300,00	28,00	8 400,00
2080104	Artigo "D"............................	Caixa de 2	330,00	75,00	24 750,00
2080105	Artigo "E"............................	Kgs.	155,40	12,41	1 928,54
2080106	Artigo "F"............................	Unidade	450,00	15,00	6 750,00
2080107	Artigo "G"............................	Caixa de 6	517,00	14,80	7 651,60
2080108	Artigo "H"............................	Duzia	350,00	10,00	3 500,00
2080109	Artigo "I"............................	Kgs.	642,00	20,00	12 840,00
2080110	Artigo "J"............................	Unidade	325,00	43,00	13 975,00
2080111	Artigo "K"............................	Caixa de 4	460,00	27,50	12 650,00
2080112	Artigo "L"............................	Caixa de 6	180,00	29,40	5 292,00
2080113	Artigo "M"............................	Kgs.	200,00	26,00	5 200,00
2080114	Artigo "N"............................	Unidade	200,00	125,00	25 000,00
2080115	Artigo "O"............................	Duzia	124,00	42,00	5 208,00
2080116	Artigo "P"............................	Kgs.	150,00	31,00	4 650,00
2080117	Artigo "Q"............................	Caixa de 6	300,00	18,60	5 580,00
2080118	Artigo "R"............................	Caixa de 4	286,00	24,50	7 007,00
2080119	Artigo "S"............................	Kgs.	425,00	51,40	21 845,00
2080120	Artigo "T"............................	Caixa de 6	15,00	52,00	780,00
TOTAL..					**204 507,14**

CAPÍTULO VI

CONTABILIDADE

DA

SOCIEDADE DE EMPREITADAS DE ANGOLA, S. A.

1. CONSIDERAÇÕES

Para os exemplos que se seguem, imaginar-nos-emos, como contabilistas da Sociedade de Empreitadas de Angola, S. A.

Vamos pressupor que o T.O.C. desta Sociedade procedeu, regular e periodicamente, à análise de todos os registos contabilísticos, corrigindo-os na altura oportuna, quando foi caso disso.Também sabemos que já procedeu às habituais operações contabilísticas de fim de exercício, com excepção das seguintes:

1. Apuramento dos resultados das obras de carácter plurianual;

2. Apuramento do custo das existências consumidas;

3. Apuramento da estimativa do imposto sobre os lucros.

2. CONTABILIDADE ANALÍTICA

A empresa dedica-se, exclusivamente, à prestação de serviços de empreitadas de obras públicas e privadas.

Os documentos com registos a processar na contabilidade analítica, já se encontravam todos efectuados e devidamente analisados, com excepção daqueles que se referem ao apuramento final dos resultados de obras de carácter plurianual.

2.1 BALANCETES DA CONTABILIDADE ANALÍTICA

Assim, para conclusão dos lançamentos de fim de exercício, com vista ao encerramento das contas e elaboração do balanço, passamos de imediato, a mostrar os balancetes da contabilidade analítica que identificam a posição de cada obra, relativamente aos custos incorridos e aos proveitos obtidos, antes da regularização final inerente aos lançamentos de acréscimos de proveitos ou de custos das obras com base na aplicação do método da percentagem de acabamento.

Para o efeito, apresenta-se o balancete da contabilidade analítica em 31 de Dezembro de 2011:

SOCIEDADE DE EMPREITADAS DE ANGOLA, S.A.

Balancete Geral - Analítica

Acumulado

Conta	Descrição	Mov. Débito	Mov. Crédito	Saldo Débito	Saldo Crédito
92	EMPREITADAS - CUSTOS INCORPORADOS	2,445,008.37	0.00	2,445,008.37	
9201	OBRA Nº 1- HUAMBO	7,056.91	0.00	7,056.91	
92011	Mão de obra	2,223.72	0.00	2,223.72	
92012	Materiais	3,111.00	0.00	3,111.00	
92013	Subcontratos	1,573.49	0.00	1,573.49	
92014	Outros custos	148.70	0.00	148.70	
9202	OBRA Nº 2 - LOBITO	8,268.81	0.00	8,268.81	
92021	Mão de obra	2,633.65	0.00	2,633.65	
92022	Materiais	2,455.65	0.00	2,455.65	
92023	Subcontratos	2,743.39	0.00	2,743.39	
92024	Outros custos	436.12	0.00	436.12	
9203	OBRA Nº 3 - BENGUELA	384,772.70	0.00	384,772.70	
92031	Mão de obra	62,848.54	0.00	62,848.54	
92032	Materiais	202,013.15	0.00	202,013.15	
92033	Subcontratos	115,970.51	0.00	115,970.51	
92034	Outros custos	3,940.50	0.00	3,940.50	
9204	OBRA Nº 4 - LUANDA	524,901.89	0.00	524,901.89	
92041	Mão de obra	76,964.52	0.00	76,964.52	
92042	Materiais	258,177.79	0.00	258,177.79	
92043	Subcontratos	176,714.12	0.00	176,714.12	
92044	Outros custos	13,045.46	0.00	13,045.46	
9205	OBRA Nº 5 - MALANGE	357,150.77	0.00	357,150.77	
92051	Mão de obra	51,675.47	0.00	51,675.47	
92052	Materiais	173,082.87	0.00	173,082.87	
92053	Subcontratos	129,687.45	0.00	129,687.45	
92054	Outros custos	2,704.98	0.00	2,704.98	
9206	OBRA Nº 6 - CABINDA	198,016.28	0.00	198,016.28	
92061	Mão de obra	38,906.24	0.00	38,906.24	
92062	Materiais	111,730.73	0.00	111,730.73	
92063	Subcontratos	46,637.60	0.00	46,637.60	
92064	Outros custos	741.71	0.00	741.71	
9207	OBRA Nº 7 - ARMAZÉM	17,495.98	0.00	17,495.98	
92071	Mão de obra	4,366.61	0.00	4,366.61	
92072	Materiais	10,567.55	0.00	10,567.55	
92073	Subcontratos	2,134.85	0.00	2,134.85	
92074	Outros custos	426.97	0.00	426.97	
9208	OBRA Nº 8 - CAMABATELA	397,556.32	0.00	397,556.32	
92081	Mão de obra	89,108.75	0.00	89,108.75	
92082	Materiais	220,066.94	0.00	220,066.94	
92083	Subcontratos	83,320.69	0.00	83,320.69	
92084	Outros custos	5,059.94	0.00	5,059.94	
9209	OBRA Nº 9 - UIGE	372,808.73	0.00	372,808.73	
92091	Mão de obra	70,559.05	0.00	70,559.05	
92092	Materiais	238,850.97	0.00	238,850.97	
92093	Subcontratos	59,658.55	0.00	59,658.55	
92094	Outros custos	3,740.16	0.00	3,740.16	
9210	OBRA Nº 10 - CAÁLA	176,979.98	0.00	176,979.98	
92101	Mão de obra	18,206.12	0.00	18,206.12	
92102	Materiais	111,855.43	0.00	111,855.43	
A transportar		2,398,089.94	0.00	2,398,089.94	0.00

SOCIEDADE DE EMPREITADAS DE ANGOLA, S.A.

Balancete Geral - Analítica

Acumulado

Data da CTB: 31.12.2011		Mês: Dezembro de 2011			Pág. 2
Conta	Descrição	Mov. Débito	Mov. Crédito	Saldo Débito	Saldo Crédito
Transporte		2,398,089.94	0.00	2,398,089.94	0.00
92103	Subcontratos	44,891.81	0.00	44,891.81	
92104	Outros custos	2,026.62	0.00	2,026.62	
97	RECEITA DAS OBRAS - EMPREITADAS	0.00	2,812,429.20		2,812,429.20
9701	OBRA Nº 3 - BENGUELA	0.00	473,858.00		473,858.00
97011	Facturação	0.00	473,858.00		473,858.00
9702	OBRA Nº 4 - LUANDA	0.00	650,931.26		650,931.26
97021	Facturação	0.00	650,931.26		650,931.26
9703	OBRA Nº 5 - MALANGE	0.00	404,026.30		404,026.30
97031	Facturação	0.00	404,026.30		404,026.30
9704	OBRA Nº 6 - CABINDA	0.00	230,968.37		230,968.37
97041	Facturação	0.00	230,968.37		230,968.37
9705	OBRA Nº 8 - CAMABATELA	0.00	436,547.92		436,547.92
97051	FACTURAÇÃO	0.00	436,547.92		436,547.92
9706	OBRA Nº 9 - UIGE	0.00	409,014.28		409,014.28
97061	Facturação	0.00	409,014.28		409,014.28
9707	OBRA Nº 10 - CAÁLA	0.00	207,083.07		207,083.07
97071	Facturação	0.00	207,083.07		207,083.07
99	CONTROLO DO MOVIMENTO	367,420.83	0.00	367,420.83	
999	CONTROLO DA ANALÍTICA	367,420.83	0.00	367,420.83	
	Total da classe 9	2,812,429.20	2,812,429.20	2,812,429.20	2,812,429.20
Total		2,812,429.20	2,812,429.20	2,812,429.20	2,812,429.20

SOCIEDADE DE EMPREITADAS DE ANGOLA, S.A.

Balancete RESUMO DA ANALITICA

Acumulado

Conta	Descricao	Mov. Debito	Mov. Credito	Saldo Debito	Saldo Credito
92	EMPREITADAS - CUSTOS INCORPORADOS	2445008.37	0.00	2445008.37	
9201	OBRA Nº 1- HUAMBO	7056.91	0.00	7056.91	
9202	OBRA Nº 2 - LOBITO	8268.81	0.00	8268.81	
9203	OBRA Nº 3 - BENGUELA	384772.70	0.00	384772.70	
9204	OBRA Nº 4 - LUANDA	524901.89	0.00	524901.89	
9205	OBRA Nº 5 - MALANGE	357150.77	0.00	357150.77	
9206	OBRA Nº 6 - CABINDA	198016.28	0.00	198016.28	
9207	OBRA Nº 7 - ARMAZÉM	17495.98	0.00	17495.98	
9208	OBRA Nº 8 - CAMABATELA	397556.32	0.00	397556.32	
9209	OBRA Nº 9 - UIGE	372808.73	0.00	372808.73	
9210	OBRA Nº 10 - CAÁLA	176979.98	0.00	176979.98	
97	RECEITA DAS OBRAS - EMPREITADAS	0.00	2812429.20		2812429.20
9701	OBRA Nº 3 - BENGUELA	0.00	473858.00		473858.00
9702	OBRA Nº 4 - LUANDA	0.00	650931.26		650931.26
9703	OBRA Nº 5 - MALANGE	0.00	404026.30		404026.30
9704	OBRA Nº 6 - CABINDA	0.00	230968.37		230968.37
9705	OBRA Nº 8 - CAMABATELA	0.00	436547.92		436547.92
9706	OBRA Nº 9 - UIGE	0.00	409014.28		409014.28
9707	OBRA Nº 10 - CAÁLA	0.00	207083.07		207083.07
99	CONTROLO DO MOVIMENTO	367420.83	0.00	367420.83	
999	CONTROLO DA ANALÍTICA	367420.83	0.00	367420.83	
	Total da Analitica	367420.83	0.00	367420.83	
	Total	2812429.20	2812429.20	2812429.20	2812429.20

3. CONTRATOS DE CONSTRUÇÃO – DETERMINAÇÃO DOS RESULTADOS

Conforme já se referiu, a empresa dedica-se à execução de empreitadas, pelo que se acha conveniente recordar a seguinte matéria, antes de se proceder à efectivação do cálculo dos resultados operacionais:

3.1 Contratos de construção plurienais

Para efeitos do disposto neste Plano designa-se por Contrato de construção, um contrato especificamente negociado para a construção de um activo ou de uma combinação de activos que estejam inter-relacionados, ou interdependentes em termos da sua concepção, tecnologia e função ou do seu propósito ou uso final, como por exemplo a construção de:

Pontes.
Edifícios.
Barragens.
Oleodutos.
Estradas.
Navios.
Túneis. (Notas explicativas).

4. TRABALHOS EM CURSO EM 31/12/2010

Os trabalhos em curso em 31 de Dezembro do ano anterior constam da conta 23 "Produtos e trabalhos em curso" e estão designados no balancete como:

23 PRODUTOS E TRABALHOS EM CURSO EM 31/12/2010		
23.1.3	Obra nº 3 – Benguela	5 332,15
23.1.4	Obra nº 4 – Luanda	15 856,29
23.1.5	Obra nº 5 – Malange	13 692,00
23.1.6	Obra nº 6 – Cabinda	2 513,94
23.1.7	Obra nº 7 – Armazém de materiais	11 563,99
Total		48 958,37

5. OBRAS – APURAMENTO DOS CUSTOS E DAS RECEITAS DO EXERCÍCIO

O balancete da contabilidade analítica exibido em 2.1), já inclui as operações contabilísticas realizadas no final do exercício, como sejam os encargos com férias relativos a 2011 e as amortizações dos bens de equipamento ao serviço exclusivo das obras.

5.1 SITUAÇÃO DAS OBRAS EM 31 DE DEZEMBRO DE 2011

OBRA Nº	LOCAL	SITUAÇÃO EM 31/12/2011
1	HUAMBO	Concluída em 2009, já com entrega definitiva em 2011.
2	LOBITO	Obra concluída em 2010, cuja entrega definitiva se verificará em 2012.
3	BENGUELA	Concluída em 2011, com entrega provisória em 31 de Outubro.
4	LUANDA	Concluída em 2011, com entrega provisória em 23 de Setembro.
5	MALANGE	Obra iniciada em 2010 e em curso em 2011, prevendo-se a sua conclusão até final de 2012.
6	CABINDA	Obra iniciada em 2010 e em curso em 2012, prevendo-se a sua conclusão até final de 2013.
7	ARMAZÉM	Obra iniciada em 2010 e concluída em 2011. Trata-se de um imóvel construído para a própria empresa.
8	CAMABATELA	Obra iniciada em 2011, prevendo-se a sua conclusão até final de 2013.
9	UIGE	Obra iniciada em 2011, com conclusão prevista para 2013.
10	CAÁLA	Obra iniciada e concluída em 2011, com entrega provisória em 30 de Novembro de 2011.

5.2 TRABALHOS PARA A PRÓPRIA EMPRESA – OBRA Nº 7

Esta conta destina-se a compensar os custos incorridos e registados, por natureza, nas respectivas contas de custos relativos a trabalhos que a entidade tenha realizado para si mesma, sob a sua administração directa, aplicando meios próprios ou adquiridos para o efeito.

Estes trabalhos podem destinar-se ao seu imobilizado ou podem referir-se a situações que, pela sua natureza, devam ser repartidos por vários exercícios (caso em que serão registados por débito da 37.4 Encargos a repartir por exercícios futuros). (conta 65 – Notas explicativas):

A obra nº 7 refere-se à construção de um armazém de materiais para a própria empresa. O início da construção verificou-se em 2010 e a conclusão em Setembro de 2011.

Os custos incorridos em 2010 cifraram-se em 11.563,99 e constam do balanço daquele ano na rubrica 23.1.1 "Produtos e trabalhos em curso – Obra nº 7".

Os custos incorporados em 2011, conforme registos na contabilidade analítica, montam a 34.991,95 o que dá um custo total de 46.555,94.

Como a obra se concluiu em 2011, ter-se-á de considerar o seu valor, neste exercício, na conta 11.2.1.2 "Edifícios e outras construções", por crédito de 65.1.1 "Trabalhos para a própria empresa – para imobilizado corpóreo". Simultaneamente, será debitada a conta 822 "Resultados operacionais", por crédito de 23.1.1 "Produtos e trabalhos em curso – Obra nº 7 – Armazém de materiais", pelo valor dos custos transitados de 2010.

Assim, os custos da construção totalizaram 46.555,94, conforme se detalha:

1) Custos de 2010... 11.563,99

2) Custos de 2011... 34.991,95

3) Total 46.555,94

Como já se referiu, concluíram-se durante o exercício de 2011, as obras nºs 3, 4, 7 e 10.

5.3 APURAMENTO DOS RESULTADOS DE OBRAS JÁ CONCLUÍDAS

A obra nº 7 que diz respeito à construção de um armazém para o imobilizado da empresa, vai ser regularizada, contabilisticamente, pela forma descrita na alínea anterior 5.2).

Quanto às obras 3, 4 e 10, porque o grau de acabamento e a percentagem de facturação é igual a 100%, os custos e os proveitos são considerados pela totalidade em 2011, com excepção de 5% dos valores facturados que podem ser considerados como receita antecipada.

5.3.1 RECEITAS ANTECIPADAS – CUSTOS DE GARANTIA

O balancete da conta 37.6.5 "Proveitos a repartir por períodos futuros – Custos de garantia" apresenta, relativamente às obras concluídas ou em curso, os seguintes saldos, já transitados de 2010, provenientes da contabilização dos 5% de garantia.

Custos de garantia

Tratando-se de obras públicas ou privadas em regime de empreitada e para fazer face aos custos a suportar durante o período de garantia, poderá considerar-se como receita antecipada uma quantia correspondente a 5% dos valores considerados como proveitos relativamente àquelas obras.

37.6.5 DIFERIMENTOS/RENDIMENTOS A RECONHECER EM 31/12/2010

37.6.5.1	Obra nº 1 – Huambo...	12 469,95
37.6.5.2	Obra nº 2 – Lobito..	21 198,91
37.6.5.3	Obra nº 3 – Benguela...	27 433,88
37.6.5.4	Obra nº 4 – Luanda..	37 534,54
37.6.5.5	Obra nº 5 – Malange..	8 230,17
37.6.5.6	Obra nº 6 – Cabinda..	8 728,96
	Total	**115 596,41**

Assim, há que proceder aos lançamentos de regularização que se sugerem:

I – OBRAS JÁ CONCLUÍDAS ATÉ 31/12/2010

Obra nº 1 - Huambo

Como já se salientou, esta obra foi concluída em 2009 e a sua recepção definitiva verificou-se durante o exercício de 2011.

As receitas antecipadas já contabilizadas, deverão ser consideradas como proveitos nos exercícios em que foram suportados os custos decorrentes da garantia das obras respectivas, sendo o remanescente considerado como proveito do exercício em que se verificar a recepção definitiva da obra.

Assim, as receitas antecipadas no montante de 12.469,95, transitadas na conta 37.6 Proveitos a repartir por períodos futuros, serão transferidas para proveitos do exercício, dado que expirou o prazo de garantia, com a recepção definitiva da obra.

Por outro lado, serão considerados como custos do exercício os gastos efectuados em 2011, decorrentes da garantia, no montante de 7.056,91, conforme mostra a rubrica 9201 da contabilidade analítica.

Obra nº 2 - Lobito

A recepção definitiva desta obra só se verificará em 2012. Contudo, em 2011, suportaram-se custos inerentes ao período de garantia, cujo valor deverá ser compensado com os proveitos antecipados transitados na conta 37.6.5 "Proveitos a repartir por períodos futuros – Custos de garantia".

Para a respectiva regularização contabilística deverá ser debitada esta conta (37.6.5), por crédito de 62 "Prestações de serviços", pelos custos incorridos em 2011 no valor de 8.268,81, conforme registos efectuados na contabilidade analítica, conta 9202.

Quanto às obras terminadas em 2011, com recepção provisória, ter-se-ão que apurar as receitas antecipadas (5%) a contabilizar, para suportar custos de garantia.

I I – OBRAS CONCLUÍDAS EM 2011

Estão nestas circunstâncias as obras nºs 3, 4 e 10. As obras nºs 3 e 4 já se encontravam em curso em 2010, tendo figurado no balanço daquele ano, os saldos que se identificam:

37.6.5.3 – Obra nº 3 – Benguela.........…………...................................………......... 27.433,88

37.6.5.4 – Obra nº 4 – Luanda..'............... 37.534,54

Em 2011 reforçar-se-á o valor para efeitos de garantia, tendo-se em linha de conta os proveitos considerados em 2011:

Obra nº 3 – Benguela: 473.858,00 x 5%…….......................................……..... 23.692,90

Obra nº 4 – Luanda: 650.931,26 x 5%…….......................................……...... 32.546,56

A obra nº 10 iniciou-se em 2011 e concluiu-se no mesmo ano, tendo-se facturado na totalidade o valor contratado (207.083,07).

A recepção definitiva está programada para Novembro de 2013.

Como aconteceu com as restantes obras, neste caso também deverá ser considerada como receita antecipada a percentagem de 5% sobre os valores dos proveitos auferidos em 2011, ou seja:

207.083,07 x 5% = ... 10 354,15

Para regularização contabilística destes valores creditar-se-á a conta (37.6.5), por débito de 62.1.1 "Prestações de serviços – Mercado nacional".

Relativamente às obras em curso no final do exercício de 2011, terão que se efectuar os necessários lançamentos para especialização de exercícios.

III – OBRAS EM CURSO EM 31/12/2011

Além do apuramento dos proveitos e dos custos das obras em curso em 31/12/2011, com base no grau de acabamento, há que contabilizar também os valores inerentes aos custos de garantia.

III - I Obras que já se encontravam em curso em 31/12/2010

As obras nºs 5 e 6 já transitaram de 2010 com os seguintes saldos, relativos aos 5%:

Obra nº 5 – Malange.. 8 230,17

Obra nº 6 – Cabinda.. 8 728,96

Em 2011 foram considerados como proveitos destas obras os seguintes valores:

Obra nº 5 – Malange

Acréscimos de proveitos inerentes ao grau de acabamento.............................. 17 956,72

Facturação 404 026,30

Proveitos contabilizados em 2011 .... 421 983,02

Obra nº 6 – Cabinda

Acréscimos de proveitos inerentes ao grau de acabamento.............................. 3 386,84

Facturação 230 968,37

Proveitos contabilizados em 2011 .... 234 355,21

Em presença destes montantes, contabilizar-se-iam em 2011, como receitas antecipadas, os seguintes valores, debitando a conta 62.1 por crédito de 37.6.5.05 e 37.6.5.06:

Obra nº 5 – Malange: 421.983,02 x 5% 21 099,15

Obra nº 6 – Cabinda: 234.355,20 x 5%.. 11 717,76

III - II Obras iniciadas em 2011

Relativamente às obras nºs 8 e 9, iniciadas em 2011, foram considerados os seguintes proveitos:

Obra nº 8 – Camabatela

Acréscimos de proveitos inerentes ao grau de acabamento............................ 11 212,98

Facturação 436 547,92

Proveitos contabilizados em 2011 .... 447 760,90

Obra nº 9 – Uige

Acréscimos de proveitos inerentes ao grau de acabamento............................ 16 959,12

Facturação 409 014,28

Proveitos contabilizados em 2011... 425 973,40

Com base nestes proveitos, contabilizar-se-iam em 2011, como receitas antecipadas, mais os seguintes valores, para fazer face aos possíveis custos de garantia, debitando a conta 62.1.1, por crédito de (37.6.5).

Obra nº 8 – Camabatela. 447.760,91 x 5% 22 388,05

Obra nº 9 – Uíge............ 425.973,40 x 5%... 21 298,67

5.4 APURAMENTO DOS RESULTADOS DE OBRAS EM CURSO, COM BASE NO GRAU DE ACABAMENTO

Como se referiu em 5.1) não se encontravam concluídas em 31/12/2011, as obras que a seguir se identificam:

Obra nº 5 – Malange

1) Início da obra: 2010;

2) Data provável de conclusão: 2012;

3) Custos incorporados:

* Até 31/12/2010...	151 213,58
* Em 2011..	357 150,77
	508 364,35

4) Proveitos considerados:

* Até 31/12/2010...	164 603,30
* Em 2011 (facturação)...	404 026,30
	568 629,60

5) Custos estimados para concluir a obra.. 140 062,45

6) Valor do contrato de construção... 748 196,85

Obra nº 6 – Cabinda

1) Início da obra: 2010;

2) Data provável de conclusão: 2013;

3) Custos incorporados:

* Até 31/12/2010...	150 868,01
* Em 2011..	198 016,28
	348 884,29

Proveitos considerados:

* Até 31/12/2010...	174 579,26
* Em 2011 (facturação)...	230 968,37
	405 547,63

5) Custos estimados para concluir a obra.. 842 469,65

6) Valor do contrato de construção... 1 396 634,11

Obra n° 8 – Camabatela

1) Início da obra: 2011;
2) Data provável de conclusão: 2013;
3) Custos incorporados em 2011... 397 556,32
4) Facturação emitida em 2011... 436 547,92
5) Custos estimados para concluir a obra 222 503,77
6) Valor do contrato de construção.. 698 317,06

Obra n° 9 – Uige

1) Início da obra: 2011;
2) Data provável de conclusão: 2013;
3) Custos incorporados em 2011 .... 372 808,73
4) Facturação emitida em 2011 .... 409 014,28
5) Custos estimados para concluir a obra 500 294,29
6) Valor do contrato de construção.. 997 595,79

5.4.1 CÁLCULO DO GRAU DE ACABAMENTO DAS OBRAS EM CURSO

Com base nos dados antes transcritos, apurar-se-iam as seguintes percentagens de "grau de acabamento" das obras em curso:

OBRA	GRAU DE ACABAMENTO
N° 5	508 364,34 x 100 ÷ (508 364,34 + 140 062,45) = 78,4%
N° 6	348 884,29 x 100 ÷ (348 884,29 + 842 469,65) = 29,28%
N° 8	397 556,32 x 100 ÷ (397 556,32 + 222 503,77) = 64,12%
N° 9	372 808,73 x 100 ÷ (372 808,73 + 500 294,29) = 42,7%

5.4.2 ACRÉSCIMOS DE PROVEITOS OU DE CUSTOS DE OBRAS EM CURSO COM BASE NO

GRAU DE ACABAMENTO

Em face das percentagens de acabamento antes calculadas os resultados do exercício, relativamente a estas obras seriam corrigidos como segue:

OBRA	DESCRIÇÃO	VALOR
Nº 5	1) Proveitos – 748.196,85 x 78,4%	586.586,33
	2) Já lançados em 2010 e 2011..	568.629,60
	3) Acréscimo a lançar em 2011...	**17.956,73**
Nº 6	1) Proveitos – 1.396.634,11 x 29,28%...	408.934,47
	2) Já lançados em 2010 e 2011..	405.547,63
	3) Acréscimo a lançar em 2011...	**3.386,84**
Nº 8	1) Proveitos – 698.317,06 x 64,12%..	447.760,90
	2) Já lançados em 2011...	436.547,92
	3) Acréscimo a lançar em 2011...	**11.212,98**
Nº 9	1) Proveitos – 997.595,79 x 42,7%..	425.973,40
	2) Já lançados em 2011...	409.014,28
	3) Acréscimo a lançar em 2011...	**16.959,12**

Pelos valores antes apurados verifica-se que o grau de acabamento é superior à percentagem de facturação, pelo que as regularizações contabilísticas vão resultar num acréscimo de proveitos.

Relativamente às contas do PGCA a movimentar para consideração dos proveitos em 2011, creditaremos a conta 62.1.1 "Prestações de serviços – Mercado nacional", por débito de 37.6.5.1 "Proveitos a repartir por períodos futuros".

5.4.3 CUSTOS INCORRIDOS EM CADA EXERCÍCIO

Aproveitamos para recordar o conteúdo de parte da Directriz Contabilística nº 3/91, do POC/Portugal, relativamente ao:

"Tratamento contabilístico dos contratos de construção

1. Esta directriz aplica-se aos contratos de construção que satisfaçam cumulativamente as seguintes características:

   a) respeitarem à construção de uma obra ou de um conjunto de obras que constituam um projecto único, tais como a construção de pontes, barragens, navios, edifícios e peças complexas de equipamento;

   b) as datas de início e de conclusão da respectiva obra situarem-se em períodos contabilísticos diferentes.

A directriz respeita ainda aos contratos de prestação de serviços que estiverem directamente relacionados com um contrato de construção, nos termos definidos.

2. Os contratos de construção podem envolver um preço previamente estabelecido (sujeito ou não à revisão) ou um preço obtido a partir dos custos suportados, acrescidos de uma percentagem ou de verbas fixas.

3. Os resultados relativos a estes contratos de construção podem ser determinados pelo método de percentagem de acabamento ou pelo método de contrato completado. De acordo com o método de percentagem de acabamento, os proveitos são reconhecidos à medida que a obra contratada progride, ou seja, excepcionalmente, na base da produção. Atribui-se assim a cada período contabilístico um resultado correspondente ao grau de acabamento, mediante o balanceamento dos proveitos respectivos com os custos incorridos inerentes.

Segundo o método de contrato completado, os proveitos apenas são reconhecidos quando a obra contratada estiver concluída ou substancialmente concluída, sendo deduzidos dos respectivos custos acumulados.

4. Entende-se como grau de acabamento a relação entre os custos incorridos até à data e a soma desses custos com os custos estimados para completar a obra.

5. Para efeitos do cálculo referido no número anterior, os custos incorridos a considerar devem ser apenas aqueles que reflictam o trabalho executado. São assim excluídos, por exemplo, os materiais adquiridos que ainda não tenham sido montados ou utilizados.

6. O método de percentagem de acabamento não deve ser aplicado se não houver possibilidade de estabelecer estimativas fiáveis.

7. Se a obra estiver substancialmente concluída, os custos que faltarem para a sua conclusão devem ser estimados e considerados como acréscimos de custos.

8. Devem constituir-se provisões para as perdas previsíveis decorrentes da realização do contrato, no termo de cada período contabilístico, independentemente do método adoptado.

9. Deverão ainda estabelecer-se provisões para contingências que surjam durante o período de garantia da obra.

10. Se houver facturações correspondentes a cumprimentos parciais do contrato, qualquer que seja o período contabilístico em que se verifiquem, serão consideradas como proveitos. Os pagamentos fraccionados e os adiantamentos recebidos dos clientes não reflectem necessariamente o grau de acabamento e, por isso, geralmente não poderão ser considerados como proveitos.

11. Quando os contratos apresentarem características semelhantes devem ser contabilizados pelo mesmo método, sem prejuízo de se poder utilizar o método de contrato completado em obras pouco relevantes ou de curta duração.

Os critérios adoptados na selecção dos métodos de contabilização constituem uma política contabilística que deve ser consistentemente aplicada.

12. Deve ser divulgado na nota 48 do Anexo o seguinte:

a) os custos e os proveitos dos contratos de construção em curso já tiverem contribuído para a determinação de resultados;

b) as quantias recebidas e a receber relativamente aos contratos de construção em curso."

Porque a contabilidade analítica lhe fornece os custos suportados em cada exercício, o contabilista da Sociedade de Empreitadas de Angola, S. A., optou por não movimentar a conta 23.

Se tivesse optado pela movimentação daquela conta, poderia, para o efeito, desenvolver a conta 23 conforme se sugere:

23 Produtos e trabalhos em curso:

......

23.1.5 Obra nº 5 – Malange:

23.1.5.1 Custos incorridos

23.1.5.2 Custos transferidos

23.1.6 Obra nº 6 – Cabinda:

23.1.6.1 Custos incorridos

23.1.6.2 Custos transferidos

5.4.4 MATÉRIAS-PRIMAS, SUBSIDIÁRIAS E DE CONSUMO

Para apuramento do custo das existências consumidas, suponha-se que em 31/12/2011 se inventariaram a preços de custo os seguintes valores:

a) Matérias-primas... 101.838,57

b) Materiais diversos.. 23.091,35

124.929,92

A conta 22 "Matérias-primas, subsidiárias e de consumo" transitou com o seguinte saldo de 2010 para 2011:

1) Matérias-primas... 70.304,22

2) Materiais diversos.. 29.061,46

99.365,68

Analisando o movimento da conta 21 "Compras", verifica-se que ainda não foram transferidos para a conta de existências os respectivos saldos em 31/12/2011, pelo que há que proceder aos necessários lançamentos, saldando as subcontas de "Compras", por débito ou crédito da conta 22.

Para apuramento do custo das existências consumidas em 2011, efectuaremos mais os seguintes lançamentos:

1) Debitando a conta 71.1.1, por crédito de 221:

1.469.154,13 - 101.838,57 = ... 1.367.315,56

2) Debitando a conta 71.1.1, por crédito de 24.1.1:

41.689,22 - 23.091,35 = ... 18.597,87

3) Total... 1.385.913,43

5.5 LANÇAMENTOS

Com base nos dados antes descritos, processar-se-iam, os lançamentos que se apresentam a seguir designados no "Diário de operações gerais" em 31/12/2011.

DIÁRIO DE OPERAÇÕES GERAIS EM 31/12/2011

Nº DOC.	DESIGNAÇÃO DAS OPERAÇÕES	LANÇAMENTOS			
		P. G. C. A.		VALORES	
		Débito	Crédito	Débito	Crédito
2001	Custo da construção do armazém de materiais conforme registos analíticos............	11.2.1.2	65.1.1	29 059,96	29 059,96
2002	Transferência para resultados operacionais dos custos incorporados em 2010 da obra nº 7, transitados em "Produtos e trabalhos em curso"..................................	822	23.1	11 563,99	11 563,99
2003	Pela alienação da viatura pesada de mercadorias "A"..	11.4.1	68.3.1	37 470,20	37 470,20
	Valor de aquisição...	68.3.1	11.4.1	55 000,00	55 000,00
	Amortizações até 2010............................	18.1.4	68.3.1	22 000,00	22 000,00
2004	Transferência para resultados operacionais do saldo da conta 37.3.2.1, pelo facto da obra nº 1 já ter sido entregue definitivamente	37.3.2	62.1.1	12 469,95	12 469,95
2005	Transferência de "Proveitos a facturar" dos proveitos do exercício do valor correspondente aos custos efectuados em 2011, decorrentes da garantia da obra nº 2	37.3.2	62.1.1	8 268,81	8 268,81
2006	Transferência para resultados operacionais dos custos incorporados até 2010, das obras que transitaram para 2011 em trabalhos em curso:				
	Obra nº 3 - Benguela	822	23.1	5 332,15	5 332,15
	Obra nº 4 - Luanda	822	23.2	15 856,29	15 856,29
	Obra nº 5 - Malange	822	23.3	13 692,00	13 692,00
	Obra nº 6 - Cabinda	822	23.4	2 513,94	2 513,94
2007	Custos de garantia a considerar em 2011 como receitas antecipadas das obras concluídas neste exercício:				
	Obra nº 3 - Benguela	62.1.1	37.5.3.3	23 692,90	23 692,90
	Obra nº 4 - Luanda	62.1.1	37.5.3.4	32 546,56	32 546,56
	Obra nº 10 - Caála..................................	62.1.1	37.5.3.10	10 354,15	10 354,15
	A transportar			279 820,90	279 820,90

DIÁRIO DE OPERAÇÕES GERAIS EM 31/12/2011

Nº DOC.	DESIGNAÇÃO DAS OPERAÇÕES	LANÇAMENTOS			
		P. G. C. A.		VALORES	
		Débito	Crédito	Débito	Crédito
	Transporte			279 820,90	279 820,90
2008	Custos de garantia a considerar em 2011, como receitas antecipadas, de obras ainda não concluídas em 31/12/2011:				
	Obra nº 5 - Malange	62.1.1	37.4.3.5	21 099,15	21 099,15
	Obra nº 6 - Cabinda	62.1.1	37.4.3.6	11 717,76	11 717,76
	Obra nº 8 - Camabatela	62.1.1	37.4.3.8	22 388,05	22 388,05
	Obra nº 9 - Uige	62.1.1	37.4.3.9	21 298,67	21 298,67
2009	Apuramento de resultados de obras em curso, em 31/12/11, com base no grau de acabamento:				
	Obra nº 5 - Malange	37.4.3.5	62.1.1	17 956,72	17 956,72
	Obra nº 6 - Cabinda	37.4.3.6	62.1.1	3 386,84	3 386,84
	Obra nº 8 - Camabatela	37.4.3.8	62.1.1	11 212,98	11 212,98
	Obra nº 9 - Uige	37.4.3.9	62.1.1	16 959,12	16 959,12
2010	Transferência para "Matérias - primas, subsidiárias e de consumo" do saldo da conta "Compras", em 31/12/2011:				
	a) Matérias-primas	22.1.1	21.1	1 403 743,78	1 403 743,78
	b) Materiais diversos	22.3.1	21.3	12 627,76	12 627,76
	c) Devoluções de compras (matérias - - primas)	21.7.1	22.1	4 216,42	4 216,42
	d) Descontos e abatimentos em compras (matérias-primas)	21.8.1	22.1	677,45	677,45
2011	Pelo apuramento do custo das matérias consumidas em 2011:				
	1) Matérias-primas	71.1.1	21.1	1 367 315,56	1 367 315,56
	2) Materiais diversos	71.3.1	22.3	18 597,87	18 597,87
2012	Estimativa do imposto Industrial de 2011..	87.1	34.1.1	14 879,73	14 879,73
	Totais...			3 227 898,76	3 227 898,76

SOCIEDADE DE EMPREITADAS DE ANGOLA, S. A.
BENS DE INVESTIMENTO - DEPRECIAÇÕES E AMORTIZAÇÕES
RESUMO EM 31 DE DEZEMBRO DE 2011

CÓDIGO	GRUPO HOMOGÉNEO	PGCA	ANO	VALORES	EXERCÍCIOS ANTERIORES	EXERCÍCIO DE 2011	PGCA	VALORES	LÍQUIDOS EM 31/12/11
	Grupo I - Imóveis								
	2.3 Edifício industrial e dependências								
-	Terreno dos edifícios..................	11.1.4.1	2011	24 690,50	0,00	0,00	-	0,00	24 690,50
2.3	Edifício "A".................................	11.2.1.1	2010	452 900,36	9 058,01	9 058,01	18.1.2	18 116,02	434 784,34
2.2	Armazém de materiais	11.2.1.2	2011	46 555,94	0,00	931,12	18.1.2	931,12	45 624,82
	Grupo III - Máquinas e aparelhos								
4.	Compressores..............................	11.3.2.1	2009	45 700,00	22 850,00	11 425,00	18.1.3	34 275,00	11 425,00
7.	Guindastes...................................	11.3.2.1	2009	54 300,00	13 575,00	6 787,50	18.1.3	20 362,50	33 937,50
10.	Maquinaria diversa........................	11.3.2.1	2009	85 303,42	21 325,86	10 662,93	18.1.3	31 988,79	53 314,63
	9. Veículos automóveis/ligeiros e mistos								
9.2	Viatura ligeira "A"	11.4.1.1	2010	24 954,32	6238,58	6 238,58	18.1.4	12 477,16	12 477,16
9.4	Viatura pesada mercadorias "A"..	11.4.1.1	2010	55 000,00	22 000,00	0,00	18.1.4	22 000,00	33 000,00
9.4	Viatura pesada mercadorias "B"..	11.4.1.1	2010	69 879,80	13 975,96	13 975,96	18.1.4	27 951,92	41 927,88
9.4	Viatura pesada mercadorias "C"..	11.4.1.2	2010	53 109,44	10 621,89	10 621,89	18.1.4	21 243,78	31 865,66
	Grupo V - Elementos diversos								
6.	Mobiliário	11.5.1.1	2009	10 612,30	2 653,08	1 326,54	18.1.5	3 979,62	6 632,68
8.	Máquinas de escrever e calcular..	11.5.1.1	2009	5 035,10	2 014,04	1 007,02	18.1.5	3 021,06	2 014,04
8.	Computadores	11.5.1.1	2010	6 746,63	2 248,65	2 248,63	18.1.5	4 497,28	2 249,33
8.	Aparelhos telemóveis	11.5.1.1	2010	400,00	80,00	80,00	18.1.5	160,00	240,00
-	Elementos de reduzido valor	11.5.1.1	2010	164,60	164,60	0,00	18.1.5	164,00	0,00
6.	Ferramentas e utensílios..............	11.9.1.1	2009	4 475,28	2 237,64	1 118,82	18.1.5	3 356,46	1 118,82
18.	Aparelhos de ar condicionado.....	11.9.1.1	2011	7 496,39	0,00	937,05	18.1.5	937,05	6 559,34
SOMA ..	Imobilizado corpóreo........................			947 324,08	129 043,31	76 419,05		205 461,76	741 861,70
4	Programas de computadores	12.9.1.1	2009	7 492,09	4 994,22	2 497,87	18.2.9	7 492,09	0,00
2.	Projectos de desenvolvimento.....	12.2.1.1	2008	6 234,98	6 234,98	0,00	18.2.2	6 234,98	0,00
4.	Trespasses....................................	12.1.1.1	2009	4 987,98	3 324,98	1 663,00	18.2.1	4 987,98	0,00
SOMA...	Imobilizado incorpóreo....................			18 715,05	14 554,18	4 160,87		18 715,05	0,00
TOTAIS ACUMULADOS				966 039,13	143 597,49	80 579,92		224 176,81	741 861,70

AMORTIZAÇÕES A CONTABILIZAR NO EXERCÍCIO DE 2011	LANÇAMENTOS			
	Débito	Doc°	Crédito	Valor
Edificios e outras construções...................................	73.1.2	2012	18.1.2	9 989,13
Equipamento básico...	73.1.3	2012	18.1.3	28 875,43
Equipamento de carga e transporte...........................	73.1.4	2012	18.1.4	30 836,43
Equipamento administrativo......................................	73.1.5	2012	18.1.5	4 662,21
Outras imobilizações corpóreas................................	73.1.9	2012	18.1.9	2 055,87
Trespasses...	73.2.1	2012	18.2.1	1 663,00
Programas de computador.......................................	73.2.9	2012	18.2.9	2 497,87
Total...				80 579,94

SOCIEDADE DE EMPREITADAS DE ANGOLA, S.A.

Balancete Razão - Financeira

Acumulado

Conta	Descrição	Mov. Débito	Mov. Crédito	Saldo Débito	Saldo Crédito
11	IMOBILIZAÇÕES CORPÓREAS	66,530.16	55,000.00	11,530.16	
18	AMORTIZAÇOES ACUMULADAS	22,000.00	80,579.94		58,579.94
21	COMPRAS	4,893.87	2,783,687.10		2,778,793.23
22	MAT.-PRIMAS, SUBSID. E DE CONSUMO	1,416,371.54	23,491.74	1,392,879.80	
23	PRODUTOS E TRABALHOS EM CURSO	0.00	48,958.37		48,958.37
34	ESTADO	0.00	14,879.73		14,879.73
37	OUTROS VALORES RECEBER E A PAGAR	70,254.42	143,097.24		72,842.82
62	PRESTAÇÕES DE SERVIÇOS	143,097.24	70,254.42	72,842.82	
65	TRABALHOS PARA A PRÓPRIA EMPRESA	0.00	29,059.96		29,059.96
68	OUTROS PROV.GANHOS N/OPERACIONAIS	55,000.00	59,470.20		4,470.20
71	CUSTO DAS EXISTÊNCIAS VENDIDAS	1,385,913.43	0.00	1,385,913.43	
73	AMORTIZAÇÕES DO EXERCÍCIO~	80,579.94	0.00	80,579.94	
82	RESULTADOS OPERACIONAIS	48,958.37	0.00	48,958.37	
87	IMPOSTOS SOBRE OS LUCROS	14,879.73	0.00	14,879.73	
Total		3,308,478.70	3,308,478.70	3,007,584.25	3,007,584.25

SOCIEDADE DE EMPREITADAS DE ANGOLA, S.A.

Balancete Geral - Financeira

Acumulado

Data da CTB: 31.12.2011	Mês: Dezembro de 2011				Pág. 1
Conta	Descrição	Mov. Débito	Mov. Crédito	Saldo Débito	Saldo Crédito
11	IMOBILIZAÇÕES CORPÓREAS	66,530.16	55,000.00	11,530.16	
112	EDIFÍCIOS E OUTRAS CONSTRUÇÕES	29,059.96	0.00	29,059.96	
1121	Edifícios	29,059.96	0.00	29,059.96	
11212	Integrados em conj.administratrivos	29,059.96	0.00	29,059.96	
114	EQUIPAMENTO DE CARGA E TRANSPORTE	37,470.20	55,000.00		17,529.80
1141	Viatura de turismo	37,470.20	55,000.00		17,529.80
18	AMORTIZAÇÕES ACUMULADAS	22,000.00	80,579.94		58,579.94
181	Imobilizaçoes corporeas	22,000.00	76,419.07		54,419.07
1812	Edifícios e outras construções	0.00	9,989.13		9,989.13
1813	Equipamento basico	0.00	28,875.43		28,875.43
1814	Equipamento de carga e transporte	22,000.00	30,836.43		8,836.43
1815	Equipamento administrativo	0.00	4,662.21		4,662.21
1819	Outras imobilizações corpóreas	0.00	2,055.87		2,055.87
182	Imobilizaçoes incorporeas	0.00	4,160.87		4,160.87
1821	Trespasses	0.00	1,663.00		1,663.00
1829	Programas de computador	0.00	2,497.87		2,497.87
	Total da classe 1	88,530.16	135,579.94	11,530.16	58,579.94
21	COMPRAS	4,893.87	2,783,687.10		2,778,793.23
211	Matérias-primas, subs. e consumo	0.00	2,771,059.34		2,771,059.34
213	Materiais diversos	0.00	12,627.76		12,627.76
217	Devoluções de compras:	4,216.42	0.00	4,216.42	
2171	Matérias-primas	4,216.42	0.00	4,216.42	
218	Descontos e abatimentos em compras	677.45	0.00	677.45	
2181	Matérias-primas	677.45	0.00	677.45	
22	MAT.-PRIMAS, SUBSID. E DE CONSUMO	1,416,371.54	23,491.74	1,392,879.80	
221	Matérias-primas	1,403,743.78	4,893.87	1,398,849.91	
223	Materiais diversos	12,627.76	18,597.87		5,970.11
23	PRODUTOS E TRABALHOS EM CURSO	0.00	48,958.37		48,958.37
231	Obra nº 7 - Armazém	0.00	16,896.14		16,896.14
232	Obra nº 3	0.00	15,856.29		15,856.29
233	Obra nº 4	0.00	13,692.00		13,692.00
234	Obra nº 4	0.00	2,513.94		2,513.94
	Total da classe 2	1,421,265.41	2,856,137.21	1,392,879.80	2,827,751.60
34	ESTADO	0.00	14,879.73		14,879.73
341	Imposto sobre os lucros	0.00	14,879.73		14,879.73
3411	Estimativa do imposto	0.00	14,879.73		14,879.73
37	OUTROS VALORES RECEBER E A PAGAR	70,254.42	143,097.24		72,842.82
373	Proveitos a facturar:	20,738.76	0.00	20,738.76	
3732	Prestações de serviço	20,738.76	0.00	20,738.76	
374	Encargos repartir periodos futuros	49,515.66	76,503.63		26,987.97
3743	Custos de garantia	49,515.66	76,503.63		26,987.97
37435	Obra nº 5	17,956.72	21,099.15		3,142.43
A transportar		1,548,491.05	3,027,696.03	1,453,542.50	2,932,747.48

SOCIEDADE DE EMPREITADAS DE ANGOLA, S.A.

Balancete Geral - Financeira

Acumulado

Data da CTB: 31.12.2011		Mês: Dezembro de 2011			Pág. 2
Conta	Descrição	Mov. Débito	Mov. Crédito	Saldo Débito	Saldo Crédito
Transporte		1,548,491.05	3,027,696.03	1,453,542.50	2,932,747.48
37436	Obra nº 6	3,386.84	11,717.76		8,330.92
37438	Obra nº 8	11,212.98	22,388.05		11,175.07
37439	Obra nº 9	16,959.12	21,298.67		4,339.55
375	Encargos a pagar:	0.00	66,593.61		66,593.61
3753	Custos de garantia	0.00	66,593.61		66,593.61
	Total da classe 3	70,254.42	157,976.97	0.00	87,722.55
62	PRESTAÇÕES DE SERVIÇOS	143,097.24	70,254.42	72,842.82	
621	Serviços principais:	143,097.24	70,254.42	72,842.82	
6211	Mercado nacional	143,097.24	70,254.42	72,842.82	
65	TRABALHOS PARA A PRÓPRIA EMPRESA	0.00	29,059.96		29,059.96
651	Para imobilizado:	0.00	29,059.96		29,059.96
6511	Corpóreo	0.00	29,059.96		29,059.96
68	OUTROS PROV.GANHOS N/OPERACIONAIS	55,000.00	59,470.20		4,470.20
683	Ganhos em imobilizações	55,000.00	59,470.20		4,470.20
6831	Venda de imobilizaçºoes corpóreas	55,000.00	59,470.20		4,470.20
	Total da classe 6	198,097.24	158,784.58	72,842.82	33,530.16
71	CUSTO DAS EXISTÊNCIAS VENDIDAS	1,385,913.43	0.00	1,385,913.43	
711	Matérias-primas	1,367,315.56	0.00	1,367,315.56	
713	Materiais diversos	18,597.87	0.00	18,597.87	
7131	Materiais diversos	18,597.87	0.00	18,597.87	
73	AMORTIZAÇÕES DO EXERCÍCIO~	80,579.94	0.00	80,579.94	
731	Imobilizações corpóres	76,419.07	0.00	76,419.07	
7312	Edifícios e outras construções	9,989.13	0.00	9,989.13	
7313	Equipamento básico	28,875.43	0.00	28,875.43	
7314	Equiupamento de carga e transporte	30,836.43	0.00	30,836.43	
7315	Equipamento administrativo	4,662.21	0.00	4,662.21	
7319	Outras imobilizações corpóreas	2,055.87	0.00	2,055.87	
732	Imobilizações incorpóreas	4,160.87	0.00	4,160.87	
7321	Trespasses	1,663.00	0.00	1,663.00	
7329	Programas de computador	2,497.87	0.00	2,497.87	
	Total da classe 7	1,466,493.37	0.00	1,466,493.37	0.00
82	RESULTADOS OPERACIONAIS	48,958.37	0.00	48,958.37	
822	Prestações de serviço	48,958.37	0.00	48,958.37	
87	IMPOSTOS SOBRE OS LUCROS	14,879.73	0.00	14,879.73	
871	Imposto sobre resultados correntes	14,879.73	0.00	14,879.73	
	Total da classe 8	63,838.10	0.00	63,838.10	0.00
A transportar		3,308,478.70	3,308,478.70	3,056,716.79	3,056,716.79

SOCIEDADE DE EMPREITADAS DE ANGOLA, S.A.

Balancete Geral - Financeira

Acumulado

Conta	Descrição	Mov. Débito	Mov. Crédito	Saldo Débito	Saldo Crédito
Transporte		3,308,478.70	3,308,478.70	3,056,716.79	3,056,716.79
Total		3,308,478.70	3,308,478.70	3,056,716.79	3,056,716.79

400

CAPÍTULO VII

ENTIDADES DO SECTOR NÃO LUCRATIVO

(ESNL)

ASSOCIAÇÃO SEM FINS LUCRATIVOS "ABC"

ENTIDADES DO SECTOR NÃO LUCRATIVO

ASSOCIAÇÃO SEM FINS LUCRATIVOS "ABC"

Vamos supor que esta associação, sediada em Angola, optou por aplicar a normalização contabilística para o exercício iniciado em 1 de Janeiro de 2011, apresentando-se, por isso, os seguintes dados:

1) Balancete analítico em 31 de Dezembro de 2010 (Balancete de verificação);

2) Fundo Social – Demonstração dos resultados em 31/12/2010;

3) Balancete de abertura em 1 de Janeiro de 2011;

4) Operações realizadas em Janeiro de 2011;

5) Balancete geral analítico e do Razão, em Janeiro de 2011;

6) Classe 9 – Contabilidade analítica ou de Custos;

7) Balancete da contabilidade analítica de Janeiro de 2011.

ASSOCIAÇÃO SEM FINS LUCRATIVOS "ABC"

BALANCETE ANALÍTICO EM 31 DE DEZEMBRO DE 2010

(BALANCETE DE VERIFICAÇÃO)

CONTAS DO P.G.C.A.	MOVIMENTO ACUMULADO		SALDOS	
	DÉBITO	CRÉDITO	DEVEDORES	CREDORES
11 IMOBILIZAÇÕES CORPÓREAS				
111 Terrenos e recursos naturais:				
11142 Terrenos com edifícios..................................	22 000,00		22 000,00	
112 Edifícios e outras construções:				
1121 Edifícios:				
11212 Edifício - Serviços administrativos...............	70 000,00		70 000,00	
113 Equipamento básico...............................	3 895,00		3 895,00	
114 Equipamento de carga e transporte..................	49 800,00		49 800,00	
115 Equipamento administrativo............................	10 300,00		10 300,00	
SUB-TOTAIS..	155 995,00	0,00	155 995,00	0,00
18 AMORTIZAÇÕES ACUMULADAS				
181 Imobilizações corpóreas:				
1812 Edifícios e outras construções.........................		13 969,71		13 969,71
1813 Equipamento básico..................................		3 366,74		3 366,74
1814 Equipamento de transporte............................		47 625,23		47 625,23
1815 Equipamento administrativo...........................		7 776,39		7 776,39
SUB-TOTAIS..	0,00	72 738,07	0,00	72 738,07
31 CLIENTES				
311 Clientes - correntes:				
31321 Não grupo - Nacionais:				
3132101 Cliente "A".......................................	11 530,00	11 000,00	530,00	
3132102 Cliente "B".......................................	7 913,00	7 913,00	0,00	
3132103 Cliente "C"	948,75	620,00	328,75	
SUB-TOTAIS..	20 391,75	19 533,00	858,75	0,00

ASSOCIAÇÃO SEM FINS LUCRATIVOS "ABC"

BALANCETE ANALÍTICO EM 31 DE DEZEMBRO DE 2010

(BALANCETE DE VERIFICAÇÃO)

CONTAS DO P.G.C.A.	MOVIMENTO ACUMULADO		SALDOS	
	DÉBITO	CRÉDITO	DEVEDORES	CREDORES
32 FORNECEDORES				
321 Fornecedores - correntes:				
32121 Não grupo - Nacionais:				
3212101 Fornecedor "A"..	5 300,00	5 600,00		300,00
3212102 Fornecedor "B"..	2 495,00	2 750,00		255,00
3212103 Fornecedor "C"..	536,12	536,12		0,00
3212104 Fornecedor "D"..	561,00	740,00		179,00
3212105 Fornecedor "E"..	4 561,00	4 561,00		0,00
329 Fornecedores - saldos devedores:				
3291 Adiantamentos:				
32911 Fornecedor "E"	500,00		500,00	
SUB-TOTAIS...............................	13 953,12	14 187,12	500,00	734,00
33 EMPRÉSTIMOS				
331 Empréstimos bancários				
3311 Moeda nacional				
331101 Banco "A"..	2 350,00	3 000,00		650,00
331102 Banco "B"..	9 600,00	10 000,00		400,00
331103 Banco "C"..	4 714,00	6 000,00		1 286,00
SUB-TOTAIS...............................	16 664,00	19 000,00	0,00	2 336,00
34 ESTADO				
343 Imposto de rendimento de trabalho:				
3431 Trabalho dependente.............................	3 800,00	3 950,00		150,00
3432 Trabalho independente.............................	538,70	606,04		67,34
3491 Contribuições para a Segurança Social..........	6 400,00	6 600,00		200,00
SUB-TOTAIS...............................	10 738,70	11 156,04	0,00	417,34

ASSOCIAÇÃO SEM FINS LUCRATIVOS "ABC"

BALANCETE ANALÍTICO EM 31 DE DEZEMBRO DE 2010

(BALANCETE DE VERIFICAÇÃO)

CONTAS DO P.G.C.A.	MOVIMENTO ACUMULADO		SALDOS	
	DÉBITO	CRÉDITO	DEVEDORES	CREDORES
37 OUTROS VALORES A RECEBER E A PAGAR				
371 Compras de imobilizado:				
3711 Imobilizado corpóreo:				
371103 Fornecedor "C"..	1 500,00	1 500,00		0,00
371104 Fornecedor "D"..	2 000,00	2 800,00		800,00
375 Encargos a pagar:				
3751 Seguros a liquidar..		56,00		56,00
SUB-TOTAIS..	3 500,00	4 356,00	0,00	856,00
39 PROVISÕES PARA OUT. RISCOS E ENCARGOS				
3921 Provisões pª. processos judiciais em curso ..		850,00		850,00
SUB-TOTAIS..	0,00	850,00	0,00	850,00
43 DEPÓSITOS À ORDEM				
431 Moeda nacional:				
4311 Banco "A"..	92 700,00	61 200,00	31 500,00	
4312 Banco "B"..	116 815,00	59 400,00	57 415,00	
4313 Banco "C"..	111 660,00	45 830,00	65 830,00	
SUB-TOTAIS..	321 175,00	166 430,00	154 745,00	0,00
45 CAIXA				
4511 Fundo fixo - Caixa..	303 930,44	301 276,90	2 653,54	
SUB-TOTAIS..	303 930,44	301 276,90	2 653,54	0,00
51 FUNDO SOCIAL				
511 Exercícios:				
5111 Exercício N-3..		25 300,00		25 300,00
5112 Exercício N-2..		32 600,00		32 600,00
5113 Exercício N-1..		35 750,00		35 750,00
SUB-TOTAIS..	0,00	93 650,00	0,00	93 650,00

ASSOCIAÇÃO SEM FINS LUCRATIVOS "ABC"
BALANCETE ANALÍTICO EM 31 DE DEZEMBRO DE 2010
(BALANCETE DE VERIFICAÇÃO)

CONTAS DO P.G.C.A.	MOVIMENTO ACUMULADO		SALDOS	
	DÉBITO	CRÉDITO	DEVEDORES	CREDORES
57 RESERVAS COM FINS ESPECIAIS				
571 Doações:				
5711 Acções...		90 000,00		90 000,00
5712 Obrigações e títulos de participação..............		4 335,65		4 335,65
SUB-TOTAIS...............	0,00	94 335,65	0,00	94 335,65
66 PROVEITOS E GANHOS FINANCEIROS GERAIS				
661 Juros:				
6611 De investimentos financeiros:				
66114 Empréstimos..		2 000,00		2 000,00
6615 Aplicações de tesouraria............................		5 800,00		5 800,00
669 Transferência para resultados operacionais.....	7 800,00		7 800,00	
SUB-TOTAIS............................	7 800,00	7 800,00	7 800,00	7 800,00
68 OUTROS PROVºS. GANHOS NÃO OPERACIONAIS				
68111 Donativos - Angariação de fundos.................		114 700,00		114 700,00
6819 Transferência pª resultados não operacionais	114 700,00		114 700,00	
SUB-TOTAIS............................	114 700,00	114 700,00	114 700,00	114 700,00
72 CUSTOS COM O PESSOAL				
7221 Remunerações do pessoal..............................	30 526,43		30 526,43	
725 Encargos sobre remunerações:				
7251 Órgãos sociais..	1 010,00		1 010,00	
7252 Pessoal...	5 400,00		5 400,00	
726 Seguros acident. trabalho doen. profissionais	552,26		552,26	
7271 Formação - Pessoal....................................	434,00		434,00	
729 Transferência para resultados operacionais.....		37 922,69		37 922,69
SUB-TOTAIS............................	37 922,69	37 922,69	37 922,69	37 922,69

ASSOCIAÇÃO SEM FINS LUCRATIVOS "ABC"
BALANCETE ANALÍTICO EM 31 DE DEZEMBRO DE 2010
(BALANCETE DE VERIFICAÇÃO)

CONTAS DO P.G.C.A.	MOVIMENTO ACUMULADO		SALDOS	
	DÉBITO	CRÉDITO	DEVEDORES	CREDORES
73 AMORTIZAÇÕES DO EXERCÍCIO				
731 Imobilizações corpóreas:				
7312 Edifícios e outras construções......................	1 400,00		1 400,00	
7313 Equipamento básico...................................	311,60		311,60	
7314 Equipamento de carga e transporte................	6 225,00		6 225,00	
7315 Equipamento administrativo.........................	1 030,00		1 030,00	
739 Transferência para resultados operacionais.....		8 966,60		8 966,60
SUB-TOTAIS................................	8 966,60	8 966,60	8 966,60	8 966,60
75 OUTROS CUSTOS E PERDAS OPERACIONAIS				
752 Fornecimentos e serviços de terceiros:				
75211 Água...	902,57		902,57	
75212 Electricidade......................................	3 259,00		3 259,00	
75213 Combustíveis e outros fluídos:				
752131 Gasolina..	2 395,00		2 395,00	
752132 Gasóleo..	2 900,00		2 900,00	
75216 Ferramentas e utensílios desgaste rápido.....	108,00		108,00	
75217 Material de escritório.............................	395,00		395,00	
75218 Livros e documentação técnica..................	250,00		250,00	
75221 Rendas e alugueres...............................	6 000,00		6 000,00	
75222 Seguros...	1 205,60		1 205,60	
75226 Conservação e reparação........................	1 012,00		1 012,00	
75228 Limpeza, higiene e conforto.....................	135,00		135,00	
75229 Publicidade e propaganda........................	250,00		250,00	
75230 Contencioso e notariado.........................	102,05		102,05	
75233 Trabalhos executados no exterior................	500,00		500,00	
75234 Honorários..	1 800,00		1 800,00	
75239 Outros serviços....................................	735,69		735,69	
759 Transferência para resultados operacionais.....		21 047,34		21 047,34
SUB-TOTAIS................................	21 047,34	21 047,34	21 047,34	21 047,34

ASSOCIAÇÃO SEM FINS LUCRATIVOS "ABC"
BALANCETE ANALÍTICO EM 31 DE DEZEMBRO DE 2010
(BALANCETE DE VERIFICAÇÃO)

CONTAS DO P.G.C.A.	MOVIMENTO ACUMULADO		SALDOS	
	DÉBITO	CRÉDITO	DEVEDORES	CREDORES
753 Impostos:				
7531 Impostos indirectos:				
75311 Imposto do selo.................................	18,00		18,00	
75312 Impostos sobre transportes rodoviários.......	179,57		179,57	
759 Transferência para resultados operacionais.....		197,57		197,57
SUB-TOTAIS..	197,57	197,57	197,57	197,57
76 CUSTOS E PERDAS FINANCEIROS GERAIS				
761 Juros:				
7611 De empréstimos:				
76111 Bancários................................	4 628,00		4 628,00	
769 Transferência para resultados operacionais.....		4 628,00		4 628,00
SUB-TOTAIS..	4 628,00	4 628,00	4 628,00	4 628,00
82 RESULTADOS OPERACIONAIS				
811 Resultados operacionais..............................	73 664,77	122 500,00		
8111 Resultado líquido.................................	48 835,23	0,00		
	122 500,00	122 500,00	0,00	0,00
88 RESULTADO LÍQUIDO DO EXERCÍCIO				
881 Resultado líquido........................	0,00	48 835,23	0,00	48 835,23
SUB-TOTAIS..	0,00	48 835,23	0,00	48 835,23
TOTAIS ACUMULADOS	1 164 110,21	1 164 110,21	510 917,05	510 917,05

409

ASSOCIAÇÃO SEM FINS LUCRATIVOS "ABC"
BALANCETE DO RAZÃO EM 31 DE DEZEMBRO DE 2010
(BALANCETE DE VERIFICAÇÃO)

CONTAS DO P.G.C.A.	MOVIMENTO ACUMULADO		SALDOS	
	DÉBITO	CRÉDITO	DEVEDORES	CREDORES
11 IMOBILIZAÇÕES CORPÓREAS	155 995,00	0,00	155 995,00	0,00
18 AMORTIZAÇÕES ACUMULADAS	0,00	72 738,07	0,00	72 738,07
31 CLIENTES	20 391,75	19 533,00	858,75	0,00
32 FORNECEDORES	13 953,12	14 187,12	500,00	734,00
33 EMPRÉSTIMOS OBTIDOS	16 664,00	19 000,00	0,00	2 336,00
34 ESTADO...	10 738,70	11 156,04	0,00	417,34
37 OUTROS VALORES A RECEBER E A PAGAR..........	3 500,00	4 356,00	0,00	856,00
39 PROVISÕES PARA OUTROS RISCOS ENCARGOS..	0,00	850,00	0,00	850,00
43 DEPÓSITOS À ORDEM	321 175,00	166 430,00	154 745,00	0,00
45 CAIXA	303 930,44	301 276,90	2 653,54	0,00
51 FUNDO SOCIAL	0,00	93 650,00	0,00	93 650,00
57 RESERVAS COM FINS ESPECIAIS.........................	0,00	94 335,65	0,00	94 335,65
66 PROVEITOS E GANHOS FINANCEIROS GERAIS.....	7 800,00	7 800,00	7 800,00	7 800,00
68 OUTROS PROVºS. GANHOS NÃO OPERACIONAIS.	114 700,00	114 700,00	114 700,00	114 700,00
72 CUSTOS COM O PESSOAL	37 922,69	37 922,69	37 922,69	37 922,69
73 AMORTIZAÇÕES DO EXERCÍCIO............................	8 966,60	8 966,60	8 966,60	8 966,60
75 OUTROS CUSTOS E PERDAS OPERACIONAIS.......	21 244,91	21 244,91	21 244,91	21 244,91
76 CUSTOS E PERDAS FINANCEIROS GERAIS..........	4 628,00	4 628,00	4 628,00	4 628,00
82 RESULTADOS OPERACIONAIS.............................	122 500,00	122 500,00	0,00	0,00
88 RESULTADO LÍQUIDO DO EXERCÍCIO	0,00	48 835,23	0,00	48 835,23
TOTAIS	1 164 110,21	1 164 110,21	510 014,48	510 014,48

FUNDO SOCIAL
DEMONSTRAÇÃO DOS RESULTADOS EM 31/12/2010
CONTABILIDADE DE CUSTOS

DESIGNAÇÃO	MOVIMENTO		SALDOS	
PROVEITOS	**Crédito**			**Credores**
Angariação de fundos:				
- Luanda...	35.600,00			
- Lobito..	30.000,00			
- Benguela.......................................	6.800,00			
- Restantes localidades......................	6.500,00			
- Quotizações...................................	10.000,00			
- Donativos......................................	20.000,00			
- Festas e outras actividades..............	5.100,00			114.000,00
Receitas financeiras:				
- Juros de depósitos.........................	2.000,00			
- Juros de aplicações........................	3.500,00			
- Outras receitas..............................	2.300,00			7.800,00
TOTAL DOS PROVEITOS............	**122.500,00**			**122.500,00**

ENCARGOS	**Débito**		**Devedores**	
Educação para a saúde......................	3.500,00			
Assistência a doentes:				
- Voluntariado.................................	2.395,00			
- Serviço social...............................	2.434,00			
- Cuidados continuados.....................	1.912,00			
- Apoio individual a doentes..............	1.800,00		12.041,00	
Donativos.......................................	6.000,00		6.000,00	
Custos administrativos:				
Custos com o pessoal:				
- Remunerações................................	30.526,43			
- Encargos sobre remunerações..........	6.410,00			
- Seguros acidentes no trabalho.........	552,36		37.488,79	
Fornecimentos e serviços externos:				
- Electricidade.................................	3.259,00			
- Seguros..	1.205,00			
- Outros fornecimentos.....................	76,38		4.540,38	
Custos e perdas financeiras:				
- Juros/empréstimos bancários...........	4.628,00		4.628,00	
Amortizações do exercício:				
- De imobilizações corpóreas............	8.966,60		8.966,60	
TOTAL DOS ENCARGOS.................	**73.664,77**		**73.664,77**	
RESULTADO LÍQUIDO.......................	**48.835,23**			

ASSOCIAÇÃO SEM FINS LUCRATIVOS "ABC"

Balancete Geral - Financeira

Mensal

Conta	Descrição	Mov. Débito	Mov. Crédito	Saldo Débito	Saldo Crédito
11	IMOBILIZAÇÕES CORPÓREAS	106,195.00	0.00	106,195.00	
111	Terrenos e recuros naturais	22,000.00	0.00	22,000.00	
1114	Terrenos com edificios	22,000.00	0.00	22,000.00	
11142	Retativos a ediifi.administrativos	22,000.00	0.00	22,000.00	
112	EDIFÍCIOS E OUTRAS CONSTRUÇÕES	70,000.00	0.00	70,000.00	
1121	Edificios	70,000.00	0.00	70,000.00	
11212	Integrados em conj.administrativos	70,000.00	0.00	70,000.00	
113	EQUIPAMENTO BÁSICO	3,895.00	0.00	3,895.00	
1134	Aparelhos de radiologia	3,895.00	0.00	3,895.00	
115	EQUIPAMENTO ADMINISTRATIVO	10,300.00	0.00	10,300.00	
1151	Mobiliário diverso	10,300.00	0.00	10,300.00	
14	IMOBILIZAÇÕES EM CURSO	49,800.00	0.00	49,800.00	
141	Edificio administrativo	49,800.00	0.00	49,800.00	
18	AMORTIZAÇÕES ACUMULADAS	0.00	72,738.07		72,738.07
181	Imobilizações corpóreas	0.00	72,738.07		72,738.07
1812	Edifícios e outras construções	0.00	13,969.71		13,969.71
1813	Equipamento básico	0.00	3,366.74		3,366.74
1814	Equipamento de carga e transporte	0.00	47,625.23		47,625.23
1815	Equipamento administrativo	0.00	7,776.39		7,776.39
	Total da classe 1	155,995.00	72,738.07	155,995.00	72,738.07
31	CLIENTES	858.75	0.00	858.75	
3132	Não grupo:	858.75	0.00	858.75	
31321	Nacionais:	858.75	0.00	858.75	
31321001	Cliente "A"	530.00	0.00	530.00	
31321002	Cliente "B"	328.75	0.00	328.75	
32	FORNECEDORES	500.00	734.00		234.00
321	Fornecedores - correntes	0.00	734.00		734.00
3212	Não grupo	0.00	734.00		734.00
32121	Nacionais	0.00	734.00		734.00
32121001	Fornecedor "A"	0.00	300.00		300.00
32121002	Fornecedor "B"	0.00	255.00		255.00
32121003	Fornecedor "C"	0.00	179.00		179.00
329	Fornecedores - saldos devedores:	500.00	0.00	500.00	
3291	Adiantamentos.	500.00	0.00	500.00	
3291001	Fornecedor "E"	500.00	0.00	500.00	
33	EMPRÉSTIMOS	0.00	2,336.00		2,336.00
331	Empréstimos Bancários	0.00	2,336.00		2,336.00
3311	Moeda nacional	0.00	2,336.00		2,336.00
33111	Banco "A"	0.00	650.00		650.00
33112	Banco "B"	0.00	400.00		400.00
33113	Banco "C"	0.00	1,286.00		1,286.00
34	ESTADO	0.00	217.34		217.34
343	Imposto de rendimento do trabalho	0.00	217.34		217.34
A transportar		157,353.75	75,808.07	157,353.75	75,808.07

ASSOCIAÇÃO SEM FINS LUCRATIVOS "ABC"

Balancete Geral - Financeira

Mensal

Conta	Descrição	Mov. Débito	Mov. Crédito	Saldo Débito	Saldo Crédito
Transporte		157,353.75	75,808.07	157,353.75	75,808.07
3431	Trabalho dependente	0.00	150.00		150.00
3432	Trabalho independente	0.00	67.34		67.34
37	OUTROS VALORES RECEBER E A PAGAR	0.00	1,056.00		1,056.00
371	Compras de imobilizado	0.00	800.00		800.00
3711	Corpóreo	0.00	800.00		800.00
371104	Fornecedor "D"	0.00	800.00		800.00
375	Encargos a pagar	0.00	256.00		256.00
3753	Segurança Social	0.00	200.00		200.00
3754	Seguros a liquidar	0.00	56.00		56.00
39	PROVISÕES OUTROS RISCOS E ENCARGO:	0.00	850.00		850.00
392	Para processos judiciais em curso	0.00	850.00		850.00
	Total da classe 3	1,358.75	5,193.34	858.75	4,693.34
43	DEPÓSITOS À ORDEM	154,745.00	0.00	154,745.00	
431	Moeda nacional	154,745.00	0.00	154,745.00	
4311	Banco "A"	31,500.00	0.00	31,500.00	
4312	Banco "B"	57,415.00	0.00	57,415.00	
4313	Banco "C"	65,830.00	0.00	65,830.00	
45	CAIXA	2,653.54	0.00	2,653.54	
451	Fundo fixo	2,653.54	0.00	2,653.54	
4511	Caixa	2,653.54	0.00	2,653.54	
	Total da classe 4	157,398.54	0.00	157,398.54	0.00
51	FUNDOS	0.00	93,650.00		93,650.00
511	Exercícios:	0.00	93,650.00		93,650.00
5111	Exercício N-3	0.00	25,300.00		25,300.00
5112	Exercício N-2	0.00	32,600.00		32,600.00
5113	Exercício N-1	0.00	35,750.00		35,750.00
59	OUTRAS VARIAÇÕES FUNDOS PATRIMONIAI	0.00	94,335.65		94,335.65
591	Doações:	0.00	94,335.65		94,335.65
5911	Doações - Bens de investimento	0.00	90,000.00		90,000.00
5912	Doações - Activos financeiros	0.00	4,335.65		4,335.65
	Total da classe 5	0.00	187,985.65	0.00	187,985.65
81	RESULTADOS TRANSITADOS	0.00	48,835.23		48,835.23
811	Ano de 2010	0.00	48,835.23		48,835.23
8111	Resultado do ano	0.00	48,835.23		48,835.23
	Total da classe 8	0.00	48,835.23	0.00	48,835.23
Total		314,752.29	314,752.29	314,752.29	314,752.29

ASSOCIAÇÃO SEM FINS LUCRATIVOS "ABC"

Balancete Razão - Financeira

Acumulado

Data da CTB: 31.01.2011   Mês: Abertura de 2011   Pág. 1

Conta	Descrição	Mov. Débito	Mov. Crédito	Saldo Débito	Saldo Crédito
11	IMOBILIZAÇÕES CORPÓREAS	106,195.00	0.00	106,195.00	
14	IMOBILIZAÇÕES EM CURSO	49,800.00	0.00	49,800.00	
18	AMORTIZAÇÕES ACUMULADAS	0.00	72,738.07		72,738.07
31	CLIENTES	858.75	0.00	858.75	
32	FORNECEDORES	500.00	734.00		234.00
33	EMPRÉSTIMOS	0.00	2,336.00		2,336.00
34	ESTADO	0.00	217.34		217.34
37	OUTROS VALORES RECEBER E A PAGAR	0.00	1,056.00		1,056.00
39	PROVISÕES OUTROS RISCOS E ENCARGOS	0.00	850.00		850.00
43	DEPÓSITOS À ORDEM	154,745.00	0.00	154,745.00	
45	CAIXA	2,653.54	0.00	2,653.54	
51	FUNDOS	0.00	93,650.00		93,650.00
59	OUTRAS VARIAÇÕES FUNDOS PATRIMONIAI	0.00	94,335.65		94,335.65
81	RESULTADOS TRANSITADOS	0.00	48,835.23		48,835.23
Total		314,752.29	314,752.29	314,252.29	314,252.29

414

ASSOCIAÇÃO SEM FINS LUCRATIVOS "ABC"
OPERAÇÕES REALIZADAS EM JANEIRO DE 2011
CAIXA – FUNDO FIXO — SEDE

P. G. C. ANGOLA

Dia	Designação	Valor parcial	Valor total	Débito	Crédito
03	Recebido oferta de:				
	Donativos – pedido por circular........	450,00			
	Idem	150,00			
	Peditório de rua.................................	1.080,00	1.680,00	45.1.1	68.1.1.1
04	Pagamentos...				45.1.1
	Expedição de circulares pelos CTT..	65,80		75.2.20	
	Aquisição de envelopes.....................	111,20		75.2.17	
	Seguro de voluntariado.....................	22,00	199,00	75.2.22	
07	Pagamentos...				45.1.1
	Gasolina	50,00		75.2.13	
	Peditório por carta - CTT.................	210,00		75.2.20	
	Artigos de limpeza...........................	15,00	275,00	75.2.28	
10	Compra a dinheiro – V. D. 455/11......				45.1.1
	Secretárias metálicas.........................	420,00			
	Estante de madeira...........................	130,00	550,00	11.5.1	
11	Compra a dinheiro.............................				45.1.1
	- Agrafes e borrachas........................	20,00			
	- Resmas de papel.............................	90,00			
	- Esferográficas e lápis.....................	25,30			
	- Toner para as impressoras..............	18,70	154,00	75.2.17	
13	Pelos seguintes pagamentos através				
	do caixa da sede...............................		249,23		45.1.1
	- Serviço de vigilância......................	80,00		75.2.27	
	- Águas de Luanda............................	32,77		75.2.11	
	- Telefone e Internet.........................	70,86		75.2.20	
	- Electricidade..................................	65,60		75.2.12	

14	Aquisição a dinheiro...........................		156,56		45.1.1
	- Resmas de papel............................	7,96		75.2.17	
	- Pen Drive.....................................	10,57		75.2.17	
	- Rato para computador....................	8,13		75.2.17	
	- Toner HP Laserject	129,90		75.2.17	
18	Selos dos correios..............................	85,00		75.2.20	
	Carregamento dos telemóveis.............	45,00		75.2.20	
	Lâmpadas...	18,60		75.2.26	
	Seguro da viatura "X".......................	215,00		75.2.22	
	Panos de limpeza e vassoura..............	8,40		75.2.28	
	Tambor de plástico para o lixo...........	4,00		75.2.28	
	Pagamentos pelo caixa da sede..........		376,00		45.1.1
19	Pelos seguintes pagamentos...............		349,30		45.1.1
	- Aluguer de máquina de fotocopiar...	99,76		75.2.21	
	- Reparação equipamento/escritório...	59,86		75.2.26	
	- Desinfecção do arquivo geral...........	129,68		75.2.28	
	- Imposto retido/2010........................	60,00		34.1.1	
20	Toner para a impressora HP...............	160,92	160,92	75.2.17	45.1.1
	TOTAIS ACUMULADOS....................	**4.150,01**	**4.150,01**		

ASSOCIAÇÃO SEM FINS LUCRATIVOS "ABC"
OPERAÇÕES REALIZADAS EM JANEIRO DE 2011
MOVIMENTO DO DIÁRIO DE OPERAÇÕES GERAIS

P. G. C. ANGOLA

Dia	Designação	Valor parcial	Valor total	Débito	Crédito
05	Fact. nº 23, da Tipografia "A": Recibos..................................... Circulares.................................	65,00 180,00	245,00	75.2.17	32.1.2.1.001
06	Fact. nº 3, do Fornecedor "B": Material de escritório - consumíveis....... Impressora.................................	125,60 220,40	125,60 220,40	75.2.17 11.5.1	32.1.2.1.002 37.1.1.02
08	Ofício Estatal "X", anunciando a concessão de subsídio, para compra de equipamento: 1. Pelo recebimento do subsídio, através do Banco "A"..................... 2. Pela aquisição do equipamento: 2.1 Fornecedor "B" – Factura 35/N.... 2.2 Aparelhos de radiologia............. 3. Amortizações calculadas no ano N: (1) 3.1 Valor contabilizado..................... 3.2 Transferência para subsídios para investimento............. (1) Veja: Notas explicativas da conta 37.6.3	50.000,00 50.000,00 16.666,00 16.666,00	50.000,00 50.000,00 16.666,00 16.666,00	43.1.1 11.3.4 73.1.3 37.6.3	37.6.3 37.1.1.02 18.1.3 63.4.1
08	Feira do voluntariado: Oferta de publicidade..................... Oferta de alojamento.....................	300,00 186,00	486,00	75.2.29 75.2.23	68.11.2 68.11.2
12	Donativos concedidos em cheques do Banco "A": - Cruz Vermelha............................. - Bombeiros Voluntários.................	250,00 150,00	400,00	78.11.1	43.1.1
12	Campanha de angariação de fundos por depósitos no Banco "B": - Luanda e arredores........................ - Lobito e arredores......................... - Cabinda e arredores....................... - Lubango e arredores......................	14.820,00 3.830,00 7.645,00 10.650,00	36.945,00	43.1.2	68.11.1

Dia	Designação	Valor parcial	Valor total	Débito	Crédito
15	Aquisição a crédito de equipamento básico, com apoio Estatal:				
	- Factura do fornecedor "B".................	80.000,00			37.1.1.02
	- Valor do equipamento, de saúde.........		80.000,00	11.3.4	
	- Pagamento a "B", pelo Banco "A".....	80.000,00	80.000,00	37.1.1.02	43.1.1
20	Contrato com a empresa "A", para aquisição, em regime de locação financeira, do aparelho "X", para o sector da saúde:				
	1) Na outorga do contrato:				
	Custo do bem.....................................	25.000,00	25.000,00	11.3.4	37.1.1.01
	2) Pagamento da renda pelo banco:				
	- Amortização do capital...................	997,60	997,60	37.1.1.01	43.1.1
	- Juros suportados.............................	355,15	355,15	76.1.1.1	43.1.1
21	Processamentos dos ordenados de Janeiro de 2011:				
	- Remunerações ilíquidas......................	2.100,00		72.2.1	
	- Descontos efectuados:				
	1) Taxa social única.............................		231,00		34.3.1
	2) Retenção imposto............................		63,00		34.3.1
	- Remunerações líquidas a pagar............		1.806,00		36.1.2.1
	- Processamento dos encargos patronais	498,75	498,75	72.5.2	34.3.1
	- Pagamento através do Banco "A"........	1.806,00	1.806,00	36.1.2.1	43.1.1
23	Pela obtenção, a título gratuito, dos seguintes bens de investimento:				
	- Aparelho de raio "X".........................	20.000,00		11.3.4	
	- Aparelho microscópio........................	1.000,00		11.3.4	
	- Computador portátil...........................	980,00		11.5.1	
	- Fotocopiadora....................................	220,00	22.200,00	11.5.1	57.1
24	Doação pela empresa "ABCD", de activos financeiros:				
	7.800 acções a 0,97...........................	7.566,00	7.566,00	13.3.1	57.1
25	Subsídio concedido pela Fundação "X", através do Banco "A"............................	85.250,00	85.250,00	43.1.1	69.5.1

Dia	Designação	Valor parcial	Valor total	Débito	Crédito
26	Emissão de cheques para efectivação de pagamentos em Janeiro: * Do Banco "A": - Nº 901, para fornecedor "B"............. - Nº 902, para tipografia "A"............... - Nº 903, para fornecedor "C".............	 420,58 301,35 98.400,00	 420,58 301,35 98.400,00	 32.1.2.1.002 32.1.2.1.001 37.1.1.03	 43.1.1 43.1.1 43.1.1
27	Renda do imóvel "Y", alugado à Empresa "D": - Valor, conforme contrato..................... - Retenção imposto s/o rendimento......... - Pagamento através do Banco "A".........	 600,00 99,00 501,00	 600,00 99,00 501,00	 75.2.21 32.1.2.1.04 32.1.2.1.04	 32.1.2.1.04 34.1.1 43.1.1
28	Pela aquisição de um programa para o computador dos serviços administrativos, a crédito: - Factura 23 de "ABC", Ldª................. - Pagamento de 50% - Banco "B".........	 3.000,00 1.500,00	 3.000,00 1.500,00	 11.5.1 37.1.1.03	 37.1.1.03 43.1.2
	TOTAIS ACUMULADOS...........................	582.349,43	582.349,43		

ASSOCIAÇÃO SEM FINS LUCRATIVOS "ABC"

Balancete Razão - Financeira

Acumulado

Data da CTB: 31.01.2011   Mês: Janeiro de 2011   Pág. 1

Conta	Descrição	Mov. Débito	Mov. Crédito	Saldo Débito	Saldo Crédito
11	IMOBILIZAÇÕES CORPÓREAS	287,165.40	0.00	287,165.40	
13	INVESTIMENTOS FINANCEIROS	7,566.00	0.00	7,566.00	
14	IMOBILIZAÇÕES EM CURSO	49,800.00	0.00	49,800.00	
18	AMORTIZAÇÕES ACUMULADAS	0.00	89,404.07		89,404.07
31	CLIENTES	858.75	0.00	858.75	
32	FORNECEDORES	1,821.93	1,704.60	117.33	
33	EMPRÉSTIMOS	0.00	2,336.00		2,336.00
34	ESTADO	60.00	1,109.09		1,049.09
36	PESSOAL	1,806.00	1,806.00		
37	OUTROS VALORES RECEBER E A PAGAR	197,563.60	209,276.40		11,712.80
39	PROVISÕES OUTROS RISCOS E ENCARGOS	0.00	850.00		850.00
43	DEPÓSITOS À ORDEM	326,940.00	184,681.68	142,258.32	
45	CAIXA	4,333.54	2,470.01	1,863.53	
51	FUNDOS	0.00	93,650.00		93,650.00
57	RESERVAS COM FINS ESPECÍFICOS	0.00	29,766.00		29,766.00
59	OUTRAS VARIAÇÕES FUNDOS PATRIMONIAI	0.00	94,335.65		94,335.65
63	OUTROS PROVEITOS OPERACIONAIS	0.00	16,666.00		16,666.00
68	OUTROS PROVEITOS E GANHOS	0.00	39,111.00		39,111.00
69	PROVEITOS E GANHOS EXTRAORDIÁRIOS	0.00	85,250.00		85,250.00
72	CUSTOS COM O PESSOAL	2,598.75	0.00	2,598.75	
73	AMORTIZAÇÕES DO EXERCÍCIO	16,666.00	0.00	16,666.00	
75	OUTROS CUSTOS PERDAS OPERACIONAIS	3,316.61	0.00	3,316.61	
76	CUSTOS E PERDAS FINANCEIROS GERAIS	355.15	0.00	355.15	
78	OUTROS CUSTOS PERD.N/OPERACIONAIS	400.00	0.00	400.00	
81	RESULTADOS TRANSITADOS	0.00	48,835.23		48,835.23
Total		901,251.73	901,251.73	512,965.84	512,965.84

ASSOCIAÇÃO SEM FINS LUCRATIVOS "ABC"

Balancete Geral - Financeira

Acumulado

Data da CTB: 31.01.2011		Mês: Janeiro de 2011			Pág. 1
Conta	Descrição	Mov. Débito	Mov. Crédito	Saldo Débito	Saldo Crédito
11	IMOBILIZAÇÕES CORPÓREAS	287,165.40	0.00	287,165.40	
111	Terrenos e recuros naturais	22,000.00	0.00	22,000.00	
1114	Terrenos com edificios	22,000.00	0.00	22,000.00	
11142	Retativos a ediifi.administrativos	22,000.00	0.00	22,000.00	
112	EDIFÍCIOS E OUTRAS CONSTRUÇÕES	70,000.00	0.00	70,000.00	
1121	Edifícios	70,000.00	0.00	70,000.00	
11212	Integrados em conj.administratrivos	70,000.00	0.00	70,000.00	
113	EQUIPAMENTO BÁSICO	179,895.00	0.00	179,895.00	
1131	Material industrial	80,000.00	0.00	80,000.00	
1134	Aparelhos de radiologia	99,895.00	0.00	99,895.00	
115	EQUIPAMENTO ADMINISTRATIVO	15,270.40	0.00	15,270.40	
1151	Mobiliário diverso	15,270.40	0.00	15,270.40	
13	INVESTIMENTOS FINANCEIROS	7,566.00	0.00	7,566.00	
133	Outras empresas	7,566.00	0.00	7,566.00	
1331	Partes de capital	7,566.00	0.00	7,566.00	
14	IMOBILIZAÇÕES EM CURSO	49,800.00	0.00	49,800.00	
141	Edificio administrativo	49,800.00	0.00	49,800.00	
18	AMORTIZAÇÕES ACUMULADAS	0.00	89,404.07		89,404.07
181	Imobilizações corpóreas	0.00	89,404.07		89,404.07
1812	Edifícios e outras construções	0.00	13,969.71		13,969.71
1813	Equipamento básico	0.00	20,032.74		20,032.74
1814	Equipamento de carga e transporte	0.00	47,625.23		47,625.23
1815	Equipamento administrativo	0.00	7,776.39		7,776.39
	Total da classe 1	344,531.40	89,404.07	344,531.40	89,404.07
31	CLIENTES	858.75	0.00	858.75	
3132	Não grupo:	858.75	0.00	858.75	
31321	Nacionais:	858.75	0.00	858.75	
31321001	Cliente "A"	530.00	0.00	530.00	
31321002	Cliente "B"	328.75	0.00	328.75	
32	FORNECEDORES	1,821.93	1,704.60	117.33	
321	Fornecedores - correntes	1,321.93	1,704.60		382.67
3212	Não grupo	1,321.93	1,704.60		382.67
32121	Nacionais	1,321.93	1,704.60		382.67
32121001	Fornecedor "A"	301.35	545.00		243.65
32121002	Fornecedor "B"	420.58	380.60	39.98	
32121003	Fornecedor "C"	0.00	179.00		179.00
32121004	Fornecedor "D"	600.00	600.00		
329	Fornecedores - saldos devedores:	500.00	0.00	500.00	
3291	Adiantamentos.	500.00	0.00	500.00	
3291001	Fornecedor "E"	500.00	0.00	500.00	
33	EMPRÉSTIMOS	0.00	2,336.00		2,336.00
331	Empréstimos Bancários	0.00	2,336.00		2,336.00
3311	Moeda nacional	0.00	2,336.00		2,336.00
A transportar		347,212.08	91,108.67	345,930.13	89,826.72

ASSOCIAÇÃO SEM FINS LUCRATIVOS "ABC"

Balancete Geral - Financeira

Acumulado

Conta	Descrição	Mov. Débito	Mov. Crédito	Saldo Débito	Saldo Crédito
Transporte		347,212.08	91,108.67	345,930.13	89,826.72
33111	Banco "A"	0.00	650.00		650.00
33112	Banco "B"	0.00	400.00		400.00
33113	Banco "C"	0.00	1,286.00		1,286.00
34	ESTADO	60.00	1,109.09		1,049.09
341	Imposto sobre os lucros	60.00	99.00		39.00
3411	Imposto retido	60.00	99.00		39.00
343	Imposto de rendimento do trabalho	0.00	1,010.09		1,010.09
3431	Trabalho dependente	0.00	942.75		942.75
3432	Trabalho independente	0.00	67.34		67.34
36	PESSOAL	1,806.00	1,806.00		
361	Pessoal - remunerações	1,806.00	1,806.00		
36121	Empregados	1,806.00	1,806.00		
37	OUTROS VALORES RECEBER E A PAGAR	197,563.60	209,276.40		11,712.80
371	Compras de imobilizado	180,897.60	159,020.40	21,877.20	
3711	Corpóreo	180,897.60	159,020.40	21,877.20	
371101	Empresa "A"	997.60	25,000.00		24,002.40
371102	Fornecedor "B"	80,000.00	130,220.40		50,220.40
371103	Fornecedor "C"	99,900.00	3,000.00	96,900.00	
371104	Fornecedor "D"	0.00	800.00		800.00
375	Encargos a pagar	0.00	256.00		256.00
3753	Segurança Social	0.00	200.00		200.00
3754	Seguros a liquidar	0.00	56.00		56.00
376	Proveitos repartir períodos futuros	16,666.00	50,000.00		33,334.00
3763	Subsídios para investimento	16,666.00	50,000.00		33,334.00
39	PROVISÕES OUTROS RISCOS E ENCARGOS	0.00	850.00		850.00
392	Para processos judiciais em curso	0.00	850.00		850.00
	Total da classe 3	202,110.28	217,082.09	976.08	15,947.89
43	DEPÓSITOS À ORDEM	326,940.00	184,681.68	142,258.32	
431	Moeda nacional	326,940.00	184,681.68	142,258.32	
4311	Banco "A"	166,750.00	183,181.68		16,431.68
4312	Banco "B"	94,360.00	1,500.00	92,860.00	
4313	Banco "C"	65,830.00	0.00	65,830.00	
45	CAIXA	4,333.54	2,470.01	1,863.53	
451	Fundo fixo	4,333.54	2,470.01	1,863.53	
4511	Caixa	4,333.54	2,470.01	1,863.53	
	Total da classe 4	331,273.54	187,151.69	144,121.85	0.00
51	FUNDOS	0.00	93,650.00		93,650.00
511	Exercícios:	0.00	93,650.00		93,650.00
5111	Exercício N-3	0.00	25,300.00		25,300.00
5112	Exercício N-2	0.00	32,600.00		32,600.00
A transportar		877,915.22	551,537.85	603,383.66	277,006.29

ASSOCIAÇÃO SEM FINS LUCRATIVOS "ABC"

Balancete Geral - Financeira

Acumulado

Conta	Descrição	Mov. Débito	Mov. Crédito	Saldo Débito	Saldo Crédito
Transporte		877,915.22	551,537.85	603,383.66	277,006.29
5113	Exercício N-1	0.00	35,750.00		35,750.00
57	RESERVAS COM FINS ESPECÍFICOS	0.00	29,766.00		29,766.00
571	Doações	0.00	29,766.00		29,766.00
59	OUTRAS VARIAÇÕES FUNDOS PATRIMONIAI	0.00	94,335.65		94,335.65
591	Doações:	0.00	94,335.65		94,335.65
5911	Doações - Bens de investimento	0.00	90,000.00		90,000.00
5912	Doações - Activos financeiros	0.00	4,335.65		4,335.65
	Total da classe 5	0.00	217,751.65	0.00	217,751.65
63	OUTROS PROVEITOS OPERACIONAIS	0.00	16,666.00		16,666.00
634	Subsidios a investimento	0.00	16,666.00		16,666.00
6341	Subsídios do Estado	0.00	16,666.00		16,666.00
68	OUTROS PROVEITOS E GANHOS	0.00	39,111.00		39,111.00
6811	Outr.ganhos e perdas n/operacionais	0.00	39,111.00		39,111.00
68111	Donativos	0.00	38,625.00		38,625.00
68112	Ofertas de alojamento	0.00	486.00		486.00
69	PROVEITOS E GANHOS EXTRAORDIÁRIOS	0.00	85,250.00		85,250.00
695	Subsídios	0.00	85,250.00		85,250.00
6951	Subsidios de Fundações	0.00	85,250.00		85,250.00
	Total da classe 6	0.00	141,027.00	0.00	141,027.00
72	CUSTOS COM O PESSOAL	2,598.75	0.00	2,598.75	
722	Remunerações - Pessoal	2,100.00	0.00	2,100.00	
7221	Remunerações do pessoal	2,100.00	0.00	2,100.00	
725	Encargos sobre remunerações	498.75	0.00	498.75	
7252	Pessoal	498.75	0.00	498.75	
73	AMORTIZAÇÕES DO EXERCÍCIO	16,666.00	0.00	16,666.00	
731	Imobilizações corpóreas	16,666.00	0.00	16,666.00	
7313	Equipamento básico	16,666.00	0.00	16,666.00	
75	OUTROS CUSTOS PERDAS OPERACIONAIS	3,316.61	0.00	3,316.61	
752	Fornecimentos serviços de terceiros	3,316.61	0.00	3,316.61	
75211	Água	32.77	0.00	32.77	
75212	Electricidade	65.60	0.00	65.60	
75213	Combustíveis e outros fluídos	50.00	0.00	50.00	
75217	Material de escritório	953.28	0.00	953.28	
75220	Comunicação	476.66	0.00	476.66	
75221	Rendas e alugueres	699.76	0.00	699.76	
75222	Seguros	237.00	0.00	237.00	
75223	Deslocações e estadas	186.00	0.00	186.00	
75226	Conservação e reparação	78.46	0.00	78.46	
75227	Vigilância e segurança	80.00	0.00	80.00	
A transportar		900,039.50	852,416.50	625,507.94	577,884.94

ASSOCIAÇÃO SEM FINS LUCRATIVOS "ABC"

Balancete Geral - Financeira

Acumulado

Conta	Descrição	Mov. Débito	Mov. Crédito	Saldo Débito	Saldo Crédito
Transporte		900,039.50	852,416.50	625,507.94	577,884.94
75228	Limpeza, higiéne e conforto	157.08	0.00	157.08	
75229	Publicidade e propaganda	300.00	0.00	300.00	
76	CUSTOS E PERDAS FINANCEIROS GERAIS	355.15	0.00	355.15	
761	Juros	355.15	0.00	355.15	
7611	De empréstimos	355.15	0.00	355.15	
76111	Bancários	355.15	0.00	355.15	
78	OUTROS CUSTOS PERD.N/OPERACIONAIS	400.00	0.00	400.00	
78111	Donativos	400.00	0.00	400.00	
	Total da classe 7	23,336.51	0.00	23,336.51	0.00
81	RESULTADOS TRANSITADOS	0.00	48,835.23		48,835.23
811	Ano de 2010	0.00	48,835.23		48,835.23
8111	Resultado do ano	0.00	48,835.23		48,835.23
	Total da classe 8	0.00	48,835.23	0.00	48,835.23
Total		901,251.73	901,251.73	626,720.17	626,720.17

2.3 Classe 9

Contabilidade analítica

Esta classe é de uso facultativo o qual dependerá da necessidade sentida pela empresa e da ponderação do binómio custo/benefício.

Contudo, recomenda-se o seu uso para empresas industriais onde o apuramento dos custos de produção se torne moroso e difícil de executar por outra via.

9 CONTABILIDADE DE CUSTOS

90 GASTOS

900 APLICAÇÃO DE RECURSOS

    9001 Educação para a saúde

    9002 Assistência a doentes:

        90021 Voluntariado

        90022 Serviço social

        90023 Cuidados continuados

        90024 Apoio individual a doentes

    9003 Donativos:

        90031 Entregues na região de Luanda

        90032 Entregues na região do Huambo

    9004 Custos administrativos:

        90041 Custos com o pessoal:

            900411 Remunerações

            900412 Encargos sobre remunerações

            900413 Seguros de acidentes no trabalho

            900414 Gastos de acção social

        90042 Fornecimentos e serviços de terceiros:

            900421 Vigilância e segurança

            900422 Honorários

900423 Conservação e reparação

900424 Material de escritório

900425 Electricidade e água

900426 Combustíveis

900427 Deslocações e estadas

900428 Rendas e alugueres

900429 Outros serviços

9005 Custos e perdas financeiras:

90051 Juros de financiamentos obtidos

9006 Amortizações do exercício:

90063 Imobilizações corpóreas:

900631 Equipamento básico

9006311 Equipamento não subsidiado

9006312 Equipamento subsidiado

90063121 Depreciação efectuada

90063122 Transferência/Subsídios para investimentos

91 RENDIMENTOS

911 ANGARIAÇÃO DE FUNDOS

9110 Região de:

91101 Luanda

91102 Huambo

91103 Lobito

91104 Benguela

91105 Lubango

91106 Malange

91107 Namibe

91108 Cabinda

91109 Uíge

912 OUTROS RENDIMENTOS E GANHOS

    9121 Receitas extraordinárias

        91211 Juros obtidos:

            912111 De depósitos bancários

            912112 De aplicações de tesouraria

        91212 Outras receitas suplementares

            912121 Subsídios do Estado

            912122 Subsídios de outras entidades

98 CONTAS REFLECTIDAS

9861 Vendas

9862 Prestações de serviços

9863 Outros proveitos operacionais

9864 Variações nos inventários da produção

9865 Trabalhos para a própria empresa

9866 Proveitos e ganhos financeiros gerais

9867 Proveitos e ganhos financeiros em filiais e associadas

9868 Outros proveitos não operacionais

9869 Proveitos e ganhos extraordinários

9871 Custo das mercadorias vendidas e das matérias consumidas

9872 Custos com o pessoal

9873 Amortizações do exercício

9875 Outros custos e perdas operacionais

9876 Custos e perdas financeiros gerais

9877 Custos e perdas financeiros em filiais e associadas

9878 Outros custos e perdas não operacionais

9879 Custos e perdas extraordinárias

ASSOCIAÇÃO SEM FINS LUCRATIVOS "ABC"
CONTABILIDADE DE CUSTOS
OPERAÇÕES REALIZADAS EM JANEIRO DE 2011

			CONTABILIDDAE ANALÍTICA/CUSTOS			
			VALORES		**P.G.C.A.**	
Nº	DIA	DESIGNAÇÃO	PARCIAIS	TOTAIS	DÉBITO	CRÉDITO
10001	03	Recebido oferta de:				
		Donativos – pedido por circular.....	450,00			
		Idem	150,00			
		Peditório de rua, em Luanda..........	1.080,00	1.680,00	9868	91101
10002	04	Pagamentos:				
		Expedição de circulares/CTT........	65,80		900429	
		Aquisição de envelopes.................	111,20		900424	
		Seguro de voluntariado.................	22,00	199,00	900429	9875
20001	05	Fact. nº 23, da Tipografia "A":				
		Recibos..	65,00			
		Circulares....................................	180,00	245,00	900424	9875
20002	06	Fact. nº 3, do Fornecedor "B":				
		Material de escritório/consumíveis..	125,60	125,60	900424	9875
10003	07	Pagamentos:				
		Gasolina	50,00		900426	
		Peditório por carta - CTT..............	210,00		900429	
		Artigos de limpeza........................	15,00	275,00	900429	9875
10004	08	Feira do voluntariado:				
		Oferta de publicidade.....................	300,00		900429	
		Oferta de alojamento.....................	186,00	486,00	900427	9868
20004	12	Donativos concedidos em cheques do Banco "A":				
		- Cruz Vermelha Portuguesa..........	250,00			
		- Bombeiros Voluntários...............	150,00	400,00	90031	9878
20005	12	Campanha de angariação de fundos, por depósito no Banco "B":				
		- Luanda e arredores.....................	14.820,00			91101
		- Malange....................................	3.830,00			91106
		- Huambo....................................	7.645,00			91102
		- Cabinda....................................	10.650,00	36.945,00	9868	91108

Nº	DIA	DESIGNAÇÃO	PARCIAIS	TOTAIS	DÉBITO	CRÉDITO
10006	11	Compra a dinheiro:				
		- Agrafes e borrachas.....................	20,00			
		- Resmas de papel..........................	90,00			
		- Esferográficas e lápis..................	25,30			
		- Toner para as impressoras............	18,70	154,00	900424	9875
10007	13	Pelos seguintes pagamentos através				
		do caixa geral...............................		249,23		9875
		- Serviço de vigilância..................	80,00		900421	
		- Águas de Luanda........................	32,77		900425	
		- Telefone e Internet.....................	70,86		900429	
		- Electricidade.............................	65,60		900425	
10008	14	Aquisição a dinheiro.......................		156,56		9875
		- Resmas de papel.........................	7,96		900424	
		- Pen Drive...................................	10,57		900424	
		- Rato para computador..................	8,13		900424	
		- Toner HP Laserject	129,90		900424	
10009	18	Selos dos correios...........................	85,00		900429	
		Carregamento dos telemóveis...........	45,00		900429	
		Lâmpadas......................................	18,60		900429	
		Seguro da viatura "X".....................	215,00		900429	
		Panos de limpeza e vassoura...........	8,40		900429	
		Tambor de plástico para o lixo.........	4,00		900429	
		Pagamentos pelo caixa geral...........		376,00		9875
10010	19	Pelos seguintes pagamentos..............		289,30		9875
		-Aluguer de uma máquina de fotoco-				
		piar...	99,76		900428	
		- Reparação de equipamento do es-				
		critório..	59,86		900423	
		- Desinfecção do arquivo geral........	129,68		900429	
	20	Toner para a impressora..................	160,92	160,92	900424	9875
20008	20	Contrato com a empresa "A", para				
		aquisição, em regime de locação fi-				
		nanceira, do aparelho "X", para o				
		sector da saúde:				
		- Juros suportados	355,15	355,15	90051	9876
20009	21	Processamentos dos ordenados de				
		Janeiro de 2011:				
		- Remunerações ilíquidas................	2.100,00	2.100,00	900411	9872
		- Processamentos dos encargos pa-				
		tronais – Taxa social única............	498,75	498,75	900412	9872

Nº	DIA	DESIGNAÇÃO	PARCIAIS	TOTAIS	DÉBITO	CRÉDITO
20012	25	Subsídio concedido pela Fundação "X", através do Banco "A"..............	85.250,00	85.250,00	9869	912122
20014	27	Renda do imóvel "Y", alugado à Empresa "D": - Valor, conforme contrato..............	600,00	600,00	900428	9866
		TOTAIS ACUMULADOS..............	130.545,51	130.545,51		

ASSOCIAÇÃO SEM FINS LUCRATIVOS "ABC"

Balancete Geral - Analítica

Acumulado

Conta	Descrição	Mov. Débito	Mov. Crédito	Saldo Débito	Saldo Crédito
90	GASTOS	6,670.51	0.00	6,670.51	
900	APLICAÇÃO DE RECURSOS	6,670.51	0.00	6,670.51	
9003	Donativos	400.00	0.00	400.00	
90031	Entregues na região de Luanda	400.00	0.00	400.00	
9004	Custos administrativos	5,915.36	0.00	5,915.36	
90041	Custos com o pessoal	2,598.75	0.00	2,598.75	
900411	Remunerações	2,100.00	0.00	2,100.00	
900412	Encargos sobre remunerações	498.75	0.00	498.75	
90042	Fornecimentos e serviços terceiros	3,316.61	0.00	3,316.61	
900421	Vigilância e segurança	80.00	0.00	80.00	
900423	Conservação e reparação	59.86	0.00	59.86	
900424	Material de escritório	953.28	0.00	953.28	
900425	Electricidade e água	98.37	0.00	98.37	
900426	Combustíveis	50.00	0.00	50.00	
900427	Deslocações e estadas	186.00	0.00	186.00	
900428	Rendas e alugueres	699.76	0.00	699.76	
900429	Outros serviços	1,189.34	0.00	1,189.34	
9005	Custos e perdas financeiras	355.15	0.00	355.15	
90051	Juros de financiamentos obtidos	355.15	0.00	355.15	
91	RENDIMENTOS	0.00	123,875.00		123,875.00
911	ANGARIAÇÃO DE FUNDOS	0.00	38,625.00		38,625.00
9110	Região de:	0.00	38,625.00		38,625.00
91101	Luanda	0.00	16,500.00		16,500.00
91102	Huambo	0.00	7,645.00		7,645.00
91106	Malange	0.00	3,830.00		3,830.00
91108	Cabinda	0.00	10,650.00		10,650.00
912	OUTROS RENDIMENTOS E GANHOS	0.00	85,250.00		85,250.00
9121	Receitas extraordinárias	0.00	85,250.00		85,250.00
91212	Outras receitas suplementares	0.00	85,250.00		85,250.00
912122	Subsídios de outras entidades	0.00	85,250.00		85,250.00
98	CONTAS REFLECTIDAS	123,875.00	6,670.51	117,204.49	
9866	Proveitos ganhos financeiros gerais	0.00	600.00		600.00
9868	Outros proveitos não operacionais	38,625.00	486.00	38,139.00	
9869	Proveitos e ganhos extraordinários	85,250.00	0.00	85,250.00	
9872	Custos com o pessoal	0.00	2,598.75		2,598.75
9875	Outros custos perdas operacionais	0.00	2,230.61		2,230.61
9876	Custos e perdas financeiros gerais	0.00	355.15		355.15
9878	Outros custos perdas n/operacionais	0.00	400.00		400.00
	Total da classe 9	130,545.51	130,545.51	123,875.00	123,875.00
Total		130,545.51	130,545.51	130,059.51	130,059.51

CAPÍTULO VIII

CONTABILIDADE

DA

SOCIEDADE COMERCIAL DO LOBITO, LDA

1. CONSIDERAÇÕES

Esta sociedade dedica-se ao comércio a retalho de bens comprados para revenda.

De harmonia com as disposições do Decreto nº 82/01 no que se refere ao "Conceito de Balanço" diz-nos que o Balanço é uma demonstração contabilística destinada a evidenciar, quantitativamente e qualitativamente, numa determinada data, a posição patrimonial e financeira de uma entidade.

O balanço é uma das peças financeiras que deve ser cuidadosamente elaborada, de forma a mostrar a situação real da empresa no final de cada exercício ou período económico.

Com vista não só à elaboração do balanço bem como ao apuramento dos resultados líquidos, ter-se-ão que analisar os saldos de todas as contas que vão constituir o "Activo", o "Passivo" e o "Capital próprio".

No final de cada ano, o mais tardar, há necessidade de se rectificarem alguns saldos contabilísticos, que poderão alterar positiva ou negativamente os resultados e o balanço.

Neste capítulo tentaremos evidenciar como poderão ser tratados os movimentos de regularização e outros lançamentos de fim de ano a efectuar antes da feitura do balanço, para que este possa mostrar uma imagem mais verdadeira dos resultados e do património da empresa.

Os lançamentos ou regularizações de contas mais frequentes no final de cada exercício são, entre outros:

1) Diferenças encontradas na conferência das disponibilidades (caixa e bancos);

2) Acertos das c/c dos clientes, apurando-se a constituição de cada saldo existente;

3) Acerto das c/c dos fornecedores, solicitando-lhes extractos quando for caso disso;

4) Conferência dos saldos de cada uma das subcontas de "33.1 Empréstimos bancários";

4) Conferência do saldo que apresentar cada uma das subcontas de "34 Estado" verificando-se se os seus montantes condizem com os valores a pagar ou a declarar no exercício seguinte, nomeadamente:

34.1.1 Retenção do imposto sobre os lucros

Esta conta destina-se a evidenciar a dívida da entidade relativa a imposto sobre os lucros.

A débito deverão ser registados os pagamentos por conta efectuados e as eventuais retenções efectuadas por terceiros aquando da colocação de rendimentos à disposição da entidade.

A crédito deverá ser registada a estimativa de imposto a pagar relativa ao exercício, por contrapartida da conta 87 Imposto sobre lucros e da conta 81 Resultados transitados.

Quando se entender conveniente, esta conta poderá ser subdividida por exercícios.

Assim, ter-se-á de se certificar se o saldo contabilístico corresponde ao valor a entregar ao Estado ou a regularizar no ano seguinte e se os valores acumulados, movimentados a crédito durante o ano, correspondem aos montantes das retenções.

34.3.1 Imposto de rendimento de trabalho

Esta conta, de natureza credora, destina-se a registar o imposto deduzido aos empregados devido pelo rendimento do seu trabalho, apurado aquando do processamento dos salários.

Esta conta será saldada por contrapartida de meios monetários a quando do respectivo pagamento ao Estado.

Como no caso anterior ter-se-á de se certificar se o saldo contabilístico corresponde ao valor a entregar ao Estado em Janeiro do ano seguinte e se os valores acumulados, movimentados a crédito durante o ano, correspondem aos montantes das retenções.

37. OUTROS VALORES A RECEBER E A PAGAR

Conferência das contas correntes subordinadas a esta conta como, por exemplo:

37.3 Proveitos a facturar

37.4 Encargos a repartir por períodos futuros

37.5 Encargos a pagar

37.6 Proveitos a repartir por períodos futuros

Assim, para o efeito, temos que ter em consideração no final do exercício:

1) Emissão de comprovantes internos de proveitos ou despesas a reconhecer no próprio exercício, sem documentação vinculativa, como é o caso de:

a) Proveitos:

- Juros a receber;

- Comissões por creditar;

- Subsídios por receber;

- Etc.

b) Encargos:

- Seguros por liquidar ou por contabilizar;

- Remunerações a liquidar (encargos com férias do exercício a processar no ano seguinte);

- Juros a liquidar;

- Consumos de água e de electricidade por liquidar ou contabilizar em 31/12;

- Etc.

2) Emissão de comprovantes internos para apoiar lançamentos de correcção, por não ter sido registado o custo ou o proveito na conta "37.4 Encargos a repartir por períodos futuros", de valores a reconhecer em exercícios seguintes, como é o caso de:

- Desconto de emissão de obrigações;

- Rendas pagas antecipadamente que digam respeito ao exercício posterior;

- Campanha publicitária cujos custos devem ser repartidos por mais do que um exercício;

- Prémios de seguro pagos no exercício que pertencem ao ano económico seguinte;

3) Lançamentos do movimento das provisões para clientes de cobrança duvidosa, para depreciação de existências, etc.;

4) Lançamentos das amortizações do exercício, praticados sobre os bens de investimento;

5) Lançamentos de apuramento do custo das mercadorias vendidas e das matérias consumidas;

6) Lançamentos de apuramento dos resultados;

7) Lançamento da estimativa do Imposto Industrial relativo ao exercício;

8) Lançamentos de apuramento dos resultados líquidos.

2. CONTABILIDADE DA SOCIEDADE COMERCIAL DO LOBITO, LDA

Começamos por nos situarmos na contabilidade da Sociedade Comercial do Lobito, Lda., cujo movimento normal de Dezembro de 2011 já se encontra registado e resumido no balancete de verificação que se apresenta neste capítulo.

2.1 BALANCETE DE ABERTURA EM JANEIRO DE 2011

Apresenta-se, de imediato, o balancete de abertura com os saldos transitados do ano de 2010.

SOCIEDADE COMERCIAL DE LOBITO,LDA

Balancete Razão - Financeira

Acumulado

Conta	Descrição	Mov. Débito	Mov. Crédito	Saldo Débito	Saldo Crédito
11	IMOBILIZAÇÕES CORPÓREAS	120,717.69	9,975.96	110,741.73	
12	IMOBILIZAÇÕES INCORPÓREAS	9,975.96	9,975.96		
13	INVESTIMENTOS FINANCEIROS	114,124.96	0.00	114,124.96	
18	AMORTIZAÇÕES ACUMULADAS	21,186.44	84,957.90		63,771.46
26	MERCADORIAS	178,647.46	0.00	178,647.46	
29	PROVISÃO PARA DEPREC.DE EXISTÊNCIAS	0.00	3,663.67		3,663.67
31	CLIENTES	3,485,370.92	3,223,420.94	261,949.98	
32	FORNECEDORES	733,601.97	991,567.73		257,965.76
33	EMPRÉSTIMOS	226,704.64	259,125.51		32,420.87
34	ESTADO	88,580.02	76,174.15	12,405.87	
35	ENTIDADES PARTICIPANT. PARTICIPADAS	1,939.83	60,548.59		58,608.76
37	OUTROS VALORES RECEBER E PAGAR	22,670.70	19,746.20	2,924.50	
39	PROVISÕES OUTROS RISCOS ENCARGOS	0.00	8,324.94		8,324.94
43	DEPÓSITOS À ORDEM	2,519,958.12	2,489,831.60	30,126.52	
45	CAIXA	4,344,330.67	4,342,078.61	2,252.06	
51	CAPITAL	0.00	187,049.22		187,049.22
55	RESERVAS LEGAIS	0.00	101,368.40		101,368.40
81	RESULTADOS TRANSITADOS	42,974.93	42,974.93		
Total		11,910,784.31	11,910,784.31	713,173.08	713,173.08

SOCIEDADE COMERCIAL DE LOBITO,LDA

Balancete Geral - Financeira

Mensal

Conta	Descrição	Mov. Débito	Mov. Crédito	Saldo Débito	Saldo Crédito
11	IMOBILIZAÇÕES CORPÓREAS	120,717.69	9,975.96	110,741.73	
114	EQUIPAMENTO DE CARGA E TRANSPORTE	93,774.00	0.00	93,774.00	
1141	Viatura de turismo	43,894.21	0.00	43,894.21	
1142	Viaturas de mercadorias	49,879.79	0.00	49,879.79	
115	EQUIPAMENTO ADMINISTRATIVO	26,943.69	9,975.96	16,967.73	
1151	Mobiliário diverso	26,943.69	9,975.96	16,967.73	
12	IMOBILIZAÇÕES INCORPÓREAS	9,975.96	9,975.96		
121	Trespasses:	9,975.96	9,975.96		
1211	Trespasses	9,975.96	9,975.96		
12111	Goodwill	9,975.96	9,975.96		
13	INVESTIMENTOS FINANCEIROS	114,124.96	0.00	114,124.96	
134	Investimentos em imóveis	114,124.96	0.00	114,124.96	
1341	Terrenos e recursos naturais	114,124.96	0.00	114,124.96	
13411	Terrenos e recursos naturais	22,445.91	0.00	22,445.91	
13412	Edifiicios e outras construções	91,679.05	0.00	91,679.05	
18	AMORTIZAÇÕES ACUMULADAS	21,186.44	84,957.90		63,771.46
181	Imobilizações corpóreas	9,975.96	61,177.71		51,201.75
1813	Equipamento básico	0.00	3,055.14		3,055.14
1814	Equipamento de carga e transporte	0.00	41,400.23		41,400.23
1815	Equipamento administrativo	9,975.96	16,722.34		6,746.38
182	Imobilizações incorpóreas	11,210.48	11,210.48		
1821	Trespasses	9,975.96	9,975.96		
1824	Despesas de constituição	1,234.52	1,234.52		
183	Investimentos financ.em imóveis	0.00	12,569.71		12,569.71
1832	Edifícios e outras construções	0.00	12,569.71		12,569.71
	Total da classe 1	266,005.05	104,909.82	224,866.69	63,771.46
26	MERCADORIAS	178,647.46	0.00	178,647.46	
261	Mercadorias em armazém	178,647.46	0.00	178,647.46	
29	PROVISÃO PARA DEPREC.DE EXISTÊNCIAS	0.00	3,663.67		3,663.67
296	Mercadorias	0.00	3,663.67		3,663.67
2961	Mercadorias em armazém	0.00	3,663.67		3,663.67
	Total da classe 2	178,647.46	3,663.67	178,647.46	3,663.67
31	CLIENTES	3,485,370.92	3,223,420.94	261,949.98	
312	Clientes - títulos a receber	555,253.86	531,469.16	23,784.70	
3122	Não grupo	555,253.86	531,469.16	23,784.70	
31221	Nacionais	555,253.86	531,469.16	23,784.70	
31221001	Cliente "A"	7,481.97	4,987.98	2,493.99	
31221002	Cliente "B"	455,901.28	440,937.34	14,963.94	
31221004	Cliente "D"	77,064.28	73,323.29	3,740.99	
31221005	Cliente "L"	590.58	0.00	590.58	
31221006	Cliente "M"	12,469.95	9,975.96	2,493.99	
	A transportar	998,160.57	637,798.06	427,797.64	67,435.13

SOCIEDADE COMERCIAL DE LOBITO,LDA

Balancete Geral - Financeira

Mensal

Conta	Descrição	Mov. Débito	Mov. Crédito	Saldo Débito	Saldo Crédito
Transporte		998,160.57	637,798.06	427,797.64	67,435.13
31221007	Cliente "N"	997.60	1,496.39		498.79
31221008	Cliente "O"	748.20	748.20		
3132	NÃO GRUPO	2,879,300.03	2,658,906.42	220,393.61	
31321	NACIONAIS	2,879,300.03	2,658,906.42	220,393.61	
31321001	Cliente "A"	111,530.50	104,747.56	6,782.94	
31321002	Cliente "B"	627,913.34	623,048.45	4,864.89	
31321003	Cliente "C"	101,948.75	99,759.58	2,189.17	
31321004	Cliente "D"	329,053.98	295,288.36	33,765.62	
31321005	Cliente "E"	1,102,262.01	1,072,415.48	29,846.53	
31321006	Cliente "F"	72,334.96	63,271.51	9,063.45	
31321007	Cliente "G"	14,285.57	9,297.59	4,987.98	
31321008	Cliente "H"	21,937.13	18,314.30	3,622.83	
31321009	Cliente "I"	10,823.91	10,866.81		42.90
31321010	Cliente "J"	42,193.53	29,927.87	12,265.66	
31321011	Cliente "K"	21,951.55	16,963.57	4,987.98	
31321012	Cliente "L"	1,668.22	1,388.65	279.57	
31321013	Cliente "M"	73,899.90	63,898.50	10,001.40	
31321014	Cliente "O"	1,613.11	1,114.31	498.80	
31321015	Cliente "O"	147,443.95	99,759.58	47,684.37	
31321016	Cliente "P"	129,115.45	99,759.58	29,355.87	
31321017	Cliente "Q"	12,050.96	8,479.56	3,571.40	
31321018	Cliente "R"	12,257.03	11,472.35	784.68	
31321019	Cliente "S"	4,715.14	615.52	4,099.62	
31321020	Cliente "T"	5,071.65	2,493.99	2,577.66	
31321021	Cliente "U"	5,985.57	5,237.38	748.19	
31321022	Cliente "V"	2,444.12	947.72	1,496.40	
31321023	Cliente "X"	2,813.22	2,469.05	344.17	
31321024	Cliente "Z"	11,700.30	10,603.45	1,096.85	
31321025	Cliente "AA"	1,735.60	741.21	994.39	
31321026	Cliente "BB"	2,493.99	2,668.57		174.58
31321027	Cliente "CC"	1,170.18	997.60	172.58	
31321028	Cliente "DD"	379.09	379.09		
31321029	Cliente "EE"	6,507.32	1,979.23	4,528.09	
318	Clientes de cobrança duvidosa	21,762.05	249.40	21,512.65	
3181	Clientes - correntes	21,762.05	249.40	21,512.65	
3181001	Cliente "DA"	1,496.39	0.00	1,496.39	
3181002	Cliente "DB"	2,913.98	0.00	2,913.98	
3181003	Cliente "DC"	931.26	0.00	931.26	
3181005	Cliente "DE"	1,197.11	0.00	1,197.11	
3181007	Cliente "DG"	4,613.88	0.00	4,613.88	
3181009	Cliente "DI"	823.02	0.00	823.02	
3181010	Cliente "DJ"	458.89	0.00	458.89	
3181011	Cliente "DL"	598.56	0.00	598.56	
3181012	Cliente "DM"	8,728.96	0.00	8,728.96	
3181013	Cliente "DK"	0.00	249.40		249.40
319	Clientes - saldos credores	29,054.98	32,795.96		3,740.98
3191	Adiantamentos	29,054.98	32,795.96		3,740.98
3191001	Cliente "A"	4,987.98	7,481.97		2,493.99
A transportar		3,905,956.43	3,306,680.44	670,170.78	70,894.79

SOCIEDADE COMERCIAL DE LOBITO,LDA

Balancete Geral - Financeira

Mensal

Conta	Descrição	Mov. Débito	Mov. Crédito	Saldo Débito	Saldo Crédito
Transporte		3,905,956.43	3,306,680.44	670,170.78	70,894.79
3191002	Cliente "B"	9,103.06	9,103.06		
3191003	Cliente "F"	14,963.94	14,963.94		
3191004	Cliente "V"	0.00	1,246.99		1,246.99
32	FORNECEDORES	733,601.97	991,567.73		257,965.76
321	Fornecedores - correntes	682,724.59	920,663.61		237,939.02
3212	Não grupo	682,724.59	920,663.61		237,939.02
32121	Nacionais	682,724.59	920,663.61		237,939.02
32121001	Fornecedor "A"	45,964.23	48,158.94		2,194.71
32121002	Fornecedor "B"	39,405.03	42,400.26		2,995.23
32121003	Fornecedor "C"	49,536.12	53,394.70		3,858.58
32121004	Fornecedor "D"	26,560.99	39,177.88		12,616.89
32121005	Fornecedor "E"	130,372.13	154,286.21		23,914.08
32121006	Fornecedor "F"	64,561.51	137,824.07		73,262.56
32121007	Fornecedor "G"	73,450.98	79,898.57		6,447.59
32121008	Fornecedor "H"	12,420.07	19,403.24		6,983.17
32121009	Fornecedor "I"	32,623.38	45,480.89		12,857.51
32121010	Fornecedor "J"	66,566.73	125,223.73		58,657.00
32121011	Fornecedor "K"	12,469.95	12,469.95		
32121012	Fornecedor "L"	36,136.16	36,136.16		
32121013	Fornecedor "M"	1,725.47	4,717.20		2,991.73
32121014	Fornecedor "N"	4,098.02	5,237.38		1,139.36
32121015	Fornecedor "O"	1,174.24	2,421.23		1,246.99
32121016	Fornecedor "P"	63,476.02	69,067.50		5,591.48
32121017	Fornecedor "Q"	11,604.06	11,604.06		
32121018	Fornecedor "R"	1,621.09	9,257.69		7,636.60
32121019	Fornecedor "S"	4,210.85	4,664.76		453.91
32121020	Fornecedor "T"	2,822.20	2,593.75	228.45	
32121021	Fornecedor "U"	1,925.36	2,141.14		215.78
32121022	Fornecedor "V"	0.00	3,439.70		3,439.70
32121023	Fornecedor "X"	0.00	11,664.60		11,664.60
322	Fornecedores - títulos a pagar	48,383.39	70,904.12		22,520.73
3222	Não grupo	48,383.39	70,904.12		22,520.73
32221	Nacionais	48,383.39	70,904.12		22,520.73
32221001	Fornecedor "A"	10,973.55	23,019.52		12,045.97
32221002	Fornecedor "D"	7,481.97	10,474.76		2,992.79
32221003	Fornecedor "G"	29,927.87	37,409.84		7,481.97
329	Fornecedores saldos devedores	2,493.99	0.00	2,493.99	
3291	Adiantamentos	2,493.99	0.00	2,493.99	
3291001	Fornecedor "E"	2,493.99	0.00	2,493.99	
33	EMPRÉSTIMOS	226,704.64	259,125.51		32,420.87
331	Empréstimos bancários	226,704.64	259,125.51		32,420.87
3311	Moeda nacional	226,704.64	259,125.51		32,420.87
3311101	Banco "A"	62,350.73	67,337.72		4,986.99
3311102	Banco "B"	149,639.37	159,615.33		9,975.96
3311103	Banco "C"	14,714.54	32,172.46		17,457.92
34	ESTADO	88,580.02	76,174.15	12,405.87	
A transportar		4,890,330.04	4,582,687.67	672,893.22	365,250.85

SOCIEDADE COMERCIAL DE LOBITO,LDA

Balancete Geral - Financeira

Mensal

Conta	Descrição	Mov. Débito	Mov. Crédito	Saldo Débito	Saldo Crédito
Transporte		4,890,330.04	4,582,687.67	672,893.22	365,250.85
341	Imposto sobre os lucros	37,486.32	18,172.21	19,314.11	
3411	Pagamentos por conta	37,486.32	18,172.21	19,314.11	
34111	Imposto Industrial	37,486.32	18,172.21	19,314.11	
341111	Pagamento provisório	34,394.47	16,959.13	17,435.34	
341114	Retenções na fonte - ISL	61.55	0.00	61.55	
341115	Imposto a pagar	3,030.30	1,213.08	1,817.22	
343	Imposto de rendimento de trabalho	28,737.44	33,014.55		4,277.11
3431	Trabalho dependente	28,198.74	32,408.51		4,209.77
3432	Trabalho independente	538.70	606.04		67.34
349	Outros impostos	22,356.26	24,987.39		2,631.13
3491	Seurança Social	22,356.26	24,987.39		2,631.13
35	ENTIDADES PARTICIPANT. PARTICIPADAS	1,939.83	60,548.59		58,608.76
351	Entidades participantes	1,939.83	60,548.59		58,608.76
3514	Outros	1,939.83	60,548.59		58,608.76
35144	Empréstimos	0.00	58,608.76		58,608.76
351441	Sócio "A"	0.00	19,951.92		19,951.92
351442	Sócio "B"	0.00	18,704.92		18,704.92
351443	Sócio "C"	0.00	19,951.92		19,951.92
35145	Outras operações	1,939.83	1,939.83		
351451	Sócio "A"	748.20	748.20		
351452	Sócio "B"	780.12	780.12		
351453	Sócio "C"	411.51	411.51		
37	OUTROS VALORES RECEBER E PAGAR	22,670.70	19,746.20	2,924.50	
371	Compras de imobilizado	10,973.55	11,724.74		751.19
3711	Corpóreo	10,973.55	11,724.74		751.19
371103	Fornecedor "C"	5,985.57	6,070.37		84.80
371104	Fornecedor "D"	4,987.98	5,654.37		666.39
375	Encargos a pagar	10,699.55	7,023.86	3,675.69	
3753	Água	10,699.55	7,023.86	3,675.69	
379	Outros valores a receber e a pagar	997.60	997.60		
3791	Despachante "A"	997.60	997.60		
39	PROVISÕES OUTROS RISCOS ENCARGOS	0.00	8,324.94		8,324.94
392	Provi.pª processos judiciais curso	0.00	1,723.85		1,723.85
3921	Processo "A"	0.00	1,723.85		1,723.85
399	Provis.outros riscos e encargos	0.00	6,601.09		6,601.09
3991	Outras provisões	0.00	6,601.09		6,601.09
	Total da classe 3	4,558,868.08	4,638,908.06	277,280.35	357,320.33
43	DEPÓSITOS À ORDEM	2,519,958.12	2,489,831.60	30,126.52	
431	Moeda nacional	2,519,958.12	2,489,831.60	30,126.52	
4311	Banco "A"	972,709.99	956,139.79	16,570.20	
4312	Banco "B"	1,074,587.24	1,060,768.55	13,818.69	
4313	Banco "C"	472,660.89	472,923.26		262.37
45	CAIXA	4,344,330.67	4,342,078.61	2,252.06	
A transportar		7,523,478.71	7,237,313.15	726,271.91	440,106.35

SOCIEDADE COMERCIAL DE LOBITO,LDA

Balancete Geral - Financeira

Mensal

Conta	Descrição	Mov. Débito	Mov. Crédito	Saldo Débito	Saldo Crédito
Transporte		7,523,478.71	7,237,313.15	726,271.91	440,106.35
451	Fundo fixo	4,344,330.67	4,342,078.61	2,252.06	
4511	Caixa	4,344,330.67	4,342,078.61	2,252.06	
	Total da classe 4	6,864,288.79	6,831,910.21	32,378.58	0.00
51	CAPITAL	0.00	187,049.22		187,049.22
511	CAPITAL SOCIAL	0.00	187,049.22		187,049.22
51101	Sócio "A"	0.00	62,349.74		62,349.74
51102	Sócio "B"	0.00	62,349.74		62,349.74
51103	Sócio "C"	0.00	62,349.74		62,349.74
55	RESERVAS LEGAIS	0.00	101,368.40		101,368.40
551	Reservas legais	0.00	4,335.65		4,335.65
552	Outras reservas:	0.00	97,032.75		97,032.75
5521	Reservas livres	0.00	97,032.75		97,032.75
	Total da classe 5	0.00	288,417.62	0.00	288,417.62
81	RESULTADOS TRANSITADOS	42,974.93	42,974.93		
811	Ano N	42,974.93	42,974.93		
8111	Resultado do ano	42,974.93	42,974.93		
	Total da classe 8	42,974.93	42,974.93	0.00	0.00
Total		11,910,784.31	11,910,784.31	728,523.97	728,523.97

2.1.1 ANÁLISE E CONFERÊNCIA DOS SALDOS EXISTENTES

Porque se torna indispensável adaptar os saldos contabilísticos das contas ou subcontas aos valores reais, começámos por proceder à análise, conta por conta, de cada saldo exibido pelo balancete que antes se mostra e chegou-se à conclusão que, numa primeira fase, há que regularizar e evidenciar o seguinte:

1 – MEIOS FIXOS E INVESTIMENTOS

11. IMOBILIZAÇÕES CORPÓREAS

Foi analisado o movimento havido em todas as subcontas do imobilizado corpóreo, nada havendo a assinalar para efeitos de regularização.

Sobre as imobilizações corpóreas, oferece-nos dizer o seguinte:

Nesta conta nada há a assinalar para efeitos de regularização, além das amortizações do exercício de 2011, que não estão contabilizadas.

Contudo, como antes se referiu, tratar-se-á deste assunto, quando da análise da conta "73 Amortizações do Exercício"

12. IMOBILIZAÇÕES INCORPÓREAS

12.1 Trespasses

Esta rubrica apresenta um saldo de Kz. 9.975,96, com amortizações acumuladas do mesmo valor.

12.4 Despesas de constituição

Esta rubrica apresenta um valor acumulado de Kz. 1.234,52, a débito e a crédito.

13. INVESTIMENTOS FINANCEIROS

13.4 Investimentos em imóveis

Esta conta mostra-se devedora dos seguintes investimentos em imóveis:

13.4.1 Terreno do edifício..		22.445,91
13.4.2 Edifício "A"..	91.679,05	
18.3.2 Amortizações acumuladas - Edifício "A".......................................	<u>12.569,71</u>	<u>79.109,34</u>
Valor líquido acumulado...		<u>101.555,25</u>

18. AMORTIZAÇÕES ACUMULADAS

As amortizações acumuladas são registadas na conta "73 Amortizações do Exercício", por contrapartida de "18 Amortizações acumuladas" com base nas taxas de reintegração e amortização a que se refere a (Portaria nº 755/72, corrigida de acordo com o B.O. nº 70/73, 1ª Série e Portaria nº 57/74, de 24/1/74), bem como, um mapa do resumo do activo imobilizado, contendo as amortizações do exercício e acumuladas.

Nesta conta nada há a assinalar para efeitos de regularização, além das amortizações do exercício de 2011 que não estão contabilizadas.

Contudo, como antes se referiu, tratar-se-á deste assunto, quando da análise da conta 73.1 "Amortizações do exercício – Imobilizações corpóreas".

19. PROVISÕES PARA INVESTIMENTOS FINANCEIROS

No Capítulo II, desta obra, apresentamos exemplos de lançamentos de todas as subcontas desta rubrica na "Classe 1 – Meios fixos e investimentos".

2 – EXISTÊNCIAS

21. COMPRAS

1) A conta em título, depois de lançadas todas as rectificações, deve ser saldada por contra-partida da conta 26 "Mercadorias".

Assim, terá que se proceder à transferência dos respectivos saldos para a conta 26.1, como segue:

	"D"	"C"
1.1 Mercadorias	26.1	21.2.1
1.2 Devoluções de compras..	21.7	26.1
1.3 Descontos e abatimentos em compras.......................................	21.8	26.1

21.2 MERCADORIAS

Esta conta mostra um saldo de Kz.178.647,46, que corresponde às existências em 31/12/10.

A empresa utiliza o sistema de inventário intermitente, pelo que a conta 26.1 "Mercadorias" vai ser debitada pela totalidade das "Compras" do exercício de 2011, conforme já se salientou quando da análise da conta 21.

Será creditada pelos valores apurados como "Custo das mercadorias vendidas" (conta 71), tendo em linha de conta o valor das existências em 31/12/11 (204.507,14), que se detalham nos comentários à rubrica 71 "Custo das mercadorias vendidas".

A conta "26 Mercadorias", no sistema de inventário permanente, apresenta, como é óbvio, permanentemente, o saldo das mercadorias em existência, uma vez que é debitada pelas "entradas" e creditada pelas "saídas" das mercadorias.

Assim sendo, no final do exercício, se não se verificarem diferenças entre as existências (inventário permanente) e as quantidades físicas, não há necessidade de efectuar qualquer lan-çamento para apuramento do custo das vendas.

3 – TERCEIROS

31 CLIENTES – CORRENTES

Por norma, os saldos a exibir pela conta "Clientes" deveriam ser devedores. Contudo, os balancetes, por vezes, não espelham isso, pelo que, em primeiro lugar, torna-se necessário saber a origem dos saldos credores e tentar regularizá-los, contabilisticamente, se for caso disso.

31.1.2.1 CLIENTES – CORRENTES – NACIONAIS

Procedeu-se à conferência de todos os saldos constantes do balancete subordinado a esta rubrica e, em consequência disso, apuraram-se as seguintes situações sujeitas a regularização contabilística:

31.1.2.1.04 Cliente "D"

1) Não foi movimentada nesta conta a Nota de Débito nº 345, de 303,27, relativa a encargos bancários. Esta falha foi localizada quando da conferência da subconta 76.1.4 "De descontos de títulos" a qual foi indevidamente debitada por troca com a 31.1.2.1.04. Para correcção do movimento será debitada a conta 31.1.2.1.04 por crédito de 76.1.4.

31.1.2.1.09 Cliente "I"

1) Kz. 42,90 - Aviso de crédito de pronto pagamento emitido em duplicado. Para regularização desta anomalia anular-se-á o desconto que originou a duplicação, debitando esta conta por crédito de 76.3.1.

31.1.2.1.14 Cliente "N"

1) Kz. 498,79 - Este saldo devedor está compensado com a conta 31221007 "Clientes - Títulos a receber" que se encontra credora do mesmo valor, por erro de lançamento. Ter-se-á, por conseguinte, de efectuar a correcção contabilística creditando a conta 31.1.2.1.14 e debitando a conta 31.2.2.1.07.

31.1.2.1.1.21 Cliente "U"

1) Kz. 748,20 - O saldo devedor deste cliente refere-se a uma letra vencida em 31 de Julho de 2011 e não paga.

O assunto foi entregue ao advogado da empresa para efeitos de cobrança coerciva.

Por esse facto deverá o saldo também ser transferido para "31.8.1 Clientes de cobrança duvidosa – Clientes correntes".

31.1.2.1.1.22 Cliente "V"

1) Kz. 1.496,40. Conferiu-se a c/c deste cliente e verifica-se que o saldo é constituído pelas seguintes verbas:

N/factura nº 1746, de 30/11/11..	997,60
N/factura nº 1823, de 31/12/11..	498,80
	1.496,40

Porque existe um saldo de 1.246,99 proveniente de um adiantamento registado na conta 31.9.1 "Adiantamentos", há que transferir o referido saldo para a conta 31.1.2.1.1.22, uma vez que as mercadorias já foram fornecidas.

31.1.2.2 CLIENTES – CORRENTES - ESTRANGEIROS

31.1.2.2.26 Cliente "BB"

1) Kz. 174,58 - O saldo credor deste cliente é proveniente do recebimento de moeda estrangeira para pagamento de uma exportação e deverá ser regularizado por crédito de "66.2.1 Diferenças de câmbio favoráveis – Realizadas", uma vez que o cliente nada deve ou tem a haver.

Em face disso será debitada a conta 31.1.2.1.1.26 por crédito 66.2.1.

31.1.2.2.27 Cliente "CC"

1) Kz. 172,58 - O débito deste cliente já transitou de 2010 e não obstante a insistência, por escrito, para pagamento do valor da dívida vencida há 15 meses, a situação mantém-se em 31/12/11.

Este saldo, em mora, deverá ser transferido para a conta "31.8.1 Clientes de cobrança duvidosa – Clientes correntes".

31.1.2.2.29 Cliente "EE"

1) Kz. 4.528,09 - Este valor é proveniente de uma exportação para os Estados Unidos no montante de $USD 4.264,31. De harmonia com os critérios de valorimetria, à data do balanço, as dívidas são actualizadas com base no câmbio dessa data.

Supondo-se que um Kz. correspondia a 0,8733 do dólar, em 31/12/11, ter-se-á que efectuar o respectivo lançamento de regularização:

Valor actual – 4.264,31 ÷ 0,8733............……... 4.882,99

Saldo existente..……........... <u>4.528,09</u>

Diferença de câmbio.. <u>354,90</u>

Neste caso verifica-se uma diferença de câmbio favorável, pelo que se terá de debitar a conta 31.2.2.1.029 Cliente "EE", por crédito de 66.2.1 "Diferenças de câmbio favoráveis - Realizadas".

31.2.2.1 CLIENTES - TÍTULOS A RECEBER – NACIONAIS

Depois de analisada a origem dos saldos existentes nesta conta, verifica-se que estão correctos, por as letras se encontrarem em carteira, com excepção dos seguintes casos:

31.2.2.1.01 Cliente "A"

1) Kz. 2.493,99 - Letra com vencimento em 31/01/12, não existente em carteira por ter sido endossada ao fornecedor "M" para crédito da n/conta corrente naquela empresa, conforme consta da n/carta de 30/11/11.

Neste caso há que regularizar a situação emitindo o correspondente aviso de lançamento para apoiar o movimento a débito da conta 32.1.2.1.013, por crédito de 31.2.2.1.01.

31.2.2.1.07 Cliente "N"

1) Kz 498,79 - Troca de conta conforme se referiu quando da análise da c/c deste cliente (31.1.2.1.14).

31.8 Clientes de cobrança duvidosa

Esta conta, conforme o próprio nome indica, destina-se a registar os clientes cujos saldos tenham uma cobrabilidade duvidosa. Quando cessarem as razões que determinaram a transferência dos saldos para esta conta, o respectivo lançamento deverá ser revertido.

Exemplos de Clientes de cobrança duvidosa

31.8.09 Clientes de cobrança duvidosa - Cliente "F"   Débito   Crédito

1. Transferência para esta conta do débito do cliente "F", por ter sido
   considerado incobrável através de processo judicial:
   1.1 Valor da dívida... 78.5   **31.8.09**

31.8.10 Clientes de cobrança duvidosa - Cliente "G"   Débito   Crédito

1. Saldo devedor de "G", que se considera incobrável por se desconhecer
   o paradeiro do devedor 78.5   **31.8.10**

31.8.11 Clientes de cobrança duvidosa - Cliente "H"   Débito   Crédito

1. Contrato de cessão da dívida do cliente "H", que suspendeu pagamentos há longo tempo:
   1.1 Entregue em cheque (65%) pelo credor "J".................................... 45.1.1 **31.8.11**
   1.2 Regularização dos restantes 35%, por se considerar incobrável..... 78.5 **31.8.11**

31.8.12 Clientes de cobrança duvidosa - Cliente "DL"   Débito   Crédito

1. Da análise à conta deste cliente verifica-se que existe um saldo devedor de Kz. 598,56 que não será jamais cobrado pelo facto da firma ter falido, segundo sentença judicial, não permitindo qualquer cobertura do débito.
2. Para a respectiva regularização contabilística, originada pela dívida incobrável declarada judicialmente, será debitada a conta 78.5 "Dívidas incobráveis", por crédito de 31.8.12. Porque havia sido constituída uma provisão de 448,92 para este cliente, ter-se-á que debitar a conta 38.1.3.2, por crédito de 68.5 " Recuperação de dívidas".

31.8.13 Clientes de cobrança duvidosa - Cliente "DK"   Débito   Crédito

1) Esta c/c realça, de imediato, que não está correcto o saldo credor de 249,40 que apresenta. Analisado o documento que lhe deu origem constata-se que se trata do recebimento de parte de uma dívida deste cliente que havia sido considerada incobrável em 2009.

Para regularização do movimento deve ser creditada a rubrica 68.5 "Recuperação de dívidas", dado que em 2009 a conta deste cliente foi saldada por débito de 78.5 "Dívidas incobráveis", cujo valor não foi considerado, naquele ano, como custo fiscal, por não se encontrar documentado para o efeito.

31.9.1 Clientes — Saldos credores — Adiantamentos

Esta conta regista as entregas feitas à empresa relativas a fornecimentos a efectuar a terceiros, cujo preço não esteja previamente fixado. Aquando da emissão da factura, estas verbas serão transferidas para as respectivas contas na rubrica Clientes – correntes.

O balancete mostra dois saldos credores que convém esclarecer se correspondem à realidade:

31.9.1.01 Cliente "A"

Está correcto o saldo credor de Kz. 2.493,99 que vai figurar no "Passivo" dado que ainda não foi satisfeita a encomenda do cliente, parcial ou totalmente.

31.9.1.04 Cliente "V"

Kz. 1.246,99 - Em resultado da análise desta conta, conclui-se que esta verba vai ser creditada na c/c do cliente pelo facto de já terem sido fornecidas e facturadas as mercadorias.

Para o efeito, esta conta será debitada por crédito de 31.3.2.1.022.

32.1 FORNECEDORES – CORRENTES – NÃO GRUPO – NACIONAIS

Para conferência dos saldos dos fornecedores, com movimentos, mais significativos, foram solicitados os respectivos extractos.

Da análise do conteúdo dos saldos exibidos por esta rubrica há a salientar o seguinte:

32.1.2.1.04 Fornecedor "D"

Verifica-se que foi movimentado a débito desta conta, em vez da conta "Fornecedores - títulos a pagar", a letra de 2.992,79, vencida em 18/12/11, pelo que há necessidade de se proceder à correcção contabilística, debitando a conta 32.2.1.04, por crédito da 32.2.2.1.002.

32.1.2.1.20 Fornecedor "T"

Kz. 228,45 - Refere-se a uma devolução de mercadorias pela empresa e ainda não regularizada.

Para efeitos de balanço o saldo em questão está correcto e irá fazer parte do "Activo".

32.1.2.2.22 Fornecedores – Estrangeiro – Fornecedor "V"

O débito a este fornecedor diz respeito a uma importação com o contravalor de 6.076,7 dólares Australianos.

Supondo-se que um Kz. correspondia a 1,6856 do dólar Australiano, em 31/12/11, ter-se-á que efectuar o respectivo lançamento de regularização:

Neste caso há que se certificar se existem diferenças cambiais a regularizar:

Saldo que consta do balancete	3.439,70
Valor actualizado: 6.076,7 ÷ 1,6856	3.605,05
Diferença cambial negativa..	165,35

1.1 Lançamentos:

Credita-se a conta 32.1.2.2.22, por débito de 76.2.1 "Diferenças de câmbio desfavoráveis".

Nota – Valorimetria:

As "dívidas de terceiros" e as "dívidas a terceiros" em moeda estrangeira são expressas no balanço ao câmbio em vigor nessa data. As diferenças apuradas serão movimentadas nas contas de "Diferenças de câmbio" 66.2.1 ou 76.2.1.

32.2 FORNECEDORES - TÍTULOS A PAGAR

Esta conta destina-se a registar as letras sacadas pelos fornecedores e aceites pela entidade.

O saldo desta conta deverá reflectir, em qualquer momento, as dívidas a fornecedores não vencidas que se encontrem representadas por letras ou outros títulos de crédito.

Do resultado da conferência da conta "Fornecedores - Títulos a pagar" apenas há que salientar:

32.2.1.04 Fornecedor "D"

Kz. 2.992,79 - Troca de conta conforme se referiu quando da análise da c/c deste mesmo fornecedor.

32.9 FORNECEDORES – SALDOS DEVEDORES – ADIANTAMENTOS

Análise do conteúdo desta conta:

32.9.01 Fornecedor "E"

Kz. 2.493,99 - Está correcto este valor dado que se trata de uma encomenda não satisfeita em 31/12/11.

33. EMPRÉSTIMOS

33.1.1 Empréstimos bancários - Moeda nacional

33.1.1.1 Banco "A"	Débito	Crédito

Kz. 4.986,99 - Está correcto o saldo desta subconta.

33.1.1.1 Banco "B"	Débito	Crédito

Kz. 9.975,96 - Está correcto o saldo desta subconta.

33.1.1.1 Banco "C"	Débito	Crédito

Kz. 17.457,92 - Está correcto o saldo desta subconta.

34. ESTADO

Conforme já se referiu nas considerações iniciais, o conteúdo das subcontas desta rubrica deve ser analisado em profundidade para que os elementos contabilísticos da empresa coincidam com os dados em poder da Administração Fiscal e restantes entidades.

34.1.1 Estado - Imposto sobre os lucros

Esta conta destina-se a registar a estimativa de imposto sobre os lucros relacionada com resultados líquidos do exercício, devendo ser distinguida a parte relativa a resultados correntes e a parte relativa a resultados extraordinários. A quantia estimada de imposto deverá ser contabilizada por contrapartida da conta 34.1 Estado – Impostos sobre os lucros. **(Notas explicativas da conta 87 - Imposto sobre os lucros).**

A débito deverão ser registados os pagamentos por conta efectuados e as eventuais retenções efectuadas por terceiros aquando da colocação de rendimentos à disposição da entidade.

A crédito deverá ser registada a estimativa de imposto a pagar relativa ao exercício, por contrapartida da conta 87 Imposto sobre lucros e da conta 81 Resultados transitados.

Quando se entender conveniente, esta conta poderá ser subdividida por exercícios.

O detalhe do saldo desta conta é o seguinte:

1) Estimativa do Imposto Industrial em 2011.. 58.525,21

2) Pagamentos por conta e retenções em 2011.. 11.664,59

3) Pagamento definitivo, em Maio de 2012... 46.860,62

34.3.1 Imposto de rendimento de trabalho

	Débito	Crédito

Esta conta, de natureza credora, destina-se a registar o imposto deduzido aos empregados devido pelo rendimento do seu trabalho, apurado aquando do processamento dos salários.

Esta conta será saldada por contrapartida de meios monetários a quando do respectivo pagamento ao Estado.

	Débito	Crédito
1. Retenção de imposto nas remunerações de Janeiro:		
1.1 Órgãos sociais	36.1.1.1	**34.3.1**
1.2 Empregados	36.1.2.1	**34.3.1**
2. Pagamento, em Janeiro, retenções de Dezembro do ano anterior	**34.3.1**	45.1.1
3. Pagamento de honorários ao contabilista "T"		45.1.1
3.1 Valor dos honorários	75.2.34	
3.2 Retenção de imposto	**34.3.1**	
4. Entrega ao Estado do imposto retido	**34.3.1**	45.1.1
5. Comissões pagas a "A", pela intermediação no contrato com "B":		
5.1 Valor da comissão	75.2.31	

| 5.2 Retenção na fonte .... | **34.3.1** |
| 5.3 Pagamento do valor líquido.. | 45.1.1 |

34.4.1 Imposto de circulação

	Débito	Crédito
1. Imposto de circulação da viatura "X"..	**34.4.1**	45.1.1
2. Idem, viatura "Y"...	**34.4.1**	45.1.1

34.8.1 Subsídios a preços
Débito   Crédito

Esta conta, de natureza devedora, destina-se a registar o complemento a receber do Estado, resultante do diferencial entre o preço de venda estabelecido pela empresa e o preço de venda ao público.

O débito deverá ser efectuado por contrapartida da conta 61.5 Subsídios a preços.

Esta conta será saldada por contrapartida de meios monetários a quando do respectivo recebimento do Estado.

	Débito	Crédito
1. Subsídio a receber do Estado conforme Ofício nº 89/11............................	**34.8.1**	61.5.1
2. Recebimento do Estado por crédito no Banco BIC.....................................	43.1.3	**34.8.1**

34.9.1 Outros impostos – Encargos sobre remunerações
Débito   Crédito

Se não existirem pagamentos em atraso, o saldo da conta deve corresponder aos descontos efectuados ao pessoal relativos aos ordenados e outras remunerações pagas ou postas à disposição em Dezembro e a pagar à Segurança Social em Janeiro do ano seguinte, no montante de Kz. 2.580,27.

4 – MEIOS MONETÁRIOS

43 DEPÓSITOS À ORDEM – MOEDA NACIONAL

Há todo o interesse que os extractos bancários sejam conferidos com os registos da empresa, não só para controlo permanente dos valores disponíveis, como para se certificar se existem, ou não, diferenças a corrigir que possam afectar os encargos ou as receitas da empresa.

43.1.1.01 Banco "A"

O saldo apresentado por esta subconta, de 16.570,20, está correcto, conforme se mostra:

1) Saldo do Banco:

1.1 Extracto de 31/12/11	20.078,19
1.2 Cheques por levantar em 31/12/11	3.507,99
	16.570,20

43.1.1.02 Banco "B"

Da conferência do extracto bancário com a respectiva subconta, constataram-se as seguintes divergências:

1) Cheque nº 8699, de Kz. 2.493,99, que foi lançado, por lapso, na subconta 43.1.1.3 Banco "C";

2) Pelos seguintes valores constantes do extracto do Banco "B", relativos a pagamentos de conta e ordem da empresa, não registados na contabilidade:

   2.1 Pagamento da electricidade de Outubro, cuja factura do fornecedor "U" já havia sido movimentada na sua c/c, por 215,78;

   2.2 Entrega à Associação Industrial "Y" de 169,59 para pagamento das quotas do 4º trimestre/11.

3) Juros de depósitos à ordem creditados pelo banco no seu extracto e de cujo valor não nos foi remetido o aviso de crédito, mas, sim, o documento comprovativo da retenção:

3.1 Valor ilíquido...	59,86
3.2 Retenção na fonte..	11,97

4) Lançamentos para correcção:

   1) Debita-se a conta 43.1.1.03 e credita-se 43.1.1.02;

   2) Credita-se a conta 43.1.1.02; e debita-se:

   2.1 Fornecedor "U" - conta 32.1.2.1.021;

   2.2 Quotizações - conta 73.5;

   3) Credita-se a conta 66.1.1.9 por Kz. 59,86 e debita-se:

   3.1 Pela retenção a conta 34.1.1 – Kz. 11,97;

   3.2 Pelo valor líquido a conta 43.1.1.02 - Kz. 47,89.

5) Cheques emitidos em 2011, no montante de 7.720,70, e não levantados do banco até 31/12/2011.

Antes de efectuados os lançamentos de correcção, o Banco "B" (conta 43.1.1.02) apresentava um saldo de 13.818,69, enquanto o extracto do Banco exibe um saldo de 18.707,92, em 31/12/11.

Para exemplo, apresenta-se, a seguir o mapa de reconciliação bancária do Banco "B", através do qual se demonstra que os saldos são iguais (Kz. 10.987,22) depois de efectuadas as correcções antes analisadas:

MAPA DE RECONCILIAÇÃO BANCÁRIA	ANO DE	2011

BANCO	BANCO "B"	CONTA Nº	202 39999 018	Folha 1

EXTRACTOS DO BANCO				RECONCILIAÇÃO	D/C
Saldo que apresenta o extracto do Banco nº.		BANCO "B"		18 707,92	
Movimentos lançados na contabilidade e não registados pelo Banco......					
CHEQUES POR LEVANTAR					
Nº do cheque	Data	Documº. nº	Valor		
Cheque nº 348654	15.12	3486	1 000,00		
Cheque nº 348659	15.12	3491	2 412,00		
Cheque nº 348661	16.12	3498	1 600,00		
Cheque nº 348663	18.12	3501	1 450,00		
Cheque nº 348670	30.12	3512	826,20		
Cheque nº 348682	31.12	3528	432,50		
				7 720,70	C
Designação		Documento nº	A nosso débito		
				0,00	C
Designação		Documento nº	A nosso crédito		
				0,00	D
Saldo conciliado (extracto do Banco)...				10 987,22	

			Folha 2
EXTRACTOS DA CONTABILIDADE		RECONCILIAÇÃO	D/C
Saldo da contabilidade - Subconta do PGCA nº	43.1.1.02	**13 818,69**	
Valores não registados na contabilidade e constantes dos extractos do Banco			
Referência	Nº. Extracto	A nosso débito	
Cheque 8699, lançado na conta 43.1.2.3	CX 2386	2 493,99	
Pagamento ao fornecedor "U"	Ex.11/02	215,78	
Pagamento à Associação Industrial "Y"	Ex.12/02	169,59	
Juros - Retenção na fonte	Ex.12/02	11,97	
		2 891,33	C
Referência	Nº. Extracto	A nosso crédito	
Juros de depósitos à ordem	Ex.12/02	59,86	
		59,86	D
Saldo contabilístico depois de consideradas as verbas antes descritas		10 987,22	
Saldo conciliado do extracto bancário transportado da "Folha 1"		10 987,22	
Diferença por identificar		0,00	

Anotações	Data	Rubricas
	15/02/2012	

43.1.1.03 Banco "C"

Verifica-se que este banco apresenta um saldo credor de 262,37, quando na realidade devia apresentar saldo devedor.

Procedeu-se à conferência do extracto bancário com a respectiva subconta, tendo-se encontrado as seguintes anomalias:

1) Cheque n° 3487, de 2.442,82, que foi considerado no caixa por 2.441,47;

2) Cheque n° 8699, de 2.493,99, que foi lançado nesta conta por troca com a subconta 43.1.1.02 Banco "B", conforme já se referiu;

3) Custo de quatro cadernetas de cheques debitadas no extracto do banco e não registadas na contabilidade, 3,99 Kz.

   - Lançamentos para correcção:

   1) Debita-se 45.1.1 e credita-se 43.1.1.03, por 1,35;

   2) Debita-se 43.1.1.03 e credita-se 43.1.1.02;

   3) Credita-se 43.1.1.03 e debita-se 75.2.17.

45.1.1 Caixa – Fundo fixo - Sede

Entre o numerário e restantes valores existentes em caixa, em 31/12/11 e o saldo contabilístico, verifica-se uma diferença de Kz. 139,66 resultante de:

1) - Vale de 89,78 do Sócio "A" por valor entregue, pela empresa, a um seu familiar;

2) - Selos de correio remetidos por um cliente no montante de 49,88 os quais foram utilizados em Janeiro de 2012.

   Para acerto do saldo contabilístico com a existência efectiva em caixa, sugere-se a execução dos seguintes lançamentos:

   a) Débito ao Sócio "A" de 89,78, debitando a conta 35.2.4.5 e creditando o caixa;

   b) Selos do correio:

      - Em Dezembro debitar a conta 37.4.3 e creditar 45.1.1;

      - Em Janeiro debitar a conta 75.2.20 e creditar 37.4.3

3) - Cheque de 548,68, devolvido pelo Banco "A", por falta de provisão, cujo pagamento foi acordado, com o cliente "DH", em prestações:

   3.1 Lançamentos:

   Debita-se a conta 31.8.1.08, por

   Crédito de 45.1.1

4) - Cheques pré-datados recebidos do cliente "DH", com vencimento em:

25 de Janeiro de 2012.. 498,80

25 de Fevereiro de 2012.. 498,80

25 de Março de 2012.. 498,80

Para que estes cheques não continuem a influenciar o saldo de caixa, sugere-se a sua regularização contabilística como segue:

- Debitando a conta 37.9.1 (Cheques pré-datados - Cliente "DH") e creditando a conta 45.1.1.

Em 2012, e à medida que os cheques vão sendo pagos, debitar-se-á a conta caixa ou bancos por contrapartida da conta 37.9.1.

71 CUSTO DAS MERCADORIAS VENDIDAS

Esta conta não surge no balancete que estamos a analisar pelo facto de, até à sua emissão, não se ter apurado e contabilizado o custo das mercadorias vendidas em 2011.

Como possuímos já todos os dados para a respectiva concretização, passamos a exemplificar o seu apuramento, antecipando-o da apresentação do inventário das existências em 31 de Dezembro de 2011:

EMPRESA	SOCIEDADE COMERCIAL DO LOBITO, LIMITADA				

LOCAL DO ARMAZÉM OU ESTABELECIMENTO	LOBITO				

INVENTÁRIO DAS EXISTÊNCIAS EM				31 DE DEZEMBRO DE 2011	

CÓDIGO DO ARTIGO	DESCRIÇÃO DO ARTIGO	UNIDADE	QUANTIDADE	CUSTO UNITÁRIO	CUSTO TOTAL
2080101	Artigo "A".........................	Caixa de 6	300,00	65,00	19 500,00
2080102	Artigo "B".........................	Unidade	250,00	48,00	12 000,00
2080103	Artigo "C".........................	Kgs.	300,00	28,00	8 400,00
2080104	Artigo "D".........................	Caixa de 2	330,00	75,00	24 750,00
2080105	Artigo "E".........................	Kgs.	155,40	12,41	1 928,54
2080106	Artigo "F".........................	Unidade	450,00	15,00	6 750,00
2080107	Artigo "G".........................	Caixa de 6	517,00	14,80	7 651,60
2080108	Artigo "H".........................	Duzia	350,00	10,00	3 500,00
2080109	Artigo "I".........................	Kgs.	642,00	20,00	12 840,00
2080110	Artigo "J".........................	Unidade	325,00	43,00	13 975,00
2080111	Artigo "K".........................	Caixa de 4	460,00	27,50	12 650,00
2080112	Artigo "L".........................	Caixa de 6	180,00	29,40	5 292,00
2080113	Artigo "M".........................	Kgs.	200,00	26,00	5 200,00
2080114	Artigo "N".........................	Unidade	200,00	125,00	25 000,00
2080115	Artigo "O".........................	Duzia	124,00	42,00	5 208,00
2080116	Artigo "P".........................	Kgs.	150,00	31,00	4 650,00
2080117	Artigo "Q".........................	Caixa de 6	300,00	18,60	5 580,00
2080118	Artigo "R".........................	Caixa de 4	286,00	24,50	7 007,00
2080119	Artigo "S".........................	Kgs.	425,00	51,40	21 845,00
2080120	Artigo "T".........................	Caixa de 6	15,00	52,00	780,00
	TOTAL...				204 507,14

Descrição	Valores
1. Existências iniciais	178.647,46
2. Compras	1.566.281,68
3. Regularização de existências...	3.391,83
4. Existências finais	204.507,14
5. Custo das existências vendidas (1+2) - (3+4)	1.537.030,17

Em presença dos valores antes descritos, a conta 71.6.1 "Custo das mercadorias vendidas", será debitada por Kz.1.540.422,00, por crédito de 26.1 Mercadorias, de forma a que esta última conta passe a apresentar como saldo as existências em 31/12/11 (204.507,14).

72. CUSTOS COM O PESSOAL

As remunerações devidas por motivos de férias relativas ao ano de 2011, a pagar em 2012, não estão contabilizadas, pelo que se terá de efectuar o seu cálculo.

Com base no mapa de remunerações do mês de Dezembro de 2011, que abrange todo o pessoal da empresa com direito a férias, poder-se-ão apurar os valores a contabilizar, ou seja:

- Subsídio de férias:

    Corpos gerentes.. 1.995,19

    Pessoal.. 6.484,37 8.479,56

- Vencimento de férias:

    Corpos gerentes.. 1.995,19

    Pessoal.. 6.484,37 8.479,56

- Segurança Soclal:

    Corpos gerentes:

        3.990,38 x 8%.. 319,23

    Pessoal:

        12.968,74 x 8%.. 1.037,50 1.356,73

- Seguro de acidentes de trabalho e doenças profissionais....................... 339,18

                                                    18.655,03

Em presença do cálculo que se acaba de descrever, debitar-se-ão as seguintes contas por crédito de 36.1.1 "Pessoal – remunerações – Órgãos sociais" e 36.1.2 "Pessoal – remunerações – Empregados":

72.1.1 Remunerações dos órgãos sociais... 3.990,38

72.2.1 Remunerações do pessoal... 12.968,74

72.5 Encargos sobre remunerações – Segurança Social:

    72.5.1 Órgãos sociais.. 319,23

    72.5.2 Pessoal... 1.037,50

72.6 Seguros de acidentes de trabalho e doenças profissionais:

    72.6.1 Órgãos sociais.. 169,59

    72.6.2 Pessoal... 169,59

73 AMORTIZAÇÕES DO EXERCÍCIO

No balancete que estamos a analisar não consta esta rubrica por ainda não terem sido contabilizadas as amortizações do exercício.

Nestas circunstâncias, depois de concluídos os lançamentos de regularização, deve-se proceder, de imediato, ao cálculo e contabilização das "Amortizações do exercício" para que o balancete seguinte mostre já valores para apuramento de resultados.

SOCIEDADE COMERCIAL DO LOBITO, LIMITADA
BENS DE INVESTIMENTO - AMORTIZAÇÕES ACUMULADAS
RESUMO EM 31 DE DEZEMBRO DE 2011

| PORTARIAS NºS. 755/72 E 57/74 | | AQUISIÇÃO OU REAVALIAÇÃO | | | AMORTIZAÇÕES | | | | VALORES |
CÓDIGO	GRUPO HOMOGÉNEO	PGCA	ANO	VALORES	EXERCÍCIOS ANTERIORES	EXERCÍCIO DE 2011	ACUMULADAS PGCA	ACUMULADAS VALORES	LÍQUIDOS EM 31/12/11
	Grupo I - Imóveis								
	2.2 Edifício: Comercial e administrativo								
-	Valor do terreno............................	11.1.4.2	2004	22 445,91	0,00	0,00		0,00	22 445,91
-	Valor da construção......................	11.2.1.2	2004	91 679,05	12 835,06	1 833,58	18.1.2	14 668,64	75 418,24
	9. Veículos automóveis/ligeiros e mistos								
9.2	Viatura ligeira "A"................	11.4.1.1	2006	18 954,32	18 954,32		18.1.4	18 954,32	
9.2	Viatura ligeira "B"................	11.4.1.1	2009	24 939,89	12 469,94	6 234,97	18.1.4	18 704,92	6 234,97
9.4	Viatura pesada mercadorias "B"..	11.4.1.2	2010	49 879,80	9 975,96	9 975,96	18.1.4	19 951,92	29 927,88
	Grupo V - Elementos diversos								
6.	Mobiliário	11.5.1.1	2004	1 596,15	1 396,64	199,51	18.1.5	1 596,15	
6.	Mobiliário	11.5.1.1	2008	2 612,30	979,62	326,54	18.1.5	1 306,15	1 306,15
6.	Balanças	11.3.4.3	2004	1 895,43	1 658,51	236,92	18.1.3	1 895,43	
8.	Máquinas de escrever e calcular..	11.5.1.1	2008	2 035,10	1 221,06	407,02	18.1.5	1 628,08	407,02
8.	Computadores	11.5.1.1	2009	4 987,98	3 324,98	1 663,00	18.1.5	3 740,98	1 247,00
-	Elementos de reduzido valor.......	11.5.1.1	2009	164,60	164,60		18.1.5	164,60	
8.	Aparelhos telemóveis................	11.5.1.1	2011	399,04		79,81	18.1.5	79,81	319,23
-	Elementos de reduzido valor.......	11.5.1.1	2011	284,31		284,31	18.1.5	284,31	
1.	Artigos de conforto - Alcatifas	11.9.1.1	2010	897,84	224,46	224,46	18.1.9	448,92	448,92
18.	Aparelhos de ar condicionado.....	11.9.1.2	2011	1 496,39		187,05	18.1.9	187,05	1 309,34
SOMA... Imobilizado corpóreo.............				224 268,11	63 205,15	21 653,13		83 611,28	139 064,66
4	Programas de computadores	12.9.1.1	2009	2 493,99	1 662,50	831,49	18.2.9	2 493,99	
4.	Trespasses...........................	12.1.1.1	2005	9 975,96	9 975,96		18.2.1	9 975,96	
SOMA... Imobilizado incorpóreo.............				12 469,95	11 638,46			12 469,95	0,00
TOTAIS ACUMULADOS				236 738,06	74 843,61	22 484,62		96 081,23	139 064,66

AMORTIZAÇÕES A CONTABILIZAR NO EXERCÍCIO DE 2011	LANÇAMENTOS			
	Débito	Docº	Crédito	Valor
Edifícios e outras construções...........................	73.1.2	22908	18.1.2	1 833,58
Equipamento básico...........................	73.1.3	22908	18.1.3	0,00
Equipamento de transporte - Viaturas ligeiras...........................	73.1.4	22908	18.1.4	6 234,97
Equipamento de transporte - Viatura de mercadorias...........................	73.1.4	22908	18.1.4	9 975,96
Equipamento administrativo...........................	73.1.5	22908	18.1.5	3 197,11
Outras imobilizações corpóreas...........................	73.1.9	22908	18.1.9	411,51
Programas de computador...........................	73.2.9	22908	18.2.9	831,49
Total...........................				22 484,62

75 OUTROS CUSTOS E PERDAS OPERACIONAIS

Sobre a análise dos lançamentos efectuados nas subcontas desta rubrica há a salientar:

75.2.11 Água

1) Não estão contabilizados os consumos de água dos meses de Novembro e Dezembro a pagar em 2012 no montante de 50,38 e 48,88.

   Para o efeito, esta conta será debitada por crédito de 37.5.3 "Encargos a pagar – Água".

75.2.12 Electricidade

1) Não está contabilizado o consumo de electricidade do mês de Dezembro, a pagar em 2012, no montante de 242,42.

   Para que os custos constem no exercício de 2011, esta conta será debitada por crédito de 37.5.4 "Encargos a pagar – Electricidade".

75.2.17 Material de escritório

l) Relativamente aos valores debitados nesta conta relacionados com a aquisição de material diverso de expediente, verifica-se que não foi consumido até 31/12/11 o montante de 458,89, conforme inventário do economato realizado no final do ano.

   Porque estas existências vão ser consumidas no exercício ou exercícios seguintes deverá ser creditada a conta 75.2.17 por débito de 37.4.3 "Encargos a repartir por períodos futuros".

75.2.20 Comunicação

1) Não estão contabilizados os gastos de telefone e fax do mês de Dezembro no montante de 249,90, pelo que se terá de creditar a conta 37.5.5 por débito de 75.2.20.

75.2.21 Rendas e alugueres

1) Do resultado da análise da conta em epígrafe há a realçar o seguinte:

1.1 Estão contabilizados 13 meses de renda do armazém "A". Porque um dos pagamentos se refere à renda de Janeiro do ano seguinte, no montante de 498,80, há que transferir o correspondente valor para a conta 37.4.3 "Encargos a repartir por períodos futuros".

1.2 A renda de Outubro foi lançada pelo valor líquido pago a este mesmo senhorio (423,98), isto é, a renda é de 498,80 e deduziram-se 74,82 de retenção na fonte de IPU, tendo-se apenas pago o valor líquido (423,98). Assim, deverá ser debitada a rubrica 75.2.21 por contrapartida de 34.1.1.1.4, para regularização contabilística da anomalia.

75.2.22 Seguros

1) Os prémios de seguro lançados nesta rubrica estão correctos com excepção do seguro de incêndio, no valor de 924,50, que abrange o período de 1/10/11 a 30/09/12. Porque a maior parte deste prémio pertence ao exercício económico seguinte, ter-se-á que transferir o correspondente valor para a conta 37.5.6, ou seja:

1.1 Custo do exercício de 2011 (92 dias)... 233,02
1.2 Encargos a reconhecer (273 dias)... 691,48
924,50

75.2.29 Publicidade e propaganda

1) Nesta conta destaca-se uma verba de 8.828,72 relativa a uma campanha publicitária efectuada em 2011, para promoção dos artigos "A", "B" e "D".

Para efeitos fiscais, será considerado 1/3 em cada ano, pelo que deverá ser transferido para a conta 37.4.4 os 2/3 que são custos dos exercícios de 2012 e 2013, em partes iguais, ou seja:

- Custos do exercício de 2011... 2.942,91
- Exercícios seguintes (conta 37.4.4)... 5.885,81
8.828,72

SOCIEDADE COMERCIAL DE LOBITO, LDA

Controlo Contabilístico - Amortizações

Conta PGCA	Data de Aquisição	Código	Descrição	Valor de Aquisição	Valor Amortizações Acumuladas	Valor Aquisição Reavaliado	Valor Amortizações Acumuladas Reavaliadas	Valor Líquido antes Amortização	Amortizações do Período de Tributação
11.1	01-01-04	2004.001	Valor do Terreno do Edif. Comerc. e Administrativo	22.445,91		22.445,91		22.445,91	
11.2	01-01-04	2004.002	Valor da Construção do Edif. Comerc. e Administrativo	91.679,05	12.835,06	91.679,05	12.835,06	78.843,99	1.833,58
11.3	01-01-04	2004.004	Balanças	1.895,43	1.658,51	1.895,43	1.658,51	236,92	236,92
11.5	01-01-04	2004.003	Mobiliário	1.596,15	1.396,64	1.596,15	1.396,64	199,51	199,51
11.4	01-01-06	2006.001	Viatura Ligeira "A"	18.954,32	18.954,32	18.954,32	18.954,32		
11.5	01-01-08	2008.001	Mobiliário	2.612,30	979,62	2.612,30	979,62	1.632,68	326,54
11.5	01-01-08	2008.002	Máquinas de Escrever e Calcular	2.035,10	1.221,06	2.035,10	1.221,06	814,04	407,02
11.4	01-01-09	2009.001	Viatura Ligeira "B"	24.939,89	12.469,94	24.939,89	12.469,94	12.469,95	6.234,97
11.5	01-01-09	2009.002	Computadores	4.987,98	3.324,98	4.987,98	3.324,98	1.663,00	1.663,00
11.5	01-01-09	2009.004	Elementos de Reduzido Valor	164,60	164,60	164,60	164,60		
11.4	01-01-10	2010.001	Viatura Pesada de Mercadorias "B"	49.879,80	9.975,96	49.879,80	9.975,96	39.903,84	9.975,96
11.9	01-01-10	2010.002	Artigos de Conforto - Alcatifas	897,84	224,46	897,84	224,46	673,38	224,46
11.5	01-01-11	2011.001	Aparelhos Telemóveis	399,04		399,04		399,04	79,81
11.5	01-01-11	2011.002	Elementos de Reduzido Valor	284,31		284,31		284,31	284,31
11.9	01-01-11	2011.003	Aparelhos de Ar Condicionado	1.496,39		1.496,39		1.496,39	187,05
			Total da conta 11.	224.268,11	63.205,15	224.268,11	63.205,15	161.062,96	21.653,13
12.1	01-01-05	2005.001	Trespasses	9.975,96	9.975,96	9.975,96	9.975,96		
12.9	01-01-09	2009.003	Programas de Computador	2.493,99	1.662,50	2.493,99	1.662,50	831,49	831,49
			Total da conta 12.	12.469,95	11.638,46	12.469,95	11.638,46	831,49	831,49
			Total global	236.738,06	74.843,61	236.738,06	74.843,61	161.894,45	22.484,62

Nº DE IDENTIFICAÇÃO FISCAL: 5 4 1 0 0 0 2 9 9 9

PERÍODO DE TRIBUTAÇÃO: 2 0 1 1

NATUREZA DOS ACTIVOS:
- IMOBILIZADO CORPÓREO [X]
- IMOBILIZADO INCORPÓREO [ ]
- INVESTIMENTOS FINANCEIROS [ ]

MÉTODO UTILIZADO:
- QUOTAS CONSTANTES [X]
- QUOTAS DECRESCENTES [ ]
- OUTRO [ ]

IMPOSTO INDUSTRIAL - GRP. A

(1) Código de acordo com a Portaria n.º 755/72 e Portaria n.º 577/74	(2) Designação dos elementos do imobilizado	(3) Mês	(4) Ano	(5) Valor contabilístico registado	(6) Valor de aquisição ou produção para efeitos fiscais	(7) Número de anos de utilidade esperada	(8) Amortizações contabilizadas no período	(9) Amortizações aceites em períodos anteriores	(10) Taxa %	(11) Taxa corrigida %	(12) Limite fiscal do período $(12)=(10)\times(6)\times(11)$ ou $(6)\times(9)\times(11)$	(13) Perdas por imparidade aceites no período	(14) Taxas perdidas acumuladas	(15)= (8)- [(12)+(13)] Depreciações/amortizações e perdas por imparidade não aceites como gastos	(16) Depreciações/amortizações e perdas por imparidade recuperadas no período
	Grupo I - Imóveis														
2 2	Edifício: Comercial e Administrativo														
	(Valor do Terreno do Edif. Comerc. e Administrativo)		2004	22.445,91	22.445,91										
	(Valor da Construção do Edif. Comerc. e Administrativo)		2004	91.679,05	91.679,05		1.833,58	12.835,06	2,00		1.833,58				
	Veículos automóveis/ ligeiros e mistos														
9.															
9.2	(Viatura Ligeira "A")		2006	18.954,32	18.954,32			18.954,32							
9.2	(Viatura Ligeira "B")		2009	24.939,89	24.939,89		6.234,97	12.469,94	25,00		6.224,97				
9.4	(Viatura Pesada de Mercadorias "B")		2010	49.879,80	49.879,80		9.975,96	9.975,96	20,00		9.975,96				
	Grupo V - Elementos diversos														
6.	Mobiliário		2004	1.596,15	1.596,15		199,51	1.396,64	12,50		199,52				
6.	Mobiliário		2008	2.612,30	2.612,30		326,54	979,62	12,50		326,54				
6.	Balanças		2004	1.895,43	1.895,43		236,92	1.658,51	12,50		236,93				
8.	Máquinas de escrever de calcular,de cont		2008	2.035,10	2.035,10		407,02	1.221,06	20,00		407,02				
8.	Computadores		2009	4.987,98	4.987,98		1.663,00	3.324,98	33,33		1.662,49				
-	ELEMENTOS DE REDUZIDO VALOR		2009	164,60	164,60			164,60							
6.	Aparelhos telemóveis		2011	399,04	399,04		79,81		20,00		79,81				
1.	ELEMENTOS DE REDUZIDO VALOR		2011	284,31	284,31		284,31		100,00		284,31				
1.	Alcatifas		2010	897,84	897,84		224,46	224,46	25,00		224,46				
18.	Aparelhos de ar condicionado		2011	1.496,39	1.496,39		187,05		12,50		187,05				
	Total Imobilizado Corpóreo			224.268,11	224.268,11		21.653,13	63.205,15			21.652,64				
4.	Programas de computadores		2009	2.493,99	2.493,99		831,49	1.662,50	33,33		831,25				
4.	(Trespasses)		2005	9.975,96	9.975,96			9.975,96							
	Total Imobilizado Incorpóreo			12.469,95	12.469,95		831,49	11.638,46			831,25				
	TOTAL GERAL OU A TRANSPORTAR			236.738,06	236.738,06		22.484,62	74.843,61			22.483,89				

469

3 BALANCETE ANALÍTICO DO RAZÃO GERAL (ANTES DO APURAMENTO DE RESULTADOS E DEPOIS DE LANÇADAS AS RECTIFICAÇÕES)

Depois de efectuados os lançamentos de regularização que antes se relacionaram, estamos habilitados a apresentar o balancete em epígrafe.

Este balancete, devidamente desenvolvido, e já com saldos reais em 31/12/11, habilitar-nos-à ao apuramento do cálculo da estimativa do Imposto Industrial, bem como dos resultados líquidos, do balanço e dos restantes mapas de gestão.

SOCIEDADE COMERCIAL DE LOBITO,LDA

Balancete Geral - Financeira

Acumulado

Conta	Descrição	Mov. Débito	Mov. Crédito	Saldo Débito	Saldo Crédito
11	IMOBILIZAÇÕES CORPÓREAS	120,717.69	9,975.96	110,741.73	
114	EQUIPAMENTO DE CARGA E TRANSPORTE	93,774.00	0.00	93,774.00	
1141	Viatura de turismo	43,894.21	0.00	43,894.21	
1142	Viaturas de mercadorias	49,879.79	0.00	49,879.79	
115	EQUIPAMENTO ADMINISTRATIVO	26,943.69	9,975.96	16,967.73	
1151	Mobiliário diverso	26,943.69	9,975.96	16,967.73	
12	IMOBILIZAÇÕES INCORPÓREAS	9,975.96	9,975.96		
121	Trespasses:	9,975.96	9,975.96		
1211	Trespasses	9,975.96	9,975.96		
12111	Goodwill	9,975.96	9,975.96		
13	INVESTIMENTOS FINANCEIROS	114,124.96	0.00	114,124.96	
134	Investimentos em imóveis	114,124.96	0.00	114,124.96	
1341	Terrenos e recursos naturais	114,124.96	0.00	114,124.96	
13411	Terrenos e recursos naturais	22,445.91	0.00	22,445.91	
13412	Edifícios e outras construções	91,679.05	0.00	91,679.05	
18	AMORTIZAÇÕES ACUMULADAS	21,186.44	107,442.52		86,256.08
181	Imobilizações corpóreas	9,975.96	82,830.84		72,854.88
1812	Edifícios e outras construções	0.00	1,833.58		1,833.58
1813	Equipamento básico	0.00	3,055.14		3,055.14
1814	Equipamento de carga e transporte	0.00	57,611.16		57,611.16
1815	Equipamento administrativo	9,975.96	19,919.45		9,943.49
1819	Outras imobilizações corpóreas	0.00	411.51		411.51
182	Imobilizações incorpóreas	11,210.48	12,041.97		831.49
1821	Trespasses	9,975.96	9,975.96		
1824	Despesas de constituição	1,234.52	1,234.52		
1829	Programas de computador	0.00	831.49		831.49
183	Investimentos financ.em imóveis	0.00	12,569.71		12,569.71
1832	Edifícios e outras construções	0.00	12,569.71		12,569.71
	Total da classe 1	266,005.05	127,394.44	224,866.69	86,256.08
26	MERCADORIAS	3,311,220.82	3,106,703.68	204,517.14	
261	Mercadorias em armazém	3,311,220.82	3,106,703.68	204,517.14	
29	PROVISÃO PARA DEPREC.DE EXISTÊNCIAS	0.00	3,663.67		3,663.67
296	Mercadorias	0.00	3,663.67		3,663.67
2961	Mercadorias em armazém	0.00	3,663.67		3,663.67
	Total da classe 2	3,311,220.82	3,110,367.35	204,517.14	3,663.67
31	CLIENTES	3,485,370.92	3,223,420.94	261,949.98	
312	Clientes - títulos a receber	555,253.86	531,469.16	23,784.70	
3122	Não grupo	555,253.86	531,469.16	23,784.70	
31221	Nacionais	555,253.86	531,469.16	23,784.70	
31221001	Cliente "A"	7,481.97	4,987.98	2,493.99	
31221002	Cliente "B"	455,901.28	440,937.34	14,963.94	
31221004	Cliente "D"	77,064.28	73,323.29	3,740.99	
A transportar		4,117,673.40	3,757,010.40	450,582.75	89,919.75

SOCIEDADE COMERCIAL DE LOBITO,LDA

Balancete Geral - Financeira

Acumulado

Conta	Descrição	Mov. Débito	Mov. Crédito	Saldo Débito	Saldo Crédito
Transporte		4,117,673.40	3,757,010.40	450,582.75	89,919.75
31221005	Cliente "L"	590.58	0.00	590.58	
31221006	Cliente "M"	12,469.95	9,975.96	2,493.99	
31221007	Cliente "N"	997.60	1,496.39		498.79
31221008	Cliente "O"	748.20	748.20		
3132	NÃO GRUPO	2,879,300.03	2,658,906.42	220,393.61	
31321	NACIONAIS	2,879,300.03	2,658,906.42	220,393.61	
31321001	Cliente "A"	111,530.50	104,747.56	6,782.94	
31321002	Cliente "B"	627,913.34	623,048.45	4,864.89	
31321003	Cliente "C"	101,948.75	99,759.58	2,189.17	
31321004	Cliente "D"	329,053.98	295,288.36	33,765.62	
31321005	Cliente "E"	1,102,262.01	1,072,415.48	29,846.53	
31321006	Cliente "F"	72,334.96	63,271.51	9,063.45	
31321007	Cliente "G"	14,285.57	9,297.59	4,987.98	
31321008	Cliente "H"	21,937.13	18,314.30	3,622.83	
31321009	Cliente "I"	10,823.91	10,866.81		42.90
31321010	Cliente "J"	42,193.53	29,927.87	12,265.66	
31321011	Cliente "K"	21,951.55	16,963.57	4,987.98	
31321012	Cliente "L"	1,668.22	1,388.65	279.57	
31321013	Cliente "M"	73,899.90	63,898.50	10,001.40	
31321014	Cliente "O"	1,613.11	1,114.31	498.80	
31321015	Cliente "O"	147,443.95	99,759.58	47,684.37	
31321016	Cliente "P"	129,115.45	99,759.58	29,355.87	
31321017	Cliente "Q"	12,050.96	8,479.56	3,571.40	
31321018	Cliente "R"	12,257.03	11,472.35	784.68	
31321019	Cliente "S"	4,715.14	615.52	4,099.62	
31321020	Cliente "T"	5,071.65	2,493.99	2,577.66	
31321021	Cliente "U"	5,985.57	5,237.38	748.19	
31321022	Cliente "V"	2,444.12	947.72	1,496.40	
31321023	Cliente "X"	2,813.22	2,469.05	344.17	
31321024	Cliente "Z"	11,700.30	10,603.45	1,096.85	
31321025	Cliente "AA"	1,735.60	741.21	994.39	
31321026	Cliente "BB"	2,493.99	2,668.57		174.58
31321027	Cliente "CC"	1,170.18	997.60	172.58	
31321028	Cliente "DD"	379.09	379.09		
31321029	Cliente "EE"	6,507.32	1,979.23	4,528.09	
318	Clientes de cobrança duvidosa	21,762.05	249.40	21,512.65	
3181	Clientes - correntes	21,762.05	249.40	21,512.65	
3181001	Cliente "DA"	1,496.39	0.00	1,496.39	
3181002	Cliente "DB"	2,913.98	0.00	2,913.98	
3181003	Cliente "DC"	931.26	0.00	931.26	
3181005	Cliente "DE"	1,197.11	0.00	1,197.11	
3181007	Cliente "DG"	4,613.88	0.00	4,613.88	
3181009	Cliente "DI"	823.02	0.00	823.02	
3181010	Cliente "DJ"	458.89	0.00	458.89	
3181011	Cliente "DL"	598.56	0.00	598.56	
3181012	Cliente "DM"	8,728.96	0.00	8,728.96	
3181013	Cliente "DK"	0.00	249.40		249.40
319	Clientes - saldos credores	29,054.98	32,795.96		3,740.98
A transportar		7,033,541.81	6,428,386.77	696,040.46	90,885.42

SOCIEDADE COMERCIAL DE LOBITO,LDA

Balancete Geral - Financeira

Acumulado

Conta	Descrição	Mov. Débito	Mov. Crédito	Saldo Débito	Saldo Crédito
Transporte		7,033,541.81	6,428,386.77	696,040.46	90,885.42
3191	Adiantamentos	29,054.98	32,795.96		3,740.98
3191001	Cliente "A"	4,987.98	7,481.97		2,493.99
3191002	Cliente "B"	9,103.06	9,103.06		
3191003	Cliente "F"	14,963.94	14,963.94		
3191004	Cliente "V"	0.00	1,246.99		1,246.99
32	FORNECEDORES	733,601.97	991,567.73		257,965.76
321	Fornecedores - correntes	682,724.59	920,663.61		237,939.02
3212	Não grupo	682,724.59	920,663.61		237,939.02
32121	Nacionais	682,724.59	920,663.61		237,939.02
32121001	Fornecedor "A"	45,964.23	48,158.94		2,194.71
32121002	Fornecedor "B"	39,405.03	42,400.26		2,995.23
32121003	Fornecedor "C"	49,536.12	53,394.70		3,858.58
32121004	Fornecedor "D"	26,560.99	39,177.88		12,616.89
32121005	Fornecedor "E"	130,372.13	154,286.21		23,914.08
32121006	Fornecedor "F"	64,561.51	137,824.07		73,262.56
32121007	Fornecedor "G"	73,450.98	79,898.57		6,447.59
32121008	Fornecedor "H"	12,420.07	19,403.24		6,983.17
32121009	Fornecedor "I"	32,623.38	45,480.89		12,857.51
32121010	Fornecedor "J"	66,566.73	125,223.73		58,657.00
32121011	Fornecedor "K"	12,469.95	12,469.95		
32121012	Fornecedor "L"	36,136.16	36,136.16		
32121013	Fornecedor "M"	1,725.47	4,717.20		2,991.73
32121014	Fornecedor "N"	4,098.02	5,237.38		1,139.36
32121015	Fornecedor "O"	1,174.24	2,421.23		1,246.99
32121016	Fornecedor "P"	63,476.02	69,067.50		5,591.48
32121017	Fornecedor "Q"	11,604.06	11,604.06		
32121018	Fornecedor "R"	1,621.09	9,257.69		7,636.60
32121019	Fornecedor "S"	4,210.85	4,664.76		453.91
32121020	Fornecedor "T"	2,822.20	2,593.75	228.45	
32121021	Fornecedor "U"	1,925.36	2,141.14		215.78
32121022	Fornecedor "V"	0.00	3,439.70		3,439.70
32121023	Fornecedor "X"	0.00	11,664.60		11,664.60
322	Fornecedores - títulos a pagar	48,383.39	70,904.12		22,520.73
3222	Não grupo	48,383.39	70,904.12		22,520.73
32221	Nacionais	48,383.39	70,904.12		22,520.73
32221001	Fornecedor "A"	10,973.55	23,019.52		12,045.97
32221002	Fornecedor "D"	7,481.97	10,474.76		2,992.79
32221003	Fornecedor "G"	29,927.87	37,409.84		7,481.97
329	Fornecedores - saldos devedores	2,493.99	0.00	2,493.99	
3291	Adiantamentos	2,493.99	0.00	2,493.99	
3291001	Fornecedor "E"	2,493.99	0.00	2,493.99	
33	EMPRÉSTIMOS	226,704.64	259,125.51		32,420.87
331	Empréstimos bancários	226,704.64	259,125.51		32,420.87
3311	Moeda nacional	226,704.64	259,125.51		32,420.87
3311101	Banco "A"	62,350.73	67,337.72		4,986.99
3311102	Banco "B"	149,639.37	159,615.33		9,975.96
A transportar		8,008,188.86	7,679,703.51	698,762.90	370,277.55

SOCIEDADE COMERCIAL DE LOBITO,LDA

Balancete Geral - Financeira

Acumulado

Conta	Descrição	Mov. Débito	Mov. Crédito	Saldo Débito	Saldo Crédito
Transporte		8,008,188.86	7,679,703.51	698,762.90	370,277.55
3311103	Banco "C"	14,714.54	32,172.46		17,457.92
34	ESTADO	88,580.02	134,774.18		46,194.16
341	Imposto sobre os lucros	37,486.32	76,772.24		39,285.92
3411	Pagamentos por conta	37,486.32	18,247.03	19,239.29	
34111	Imposto Industrial	37,486.32	18,247.03	19,239.29	
341111	Pagamento provisório	34,394.47	16,959.13	17,435.34	
341114	Retenções na fonte - ISL	61.55	74.82		13.27
341115	Imposto a pagar	3,030.30	1,213.08	1,817.22	
3412	Imposto estimado	0.00	58,525.21		58,525.21
343	Imposto de rendimento de trabalho	28,737.44	33,014.55		4,277.11
3431	Trabalho dependente	28,198.74	32,408.51		4,209.77
3432	Trabalho independente	538.70	606.04		67.34
349	Outros impostos	22,356.26	24,987.39		2,631.13
3491	Seurança Social	22,356.26	24,987.39		2,631.13
35	ENTIDADES PARTICIPANT. PARTICIPADAS	1,939.83	60,548.59		58,608.76
351	Entidades participantes	1,939.83	60,548.59		58,608.76
3514	Outros	1,939.83	60,548.59		58,608.76
35144	Empréstimos	0.00	58,608.76		58,608.76
351441	Sócio "A"	0.00	19,951.92		19,951.92
351442	Sócio "B"	0.00	18,704.92		18,704.92
351443	Sócio "C"	0.00	19,951.92		19,951.92
35145	Outras operações	1,939.83	1,939.83		
351451	Sócio "A"	748.20	748.20		
351452	Sócio "B"	780.12	780.12		
351453	Sócio "C"	411.51	411.51		
36	PESSOAL	0.00	18,485.44		18,485.44
361	Pessoal - remunerações	0.00	18,485.44		18,485.44
3611	Órgãos sociais	0.00	4,479.20		4,479.20
3612	Empregados	0.00	14,006.24		14,006.24
37	OUTROS VALORES RECEBER E PAGAR	29,706.88	20,337.78	9,369.10	
371	Compras de imobilizado	10,973.55	11,724.74		751.19
3711	Corpóreo	10,973.55	11,724.74		751.19
371103	Fornecedor "C"	5,985.57	6,070.37		84.80
371104	Fornecedor "D"	4,987.98	5,654.37		666.39
374	Encargos repartir periodos futuros	6,344.70	0.00	6,344.70	
3743	Material de escritório	458.89	0.00	458.89	
3744	Publicidade e propaganda	5,885.81	0.00	5,885.81	
375	Encargos a pagar	11,391.03	7,615.44	3,775.59	
3753	Água	10,699.55	7,123.12	3,576.43	
3754	Electricidade	0.00	242.42		242.42
3755	Telefone e fax	0.00	249.90		249.90
3756	Seguros	691.48	0.00	691.48	
379	Outros valores a receber e a pagar	997.60	997.60		
3791	Despachante "A"	997.60	997.60		
A transportar		8,143,130.13	7,946,021.96	728,628.07	531,519.90

SOCIEDADE COMERCIAL DE LOBITO,LDA

Balancete Geral - Financeira

Acumulado

Conta	Descrição	Mov. Débito	Mov. Crédito	Saldo Débito	Saldo Crédito
Transporte		8,143,130.13	7,946,021.96	728,628.07	531,519.90
39	PROVISÕES OUTROS RISCOS ENCARGOS	0.00	8,324.94		8,324.94
392	Provi.pª processos judiciais curso	0.00	1,723.85		1,723.85
3921	Processo "A"	0.00	1,723.85		1,723.85
399	Provis.outros riscos e encargos	0.00	6,601.09		6,601.09
3991	Outras provisões	0.00	6,601.09		6,601.09
	Total da classe 3	4,565,904.26	4,716,585.11	271,319.08	421,999.93
43	DEPÓSITOS À ORDEM	2,519,958.12	2,489,831.60	30,126.52	
431	Moeda nacional	2,519,958.12	2,489,831.60	30,126.52	
4311	Banco "A"	972,709.99	956,139.79	16,570.20	
4312	Banco "B"	1,074,587.24	1,060,768.55	13,818.69	
4313	Banco "C"	472,660.89	472,923.26		262.37
44	OUTROS DEPÓSITOS	500,000.00	0.00	500,000.00	
441	Moeda nacional	500,000.00	0.00	500,000.00	
4411	Depósitos a prazo	500,000.00	0.00	500,000.00	
441101	Banco "A"	500,000.00	0.00	500,000.00	
45	CAIXA	4,344,330.67	4,587,904.30		243,573.63
451	Fundo fixo	4,344,330.67	4,587,904.30		243,573.63
4511	Caixa	4,344,330.67	4,587,904.30		243,573.63
	Total da classe 4	7,364,288.79	7,077,735.90	530,126.52	243,573.63
51	CAPITAL	0.00	187,049.22		187,049.22
511	CAPITAL SOCIAL	0.00	187,049.22		187,049.22
51101	Sócio "A"	0.00	62,349.74		62,349.74
51102	Sócio "B"	0.00	62,349.74		62,349.74
51103	Sócio "C"	0.00	62,349.74		62,349.74
55	RESERVAS LEGAIS	0.00	101,368.40		101,368.40
551	Reservas legais	0.00	4,335.65		4,335.65
552	Outras reservas:	0.00	97,032.75		97,032.75
5521	Reservas livres	0.00	97,032.75		97,032.75
	Total da classe 5	0.00	288,417.62	0.00	288,417.62
61	VENDAS	3,745.71	2,024,642.08		2,020,896.37
613	Mercadorias	3,745.71	2,024,642.08		2,020,896.37
6131	Mercado nacional	3,745.71	2,024,642.08		2,020,896.37
	Total da classe 6	3,745.71	2,024,642.08	0.00	2,020,896.37
71	CUSTO DAS EXISTÊNCIAS VENDIDAS	3,603,321.85	2,066,291.68	1,537,030.17	
716	Mercadorias	3,603,321.85	2,066,291.68	1,537,030.17	
7161	Custo das mercadorias vendidas	3,603,321.85	2,066,291.68	1,537,030.17	
A transportar		19,114,486.48	19,411,434.18	2,796,047.13	3,092,994.83

SOCIEDADE COMERCIAL DE LOBITO,LDA

Balancete Geral - Financeira

Acumulado

Conta	Descrição	Mov. Débito	Mov. Crédito	Saldo Débito	Saldo Crédito
Transporte		19,114,486.48	19,411,434.18	2,796,047.13	3,092,994.83
72	CUSTOS COM O PESSOAL	178,534.31	169.59	178,364.72	
721	Remunerações - Órgãos sociais	34,516.81	0.00	34,516.81	
7211	Órgãos sociais	34,516.81	0.00	34,516.81	
722	Remunerações - Pessoal	109,041.09	0.00	109,041.09	
7221	Pessoal	109,041.09	0.00	109,041.09	
725	Encargos sobre remunerações	31,912.80	0.00	31,912.80	
7251	Órgãos sociais	9,478.07	0.00	9,478.07	
7252	Pessoal	22,434.73	0.00	22,434.73	
726	Seguros de acidentes de trabalho	3,063.61	169.59	2,894.02	
7261	Órgãos sociais	2,894.02	0.00	2,894.02	
7262	Pessoal	169.59	169.59		
73	AMORTIZAÇÕES DO EXERCÍCIO	22,484.62	0.00	22,484.62	
731	Imobilizações corpóreas	21,653.13	0.00	21,653.13	
7312	Edifícios e outras construções	1,833.58	0.00	1,833.58	
7314	Equipamento de carga e transporte	16,210.93	0.00	16,210.93	
7315	Equipamento administrativo	3,197.11	0.00	3,197.11	
7319	Outras imobilizações corpóreas	411.51	0.00	411.51	
732	Imobilizações incorpóreas	831.49	0.00	831.49	
7329	Programas de computador	831.49	0.00	831.49	
75	OUTROS CUSTOS E PERDAS OPERACIONAI:	44,609.33	7,036.18	37,573.15	
752	Fornecimentos serviços de teceiros	44,609.33	7,036.18	37,573.15	
75211	Água	1,101.09	0.00	1,101.09	
75212	Electricidade	11,494.85	0.00	11,494.85	
75217	Material de escritório	3,799.47	458.89	3,340.58	
75220	Comunicação	3,698.58	691.48	3,007.10	
75221	Rendas e alugueres	6,559.18	0.00	6,559.18	
75229	Publicidade e propaganda	10,873.29	5,885.81	4,987.48	
75234	Honorários e avenças	7,082.87	0.00	7,082.87	
	Total da classe 7	3,848,950.11	2,073,497.45	1,775,452.66	0.00
81	RESULTADOS TRANSITADOS	42,974.93	42,974.93		
811	Ano N	42,974.93	42,974.93		
8111	Resultado do ano	42,974.93	42,974.93		
87	IMPOSTOS SOBRE OS LUCROS	58,525.21	0.00	58,525.21	
871	Imposto sobre resultados correntes	58,525.21	0.00	58,525.21	
	Total da classe 8	101,500.14	42,974.93	58,525.21	0.00
Total		19,461,614.88	19,461,614.88	3,092,994.83	3,092,994.83

3.1 BALANCETE DO RAZÃO SINTÉTICO (ANTES DO APURAMENTO DE RESULTADOS)

Este balancete mostra apenas o movimento das contas de dois dígitos cujo conteúdo é desenvolvido no balancete antes descrito.

3.2 DEMONSTRAÇÃO DE RESULTADOS E MAPAS DE BALANÇO EM 31/12/2011

Mostram-se, a seguir, os seguintes mapas:

1) Demonstração de Resultados por Natureza;

2) Balanço – Activo;

3) Balanço – Capital Próprio e Passivo.

SOCIEDADE COMERCIAL DE LOBITO,LDA

Balancete Razão - Financeira

Acumulado

Conta	Descrição	Mov. Débito	Mov. Crédito	Saldo Débito	Saldo Crédito
11	IMOBILIZAÇÕES CORPÓREAS	120,717.69	9,975.96	110,741.73	
12	IMOBILIZAÇÕES INCORPÓREAS	9,975.96	9,975.96		
13	INVESTIMENTOS FINANCEIROS	114,124.96	0.00	114,124.96	
18	AMORTIZAÇÕES ACUMULADAS	21,186.44	107,442.52		86,256.08
26	MERCADORIAS	3,311,220.82	3,106,703.68	204,517.14	
29	PROVISÃO PARA DEPREC.DE EXISTÊNCIAS	0.00	3,663.67		3,663.67
31	CLIENTES	3,485,370.92	3,223,420.94	261,949.98	
32	FORNECEDORES	733,601.97	991,567.73		257,965.76
33	EMPRÉSTIMOS	226,704.64	259,125.51		32,420.87
34	ESTADO	88,580.02	134,774.18		46,194.16
35	ENTIDADES PARTICIPANT. PARTICIPADAS	1,939.83	60,548.59		58,608.76
36	PESSOAL	0.00	18,485.44		18,485.44
37	OUTROS VALORES RECEBER E PAGAR	29,706.88	20,337.78	9,369.10	
39	PROVISÕES OUTROS RISCOS ENCARGOS	0.00	8,324.94		8,324.94
43	DEPÓSITOS À ORDEM	2,519,958.12	2,489,831.60	30,126.52	
44	OUTROS DEPÓSITOS	500,000.00	0.00	500,000.00	
45	CAIXA	4,344,330.67	4,587,904.30		243,573.63
51	CAPITAL	0.00	187,049.22		187,049.22
55	RESERVAS LEGAIS	0.00	101,368.40		101,368.40
61	VENDAS	3,745.71	2,024,642.08		2,020,896.37
71	CUSTO DAS EXISTÊNCIAS VENDIDAS	3,603,321.85	2,066,291.68	1,537,030.17	
72	CUSTOS COM O PESSOAL	178,534.31	169.59	178,364.72	
73	AMORTIZAÇÕES DO EXERCÍCIO	22,484.62	0.00	22,484.62	
75	OUTROS CUSTOS E PERDAS OPERACIONAIS	44,609.33	7,036.18	37,573.15	
81	RESULTADOS TRANSITADOS	42,974.93	42,974.93		
87	IMPOSTOS SOBRE OS LUCROS	58,525.21	0.00	58,525.21	
Total		19,461,614.88	19,461,614.88	3,064,807.30	3,064,807.30

SOCIEDADE COMERCIAL DO LOBITO, LDA

DEMONSTRAÇÃO DE RESULTADOS POR NATUREZA

Dezembro 2011

Valores expressos em KZ.

DESIGNAÇÃO	NOTAS	EXERCÍCIOS	
		2011	2010
Vendas..	22	2.020.896,37	1.499.007,96
Custo das mercadorias vendidas e das matérias consumidas......................	27	1.537.030,17	1.223.539,67
Custos com o pessoal...	28	178.364,72	34.019,71
Amortizações..	29	22.484,62	141.641,93
Outros custos e perdas operacionais...	30	37.573,15	
Resultados operacionais:			
Resultados financeiros...	31	6.482,63	1.336,83
Resultados antes de impostos:		238.961,08	98.469,82
Imposto sobre o rendimento...	35	58.525,21	23.973,38
		58.525,21	74.496,44
Resultados líquidos das actividades correntes:			
Imposto sobre o rendimento...	35	58.525,21	13.748,31
Resultados líquidos do exercício......................................		**180.435,87**	**60.748,13**

SOCIEDADE COMERCIAL DO LOBITO, LDA

BALANÇO EM 31 DE DEZEMBRO DE 2011

Valores expressos em kz.

DESIGNAÇÃO	NOTAS	EXERCÍCIOS	
		2011	2010
ACTIVO			
Activos não correntes:			
Imobilizações corpóreas.............................	4	37.055,36	59.539,98
Imobilizações incorpóreas.............................	5		
Investimentos em subsidiárias e associadas......	6		
Outros activos financeiros............................	7	101.555,25	101.555,25
Outros activos não correntes........................	9		
		138.610,61	**161.095,23**
Activos correntes:			
Existências..	8	204.517,14	174.983,79
Contas a receber...	9	271.319,08	224.239,70
Disponibilidades..	10	532.378,58	32.378,58
Outros activos correntes...............................	11	2.493,99	2.493,99
		1.010.708,79	**434.096,06**
Total do Activo................		**1.149.319,40**	**595.191,29**

SOCIEDADE COMERCIAL DO LOBITO, LDA

BALANÇO EM 31 DE DEZEMBRO DE 2011

Valores expressos em KZ.

DESIGNAÇÃO	NOTAS	EXERCÍCIOS	
		2011	2010
CAPITAL PRÓPRIO E PASSIVO			
Capital próprio:			
Capital.................................	12	187.049,22	187.049,22
Reservas..............................	13	101.368,40	58.393,47
Resultados transitados....................	14	42.974,93	
Resultados do exercício...................		180.435,87	42.974,93
		511.828,42	**288.417,62**
Passivo não corrente:			
Empréstimos de médio e longo prazos........	15	58.608,76	
Impostos diferidos........................	16		
Provisão para depreciação de existências.......	17	3.663,67	
Provisões para outros riscos e encargos........	18	8.324,94	8.324,94
Outros passivos não correntes.............	19		
		70.597,37	**8.324,94**
Passivo corrente:			
Contas a pagar............................	19	276.451,20	248.795,15
Empréstimos de curto prazo..................	20	284.729,19	32.420,87
Parte cor.dos empr. a médio e longo prazos...........	15		
Outros passivos correntes.................	21	5.713,22	17.232,71
		566.893,61	**298.448,73**
Total do Capital Próprio e Passivo...........		**1.149.319,40**	**595.191,29**

CAPÍTULO IX

PRINCIPAIS DOCUMENTOS USADOS

NO COMÉRCIO, CONTABILIDADE

E FISCALIDADE

PRINCIPAIS DOCUMENTOS USADOS NO COMÉRCIO, CONTABILIDADE E FISCALIDADE

Este capítulo será preenchido com sugestões para elaboração de documentos de apoio destinados aos contribuintes ou comerciantes que não possuam contabilidade organizada ou software para o efeito.

Assim incluiremos os seguintes documentos:

1. Comprovante Interno – Diário;

2. Controlo dos Créditos em Mora;

3. Bens do Activo Imobilizado – Ficha Individual;

4. Bens do Activo Imobilizado – Resumo - Ficheiro Reintegrações e Amortizações;

5. Honorários e Avenças – Trabalhadores Independentes;

6. Rendimentos da Categoria A – Trabalho Dependente;

7. Recibo de Vencimentos;

8. Folha de Caixa;

9. Ficha de Contas Correntes;

10. Operações em Moeda Estrangeira;

11. Inventário das Existências;

12. Saída de Caixa e Entrada de Caixa;

13. Nota de Débito e Nota de Crédito;

14. Mapa de Reconciliação Bancária – Folha 1;

15. Mapa de Reconciliação Bancária – Folha 2;

16. Imposto sobre o Rendimento do Trabalho;

17. Facturação – Exemplos 1 e 2;

18. Facturação – Exemplos 3 e 4;

19. Facturação – Exemplos 5 e 6.

COMPROVANTE INTERNO - DIÁRIO

COMPROVANTE DE LANÇAMENTO INTERNO		Nº	
DESCRIÇÃO	Valores parciais	CONTAS DO P. G. C. A.	
		Débito	Crédito
TOTAL...			

DATA	Dia	Mês	Ano	Vistos da contabilidade ou gerência

EMPRESA

CLIENTES DE COBRANÇA DUVIDOSA — CONTROLO DOS CRÉDITOS EM MORA — DATA

Nome do cliente	Balancete em	Período decorrido		DESDOBRAMENTO DO BALANCETE				Créditos excluídos
		Data do vencimento	Meses de mora	Mais de 6 meses	Mais de 12 meses	Mais de 18 meses	Mais de 24 meses	
	0,00			0,00	0,00	0,00	0,00	0,00
	0,00			0,00	0,00	0,00	0,00	0,00
	0,00			0,00	0,00	0,00	0,00	0,00
	0,00			0,00	0,00	0,00	0,00	0,00
	0,00			0,00	0,00	0,00	0,00	0,00
	0,00			0,00	0,00	0,00	0,00	0,00
	0,00			0,00	0,00	0,00	0,00	0,00
	0,00			0,00	0,00	0,00	0,00	0,00
	0,00			0,00	0,00	0,00	0,00	0,00
	0,00			0,00	0,00	0,00	0,00	0,00
	0,00			0,00	0,00	0,00	0,00	0,00
	0,00			0,00	0,00	0,00	0,00	0,00
	0,00			0,00	0,00	0,00	0,00	0,00
	0,00			0,00	0,00	0,00	0,00	0,00
	0,00			0,00	0,00	0,00	0,00	0,00
	0,00			0,00	0,00	0,00	0,00	0,00
	0,00			0,00	0,00	0,00	0,00	0,00
	0,00			0,00	0,00	0,00	0,00	0,00
Totais	0,00	Totais		0,00	0,00	0,00	0,00	0,00

CÁLCULO DA PROVISÃO PARA CRÉDITOS EM MORA

MORA NO PAGAMENTO	VALOR	TAXA	LIMITE LEGAL
1 Mais de 6 e até 12 meses	0,00	0%	0,00
2 Mais de 12 e até 18 meses	0,00	0%	0,00
3 Mais de 18 e até 24 meses	0,00	0%	0,00
4 Mais de 24 meses	0,00	0%	0,00
Limite acumulado			0,00

CONTROLO CONTABILÍSTICO DO LIMITE LEGAL

5 Provisões acumuladas (1+2+3+4)	0,00
6 Saldo anterior	0,00
7 Constituição ou reforço (5-6) ... (*)	0,00
8 Redução ou anulação (6-5) ... (*)	0,00

Lançamentos

Designação	Valor	Contas do POC	
		Débito	Crédito

Anotações

(*) O lançamento de constituição, reforço, redução ou anulação só se verifica quando uma das linhas 6 ou 7 apresentar valor (+) positivo.

BENS DO ACTIVO IMOBILIZADO

FICHA Nº

BENS ADQUIRIDOS EM

NORMATIVO LEGAL

TABELAS ANEXAS ÀS PORTARIAS NºS 755/72 E 57/74

ESTADO NOVO .... ☐ ESTADO DE USO .... ☐
TAXA .... , % ☐ VIDA UTIL .... ☐ ANOS
QUOTA MINIMA ANUAL .... , %

Portaria nº 755/72..........
Portaria nº 57/74..........

CODIGO ☐ (Grupo homogéneo)
DESIGNAÇAO _____

Conta do PGCA ☐ Subconta ☐ Ano de aquisição ☐

Conta do PGCA ☐ Subconta ☐ Ano utilização ☐

VALORES DE AQUISIÇÃO OU DE PRODUÇÃO

REINTEGRAÇÕES E AMORTIZAÇÕES PRATICADAS

Data		Documento	Designação dos bens	Valor de Aquisiçao	Valor de Referência (USD)	DO EXERCÍCIO			Amortizações Acumuladas	Valores líquidos	Taxas perdidas
Dia	Mês	Ano	Nº				Ano	Taxa	Valor			
									%			
									%			
									%			
									%			
									%			
									%			
									%			
									%			
									%			
									%			
									%			
									%			

TOTAIS ....

REAVALIAÇÕES EFECTUADAS

Ano	Legislação	Coeficiente	Aquisição	Amortização

ANOTAÇÕES

BENS DO ACTIVO IMOBILIZADO

RESUMO DO FICHEIRO DAS REINTEGRAÇÕES E AMORTIZAÇÕES
EM 31 DE DEZEMBRO DE 20___

Ficha nº	Código Portaria 755/72	Aquisição ou reavaliação		Valor de Referência (USD)	Amortizações de exercícios anteriores	Amortizações do exercício	Amortizações acumuladas		Valores líquidos
		PGCA	Valores - Kz.				PGCA	Valores	
			,		,	,		,	,
			,		,	,		,	,
			,		,	,		,	,
			,		,	,		,	,
			,		,	,		,	,
			,		,	,		,	,
			,		,	,		,	,
			,		,	,		,	,
			,		,	,		,	,
			,		,	,		,	,
			,		,	,		,	,
			,		,	,		,	,
			,		,	,		,	,
			,		,	,		,	,
			,		,	,		,	,
			,		,	,		,	,
			,		,	,		,	,
			,		,	,		,	,
			,		,	,		,	,
			,		,	,		,	,
			,		,	,		,	,
			,		,	,		,	,
			,		,	,		,	,
			,		,	,		,	,
Total ou a transportar........			,		,	,		,	,

ANOTAÇÕES	LANÇAMENTOS			
	AMORTIZAÇÕES DO EXERCÍCIO			
	PGCA/Débito	Docº	PGCA/Crédito	Valor
				,
				,
				,
				,
				,
				,
				,

	Assinatura(s)
Data ___/___/___	....

489

HONORÁRIOS E AVENÇAS - TRABALHADORES INDEPENDENTES

FICHA Nº ....

NOME ....
DOMICILIO ....
CONTRIBUINTE [ ] CÓD. REPARTIÇÃO [ ] CONCELHO .... ANO DE ....

REGISTO DOS RENDIMENTOS						RESUMO	IMPOSTO RETIDO	
DATA	DOCUMENTO Nº	HONORÁRIOS	ADIANTAMENTOS	OUTROS	IRT RETIDO	MENSAL	RENDIMENTOS	IRT
						Janeiro........		
						Fevereiro........		
						Março........		
						Abril........		
						Maio........		
						Junho........		
						Julho........		
						Agosto........		
						Setembro........		
						Outubro........		
						Novembro........		
						Dezembro........		
TOTAIS........						TOTAL........		

OBSERVAÇÕES: ....

DEVEDOR DOS RENDIMENTOS SEM CONTABILIDADE ORGANIZADA

Honorários e avenças (conta 75.2.34):
Esta rubrica destina-se a registar as remunerações atribuídas aos trabalhadores independentes.

490

RENDIMENTOS DA CATEGORIA A – TRABALHO DEPENDENTE

FICHA Nº

NOME	
DOMICILIO	
CONCELHO	NIF Nº CÓDIGO DA REPARTIÇÃO

SITUAÇÃO FAMILIAR DO TRABALHADOR

Casado (um titular)
Casado (2 titulares)

Não casado
Dependentes

DEFICIENTES>>>>>>>

MÊS	ORDENADO	Remunerações adicionais			Remuneração ilíquida mensal			IRT retido		DESCONTOS	
		Tributáveis	Não tributáveis (*)		Tributável	Não tributável	TOTAL	Taxa	Valor	Segurança Social	Restantes
			Valor	CÓD.							
Janeiro......	0,00	0,00	0,00		0,00	0,00	0,00	0,00%	0,00	0,00	0,00
Fevereiro....	0,00	0,00	0,00		0,00	0,00	0,00	0,00%	0,00	0,00	0,00
Março	0,00	0,00	0,00		0,00	0,00	0,00	0,00%	0,00	0,00	0,00
Abril	0,00	0,00	0,00		0,00	0,00	0,00	0,00%	0,00	0,00	0,00
Maio	0,00	0,00	0,00		0,00	0,00	0,00	0,00%	0,00	0,00	0,00
Junho.......	0,00	0,00	0,00		0,00	0,00	0,00	0,00%	0,00	0,00	0,00
Julho	0,00	0,00	0,00		0,00	0,00	0,00	0,00%	0,00	0,00	0,00
Agosto......	0,00	0,00	0,00		0,00	0,00	0,00	0,00%	0,00	0,00	0,00
Setembro....	0,00	0,00	0,00		0,00	0,00	0,00	0,00%	0,00	0,00	0,00
Outubro.....	0,00	0,00	0,00		0,00	0,00	0,00	0,00%	0,00	0,00	0,00
Novembro...	0,00	0,00	0,00		0,00	0,00	0,00	0,00%	0,00	0,00	0,00
Dezembro...	0,00	0,00	0,00		0,00	0,00	0,00	0,00%	0,00	0,00	0,00
TOTAIS/ANO...	0,00	0,00	0,00		0,00	0,00	0,00		0,00	0,00	0,00

(*) Remunerações adicionais não tributáveis

CÓDIGO	
01	Subsídio de refeição
02	Abonos para falhas
03	Ajudas de custo
04	

OBSERVAÇÕES

Imposto de rendimento de trabalho (conta 34.3):

Esta conta, de natureza credora, destina-se a registar o imposto deduzido aos empregados devido pelo rendimento do seu trabalho, apurado aquando do processamento dos salários.

Esta conta será saldada por contrapartida de meios monetários a quando do respectivo pagamento ao Estado.

RECIBO DE VENCIMENTOS	MÊS	ANO

NOME	

NÚMERO FISCAL		BENEFICIÁRIO DA SEGURANÇA SOCIAL Nº	
NÚMERO DA APÓLICE DE SEGURO		CATEGORIA	

Declara para os devidos e legais efeitos ter recebido da firma

a quantia de _____ relativa ao mês de

conforme se detalha a seguir:

ABONOS:

☐ Ordenado mensal 0,00

☐ Faltas - horas [0,00] X [0,00] 0,00

☐ Remunerações adicionais:

1) Horas extraordinárias	0,00	X	0,00	0,00	
2) Subsídio de alimentação ..	0,00	X	0,00	0,00	
3)	0,00	X	0,00	0,00	0,00

Total da remuneração ilíquida mensal 0,00

☐ Subsídio de férias [0,00] Dias (a) [0,00] 0,00

☐ Subsídio de Natal [0,00] Dias (a) [0,00] 0,00

DESCONTOS:

Taxa social única	0,00%	0,00	0,00
IRT - retido na fonte	0,00%	0,00	0,00
Sindicato			0,00
		0,00	0,00

LÍQUIDO A RECEBER 0,00

(a) Deverão ser emitidos recibos separados para efeitos de subsídio de férias e de Natal para apuramento do IRT a reter.

Carimbo da Empresa

Recebi a importância líquida e a cópia do presente recibo

LOCAL [   ] DATA [   ]

Assinatura

EMPRESA	

FOLHA DE CAIXA

N°

Datas			Doc°	Descrição	MOVIMENTO - VALORES		P. G. C. A.	
Dia	Mês	Ano	N°		Recebimentos	Pagamentos	Débito	Crédito
SECÇÃO				1) Somas do movimento desta folha....	0,00	0,00	VISTOS	
				2) Saldo da folha anterior.....................	0,00	0,00		
				3) Sub-total (1+2)...............................	0,00	0,00		
				4) Saldo que transita...........................	0,00	0,00		
				5) Somas de controlo (3+4).................	0,00	0,00		

FICHA DE CONTAS CORRENTES

NOME

MORADA

LOCALIDADE   **N.I.F.**

| Datas | | | Nº do | Descrição | LANÇAMENTOS | | SALDOS |
Dia	Mês	Ano	Documº		Débito	Crédito	D/C
				Transporte.............................	0,00	0,00	0,00
					0,00	0,00	0,00
					0,00	0,00	0,00
					0,00	0,00	0,00
					0,00	0,00	0,00
					0,00	0,00	0,00
					0,00	0,00	0,00
					0,00	0,00	0,00
					0,00	0,00	0,00
					0,00	0,00	0,00
					0,00	0,00	0,00
					0,00	0,00	0,00
					0,00	0,00	0,00
					0,00	0,00	0,00
					0,00	0,00	0,00
					0,00	0,00	0,00
					0,00	0,00	0,00
					0,00	0,00	0,00
					0,00	0,00	0,00
					0,00	0,00	0,00
					0,00	0,00	0,00
					0,00	0,00	0,00
					0,00	0,00	0,00
					0,00	0,00	0,00
					0,00	0,00	0,00
					0,00	0,00	0,00
					0,00	0,00	0,00
					0,00	0,00	0,00
					0,00	0,00	0,00
					0,00	0,00	0,00
					0,00	0,00	0,00
CONTA Nº				Totais ou a transportar.........................	**0,00**	**0,00**	**0,00**

494

			MOEDA	Código da Conta

OPERAÇÕES EM MOEDA ESTRANGEIRA

FIRMA				NIF
MORADA				

DATA	DOCº. Nº	DESCRIÇÃO DOS LANÇAMENTOS	MOEDA ESTRANGEIRA				MOEDA NACIONAL (KZ.)		
			Débito	Crédito	Saldo	Câmbio	Débito	Crédito	Saldo
			0,00	0,00	0,00	0,00	0,00	0,00	0,00
			0,00	0,00	0,00	0,00	0,00	0,00	0,00
			0,00	0,00	0,00	0,00	0,00	0,00	0,00
			0,00	0,00	0,00	0,00	0,00	0,00	0,00
			0,00	0,00	0,00	0,00	0,00	0,00	0,00
			0,00	0,00	0,00	0,00	0,00	0,00	0,00
			0,00	0,00	0,00	0,00	0,00	0,00	0,00
			0,00	0,00	0,00	0,00	0,00	0,00	0,00
			0,00	0,00	0,00	0,00	0,00	0,00	0,00
			0,00	0,00	0,00	0,00	0,00	0,00	0,00
			0,00	0,00	0,00	0,00	0,00	0,00	0,00
			0,00	0,00	0,00	0,00	0,00	0,00	0,00
			0,00	0,00	0,00	0,00	0,00	0,00	0,00
			0,00	0,00	0,00	0,00	0,00	0,00	0,00
			0,00	0,00	0,00	0,00	0,00	0,00	0,00
			0,00	0,00	0,00	0,00	0,00	0,00	0,00
			0,00	0,00	0,00	0,00	0,00	0,00	0,00
			0,00	0,00	0,00	0,00	0,00	0,00	0,00
			0,00	0,00	0,00	0,00	0,00	0,00	0,00
			0,00	0,00	0,00	0,00	0,00	0,00	0,00
			0,00	0,00	0,00	0,00	0,00	0,00	0,00
			0,00	0,00	0,00	0,00	0,00	0,00	0,00
			0,00	0,00	0,00	0,00	0,00	0,00	0,00
			0,00	0,00	0,00	0,00	0,00	0,00	0,00
			0,00	0,00	0,00	0,00	0,00	0,00	0,00
			0,00	0,00	0,00	0,00	0,00	0,00	0,00
			0,00	0,00	0,00	0,00	0,00	0,00	0,00
Totais/ou a transportar			0,00	0,00	0,00		0,00	0,00	0,00

EMPRESA

LOCAL DO ARMAZÉM OU ESTABELECIMENTO

INVENTÁRIO DAS EXISTÊNCIAS EM

CÓDIGO DO ARTIGO	DESCRIÇÃO DO ARTIGO	UNIDADE	QUANTIDADE	CUSTO UNITÁRIO	CUSTO TOTAL
			0,00	0,00	0,00
			0,00	0,00	0,00
			0,00	0,00	0,00
			0,00	0,00	0,00
			0,00	0,00	0,00
			0,00	0,00	0,00
			0,00	0,00	0,00
			0,00	0,00	0,00
			0,00	0,00	0,00
			0,00	0,00	0,00
			0,00	0,00	0,00
			0,00	0,00	0,00
			0,00	0,00	0,00
			0,00	0,00	0,00
			0,00	0,00	0,00
			0,00	0,00	0,00
			0,00	0,00	0,00
			0,00	0,00	0,00
			0,00	0,00	0,00
			0,00	0,00	0,00
			0,00	0,00	0,00
			0,00	0,00	0,00
			0,00	0,00	0,00
			0,00	0,00	0,00
			0,00	0,00	0,00
			0,00	0,00	0,00
			0,00	0,00	0,00
Total/ou a transportar...					0,00

SAÍDA DE CAIXA

COMPROVANTE DE LANÇAMENTO INTERNO		Nº		
DESCRIÇÃO		Valores parciais	CONTAS DO P.G.C.A.	
			Débito	Crédito
TOTAL				

DATA	Dia	Mês	Ano	Vistos da contabilidade ou gerência

ENTRADA DE CAIXA

COMPROVANTE DE LANÇAMENTO INTERNO		Nº		
DESCRIÇÃO		Valores parciais	CONTAS DO P.G.C.A.	
			Débito	Crédito
TOTAL				

DATA	Dia	Mês	Ano	Vistos da contabilidade ou gerência

NOTA DE DÉBITO Nº

Exmo. (s) Sr. (s)

Referª.	Descrição	Parcial	Total
	TOTAL...		

NOTA DE CRÉDITO Nº

Exmo. (s) Sr. (s)

Referª.	Descrição	Parcial	Total
	TOTAL...		

MAPA DE RECONCILIAÇÃO BANCÁRIA	ANO DE	

BANCO		CONTA Nº		Folha 1

EXTRACTOS DO BANCO				RECONCILIAÇÃO	D/C
Saldo que apresenta o extracto do Banco nº.				0,00	
Movimentos lançados na contabilidade e não registados pelo Banco					
CHEQUES POR LEVANTAR					
Nº do cheque	Data	Documento nº	Valor		
				0,00	C
Designação		Documento nº	A nosso débito		
				0,00	C
Designação		Documento nº	A nosso crédito		
				0,00	D
Saldo conciliado (extracto do Banco)..				0,00	

EXTRACTOS DA CONTABILIDADE			RECONCILIAÇÃO	Folha 2
				D/C
Saldo da contabilidade - Subconta do P.G.C.A. nº			0,00	
Valores não registados na contabilidade e constantes dos extractos do Banco				
Referência	Nº. Extracto	A nosso débito		
			0,00	C
Referência	Nº. Extracto	A nosso crédito		
			0,00	D
Saldo contabilístico depois de consideradas as verbas antes descritas.........................			0,00	
Saldo conciliado do extracto bancário transportado da "Folha 1"			0,00	
Diferença por identificar..			0,00	

Anotações	Data	Rubricas

IMPOSTO SOBRE O RENDIMENTO DO TRABALHO

FICHA Nº

NOME			
DOMICÍLIO			
CONTRIBUINTE	CÓDIGO DA REPARTIÇÃO	CONCELHO	ANO

REGISTO DOS RENDIMENTOS

DATA	DOCUMENTO Nº	HONORÁRIOS	ADIANTAMENTOS	OUTROS SERVIÇOS	IMPOSTO RETIDO
TOTAIS ACUMULADOS		0,00	0,00	0,00	0,00

RESUMO MENSAL

MESES	RENDIMENTOS	IMPOSTO RETIDO
Janeiro		
Fevereiro		
Março		
Abril		
Maio		
Junho		
Julho		
Agosto		
Setembro		
Outubro		
Novembro		
Dezembro		
TOTAL	0,00	0,00

OBSERVAÇÕES

Imposto de rendimento de trabalho (conta 34.3):

Esta conta, de natureza credora, destina-se a registar o imposto deduzido aos empregados devido pelo rendimento do seu trabalho, apurado aquando do processamento dos salários.

Esta conta será saldada por contrapartida de meios monetários a quando do respectivo pagamento ao Estado.

501

SOCIEDADE DE REPARAÇÕES "A", LDA. Contribuinte nº 502555555 Avenida D. Afonso Henriques, 345 Telefone e Fax 2398236466 3000 - 011 LUANDA	Exmº Senhor António da Fonseca Ferreira Marques Rua Simões de Castro, 1700 - 6º A/B 3000 - 287 LUANDA Contribuinte nº 288880460

Coimbra, 30 de Setembro de 2012	FACTURA Nº 1145/12

CÓDIGO	OBRA Nº	DESIGNAÇÃO	PREÇO	IMPORTÂNCIA
22223	203	Reparação de uma máquina de escrever......	12,47	12,47
22452	204	Reparação do computador "A":		
		Material aplicado	49,88	
		Mão de obra	99,76	
		Deslocação	39,90	189,54
22224	206	Reparação da máquina "Y"..........................	149,64	149,64
		Processado por computador		

Capital Social 100 000	Sub - Total	351,65
Matriculada na Conservatória do Registo Comercial		
de Luanda sob o nº 6077/98	TOTAL	351,65

Conta bancária - Banco _____ IBAN _____

EMPRESA EXPORTADORA "A", LIMITADA Contribuinte nº PT 599345999 Rua Simões de Castro, 170-6º-A Telefone e Fax 2394836477 3000 - 287LUANDA	Exmºs Senhores DISTRIBUIDORA DE ELECTRICIDADE, S.A Calle Villmanin, 3456 28034 MADRID - ESPANHA Contribuinte nº ES A78306690

Coimbra, 20 de Setembro de 2012	FACTURA Nº 1578/12

CÓDIGO	QUANT.	DESIGNAÇÃO	PREÇO	IMPORTÂNCIA
3001	3000	Unidades do produto "A"	2,49	7 470,00
3002	2500	Unidades do produto "B"	2,99	7 475,00
3003	1000	Unidades do produto "C"	4,99	4 990,00
		Processado por computador		

Capital Social 150 000	Sub - Total	19 935,00
Matriculada na Conservatória do Registo Comercial		0,00
de Luanda sob o nº 2456/96	TOTAL	19 935,00

Conta bancária - Banco _____ IBAN _____

Exemplo nº 3

	Original

SOCIEDADE ABCD, LIMITADA
Avenida Che-Guevara, 338
Telefone e Fax 244.922.200688
Contribuinte nº 500333333
3000 - 387 LUANDA - ANGOLA

DATA: 31 de Agosto de 2012	Factura nº 845

Código: 211345	Contribuinte nº 599999999

Exmº.(s) Senhor(es)
EMPRESA "A", LIMITADA
Rua ABC, nº 1670 - 6º A
3000 - 387 LUANDA

CÓDIGO	QUANT.	DESIGNAÇÃO	PREÇO	IMPORTÂNCIA
		GUIA DE REMESSA Nº 123/12, DE 8/8/12		
3001	10	Artigo ABC	1 000,00	10 000,00
3002	15	Artigo ABD	2 000,00	30 000,00
3003	20	Artigo ABE	3 000,00	60 000,00
		GUIA DE REMESSA Nº 128/12, DE 13/8/12		
3002	8	Artigo ABD	2 000,00	16 000,00
3003	7	Artigo ABE	3 000,00	21 000,00
3006	6	Artigo ABF	800,00	4 800,00
		GUIA DE REMESSA Nº 341/12, DE 28/8/12		
3001	18	Artigo ABC	1 000,00	18 000,00
3002	12	Artigo ABD	2 000,00	24 000,00
3003	9	Artigo ABE	3 000,00	27 000,00

Capital Social 15 000 000,00	Sub - Total	210 800,00
Matriculada na Conservatória do Registo Comercial de Luanda sob o nº 66771	TOTAL	210 800,00

Selo pago por meio de guia

Conta bancária - Banco _____ IBAN_____

Exemplo nº 4

FACTURA Nº 1000/2012		DATA: 3 de Outubro de 2012

RETALHISTA "B"
Rua de Celas, 45
Contribuinte nº 234567890
3020 - 387 LUANDA

Original

CLIENTE "ABC", LDA.
Rua das Laranjeiras, 345
3000 - 287 LUANDA
Contribuinte 567890123

DESCRIÇÃO	QUANTID.	REFª	Preço unitário	TOTAIS
Resma de papel..	1	3314	870,00	870,00
Lápis..	5	3324	76,00	380,00
Borrachas..	2	3339	94,00	188,00
Caixas de agrafes.....................................	3	3867	186,00	558,00
Agrafador refª 856....................................	1	3455	1 490,00	1 490,00

Capital Social 2 000 000,00-Matriculada na Conservatória do Registo Comercial de Luanda sob o nº 5688	TOTAL			3 486,00

Selo pago por meio de guia

Conta bancária - Banco _____ IBAN_____

Exemplo nº 5

PROFISSIONAL "A
Contribuinte nº 108999999
Avenida Che-Guevara, 345
Telefone e Fax 2398236466
3000 - 011 LUANDA

Exmºs Senhores
Empresa de Informática, "ABC", LDA.
Rua da Avenida, 1700 - 6º A/B
3000 - 287 LOBITO
Contribuinte nº 588880460

Luanda, 30 de Abril de 2012

FACTURA Nº 1145/12

CÓDIGO	OBRA Nº	DESIGNAÇÃO	PREÇO	IMPORTÂNCIA
	300	Reparação de uma máquina de escrever:		
2452		Fita de cores	2,49	
2460		Substituição da peça "B"	14,96	
	301	Reparação máquina de fotocopiar:		
2463		Toner	15,96	
2465		Substituição da peça "C"	72,82	106,24
3000	300	Mão de obra	24,94	
3000	300	Mão de obra	59,86	84,80
Processado por computador		SUB-TOTAL		191,04
		TOTAI		191,04
	Conta bancária - Banco_____ IBAN			

Exemplo nº 6

EMPRESÁRIO EM NOME INDIVIDUAL "X"
Contribuinte nº PT 222345999
Rua ABCD, 170-6º-A
Telefone e Fax 2394836477
3000 - 287 LUANDA

Exmºs Senhores
DISTRIBUIDORA DE ELECTRICIDADE, S.A
Rua CDE, 89
MALANGE
Contribuinte nº 588899999

Luanda, 31 de Maio de 2012

FACTURA Nº 1578/12

CÓDIGO	QUANT.	DESIGNAÇÃO	PREÇO	IMPORTÂNCIA
3001	30	Unidades do produto "A"	2,49	74,70
3002	25	Unidades do produto "B"	2,49	62,25
3003	10	Unidades do produto "C"	4,99	49,90
		SUB-TOTAL		186,85
		TOTAL		186,85
	Conta bancária - Banco_____ IBAN			

CAPÍTULO X

COMO ORGANIZAR A CONTABILIDADE

DE UM COMERCIANTE

OU DE UMA SOCIEDADE

PARA INÍCIO DA SUA ESCRITURAÇÃO

Para exemplo, vamos supor que o novo contabilista da Sociedade "X", com sede em Luanda, pretendia organizar, pela primeira vez, a contabilidade da empresa.

1.1 INVENTÁRIO GERAL

Porque se deparam, a alguns contabilistas, dificuldades no apuramento dos valores de um comerciante ou de uma empresa que nunca possuiu escrita e agora pretende organizá-la, para um melhor controlo do seu património e cumprimento da Lei, resolvemos preencher o presente capítulo com a inventariação de todos os valores "Activos" e "Passivos" de uma empresa, com base em 31 de Janeiro de 2012.

Assim, o contabilista, com a colaboração dos sócios ou seus representantes, procedeu à contagem dos valores e identificação dos bens, que foram relacionados e transcritos para uma "Acta", depois de conferidos e aprovados em reunião, pelos sócios titulares do capital social:

1.1.1 VALORES ACTIVOS

1) CAIXA

Dinheiro em cofre...	5.600,00	
Vale do sócio "A", que brevemente regularizará, ou lhe será debitado...	1.400,00	7.000,00

2) BANCOS

Para o efeito, pediram-se extractos aos Bancos onde haviam sido movimentados valores.
Pelos registos de controlo existentes, confirmaram--se os seguintes valores:

2.1 Banco "A"...	43.600,00	
2.2 Banco "B"...	50.230,00	
2.3 Banco "C"..	37.795,00	131.625,00

3) LETRAS A RECEBER

3.1 Em carteira, aceites de:

Sistec, c/vencimento em 31/03/2012...................	20.000,00	
J. F. Martins c/vencimento em 05/04/2012..........	16.700,00	

3.2 À cobrança nos Bancos:

Banco "A", c/vencimento em 08/02/2012............	11.000,00	
Banco "C", c/vencimento em 10/02/2012............	11.200,00	58.900,00

4) DÍVIDAS DE CLIENTES

4.1 A curto prazo:

Adelino F. Pereira...	22.500,00	
Artur F. Martins..	68.000,00	
Agência de Angola, Ldª......................................	22.500,00	
Francisco Marta, Ldª...	40.000,00	
Sociedade Angolana de Perfumes, Limitada......	23.840,00	
Valentim & Emílio, Ldª.......................................	18.580,00	195.420,00

4.2 A longo prazo:
Vendas a prestações, conforme detalhe em livro

auxiliar	38.500,00	
Simol, Sarl	20.000,00	58.500,00

5) DÍVIDAS DE CLIENTES DE COBRANÇA DUVIDOSA
5.1 Dívidas conforme registo:

A. Fernandes Diniz	2.000,00	
Fernando Amaral	3.000,00	
Sogelo, Ldª	9.600,00	14.600,00

6) MERCADORIAS
6.1 Inventário elaborado em 31/01/2012:
Valor das mercadorias existentes que foram valorizadas ao preço de custo (valor constante da
factura do fornecedor, acrescida de todas as
despesas até armazém) 1.756.245,00

7) IMOBILIZADO CORPÓREO
Valores inventariados, nesta data, cuja identificação foi feita com
auxílio de documentos de fornecedores, já arquivados.
Os valores que a seguir mencionamos são os de aquisição ou custo inicial. As desvalorizações considerá-las-emos em rubrica própria, apuradas em função dos anos de utilidade e taxas legais de
amortização permitidas:

7.1 VIATURAS

Uma carrinha da marca Datsun, adquirida em Janeiro de 2011	75.000,00	
Uma carrinha da marca Peugeot, adquirida em 2010	100.000,00	175.000,00

7.2 MOBILIÁRIO DE ESCRITÓRIO
7.2.1 Aquisições em 2011:

Uma máquina de escrever referência "M"	7.000,00	
Uma máquina de somar referência "T"	8.600,00	
Uma máquina de calcular da marca "F"	6.900,00	
Duas secretárias metálicas com cadeiras	12.850,00	

7.2.2 Aquisições em 2012:

Um cofre de parede	3.500,00	
Uma estante em madeira para pastas	12.500,00	51.350,00

7.3 MAQUINARIA
7.3.1 Aquisições em 2011:

Uma câmara frigorífica para frutas e legumes	100.000,00	
Uma câmara frigorífica para artigos diversos	150.000,00	250.000,00

TOTAL DO ACTIVO	**2.698.640,00**

1.1.2 VALORES PASSIVOS E SITUAÇÃO LÍQUIDA

1.1.2.1 VALORES PASSIVOS

1) LETRAS A PAGAR
Valor dos seguintes aceites, por liquidar, em 26/12, conforme registo de letras existente:

Saque de Romeiras, Lda., com venc°. em 16/02.......	90.000,00	
Saque de Luís Queirós, com venc°. em 28/02	130.000,00	
Saque de Construtora de Frigoríficos, Lda. c/venc°. em 31/03..	120.000,00	340.000,00

2) FORNECEDORES
Pediram-se extractos de c/c a todos os fornecedores, em presença dos quais tivemos o ensejo de confirmar, ou corrigir, os débitos a terceiros, por regularizar em 26/12/11.
Pelos documentos existentes e extractos recebidos, apuraram-se os seguintes saldos credores:

Abel António da Silva..	108.400,00	
Azevedo & Lopes, Lda...	87.365,00	
Fernando & Pereira, Lda...	108.000,00	
Fornecedora Angolana, Sarl.....................................	150.800,00	
António Martins & Cia. Lda......................................	105.000,00	
Sociedade Moçambicana de Exportação, Lda...........	348.730,00	
Tendinha da Mealhada, Lda......................................	54.827,00	
Sociedade Comercial do Meligioso, Lda..................	180.600,00	1.143.722,00

3) AMORTIZAÇÕES
Tendo em consideração a legislação publicada em Angola, sobre limites de taxas de Reintegrações e Amortizações das Imobilizações Corpóreas e Incorpórias (Portaria n° 755/72, corrigida de acordo com o B.O. n° 70/73 e Portaria n° 57/74, calcular-se-iam as seguintes amortizações:

3.1 VIATURAS

Carrinha da marca Peugeot, adquirida em 2010:		
* Amortizações de 2010: 33,33% s/100.000,00....	33.333,30	
* Amortizações de 2011: 33,33% s/100.000,00....	33.333,30	
Carrinha da marca Datsun, adquirida em 2011:		
* Amortizações de 2011: 33,33% s/75.000,00.....	24.997,50	91.664,10

3.2 MOBILIÁRIO DE ESCRITÓRIO
7.2.1 Aquisições em 2011:

Máquina de escrever referência "M"................	7.000,00	
Máquina de somar referência "T"....................	8.600,00	
Máquina de calcular da marca "F"....................	6.900,00	
Secretárias metálicas com cadeiras..................	12.850,00	
Sub-total..	35.350,00	
Depreciação:		
Em 2011: 12,5% s/35.350,00.....................	4.418,70	
Em 2012: 12,5% s/35.350,00.....................	4.418,70	8,837,40

7.2.2 Aquisições em 2012:

Cofre de parede..	3.500,00	
Estante em madeira para pastas........................	12.500,00	
Sub-total..	16.000,00	
Depreciação:		
Em 2012: 12,5% s/16.000,00.....................	2.000,00	2.000,00

3.3 MAQUINARIA
3.3.1 Aquisições em 2011:

Câmara frigorífica para frutas e legumes.............	100.000,00	
Câmara frigorífica para artigos diversos..............	150.000,00	
Sub-total	250.000,00	
Depreciação:		
Em 2011: 12,5% s/250.000,00....................	31.250,00	
Em 2012: 12,5% s/250.000,00....................	31.250,00	62.500,00

1.1.2.2 SITUAÇÃO LÍQUIDA

1.1.2.2.1 SITUAÇÃO LÍQUIDA INICIAL
Entrega em numerário pelos dois sócios aquando do início da actividade, conforme documentos assinados por ambos:

Ramiro da Fonseca Borges..................................	250.000,00
António de Oliveira Rezende.............................	250.000,00
Capital inicial...........................	**500.000,00**

1.1.2.2.2 SITUAÇÃO LÍQUIDA ADQUIRIDA
Depois de minuciosamente reconferidos os valores activos e passivos antes descritos, chega-
-se à conclusão que a Sociedade obteve um lucro de 549.916,50, durante o período que ocor-
reu entre o início da actividade e a sua legali-
zação jurídica e contabilística.

A seguir exemplificamos o apuramento do lucro líquido antes referido:
1) Valor do "Activo".. 2.698.640,00
2) Valor do "Passivo"... 1.648.723,50

        Capital próprio... **1.049.916,50**

3) Capital inicial.. 500.000,00

        Resultado do período................. **549.916,50**

    TOTAL DO PASSIVO... **2.698.640,00**

Luanda, 26 de Dezembro de 2012

O Contabilista   **Os Sócios**

------------------------   ------------------------

1.2 ESTRUTURA DO BALANÇO

Segundo aquele inventário, o "Balanço" da sociedade podia ser assim ordenado:

ACTIVO		
Disponível		
Caixa...	7.000,00	
Bancos...	131.625,00	138.625,00
Realizável		
Letras a receber.............................	58.900,00	
Devedores......................................	268.520,00	
Mercadorias....................................	1.756.245,00	2.083.665,00
Imobilizado		
Viaturas...	175.000,00	
Mobiliário de escritório..................	51.350,00	
Maquinaria.....................................	250.000,00	476.350,00
Total do activo...............................	....	**2.698.640,00**

PASSIVO		
Exigível		
Letras a pagar................................	340.000,00	
Credores..	1.143.722,00	1.483.722,00
Rectificações do activo		
Amortizações:		
Viaturas.....................................	91.664,10	
Mobiliário de escritório...............	10.837,40	
Maquinaria.................................	62.500,00	165,001,50
Situação líquida		
Capital inicial................................	500.000,00	
Lucros e perdas..............................	549.916,50	1.049.916,50
Total do passivo..............................	....	**2.698.640,00**

CAPÍTULO XI

RESUMO

DAS

OBRIGAÇÕES FISCAIS

DOS CONTRIBUINTES

OBRIGAÇÕES FISCAIS DOS CONTRIBUINTES
RESUMO
1. PAGAMENTOS MENSAIS

1.1 Pagamento da Segurança social (INSS)

1.1.1 Entidade Patronal... 8%

1.1.2 Trabalhador.. 3%

1.2 Imposto de Rendimento do Trabalho (IRT)

Para os descontos a efectuar ter-se-á que seguir a tabela anexa ao Decreto Executivo Nº 80/09, de 7 de Agosto, que se apresenta nas páginas seguintes.

1.3 Impostos relacionados com imóveis (IPU)

Trata-se de um imposto relacionado com imóveis, que tem retenção na fonte e a pagar ao Fisco, cujo documento comprovativo tem que ser entregue ao senhorio.

- 15,00% do valor das rendas;

- 0,50% Sobre o excesso do valor que o fisco determinar como valor do imóvel, deduzido de 5.000.000 Kz.

1.4 Impostos sobre serviços prestados (Lei nº 7/97)

Trata-se da retenção na fonte de impostos sobre a prestação de serviços, ou seja:

- 5,25% Sobre o valor dos serviços;

- 3,50% Sobre o valor das obras e construção civil.

1.5 Imposto do Selo

Trata-se de um imposto obrigatório, que se paga mensalmente, com base no "dinheiro recebido" (mesmo que não facturado).

- 1,00% Sobre o valor.

2. PAGAMENTOS PERIÓDICOS

2.1 Imposto Industrial

Trata-se do pagamento do Imposto Industrial:

2.1.1 Pagamento provisório: Em Janeiro, Fevereiro e Março, sobre o lucro do ano anterior;

2.1.2 Pagamento definitivo, em Maio: Paga-se sobre os valores dos resultados do ano, deduzidos dos valores dos três meses provisórios e deduzindo, também, os valores retidos pela empresa, por força das disposições da Lei 7/97.

2.2 Imposto sobre a Aplicação de Capitais – Pagamento de dividendos

Trata-se do pagamento do imposto relacionado com os dividendos:

- 10% Sobre o valor dos dividendos.

ARTIGO 5.º
(Dúvidas e omissões)

As dúvidas e omissões suscitadas da interpretação e aplicação do presente diploma são resolvidas pelo Conselho de Ministros.

ARTIGO 6.º
(Entrada em vigor)

O presente diploma entra em vigor a partir de 1 de Junho de 2009.

Visto e aprovado em Conselho de Ministros, em Luanda, aos 24 de Junho de 2009.

O Primeiro Ministro, *António Paulo Kassoma.*

Promulgado aos 16 de Julho de 2009.

Publique-se.

O Presidente da República, JOSÉ EDUARDO DOS SANTOS.

MINISTÉRIO DAS FINANÇAS

Decreto executivo n.º 80/09
de 7 de Agosto

Considerando a medida do Governo em reajustar os salários da função pública e como forma de compensar o incremento salarial, impõe-se uma actualização dos níveis de rendimentos dos escalões para um maior equilíbrio na distribuição da carga tributária;

Vista a competência que me é conferida pelo artigo 2.º da Lei n.º 10/99, de 20 de Outubro;

Nos termos do disposto no n.º 3 do artigo 114.º da Lei Constitucional, determino:

1.º — O valor a que se refere o n.º 1 do artigo 8.º, conjugado com a alínea a) do n.º 1 do artigo 16.º ambos do Código do Imposto sobre os Rendimentos do Trabalho é fixado em Kz: 25 000.00.

2.º — Os níveis de rendimentos e taxas a que se refere o n.º 1 do artigo 15.º do citado código, passam a ser os constantes da tabela anexa, que faz parte integrante deste decreto executivo.

3.º — É revogado o Decreto executivo n.º 62/03 de 7 de Novembro.

4.º — O presente decreto executivo entra em vigor na data da sua publicação.

Luanda, aos de 21 de Julho de 2009.

Publique-se.

O Ministro, *Eduardo Leopoldo Severim de Morais*

Tabela de taxas a que se refere o n.º 2 do decreto executivo que o antecede

Rendimento em Kwanzas/impostos								
Até	25 000,00			Isento				
De	25 001,00	a	30 000,00			5%	sobre o excesso de	25 000,00
De	30 001,00	a	35 000,00	Parcela fixa	250,00	+ 6%	sobre o excesso de	30 000,00
De	35 001,00	a	40 000,00	Parcela fixa	550,00	+ 7%	sobre o excesso de	35 000,00
De	40 001,00	a	45 000,00	Parcela fixa	900,00	+ 8%	sobre o excesso de	40 000,00
De	45 001,00	a	50 000,00	Parcela fixa	1 300,00	+ 9%	sobre o excesso de	45 000,00
De	50 001,00	a	70 000,00	Parcela fixa	1 750,00	+ 10%	sobre o excesso de	50 000,00
De	70 001,00	a	90 000,00	Parcela fixa	3 750,00	+ 11%	sobre o excesso de	70 000,00
De	90 001,00	a	110 000,00	Parcela fixa	5 950,00	+ 12%	sobre o excesso de	90 000,00
De	110 001,00	a	140 000,00	Parcela fixa	8 350,00	+ 13%	sobre o excesso de	110 000,00
De	140 001,00	a	170 000,00	Parcela fixa	12 250,00	+ 14%	sobre o excesso de	140 000,00
De	170 001,00	a	200 000,00	Parcela fixa	16 450,00	+ 15%	sobre o excesso de	170 000,00
De	200 001,00	a	230 000,00	Parcela fixa	20 950,00	+ 16%	sobre o excesso de	200 000,00
Mais de 230 001,00				Parcela fixa	25 750,00	+ 17%	sobre o excesso de	230 000,00

O Ministro, *Eduardo Leopoldo Severim de Morais.*

O.E. 573 — 8/148 — 2000 ex. — I.N.-E.P. — 2009

CAPÍTULO XII

DOCUMENTOS DE LIQUIDAÇÃO

DE IMPOSTOS

IMPOSTO INDUSTRIAL

DECLARAÇÃO DE RENDIMENTOS DA COLECTA

DO EXERCÍCIO

DOCUMENTOS DE LIQUIDAÇÃO DE IMPOSTOS

Neste capítulo mostram-se os modelos para liquidação de impostos e outros modelos oficiais, nomeadamente do Imposto Industrial – Empresas do Grupo A:

1) Ordem de saque;
2) Documento de liquidação de impostos;
3) Modelo 1 – Imposto Industrial – Grupo A – Empresas;
4) Demonstração de Resultados - Imposto Industrial – Grupo A – Empresas;
5) Proveitos e Custos - Imposto Industrial – Grupo A – Empresas;
6) Apuramento do Lucro Tributável - Imposto Industrial – Grupo A – Empresas;
7) Apuramento da Matéria Colectável e Cálculo do Imposto - Imposto Industrial – Grupo A – Empresas.

ORDEM DE SAQUE

Número da OS: 79
Emissão: 25/07/2012
Nº Bancário : 1592870

Órgão Dependente				Número do Processo
27879 - CENTRO DE FORMAÇÃO Q. CTE. HOJI YA HENDA				
Banco	Agência	IBAN		Moeda de Pagamento
BANCO DE POUPANÇA E CRÉDITO	0001 – Agência Central	AO06.0010.0001.0000.1000.0001.0		KWANZA
Beneficiário				Liquidação
7410000058 - Repartição Fiscal Dos Grandes Contribuintes				67
Banco	Agência	IBAN		Mês da Despesa
BANCO DE POUPANÇA E CRÉDITO	0001 – Agência Central	AO06.0010.0001.0000.1000.9992.0		Julho

Valor da Ordem de Saque: 5.250,00 (Cinco Mil Duzentos e Cinquenta Kwanzas)

DISCRIMINAÇÃO

Evento	Cabimentação	Tipo de Despesa / Complemento	Valor
Ordem De Saque Emitida A Processar	000.084	Registo Da Liquid. De Desp. Em Serviços Sem Contratos	5.250,00

0 2 AGO 2012

Finalidade: Pagamento de imposto industrial da Sistec, referente assistência tecnica anual, conforme a factura nº 52128 de 2012.

Assinatura / Carimbo do Ordenador de Despesa da OD	Assinatura / Carimbo do Gestor da UO	Assinatura / Carimbo do Banco

O.G.E
LANÇADO

DOCUMENTO DE LIQUIDAÇÃO DE IMPOSTOS

REPÚBLICA DE ANGOLA
MINISTÉRIO DAS FINANÇAS
DIRECÇÃO NACIONAL DE IMPOSTOS

COBRANÇA

VOLUNTÁRIA

CORRECTIVA

00070922.12

|||||||||||||||||||||||||||||||

DIA DA LIQUIDAÇÃO

NOME DO DESIGNADO

NIF

ANO DA LIQUIDAÇÃO

PERÍODO

MENSAL

TRIMESTRAL

ANUAL

FORMA DE LIQUIDAÇÃO

TIPO DE LIQUIDAÇÃO

AUTO-LIQUIDAÇÃO

CORRECTIVA

DEFINITIVA

ADICIONAL

PROVISÓRIA

RETENÇÃO NA FONTE

POR CONTA

PRESTAÇÕES

CIRGU Nº

OFICIOSA

JUROS

MULTAS

CUSTAS

TIPO DE IMPOSTO

A11	IMPOSTO SOBRE O REND. TRAB. CONT. PRÓP.		B31	IMPOSTO PREDIAL URBANO	D63	IMPOSTO CONS. SERV. ÁGUA ELECTR.
A12	IMPOSTO SOBRE O REND. TRAB. CONT. OUTR.		C41	IMPOSTO S. PROD. INDU. ST. PETROLÍF	F71	IMPOSTO DE SELO
A21	IMPOSTO SOBRE O REND. IND. PETROL		D52	IMPOSTO S. CONS. PRO. DERIV. PETRÓL	R0	PARTILHA DE PROD. PETRÓLEO
A22	IMPOSTO INDUSTRIAL - GRP. A		D54	IMPOSTO S. CONS. CERVEJA NAC.		
A23	IMPOSTO SOBRE TRANS. PETRÓLEO		D61	IMPOSTO CONS. SERV. TELECOM.		

BASE TRIBUTÁVEL

VALOR TRIBUTÁVEL	TAXA	IMPOSTO A PAGAR
Kz	%	Kz

	VALOR		Nº DE DIAS	TAXA		JUROS A PAGAR
Kz					% Kz	

MULTAS		CUSTAS	
DESCRIÇÃO	VALOR	DESCRIÇÃO	VALOR
	Kz		Kz

VALOR TOTAL A PAGAR............. Kz

DECLARAÇÃO

Declaro que as informações prestadas neste documento são verdadeiras e contabilisticamente correctas

Local   Assinatura do responsável

ATENÇÃO – Este documento não faz prova do pagamento

IDENTIFICAÇÃO DOS SERVIÇOS

013

MODELO 1 - IMPOSTO INDUSTRIAL
GRUPO A - EMPRESAS

REPÚBLICA DE ANGOLA
MINISTÉRIO DAS FINANÇAS
DIRECÇÃO NACIONAL DE IMPOSTOS

DECLARAÇÃO DE RENDIMENTOS DA COLECTA DO EXERCÍCIO DE

1   IDENTIFICAÇÃO

NOME OU DESIGNAÇÃO SOCIAL   NIF - NÚMERO DE IDENTIFICAÇÃO FISCAL

MORADA   REGISTO GERAL DE CONTRIBUINTES

COMUNA   MUNICÍPIO   CIDADE   PROVÍNCIA

EMAIL   TELEFONE   FAX

TIPO DE CONTRIBUINTE

RESIDENTE ☐   NÃO RESIDENTE C/ ESTABELECIMENTO ESTÁVEL ☐   NÃO RESIDENTE S/ ESTABELECIMENTO ESTÁVEL ☐

CARACTERÍSTICAS DA DECLARAÇÃO

1ª DECLARAÇÃO ☐   DECLARAÇÃO DE SUBSTITUIÇÃO ☐   DECLARAÇÃO DO PERÍODO LIQUIDAÇÃO ☐   DECLARAÇÃO DO PERÍODO CESSAÇÃO ☐

IDENTIFICAÇÃO DO REPRESENTANTE LEGAL

NOME   NIF - NÚMERO DE IDENTIFICAÇÃO FISCAL

A PRESENTE DECLARAÇÃO CORRESPONDE À VERDADE, DE ACORDO COM OS PRINCÍPIOS DO PLANO GERAL DE CONTABILIDADE E NÃO OMITE QUALQUER INFORMAÇÃO PEDIDA.

ENTAR ATÉ 31 DE MAIO

ASSINATURA

IDENTIFICAÇÃO DO TÉCNICO DE CONTAS

NOME

NIF - NÚMERO DE IDENTIFICAÇÃO FISCAL

ASSINATURA

Nº INSCRIÇÃO NA ORDEM T.C.

RESERVADO AOS SERVIÇOS

REPARTIÇÃO FISCAL

CÓDIGO

DATA DA RECEPÇÃO

Nº

CARIMBO E ASSINATURA DO FUNCIONÁRIO

COM PAGAMENTO

SEM PAGAMENTO

2 DEMONSTRAÇÃO DE RESULTADOS

Nº	DESIGNAÇÃO	CONTA PGC	EXERCÍCIO CORRENTE	ANTERIOR
2.1	Proveitos e Ganhos por Natureza:	6		
2.1.1	Vendas de produtos	61.1|2		
2.1.2	Vendas de mercadorias	61.3		
2.1.3	Prestações de serviços	62		
2.1.4	Outros proveitos operacionais	63		
A	Soma dos Proveitos Operacionais			
2.1.5	Variação nos inventários de pro. acab. e prod. curso	64		
2.1.6	Trabalhos para a própria empresa	65		
2.1.7	Proveitos e ganhos financeiros gerais	66		
2.1.8	Proveitos e ganhos financeiros em filiais e assoc.	67		
2.1.9	Outros proveitos e ganhos não operacionais	68		
2.2.0	Proveitos e ganhos extraordinários	69		
B	SOMA DE OUTROS PROVEITOS E GANHOS NÃO OPERACIONAIS			

C	**TOTAL DOS PROVEITOS (A+B)**		
2.2	Custos e Perdas por natureza	7	
2.2.1	Custo das mercadorias vendidas e m. Consumidas	71	
2.2.2	Custos com pessoal	72	
2.2.3	Amortizações do exercício	73	
2.2.4	Sub-contractos	75.1	
2.2.5	Fornecimentos e serviços de terceiros	75.2	
2.2.6	Impostos	75.3	
2.2.7	Outros custos e perdas operacionais	75.8	
2.2.8	Custos e perdas financeiros gerais	76	
2.2.9	Custos e perdas financeiros em filiais e associadas	77	
2.3.0	Outros custos e perdas não operacionais	78	
2.3.1	Custos e perdas extraordinárias	79	

D	**TOTAL DOS CUSTOS**
E	Resultado antes de impostos (C-D)
F	Impostos sobre lucros
G	**RESULTADO LÍQUIDO DO EXERCÍCIO (E-F)**

3   CUSTOS COM PESSOAL

DESIGNAÇÃO	CONTA PGC	EXERCÍCIO CORRENTE	EXERCÍCIO ANTERIOR
Remunerações - Órgãos sociais	72.1		
Remunerações - Pessoal	72.2		
Pensões - Órgãos sociais	72.3.1		
Pensões - Pessoal	72.3.2		
Prémios para pensões	72.4		
Encargos sobre remunerações	72.5		
Seguros de acidentes trabalho, doenças profissionais	72.6		
Formação	72.7		
Outras despesas com o pessoal	72.8		

4   FORNECIMENTOS E SERVIÇOS DE TERCEIROS

DESIGNAÇÃO		EXERCÍCIO CORRENTE	EXERCÍCIO ANTERIOR
Água	75.2.11		
Electricidade	75.2.12		
Combustíveis, e outros fluidos	75.2.13		
Conservação e reparação	75.2.14		
Material de protecção, segurança e conforto	75.2.15		

Designação	Código							
Ferramentas e utensílios de desgaste rápido	75.2.16							
Material de escritório	75.2.17							
Livros e documentação técnica	75.2.18							
Outros fornecimentos	75.2.19							
Comunicação	75.2.20							
Rendas e alugueres	75.2.21							
Seguros	75.2.22							
Deslocações e estadas	75.2.23							
Despesas de representação	75.2.24							
Conservação e reparação	75.2.25							
Vigilância e segurança	75.2.26							
Limpeza, higiene e conforto	75.2.27							
Publicidade e propaganda	75.2.28							
Contencioso e notariado	75.2.29							
Comissões a intermediários	75.2.30							
Assistência técnica - Estrangeira	75.2.32.1							
Assistência técnica - Nacional	75.2.32.2							
Trabalhos executados no exterior	75.2.33							
Honorários e avenças	75.2.34							
Royalties	75.2.35							
Outros serviços	75.2.39							
SOMA								

5 APURAMENTO DO LUCRO TRIBUTÁVEL

	DESIGNAÇÃO	EXERCÍCIO	
		CORRENTE	ANTERIOR
A ACRESCER	Prémios de seguro de vida (artigo 25°) CII		
	Amortizações excessivas (artigo 29° e 31°) CII		
	Provisões excessivas (artigo 36°) CII		
	Provisões não previstas (artigo 36°) CII		
	Donativos excedentes aos previstos no (artigo 39°) CII		
	Imposto Industrial (artigo 40°) CII		
	Multas fiscais (artigo 40°) CII		
	Despesas de representação (artigo 40°) CII		
	Despesas de existências (artigo 42°) CII		
	Despesas não específicas (artigo 49°) CII		
	Outros acréscimos		
	SOMA (A ACRESCER)		
A DEDUZIR	Rendimentos do art° 45° CII		
	SOMA (A DEDUZIR)		
	LUCRO TRIBUTÁVEL (RES. LÍQUIDO + A ACRESCER - A DEDUZIR)		

6 APURAMENTO DA MATÉRIA COLECTÁVEL

H LUCRO TRIBUTÁVEL

 PREJUIZO

CÁLCULO DOS PREJUIZOS FISCAIS (Art° 46° CII)

 EXERCÍCIO N° 3

 EXERCÍCIO N° 2

 EXERCÍCIO N° 1

DEDUÇÕES À MATÉRIA COLECTÁVEL

I PREJUIZOS FISCAIS

J BENEFÍCIOS FISCAIS (LUCROS LEVADOS A RESERVAS, OUTROS, ETC)

K MATÉRIA COLECTÁVEL (H-I+J)

7 CALCULO DO IMPOSTO

 IMPOSTO À TAXA NORMAL

 IMPOSTO À TAXA REDUZIDA

L COLECTA

DEDUÇÕES À COLECTA

 IMPOSTO PREDIAL URBANO (Art° 81° CII)

 BENEFÍCIOS FISCAIS

 LIQUIDAÇÕES PROVISÓRIAS

 RETENÇÕES NA FONTE (LEI 7/97)

M SOMA DAS DEDUÇÕES

TOTAL A PAGAR (L-M)

CAPÍTULO XIII

ENCERRAMENTO DE CONTAS

NO FINAL DE CADA

EXERCÍCIO

SOCIEDADE COMERCIAL DO LOBITO, LDA.

RELATÓRIO DE GESTÃO E CONTAS DO EXERCÍCIO

No capítulo VIII, apresentam-se os dados contabilísticos desta empresa, nomeadamente:

1) Demonstração de Resultados por Natureza:

    Veja: Página nº 479.

2) Balanço – Activo:

    Veja: Página nº 480.

3) Balanço – Capital Próprio e Passivo:

    Veja: Página nº 481.

Tendo em consideração os valores exibidos por aquelas peças contabilísticas, vamos imaginar que a empresa procedeu ao encerramento das suas contas em 31 de Dezembro de 2011, elaborando o "Relatório de Gestão", para apreciação da situação da sociedade.

Para o efeito, fazemos, desde já, as seguintes considerações:

O relatório de gestão e os documentos de prestação de contas devem estar patentes aos sócios, na sede da sociedade e durante as horas de expediente, a partir do dia em que seja expedida a convocação para a assembleia destinada a apreciá--los; os sócios serão avisados deste facto na própria convocação.

É desnecessária outra forma de apreciação ou deliberação quando todos os sócios sejam gerentes e todos eles assinem, sem reservas, o relatório de gestão, as contas e a proposta sobre aplicação de lucros e tratamento de perdas.

Verificando-se empate na votação sobre aprovação de contas ou sobre atribuição de lucros, pode qualquer sócio requerer a convocação judicial da assembleia para nova apreciação daqueles. O juiz designará para presidir a essa assembleia uma pessoa idónea, estranha à sociedade, de preferência um revisor oficial de contas, a quem atribuirá o poder de desempatar, se voltar a verificar-se o empate, e fixará os encargos ocasionados pela designação, os quais são de conta da sociedade.

A pessoa designada pode exigir da gerência ou do órgão de fiscalização que lhe sejam facultados os documentos sociais cuja consulta considere necessária, e bem assim que lhe sejam prestadas as informações de que careça.

Em face do exposto, apresentamos a nossa sugestão para elaboração do referido "Relatório de Gestão", bem como da "Acta de Aprovação das Contas":

RELATÓRIO DE GESTÃO

O relatório deve indicar, em especial

a) A evolução da gestão nos diferentes sectores em que a sociedade exerceu actividade, designadamente no que respeita a condições do mercado, investimentos, custos, proveitos e actividades de investigação e desenvolvimento;

Para cumprimento das disposições da lei e dos estatutos, vimos submeter à Assembleia Geral a realizar em 20 de Março de 2012, o Relatório de Gestão e as contas respeitantes à actividade desenvolvida no exercício de 2011.

1º

A sociedade continuou a desenvolver em 2011 a sua actividade principal na comercialização de livros e artigos de papelaria, tendo atingido um volume de vendas de 2.020.896,37 Kz., contra um volume de 1.499.007,96 Kz. no ano transacto.

As vendas foram realizadas pelos seguintes estabelecimentos:

* Sede 1.098.852
* Estabelecimento "A" 382.394
* Estabelecimento "B" 311.251
* Estabelecimento "C" 228.399

O aumento do referido volume, superior a 26%, foi devido, nomeadamente, às vendas originadas pela nova representação, para Angola, dos livros editados por Sociedade Editora "A", Limitada e pela campanha publicitária realizada no segundo semestre de 2011.

2º

Os investimentos directos em 2011 não tiveram significado, uma vez que não foram além dos 2.180,00.

3º

Actividades suplementares: A empresa iniciou no último semestre de 2011 a venda de tintas e de outros materiais para pintura. Para a sua divulgação constituiu-se uma secção dedicada à execução de material de publicidade, pintado à mão, tendo-se já obtido no exercício em apreço, uma receita de Kz.6.385,00, como prestação de serviços.

b) Os factos relevantes ocorridos após o termo do exercício;

Foram iniciados, no primeiro trimestre de 2012, os estudos do mercado com vista à abertura do Estabelecimento "D", para a comercialização de equipamento informático e software. Para o efeito, a empresa está em negociações com a Imobiliária "X", para a aquisição de uma fracção, no edifício "A".

c) A evolução previsível da sociedade;

As perspectivas futuras da empresa são animadoras, tendo presente o seu crescimento progressivo nos últimos anos. No exercício a que o presente relatório é dedicado admitiram-se três trabalhadores e, em 2012, está prevista a criação de mais dois postos de trabalho para o novo estabelecimento "D".

Com vista ao desejável crescimento do volume de negócios foram já iniciadas as obras de remodelação do estabelecimento "A", que vão avolumar os investimentos previstos para 2012, em mais de 75.000,00 Kz.

d) O número e o valor nominal de quotas ou acções próprias adquiridas ou alienadas durante o exercício, os motivos desses actos e o respectivo preço, bem como o número e valor nominal de todas as quotas e acções próprias detidas no fim do exercício;

Sobre o conteúdo desta alínea nada há a assinalar.

e) As autorizações concedidas a negócios entre a sociedade e os seus administradores.

Não se verificaram em 2011, casos abrangidos pelas disposições desta alínea.

f) Uma proposta de aplicação de resultados devidamente fundamentada;

Proposta de aplicação dos resultados - O lucro líquido apurado no exercício de 2011, foi de Kz. 180.435,87 depois de deduzida a estimativa do Imposto Industrial, a pagar em 2012, no montante de 58.525,21.

Tendo em vista a necessidade do reforço das disponibilidades financeiras para concretização dos investimentos já citados no presente relatório, somos de opinião que, mais uma vez, seja transferido para reservas, a maioria do lucro obtido, motivo porque propomos à Assembleia Geral Ordinária, a realizar no próximo dia 24 de Março de 2012, a seguinte aplicação do resultado obtido:

* Para distribuição pelos sócios 60.000,00
* Para reservas legais 8.400,00
* Para reservas livres 112.035,87
180.435,87

g) A existência de sucursais da sociedade.

Além da sede, a sociedade possui mais os estabelecimentos "A", "B" e "C", estando previsto, como já se salientou, a abertura do estabelecimento "D", durante o ano que decorre.

1 - Outras informações sobre a evolução dos negócios e a situação da sociedade:

O lucro apurado no exercício, no montante de 180.435,87, encontra-se influenciado, positivamente, pela verba de 1.943,32, que vai ser restituída pela Administração Fiscal, por ter sido deferida a reclamação da matéria colectável do Imposto Industrial do exercício de 2009, que havia sido fixada em excesso.

Aproveita-se o ensejo para, desta forma, manifestar aos nossos colaboradores, o nosso agradecimento pela forma como viveram o dia a dia, connosco, para o crescimento positivo da empresa.

2 - Do presente relatório de gestão fazem parte as seguintes peças contabilísticas, de apresentação de contas:

* Balanço;

* Demonstração de Resultados;

* Balancetes do Razão Sintético e do Razão Analítico.

3 - Identificação da empresa

SOCIEDADE COMERCIAL DO LOBITO, LIMITADA

N.I.F. 541000299

LOBITO

4 - Local e assinaturas

Lobito, 8 de Março de 2012

A Gerência

ACTA NÚMERO VINTE E CINCO

_____No dia vinte do mês de Março de dois mil e doze, pelas vinte horas, reuniu na sua sede social, sita na Rua "X", nº 45, 3º andar, no Lobito, a Assembleia Geral Ordinária da sociedade comercial por quotas sob a firma SOCIEDADE COMERCIAL DO LOBITO, LIMITADA, com o capital social de 187.049,22 Kuanzas, matriculada na Conservatória do Registo Comercial do Lobito sob o número 541000299, encontrando-se presentes os sócios "A", "B" e "C" que representavam a totalidade do capital social, para deliberarem sobre a seguinte ordem de trabalhos:_____

_____Discutir, aprovar ou modificar o balanço e contas respeitantes ao exercício de dois mil e onze_____

_____Aberta a sessão passou-se imediatamente à análise e discussão de todos os elementos de escrita, tendo-se deliberado, por unanimidade, aprovar o balanço e dar a seguinte aplicação aos resultados líquidos do exercício no valor de Kz. 180.435,87 (Cento e oitenta mil, quatrocentos e trinta e cinco kuanzas e oitenta e sete cêntimos)._____

* Para distribuição pelos sócios 60.000,00

* Para reservas legais.. 8.400,00

* Para reservas livres.. 112.035,87

_____Nada mais havendo a deliberar, a sessão foi dada por encerrada pelas vinte e duas horas, tendo sido lavrada, de imediato, a presente acta que, depois de lida e aprovada, vai ser assinada por todos os sócios._____

ÍNDICE

CAPÍTULO I

P.G.C.A.

Plano Geral de Contabilidade de Angola

CAPÍTULO II

EXEMPLOS DE LANÇAMENTOS COM BASE NO CÓDIGO DE CONTAS DO P.G.C.A.

Plano Geral de Contabilidade de Angola

CAPÍTULO III

NOÇÕES DE COMÉRCIO E DE CONTABILIDADE

CAPÍTULO IV

DEMONSTRAÇÃO DOS FLUXOS DE CAIXA

CAPÍTULO V

FICHAS DE EXISTÊNCIAS

CUSTO MÉDIO PONDERADO, FIFO, LIFO, CUSTO PADRÃO

CAPÍTULO VI

CONTABILIDADE DA

SOCIEDADE DE EMPREITADAS DE ANGOLA, S. A.

CAPÍTULO VII

ENTIDADES DO SECTOR NÃO LUCRATIVO

(ESNL)

ASSOCIAÇÃO SEM FINS LUCRATIVOS "ABC"

CAPÍTULO VIII

CONTABILIDADE DA

SOCIEDADE COMERCIAL DO LOBITO, LDA

CAPÍTULO IX

PRINCIPAIS DOCUMENTOS USADOS NO COMÉRCIO,

CONTABILIDADE E FISCALIDADE

CAPÍTULO X

COMO ORGANIZAR A CONTABILIDADE DE UM COMERCIANTE

OU DE UMA SOCIEDADE PARA INÍCIO DA SUA ESCRITURAÇÃO

CAPÍTULO XI

RESUMO DAS OBRIGAÇÕES FISCAIS DOS CONTRIBUINTES

CAPÍTULO XII

DOCUMENTOS DE LIQUIDAÇÃO DE IMPOSTOS

IMPOSTO INDUSTRIAL

DECLARAÇÃO DE RENDIMENTOS DA COLECTA DO EXERCÍCIO

CAPÍTULO XIII

ENCERRAMENTO DE CONTAS NO FINAL

DE CADA EXERCÍCIO

SOCIEDADE COMERCIAL DO LOBITO, LDA.

IMPRESSÃO E ACABAMENTO
NORPRINT

TIRAGEM
3000 ex.

DEPÓSITO LEGAL
350967/12

www.ingramcontent.com/pod-product-compliance
Lightning Source LLC
Chambersburg PA
CBHW051114200326
41518CB00016B/2500